甘肃省临夏县中学

临夏县中学
校志编纂委员会 编

校志

1938-2018

敦煌文艺出版社

图书在版编目（ＣＩＰ）数据

甘肃省临夏县中学校志：1938—2018 / 临夏县中学校志编撰委员会编. -- 兰州：敦煌文艺出版社，2019.8

ISBN 978-7-5468-1782-8

Ⅰ．①甘… Ⅱ．①临… Ⅲ．①临夏县中学－校史－1938—2018 Ⅳ．①G639.284.24

中国版本图书馆CIP数据核字(2019)第159775号

甘肃省临夏县中学校志(1938—2018)

临夏县中学校志编撰委员会　编

责任编辑：张明钰

封面设计：江贵伟

敦煌文艺出版社出版、发行

地址：(730030) 兰州市城关区读者大道 568 号

邮箱：dunhuangwenyi1958@163.com

0931－8773121(编辑部)

0931－8773112　0931－8773235(发行部)

兰州大美文化艺术有限公司印刷

开本　787 毫米×1092 毫米　1/16　　印张 26　　插页 21　　字数 640 千

2019 年 9 月第 1 版　2019 年 9 月第 1 次印刷

印数　1~2 000

ISBN 978－7－5468－1782－8

定价：68.00 元

临夏县中学校志编纂委员会

主　任　　李　瑞

副主任　　陈　源　　张英海　　郭旭强　　朱雪莲

委　员　　王永智　　江富鹏　　牛俊泽　　郑维华　　马文成　　王贤博

　　　　　王智强　　江贵伟　　朱　杰　　张　发　　杜发利　　李昌华

　　　　　包旺虎　　戴文熹　　王正尧　　张海胜　　陈玉成

主　编　　王永智

副主编　　江富鹏　　马文成　　郑维华　　王智强　　王贤博　　张海胜

　　　　　江贵伟

校　编　　王永智　　江富鹏　　赵　倩　　段媛媛　　关小红　　邵开红

　　　　　丁玉兰

私立云亭小学校创办人马福祥

1. 历届学校领导(部分)

私立云亭小学校代理校长马毓贵

临夏第一初级中学(临夏县中学)
校长马有信

临夏市第三中学（临夏县中学）
代理校长王治成

临夏县第三中学（临夏县中学）
代理校长胡宏义

临夏县韩集中学（临夏县中学）
革委会主任娄正统

临夏县韩集中学（临夏县中学）
校长王锡麟

临夏县中学原任校长黎世亨

临夏县中学现任校长李瑞

2. 现任学校管理团队

学校班子成员合影：
左起：郭旭强（副校长）、陈源（书记）、李瑞（校长）、张英海（副校长）、朱雪莲（副校长）

行政会成员合影：
前排左起：郑维华、牛俊泽、郭旭强、陈源、李瑞、张英海、朱雪莲、马文成、王智强
后排左起：杜发利、戴文熹、李昌华、江贵伟、朱杰、张海胜、包旺虎、王正尧、张发、王贤博

校委会与中层领导合影：

　　前排左起：江贵伟、郑维华、牛俊泽、郭旭强、陈源、李瑞、张英海、朱雪莲、吕忠、马文成、王智强

　　后排左起：陈玉成、陈强、李科华、杜发利、戴文熹、李昌华、张海胜、朱杰、娄晓通、马克南、包吅虎、马成龙、王正尧、张发、王贤博、钟浩、马小斌

　　附：校志办工作人员

　　　　左起：段媛媛、赵倩、王永智、江富鹏、丁玉兰、曾继芬、邵开红

1985年11月,时任临夏州委副书记马仲英(前左一),临夏县委书记马真明(前右一)视察新建学校家属院。

1993年7月21日,时任全国政协常委、全国政协教科文卫体委主任钱李仁(前排右三),全国政协委员、甘肃省政协副主席邓成诚(前排右二)一行视察学校时与时任校长黎世亨(前排左一)、原临夏回中校长马效融(前排左三)在学校大礼堂前合影。

甘肃省政协、省民革成员到校视察时在韩集中学(临夏县中学)大礼堂前合影。前排中间拄手杖者左为曾任美国记者埃德加·斯诺中文翻译的民族教育家马汝邻,右为宁夏和平解放中代表地方政府与解放军代表在和平协议书上签字的曾任马福祥秘书的马廷秀(时任宁夏省政府秘书长)。

2000年4月23日,时任甘肃省副省长洛桑(左五)一行到临夏县中学调研。

2001年,时任临夏州委书记程正明(左一)资助临夏县中学少数民族女生马学红情景。

黎世亨校长(左四)向前来检查学校工作的时任临夏州委副书记宋秉武(左二)、临夏县委书记张兴珊(左三)等汇报工作。

2011年,时任临夏州副州长马明杰(左二)、临夏县委书记安华山(右一)、县教育局局长马如昌(左一)一行深入教师办公室检查指导工作。

李瑞校长向前来我校调研的国务院督导组介绍学校情况。

2017年9月,临夏县教育局局长张生强(左二)陪同临夏州教育局局长张居贵(左三)带领的全州普通高中学校工作观摩团来校检查工作时校长李瑞(左四)正在介绍学校教育教学情况。

临夏县教育系统庆祝中华人民共和国成立六十周年文艺汇演中我校教师百人合唱团演出情景。

军训教官给受训学生表演擒拿格斗。

学校文艺演出

运动会开幕式一瞥

校 园 文 化

校园刊物

文化宣传展板

教学楼道学生手抄报展览

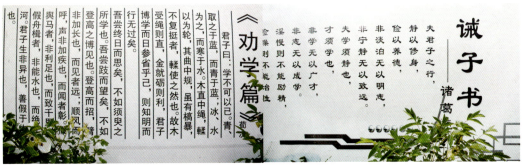

校园文化墙剪影

学校历用印模

甘肃省临夏市三中毕业生　　私立云亭小学校实施概况目录　　陈泰南（后排正中）和他的高二(1)
成绩登记册　　　　　　　　　　　　　　　　　　　　　　　　　　班同学在学校门前合影

甘肃省临夏县第一中学1964—1965学年初报表　　　　甘肃省临夏县第一初级中学毕业证明书

私立云亭小学校儿童自治会全体职员合影

15

1935年10月临夏私立云亭小学校秋季开学合影

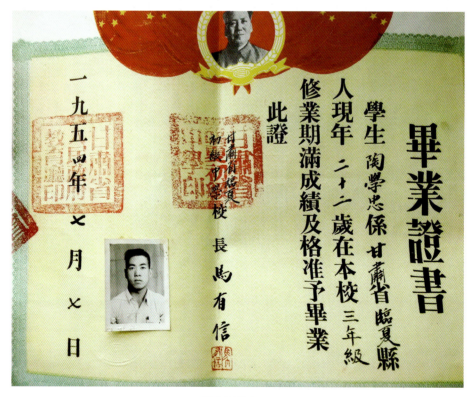

毕业证书之一

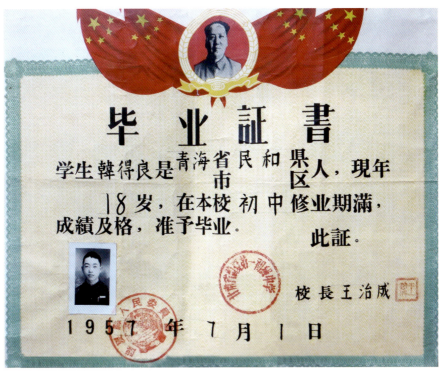

毕业证书之二

毕业证书之三

毕业证书之四

老校友王国礼为我校诞辰八十周年题赠贺词。

1988年9月我校五十周年校庆时,原校长王治成正在题字留念。

2017年7月,原校长黎世亨(前排左七)和他20世纪六七十年代的学生们合影。

学 校 荣 誉

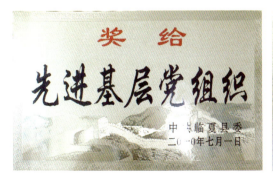

校 园 发 展

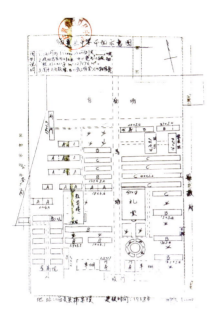

临夏县中学韩集校区平面图

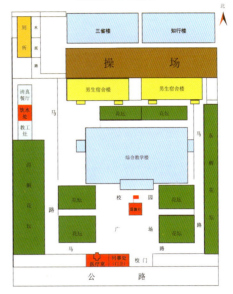

临夏县中学姚川校区平面图

2006年的临夏县中学（韩集校区）

临夏县中学新貌（姚川校区）

年 级 学 科 备 课 组 教 师 风 采

高三语文备课组教师(左起):赵红原、魏珊、王永智、朱正云、李多豪

高三数学备课组教师(左起):郑维华、周颜龙、张红桃、焦玉梅、王贤博

高三英语备课组教师(左起)：梁振国、刘振云、赵引霞、康永清、吴卫军

高三理化生备课组教师(左起)：梁钊恺、杜发利、马克南、王永霞、王世荣、王智强

高三政史地备课组教师（左起）：鲁秉娟、马媛媛、张思芬、白敬浩、何龙、张英海、马文成、张玉华

高二语文备课组教师（左起）：王海芳、马彤、徐国胜、缐宏光、戴文熹

高二数学备课组教师(左起):李小吉、李科华、杨冰、马正霞、黄维旭

高二英语备课组教师(左起):史恒通、郭素琴、丁玉兰、张昌海、周荣

高二理化生备课组教师（左起）：马成龙、马小斌、万慧霞、王苗苗、丁双宏、祁黎炎

高二政史地备课组教师（左起）：辛永平、张艳丽、蒲维民、罗丽霞、铁永龙、韩红梅、李昌华、赵霞、路左伟

高一语文备课组教师(左起):邱志平、王永明、王斌、段媛媛、马风贤

高一数学备课组教师(左起):徐玺、郭旭强、马芳、杨志忠、彭艳平、朱杰

高一英语备课组教师(左起):陕文娟、陈强、范祥红、郭珺琳

高一理化生备课组教师(左起):杨丽萍、王正尧、钟浩、张国强、毕秀琴、白仲霞

高一政史地备课组教师（左起）：张彦军、何霞、张宏伟、刘玉琴、马坚、王志学、杨文理、马丽、马家元

音美备课组教师（第一排左起）：金碧蓉、冯晶、邵开红、朱雪莲、张丽娟、唐彩霞
（第二排左起）：马磊、娄晓通、江贵伟、包旺虎、黄晋昇、李学宝

体育备课组教师（左起）：陈燕、刘刚、吕忠、杜鑫、亢志强、马金龙、康学芳、马腾云

行政教辅后勤组教师
（前排左起）：白有妍、鲁鸿翠、曾继芬、刘霞、赵文兰、马嫒嫒、赵倩、段嫒嫒、车风琴、张风梅、徐品升
（中排左起）：宋渊、马红艳、康尚菊、刘丁燕、苏国英、杨春海、王晓明、马应录、金晓红、王莉萍、罗桂珍
（后排左起）：马忠学、郝成卓、张龙、马小宁、尹小龙、张海胜、王永智、杨天祥、王励、江富鹏

序 一

欣闻母校编修校志，倍感欣慰。编纂校志确实是记述母校发展历史的一件大事，它将复活我们对逝去的记忆。修志存史，也是校园文化建设的重要组成部分，其旨在于前有所稽，后有所鉴。如今面对母校教师苦心孤诣、广泛征集资料而完稿的这部《甘肃省临夏县中学校志（1938—2018）》，令人百感交集，往事一幕幕浮现于眼前。

1926年我出生于甘肃和政一个偏僻的乡村，两岁多因河湟之变，家庭遭殃，祖父被土匪用马刀砍死，姑母不堪土匪凌辱，含冤投入牙塘河中自尽，祖母因悲愤、饥饿又身患痢疾撒手西归。父母被这接二连三的灾难打击得不知所措，只有携家带口逃难。我那时尚年幼，父母带领我们东躲西藏，困苦实难言状。家兄廷弼在《勤劳的慈母多难的家》中记载了我在柳梅滩险被遗弃的事："在一起逃难躲藏的难民不断地威逼父母说：'这么多的娃娃，你们能拉活吗？把你三才（三弟的乳名）撇掉去！母亲无奈地抱着不足三岁的三弟就往经常抛弃婴儿的牙塘河的'尕漩涡'蹒跚地走去。到了河边，母亲下了狠心，对我弟弟说：'三才，今个阿娘把你哈往尕漩涡里撇上哩。'这时，机灵的弟弟睁大眼睛，望着母亲说了一声求生反抗的话：'把阿娘撇上！'这一句话，使母亲惊呆了，瘫坐在地上大哭了一场，说：'阿娘把你不撇了，今后要是死，我们也死在一块吧！'"我明白，这是伟大的母爱挽救了我。后来我又差点被别人收养，同样是因为母爱，拒绝了送养。我的童年创痛的记忆就是随父母到临洮、渭源逃难的情景。后来，从优裕的生活沦为赤贫，在打工中体会到生活不易的父亲深感知识的重要，感到"家有万贯不如薄技在身"，先后送我大哥文弼、二哥廷弼入临洮唐泉小学读书。其间，父母亲和玉兰姐姐卖苦力打短工，而我们小的兄妹沿户乞讨以维持生活。后来由于生活陷入窘境，不得已，父母把我姐姐玉兰以五升谷子的身价卖给一王姓人家做童养媳。就这样，在临、渭之间逃荒三年后我们才回到了一片瓦砾的故乡。民国二十二年（1933年）春，买家集回族乡绅马有禄在自己的油坊里创办了小学，我就随廷弼哥哥开始了上学生涯，直至小学毕业。之后，我考入因避日本飞机轰炸搬迁至临洮的乡村师范学习。民国三十一年（1942年），到距家近百公里的临夏县韩集私立云亭中学读高中，当时，这所学校属临夏、临洮地区唯一一所设有高中的学校。三年的读书生活中，教师高尚的人格、丰厚的学养、严谨的治学精神均给我留下了深刻的印象，使我得以于民国三十四年（1945年）顺利考入了西北师范学院化学系。在学校里我又深得系主任方乘教授器重，并最终留校任教。1956年因工作踏实，勤奋好学，得到校领导的重视，我被派往苏联列宁格勒大学化学系进修。1958年归国后一直在西北师范大学从事分析化学的教学工作，直至1991年退休。

面对母校这本志书，我为什么唠唠叨叨说了自己的成长经历呢？就是想借此表达我的两点感悟：第一，人要学会感恩。感恩父母，不管在多么艰难的岁月中，父母总是拉扯着你、呵护着你、养育着你长大。父母之恩是上苍给我们最大的恩赐。感念师恩，是老师辛勤的培育，才有我的今天。能遇到几个好老师，是我一生中的幸事。如果母亲当时不顾一切地把我抛弃，我还能活着吗？如果没有乡绅马有禄创办的小学，我可能失去读书的机会；如果没有当时马鸿逵创办的一流的私立云亭中学，我的求学之路又何以延续？翻开这本志书，李荣培等众多老师那亲切和蔼的面容，那循循善诱的教态，顿时浮现在我眼前，这本志书也让我们感念先贤，感恩于师长，留住对他们的记忆。第二，人活着应励志进取。我记得云亭中学的校训是"坚苦卓绝"，其意就是教育师生当有坚忍不拔之意志，创造卓绝显赫之成绩。不论你是修学于学校，还是立身于社会，均应在心中树起"坚苦卓绝"之丰碑，临灾难不惧，遇荣耀不骄。

徐徐翻开这本校志，我认为体例比较完备，做到了革故鼎新，详今略古，体现了思想性、科学性、资料性和教育性的特色。这本志书，章下设节，节下有目，内容丰富，资料翔实，比较系统全面地记述了学校的沿革、机构设置、教育教学乃至教师、学生、工勤人员以及图书、仪器、设备等方面的情况，特别是以大量文字记载了学校的发展变化和取得的丰硕成果，读来令人鼓舞，催人奋进。我相信，它将为有关部门提供重要的史料，为教师了解学校历史和现状、研究教育教学提供科学依据，为对学生进行爱国主义教育、革命传统教育提供生动鲜活的历史教材，必将对学校今后的发展产生较大的推动作用。

时逢2018年，母校已走过百年征程，我为母校的悠久历史而感怀，又为母校的蓬勃发展而激动。将至期颐之年，母校让我述说心情，情动于怀，现于笔端，杂陈于上，愿与全校师生和校友们共勉！

是为序。

伯光强

2018年4月6日　于兰州

序　二

　　盛世修志，自古亦然。"治天下者以史为鉴，治邦国者以志为鉴"，教育志是方志的一种，校志是教育志的一部分。以志补史，可知兴替；以史明理，可昭心智；以理立志，可启后人。修志存史，事述当代，惠及来者。临夏县中学的发展如从其发端民国七年（1918年）建导河县西区国民小学计已接近百年历程，如严格地从民国二十七年（1938年）始建私立云亭中学推算也已走过了八十个春秋，但遗憾的是还没有一部能全面记录展示学校发展变迁的校志。作为在本校工作了十年之久的一校之长，我对这个学校充满了感情，也为学校点滴发展倾注了心血，感到有责任和义务在我留任之际编撰一部《临夏县中学校志》，较为翔实地记录本校近百年来的发展变迁，遂于2015年秋季学期成立了临夏县中学校志编纂小组，召集有关人员搜集整理资料，开始编纂临夏县中学第一部校志。

　　我深刻地认识到校志编纂是一项浩大繁重且复杂细致的系统工程，有大量的工作需要做，决不能有半点的松懈和马虎。加之学校发展历史长，几经变迁，面临史料欠缺、档案不齐、人力不济等诸多原因，使编纂工作变得异常艰巨。校志编纂的同志们经过两年多断断续续的辛勤工作，披沙拣金，集腋成裘，终于使这本校志呈现在我们面前。他们在编纂过程中的求真务实、精益求精精神值得我们每一个教职员工学习。本志虽是一本志书，然徐徐读来，可豁心扉，可冶心灵。它为本校师生乃至全社会提供了了解本校、认识本校较为翔实的资料，同时借此可追念先贤，激励后进。

　　在近百年的风雨历程中，学校有过辉煌，也有过低谷。但县中人没有沉沦，而是奋起努力，在"坚苦卓绝"这一校训的感召下，历届县中人脚踏实地，不断求索，积极进取。特别是在"领导苦抓会抓、教师苦教会教、学生苦学会学"精神引领下，今日的县中焕发了勃勃生机，已走上了一条教育质量不断提升、办学规模不断扩大、社会效应蒸蒸日上的发展壮大之路。近百年风雨沧桑，近百年校史沉浮，见证了学校的发展变化，也见证了一代代县中人的艰苦创业。

本志能顺利出版，也是社会各界领导、朋友和老校友关怀支持的结果。在校志编纂过程中，前任校长黎世亨、原党支部书记石纪文、原副校长萧村逸、老教师史纪录、张春在等同志曾给我们提供了极其珍贵的图文资料，一些社会友好人士纷纷献计献策，提出了许多指导性意见。不少老校友或亲自到校述说往事，或将他们珍藏多年的图片资料无偿捐献出来，大大丰富了校志内容。对此，向他们致以由衷的感谢！

"江山代有才人出，各领风骚数百年"。回顾过去，县中的发展历程令人慨然难忘；展望未来，县中的发展崛起任重道远。我真诚期望县中在新的起跑线上借县中人近百年的厚积之力，以办人民满意的教育为宗旨，坚持"科学育人，和谐发展"的办学理念，秉承"坚苦卓绝"之校训，弘扬县中人改革创新、与时俱进、锐意进取之精神，使临夏县中学走向更加璀璨的未来。

黄金无足赤，白玉有微瑕。尽管我们在校志编纂过程中力求完善，但仍会有疏漏和不妥之处，敬祈广大读者不吝指正。

是为序。

2018年4月16日

凡　例

一、《甘肃省临夏县中学校志（1938—2018）》（以下简称《校志》）运用辩证唯物主义与历史唯物主义的观点和方法，坚持实事求是的原则，力求真实、准确地记述临夏县中学教育发展的历史和现状，努力体现思想性、科学性、资料性的统一，达到"存史、资政、育人"之目的，以推动我县教育事业的快速发展。

二、《校志》编纂的原则、体例、方法。

1. 对中华人民共和国成立前学校史实的记述，坚持"言而有据、有信、有证"的原则，尊重历史，如实记述。

2. 原则上横陈纵述。一般分到章、节（子目），节以下按历史顺序记述；但也有个别章节则从实际出发，采用纵横结合的写法。

3. 略古详今。主要记述民国二十七年（1938年）至2017年80年间的中学阶段教育，重点记述中华人民共和国成立以来学校教育发展的事实、重大事件、教育的特点和学校教育教学事业的发展状况。

4. 在记述中，一般直述其事，不加评论、不下断语。很难分清是非的，只点明实质即可。

5. 生不列传。凡经学校推荐列入本志的优秀教育人物，尤其是对学校教育教学工作作出贡献的优秀教师、教育工作者均按"生不列传"的原则，一般不加评论，只客观记述他们的事迹、业绩。但年事已高，且对学校教育教学工作作出突出贡献者可不受此限制。对贡献突出，现已去世的教育人物在入志列传时必须以实事求是的原则，从实际出发，客观、公正地对他们作出简略的评述。

三、本志按照由今溯古的原则，上限至1918年，下限至2017年12月。

四、校志编排以章为序，以节表述。本志章前有序、概述、临夏县中学大事记，章后有附录（部分校友通讯录、诗文辑录）及后记。具有代表性的照片集中编排，正文图文并重，文献影印、人物照片分排于各节中，并加图注。

五、根据有关行文规定和志书特点，努力做到体例统一、文字规范。

1. 用现代语体文。

2. 教职人员直呼其名，不提职衔，不加"同志""老师"等称谓。

3. 中华人民共和国成立前纪年用汉字（注明公元年），中华人民共和国成立后一律采用公元纪年。

4. 统计数字均用阿拉伯数字计算表述。

5. 国家、省、州文件、通知等，如遇重复，前用全称，后用简称。

六、正文采用的文献资料，主要以正式印刷颁行的资料为据。

1. 临夏县档案馆、学校档案室存档文献。

2. 《临夏州教育志》《临夏县志》《临夏人物》《私立云亭小学校实施概况》及《临夏县中学发展简史》。

3. 照片大多采集于封存档案及民间、校友、离退休老教师等处，极个别珍贵照片来自网络。

编者

2018年5月

目　录

概　述

　　临夏县地处青藏高原与黄土高原的过渡地带，位于甘肃省中部西南面，临夏回族自治州西部，东与和政县、东乡族自治县为邻，南以太子山与甘南藏族自治州夏河县为界，小积石山耸立在县境西部，成为与青海省循化撒拉族自治县的天然分界线，西北与积石山保安族东乡族撒拉族自治县毗邻，北隔刘家峡水库与永靖县相望。县境东西最宽53.1公里，南北最长处59.85公里。海拔1735米—4636米，西南高，东北低。总面积1212.4平方千米，其中耕地面积250.53平方千米。有汉、回、东乡、保安、撒拉、土、藏、蒙古8个民族，其中少数民族人口15.47万，占总人口的40.98%，是甘肃省少数民族聚居地之一，也是国家级贫困县之一。

　　临夏县中学位于县境中西部的韩集镇姚川村，阴洼山、烟囱山拱手相护，龙首山引领回顾，省道310线从学校门前穿过，这里山清水秀，交通便利，幽而不寂，静而不闹。淳朴的民风涵育着百年老校，使她植根于这片沃土上，饱经风雨，茁壮成长，结出了累累硕果，为本县教育事业的蓬勃发展作出了巨大的贡献。

　　学校现有教职工162名，专任教师135名，其中研究生学历 7名，教师学历达标率为91%，中学高级教师26名，中学一级教师40名，中学二级教师66名，未评级20名，有特岗教师58名。省级骨干教师1名，州级骨干教师4名，州级青年教学能手2名。有30个教学班，学生1685名，其中寄宿生1526名。学校占地面积3.33万平方米，建筑面积2.3万平方米。有标准化实验室5个、图书室1个（藏书37888册）、阅览室1个、音乐室3个、美术室3个、微机室2个（装备微机116台）、心理咨询室1个，共16个功能室。各教室安装有超短焦电子白板教学设施，接通了"班班通"。各类教学实验仪器共有2263件（套），实验开出率100%。建有综合教学办公楼2栋，学生宿舍楼3栋，学生餐厅7个，建有200米环形塑胶跑道操场1块，塑胶篮球场4块，有乒乓球活动场地和排球场地，安设健身器材22个（架）。

学校在软硬件设施方面迅速发展的同时，教育教学质量逐年提高，学校声誉大幅度提升。自1990年以来获上级各类奖牌56块，其中省级4块，州级13块，县级39块。仅2003年起至今，学校11次被临夏县委、县政府授予"教育系统先进集体"荣誉称号，5次被临夏回族自治州州委、州政府授予"教育工作先进集体"荣誉称号。

近百年来，学校几迁校址，数易其名，历经沧桑，在艰难的道路上曲折前行，在曲折的发展中百折不挠，在坎坷中探索，在探索中发展，在发展中传承着一代代县中人的奋斗历程。

一、 1949年以前的学校教育（1918年—1949年）

教育事业的兴衰与社会的发展息息相关，总是受着社会发展的制约。临夏县中学的发端可上溯到云亭中学创建前的民国七年（1918年）。早在民国七年，时任宁夏镇总兵的马福祥回家乡韩集镇探亲，看到坐落于韩集的导河县西区国民小学设备简陋，校舍破败不堪，仅有教师二人勉强维持，乃捐资现洋1500块，将该校修葺一新，聘请附近梁家山人氏梁竹岗为校长。民国十七年（1928年）"河湟乱起，校舍半成垃墟，学务随以停顿"。[①]民国十九年（1930年）底，马福祥调任蒙藏委员会委员长，政务繁忙，当他听说家乡学校被毁，许多学生陷于失学的困顿中，乃嘱咐其子马鸿逵回乡探亲之际，带去现洋4000块，将该校重新扩建。民国二十年（1931年），马鸿逵拨款修复和扩建西区小学。民国二十一年（1932年）二月正式开学，马鸿逵自任校长，后又聘请北平成达师范毕业生王国华任校长，仍名"西区国民小学校"。

民国二十一年（1932年）后，又以韩集为中心，在双城、阴洼两地各设一校，分别称第一分校、第二分校。民国二十三年（1934年）十二月第一届学生毕业，共6人。民国二十四年（1935年）八月，代理校长王国华辞职，继聘请北平成达师范毕业生马毓贵为代理校长。是时，中心小学和两个分校共有教职员22名，其中校长（马鸿逵）一人、代理校长（马毓贵）1人、职员（中心小学训导主任李恩华、教务主任王荫培、总务主任王继业、第一分校主任马忠汉）4人、级任教员（陈俊、蒋玉如、何玉良、马学仁、买发尧、张俊、白惠成、蒋少郁）8人、科任教员（赵让、弭继常、白云祥、丁德普、马云山、马奉天、马效穆、马云龙）8人，共有学生304名。是年秋又在新集（第三分校）、侯家沟（第四分校）、马家湾（第五分校）、段家庙（第六分校）设办分校，民国二十五年（1936年）五月后在尹家集、马莲滩、槐树关、龙泉、新庄、马家庄、新庄窠、卜家楞、四十里铺、清水设办分校，即第七至第十六分校。据民国三十五年（1946年）统计，17所小学共有学生一千余名。韩集小学即西区国民小学为中心小学，居中控制16所分校。"俾乡人子弟，咸无失学之虞"[②]。

民国二十五年（1936年）四月，马鸿逵将此学校改名为"私立云亭中心小学"（"云亭"为其父马福祥字）。

中心小学设立董事会，会员竟有37名。马宣三为董事长。董事会掌握教育方向和财经。学校组织系统为：校长、校务会（校长领导下管教学、行政事务）。

私立云亭中心小学自开办以来，声名大震，邻近各乡学生纷纷前来报名，至云亭中心小学第二届学生毕业时，校董们鉴于学生上中学困难，遂请马鸿逵创办中学。

民国二十六年（1937年），马鸿逵派他手下工程处处长马麟阁带一工程队在韩集私立云亭中心小学东侧扩建一中学，马孝翔为总监工，至1939年竣工费银三十万两，取名为"私立云亭中学"。学校占地面积2.6万平方米，建有礼堂1座、董事楼1幢，教室8座，图书馆1座，另有学生宿舍、厨房、饭厅等，其建筑规模与设施为当时甘、宁、青私立学校之冠，特别是建造的大礼堂，堪称学校的代表性建筑。

大礼堂西侧修一董事楼，供校长办公和董事议事。学校后面修一别致的图书楼，名曰"少云图书楼"。

民国二十三年（1934年）到民国二十五年（1936年）间，马鸿逵曾五次派员到校视察。民国二十三年（1934年），云亭私立中学筹备期间，首次派蒙回师范学校校长苏盛华专程视察；民国二十四年（1935年），派第十七集团军参谋长、宁夏建设厅厅长李翰国视察。嗣后视察的有副官处长马如龙、地政局长马宣三、十一军军长马敦静等。这些人每次视察时，都携带大量奖品、运动衣和图书等，这对当时的校务发展起了促进作用。

民国二十七年（1938年）秋，云亭中学正式开学，招收第一届初中生共60名，分初一班和预备班（初称简师班，一年后转为初中班）上课。11所小学统归中学校长领导，编制扩大，经费骤增。马鸿逵聘请美国哥伦比亚大学留学生、山西大学教授朱启寰为第一任中学校长。由于此时校舍尚未建成，暂在马氏碑亭（即石碑院）上课。朱启寰于1939年因病辞职后，马鸿逵复派李荣培（天津南开大学毕业，宁夏省教育厅秘书，曾任宁夏联合中学校长）接替校长职务。

民国三十年（1941年）秋，学校设立高中部，招一个班，六十余名学生。至民国三十三年（1944年）秋，第一届高中学生毕业，共有12人，他们是：祁克新、马效融、蒋清、马仪、管效儒、黄振海、周奎、韦尚俊、杜儒堂、祁发荣、李万鹏、王明。其中临夏本地学生考入西北师院、甘肃学院（兰州大学前身）、省银行训练班等大专院校的共8人。至于临洮、永靖、和政等地的本届毕业生被录取情况不详。

民国三十四年（1945年）秋，第二届高中学生毕业，共8名（白廷弼、白光弼、卢霈、吕国栋、张进仁、祁莨臣、马浴新及青海民和一学生）。其中优秀毕业生白廷弼曾任临洮农校校长，白光弼曾任西北师范学院（西北师范大学前身）院长。其他毕业生升学情况不详。是年秋，教员辞走者多。原因之一是抗战胜利，东北及内地流亡教员还乡，另外由于法币贬值，物价飞涨，加之学校经费系马鸿逵在临夏的房租供给，当时收房租困难，从而致教师薪金发放不及时，又有部分教员辞走。由于师资缺乏，经费不及，学生数减少，因而高中停办。

民国三十四年，由于校董马子扬为主的地方豪绅，以校长贪污和不遵守回民风俗习惯为由，向马鸿逵诬告李荣培，李荣培被撤职。（李荣培离职后，任甘肃省教育厅教研室主任兼西北师院讲师）校长由马鸿逵派原小学训导主任李恩华（曾任宁夏省党部科长）接替。

民国三十七年（1948年）李恩华调任宁夏省教育厅督学，校长一职由宁夏师范副校长白鹏飞接任。

1949年8月22日临夏解放，军管会接管云亭中小学，并进行了整顿。云亭中学撤销，与临夏中学合并，成立临夏联合中学。

云亭中学发展的鼎盛时期是民国三十三年（1944年）至民国三十四年（1945年）秋前。抗战后期，华北沦陷，京津一带的爱国知识分子投身西北教育，所以师资力量强，资金较富裕，加之学校对外地学生管伙食、免书费、配发制服，所以报考者较多。民国三十三年（1944年）有11个班（其中有两个师范班），四百余名学生。其中少数民族学生约占学生总数的60%。教职工共有27名。教员待遇优厚，每个教员月薪是一个半人的月薪（当时称一个半人待遇）。

云亭中学创办的11年中，曾发生过两次有较大影响的学潮：第一次发生在民国三十年（1941年）九月，是月18日云亭中学学生自治会自发组织"九一八"事变10周年纪念集会活动从而引发了爱国学潮；第二次学潮发生在民国三十五年（1946年），因刻薄狠毒的军训教官随意殴打学生引发了学潮。

私立云亭中学的校训是"坚苦卓绝"，配以"忠孝仁爱、信义和平、礼义廉耻"等训辞。每周星期一早上，中心小学和中学师生都到大礼堂搞集会活动。先唱中华民国国歌，再向孙中山遗像默念三分钟，然后集体诵读孙中山总理遗训，最后由校长训话。

二、 人民政府接管学校初的教育教学情况（1949年—1957年）

1949年8月22日，临夏解放。驻扎在韩集的解放军第十四师政治部立即召集尚在本地的中小学教职员，学习毛泽东《论联合政府》《论人民民主专政》等著作，还学习了关于知识分子政策方面的文件。学习一周后立即派学员下乡宣传一周，继之协助学员恢复小学，中小学合并为"韩集完全小学校"。任命白予石为小学校校长，丁世雄任教导主任。

1950年初，恢复中学，名为"临夏初级中学"。招收原云亭中学各年级学生及小学五、六年级年龄较大同学，共一百余名。委派原云亭中学第一届高中毕业生、甘肃学院（今兰州大学）中文系毕业生蒋清为校长。是时，由于暑假中课桌椅损失严重，师资又很缺乏，文化课开设确有困难，就组织教职员学习党的政策，校长给学生上政治课，每日四课时。

1951年秋，条件好转，课桌椅大部分齐备，教师得到了补充，文化课随以开设。但由于学生文化程度参差不齐，所以分为甲、乙两班（即快班、慢班）。

1952年至1954年，曾就读于云亭小学、云亭中学的复旦大学英语系毕业生马有信任校长，韩元明为教导主任。

1954年7月，中华人民共和国成立后的第一届初中学生毕业，共54名。考入兰州医学院（预科）8名，中央医学院（预科）2名，直接分配当干部的24名，升入高中的有20名。

1955年至1957年，教职工人数增多，教学设备较为齐全。是时，学校无正校长，副校长王治成代行校长之职，胡光先任教导主任。王治成亲自授课，老教师干劲大，能力强。上下团结，协同前进，学校形势很好。

1957年将原小学地皮划归中学。是时，学校建有教室15座、会议室6座、教工宿舍33间，教职工达27人。

1957年反右派斗争开始后，老教师首先挨批。赵穆欣、何士科、杨发荣等被错划为右派，为完成指标马竟存被划为右派，石永贵作为中右被批判，潘洁风、鲁家杰也未能幸免。这一政治运动严重挫伤了教师的积极性。

三、从"大跃进"到"文革"前夕（1958年—1965年）

1958年初，学校支部尚未建立，由副校长王治成继续主持工作。全校有教职员工36人，学生四百多名，设9个班。教学质量也在全地区6个初级中学中名列前茅。

1958年夏，全国上下树起"总路线""大跃进""人民公社"三面红旗，师生在短短的两月里，大干苦干，开荒13.88亩，办起了14个校办工厂。试制成功的产品有大碱、漂白粉、肥皂等。

1958年国庆节后，从10月5日开始全校停课，遵照临夏市委"大兵团作战""大炼钢铁"的部署，一部分年龄稍大的同学进太子山搬运矿石到韩家集炼铁，其余师生一律奔赴八里寺，伐刺烧木炭，给大炼钢铁准备燃料，共烧一万多公斤，回来后在学校建平炉七个、高炉三个（据1958年12月22日《勤工俭学简报》第五期记载）。是年，秋季开学后只上了一个多月的课。

1958年5月16日，中共临夏第一初级中学党支部正式建立，临夏市委派杨育桎任支部书记，随即又派来组织干事魏之莲。当时教师中的中共党员是王治成、李遇春、胡宏义，学生中的中共党员是杨发林、陈惠民。

1958年秋季，学校首次招收高中生。

1959年3月16日将"临夏第一初级中学"改为"临夏市第三中学"。

1960年10月8日魏之莲任教育主任。

1959年庐山会议后，学校也开展了"反右倾斗争"。学校支部根据市委的安排开展运动，被批判的起初主要有胡光先、石永贵、潘洁风、王治成，而后来则集中于王治成一人。

由于"大跃进"和"反右倾"的错误影响，加上当时频繁的自然灾害等原因，国家和人民蒙受了巨大损失。本校受到了严重影响：学生大量流动、财产严重损失、教学质量急剧下滑。

每年秋季，学生都大幅度增加，但到翌年荒月却大幅度减少。如1959年秋学生达785名（初中659人、高中126人），到1960年4月就降为420名，但到1960年夏末秋初新粮接口时又上升到691名，而在1961年青黄不接时又骤降为二百多人。学生人数在秋季猛增，春季骤降，并且每年的升降差越来越大。鉴于此情况，教育行政部门同意（临市教字第023号文）初三6个班211人，合并为4个班；初二3个班107名学生合并为两个班，高二两个班学生52名并为1个班。1963年春，学生数降到了最低线，把从七中（枹罕中学前身）合并来的学生（当时有67名学生插入三中，初一34人，初二33人）计算在内，报到注册的共有78名，实际上当时全校每天上课的学生只有60名左右，高中部只剩下魏光义等3名学生，只好并到临夏中学，高中停办。为改变学校当时窘境，教育行政部门采取并校措施，于是1961年秋将七中全盘并入本校，七中校长刘兴在此未几，调回家乡平凉，主任李光祖也仅数月调离。1962年9月又将八中（吹麻滩中学前身）并入本校，三个月后又改为不并，旋即分走。

1961年末支部书记杨育柽调走，由蒋国元主持工作，不久将其任命为校长，支部会议上选为支部书记，胡宏义为副校长，胡光先为教导主任。

这一时期，社会的困难达到了顶点。学校破败、秩序混乱，学生为自保而偷馍馍、偷面粉、偷粮票的事件接连发生。教师中由于缺乏营养而病倒卧床的占三分之一，许多同志全身浮肿仍坚持工作。素有肠胃病、神经衰弱的康乐籍教师石永贵，在那个特殊的年代里，由于缺乏营养，劳累过度，1961年底从乌龙沟水库工地回来不久，便因患肠梗阻去世，年仅30岁。其时，校长蒋国元紧密团结三十多名教师支撑学校极其困难的局面，咬着牙关渡过了艰苦的岁月，坚持下来，使学生没有散伙，学校没有关门。

1962年秋季大精简中蒋国元又力主少减，只有一名教师被精减回家，两名教师下放到小学去工作，其余都保留了下来。

1962年底校长蒋国元调走。是时，校名为"临夏县韩集中学"。

1963年高中毕业生仅7人，年底张永华出任校长兼支部书记。是时，校名为"临夏县第一中学"。

1964年秋天，学生数增加到三百多人。以后逐年增加，虽然春天仍有轻微浮动，但总体呈上升趋势，截至1966年学生数达到360多人。

1964年底，尹进科继胡光先后任教导主任。

四、"文革"十年，教育羁縻不前（1966年—1976年）

结束了三年困难时期，后经过1964年—1966年三年的恢复，学校走上了正轨。

1966年秋，学校又恢复为高中，开始招收高一学生。

1966年夏，教学上突出政治色彩，增加政治课的教学时数，学习报纸上有关批判"三家村"的文章和社论，随后《五一六》通知下达，"文化大革命"开始。张永华、杨德荣、陈冠玑、张定邦、鲁家宝、杜裕震等多名教师受到揪斗。

1968年下半年校革委会成立。县革委会派的主任是李公朴，但没过三天，县革委会的造反派便写了几张大字报把李公朴揪去，再也没来。后任命李克让为主任，梁万仓（学生）为副主任，当时口头上喊的是"复课闹革命"，但文化课还是没有认真上过。主要学习《毛主席语录》，学习两报一刊（《人民日报》《解放军报》《红旗》）的文章，上串下联搞大批判。长期形成的规章制度都被斥为"清规戒律"而被砸烂，优良传统和学风也荡然无存。

1969年，为了彻底改造"资产阶级知识分子的一统天下和世袭领地"，工宣队、农宣队浩浩荡荡地开进学校，横眉怒目地要"领导斗批改"，着重是要改造知识分子。改来改去也没改出个什么名堂。学生数每年稍有增加，但教学质量仍然很低。

1970年县革委会派娄正统任校革委会主任。娄正统善于团结知识分子，能调动教师的积极性。教研组长尹进科工作扎实，学校又在"制定合理的规章制度""尊师爱生"的口号下，一步一步试探着恢复必要的制度和秩序：制定规章制度，实行考试和升留级制度，提倡尊师爱生，追求教学质量。学校狠抓教学"四环节"（认真备课、认真讲课、认真批改作业、认真辅导学生），教师也敢于理直气壮地要求学生，所以教学质量逐步上升。

没过多久，又有了反复。

"反复辟、反回潮、学张铁生交白卷"的浪潮席卷而来，又回到1966年的社会状况。成绩优秀、遵守纪律的学生被讥为"小绵羊"，而把交白卷、得零分的调皮学生誉为"小英雄"。紧接着又是学朝阳经验，走朝阳路，大办农场。学校又到麻尼寺沟康家去垦荒。第一年开垦荒地七八亩，经过两三年，耕地骤增至八十多亩。每年春耕、拔草、秋收三忙时节，学生轮流上山劳动，每次停课一周，影响了正常教学。

1972年1月28日，临县革发〔1972〕019号文下发，学校易名为"临夏县第三中学"。1972年6月，任顺高、张玉英、王联云、金少华四人任学校共青团委员会委员，增补曹德财、马培山、张风英、李永昌四人为学校革委会委员。

1973年5月，学校党支部由娄正统、尹进科、马新明3人组成，由娄正统任书记；8月，补选陈刚、王志学、李强、杨正明、拜小云5人为校团委会委员；12月娄正统由副校长升任校长。

1973年12月17日撤市并县，设立"三区一镇"，即吹嘛滩区、乩藏区、韩集区、城关镇。

1974年5月18日正式启用"临夏县韩集中学"印章。

1975年又在校内办起了红专学校。把当年新招的高一4个班办成了专业班：民办教师班、红医班、体育班、拖拉机手培训班。除开设基础课外，也上一些专业课。

1975年农机局配了一台教练专用拖拉机，聘请了几位兼职教师，还修建了许多校舍，建立了校、队（学校、生产队）挂钩的关系。教师经常到这些社队去宣传和劳动。1975年1月29日，娄正统调任县文教局局长，由赵英甲任校革委会主任，提任教改组长，尹进科为校革委会副主任。1976年2月，免去尹进科革委会副主任职务，调任四中革委会主任。由于多年来赶潮流跟形势，学朝阳和学张铁生，致使教学不扎实，学生基础知识薄弱。"文革"以来初、高中招生按30%推荐为主，考试为辅，由校革委会负责，以"有成分论，不唯成分论，重在政治表现"为原则，优先招收工人、贫下中农以及革命烈军属子女并兼顾少数民族学生和女学生入学，以致在1977年、1978年的两次高考中竟无一人上榜。

1976年9月曹家坡大队徐世荣、上阴山大队马启新成为韩集中学贫管小组成员。徐世荣任党支部副书记、贫管小组组长，马启新任党支部委员。学校党支部由赵英甲任书记，徐世荣、王玉财任副书记，马启新、曹德财任委员。校革委会由11人组成。

五、 老校焕发春光，教学事业蓬勃向上（1977年—2005年）

1976年10月，粉碎"四人帮"，教育得解放。

1977年高等学校招生考试中，本校应参加考生共计295名，但实际参加考试的仅有27名，参考率在全州32所学校中居第20名，但最终无一人被高校录取。10月，徐世荣被免去韩集中学贫管会组长、中学党支部副书记、革委会副主任职务。

1978年赵英甲调走。5月10日王锡麟出任校长，8月兼任党支部书记，王玉财仍为副校长。1979年鲁家宝任教导主任，孟福有任教导副主任，雍述元任总务主任。当时教职工有40多名，学生400多名。1978年纠正冤假错案，落实知识分子政策，陈冠玑、方正魁、徐仑等人得以平反。

党中央拨乱反正后形势很好，科学大会开过不久，邓小平同志的讲话鼓舞着教师的心，时代对学校的要求是早出人才、快出人才、出好人才。家长也寄希望于学校，又因一九七七、一九七八两届高中毕业生无一人考上大学，领导和全体教师都有奋起直追的紧迫感。校长王锡麟掌握师生心思，鼓励教师队伍下决心、鼓实劲、尽快改变现状，作出无愧于时代的成绩来。学校针对形势发展和不够稳定的教学秩序，巧借《中学生守则》贯彻试行这一东风，制定了《临夏县韩集中学关于校风校纪的规定》（简称《八条规定》），此规定在学生中认真讨论，反复修改后正式公布执行。执行的过程是相当扎实的，书记、校长、教导主任、团委、学生会、班主任共同配合，合理分工，督促检查执行的情况。每周由学生会（后来又插入值周教师）对各班级学生的上操、课间操、出勤、卫生、自习纪律、吃饭打水、晚睡等情况进行详细的检查，并将结果用分数表现出来，每周星期一早上把上周检查情况予以公布，并颁发"流动红旗"以资鼓励。对于来自校外影响教学的行为，书记校长挺身而出，维护教师的合法权益。经过三四年坚持不懈的努力，收到了可喜的效果，学校秩序井然，有条不紊。

在搞好校风、整顿教学秩序的基础上，校长、主任深入教学一线，听课、阅教案、与教师交流，不时征求学生对教学的意见，阅作业，问成绩，找出教学中存在的问题……经过两年的努力，教学质量有了明显提高。1979年秋季，高考中有4名学生考入大学，22名学生考入中专。1980年又有2名高中毕业生考入大学，44名学生考入中专。

1980年4月，雍述元任学校党支部书记。

1980年6月，积石山县成立，为支援少数民族地区的文化教育事业，从本校调出了业务骨干鲁家宝、杨德荣。在此后又调走了得力的中年骨干教师汪绍伦、吴志祥、孟福有、张春在等，使学校的教学力量大为削弱。1981年高考只有14名学生升入中专，无一名考上大学。1982年，高中无毕业生，初中有7名学生升入小中专。尽管领导励精图治，广大教师埋头苦干，但来自家长的责难和社会的压力是很沉重的。广大教师痛定思痛，总结出了几条改进教学、提高教学质量的关键措施：

（一）明确各自承担的责任，增强责任感，端正工作态度。

（二）不断提高业务水平。明确调走的同志业务精通不是天生的，是逐步成熟的结果。

（三）精心设计每一节课。

（四）精讲多练，启发思维，加强"双基"训练，强化复习。

（五）认真对待学生的作业和练习。对待学生作业要有指导、有检查，批改要及时认真。

（六）任课采用小循环，跟班上，责任到人。一般不随便改变胜任的主要课程。

（七）班主任要加强责任心，加强学风与纪律建设。

1981年2月，苏智调任韩集中学总务主任。

1981年下半年，黎世亨主持教导处工作，根据上述七条精神，更加周密地制定出《关于"备课、讲课、批改作业、辅导学生"的初步意见》，突出了基本概念的教学与"双基"训练，使教学工作更向科学化、系统化、条理化迈进了一步。1983年高考中有8名学生考上了大学，23名学生升入中专，初中毕业生有15人升入小中专，52%的学生升入高中，改变了社会上对本校的不良印象。

1982年冬，李万忠调任总务主任。

1983年5月，任顺高任副教导主任；8月陈源调出，调入祁仲华、孙孝忠等五名教师。

1983年底，临夏县与临夏市分离。雍述元、王锡麟离开学校。石纪文任书记，黎世亨任校长，金弘任副校长。学校更名为"临夏县中学"。

新的领导一上任就响亮地提出"约法三章"：

1. 以身作则。凡是要求同志们做到的，领导先要做到，凡是要求同志们不做的，领导先要不做。

2. 密切配合。班子内加强团结，各负其责，分工不分家，通气很重要。密切配合，拧成一股绳，带动大家把工作搞上去。

3. 坚决按教育规律办事，完整、准确、全面地贯彻党的教育方针，坚持以教学为中心，不为各种错误思潮所左右；知人善任，度量要大；不断学习教育科学理论，探索教育规律，开创学校工作新局面。

1984年秋，106名高中毕业生有14名考入高等院校，约20多名学生取得相当于中专录取线的良好成绩。初中毕业生108名中有12名升入小中专，50%的学生升入了高中。学校教育教学工作出现了可喜的新气象。是年高考，本校上线考生5人，照顾录取7人，学校在全州22所高中高考录取人数排名第三（第一名临夏中学、第二名临夏回民中学），受到临夏回族自治州教育局表扬。

1985年1月，学校召开了第一届教代会，通过了《临夏县中学教工代表大会暂行条例》，进一步健全了教代会制度，为充分发扬民主，促进教育教学工作创造了条件。8月，学校被临夏县委县政府评为先进集体，黎世亨为先进个人，获一等奖，并被选为出席临夏回族自治州教育战线"双先"代表大会代表。是月，正式启用"临夏县中学"新印章。1985年起改变了县中高中学制，由原来的两年制改为三年制。

1986年8月，提任郭平为教导主任，王元涛任副教导主任，同年提任萧村逸、郭平为副校长。

1987年1月，提任祁仲华为副教导主任。5月，学生张志文、崇尚俊获共青团甘肃省委"三好学生"奖，马文林获"优秀学生干部"奖。9月，宋建林任办公室主任。

1988年学校制定了总体改革方案，实行校长负责制、职工岗位责任制、教职工聘任制、目标管理制等制度。在教学中坚持"精讲多练、讲练结合、传授知识、培养能力、发展智力"的原则，制定了《教学工作常规五十三条》及其他制度五十余项，相继编定《临夏县中学制度汇编》（三册），学校管理步入制度化轨道。学校针对青年教师占70%以上的实际情况，采用"一学二促三带四奖"的办法，大力培养青年教师。一学：就是组织青年教师学习教育教学基本要求，组织上岗前及在岗的学习和培训。二促：一是要求所有青年教师必须通读整个中学阶段教材，并精读所教阶段教材，定期考核；二是采取各种办法促其提高基本功，如教龄半年者在教研组内上"基本功过关课"，教龄一年者在全校范围内上"基本功汇报课"，每年举行一次教学基本功比赛，每次活动都周密组织、认真考核、奖罚分明。三带：一是平行班排课时新老教师搭配，以老带新，以新促老；二是安排以老带新的结对活动，老教师对新教师带思想、带作风、带业务，并与奖罚挂钩；三是组织新教师听示范课或去外地参观学习（基本每年一次）。四奖：一是每年评选一次教学新秀；二是函授或自学取得高一级文凭者学校给予奖励；三是年终评选先进工作者；四是设立各项单项奖，如教学质量奖、班主任工作学期考核奖、青年教师基本功比赛等。这些措施有力地促进了教师队伍建设，提高了教学质量。1985年7月毕业的104名高中生中，有10名考入高等院校，超额完成了州上下达的6%的任务，有20名学生考入中专，大中专总共录取30名，录取率约为29%。同年初中毕业生102人中，有10人升入小中专。是年，获得州、县奖金1610元。1987年（1986年无毕业生）有23名考生考入高等院校（其中重点院校及首批次录取7人），22人升入高中段中专，超省均或州均的学科由1985年的1门增加到4门。

1989年1月，祁仲华提任副校长。9月，学校被省委、省政府评为"教育战线先进集体"，黎世亨被国家教委劳动人事部、全国教育工会授予"全国优秀教师"称号，宋明震提任副教导主任。10月，宋建林改任教导主任，赵达提任办公室主任，免去刘进荣教导主任职务，调文教局教研室工作。

为鼓励教师加强教学研究，1990年上半年召开了首届教育教学研讨会，交流论文18篇（是时学校专任教师57名）。高考文科成绩自1984年始6年以来始终居全州各中学上游，初中教学质量也有一定的提高，仅1990年而言，全县初中升学率34%，而本校初中升学率超过60%。1990年6月，学校被州教育局评为"达标先进学校"；9月，学校被省委、省政府树立为"甘肃省教育系统先进集体"。1991年1月被县委县政府评为"民族团结进步先进集体"。是年，牛俊泽提任总务副主任。

1992年起，学校在教学管理上突出"严"、"细"、"实"、"效"的指导思想，狠抓常规管理，强化班子队伍建设的职能引领作用，1988年重新修订印发了《关于校风校纪的规定》及《领导班子约法三章》，要求班子成员坚持做到"四个一"，即深入一个班级、参加一个教研组、教好一门学科、总结一方面的经验；起好"三个作用"，即带头作用、组织领导作用、抵制不正之风的作用；坚持"三敢"，即敢说、敢干、敢管，校风有了进一步好转。

1992年秋，全县各中学教学质量奖奖金发放中，学校获1220元（共发放4680元）。

1994年，学校被编入《中国地方名校》一书。

1995年，本校初、高中毕业生在升学统考中均获得好成绩：初中会考中，物理、数学学科居全县第二名，其他学科平均分均居全县第三名，六科合格率为40.5%，居全县第一。85名初中毕业生中有24人被小中专录取，比1994年的录取人数翻了一番。被高中录取55人，当时在全县初中毕业生升学率不足40%的情况下，本校初中毕业生升学率达到80%。高中毕业生有25人升入高等院校，比1994年净增11人，升学率上升了11个百分点。

在狠抓教学质量的同时，领导班子很重视校园文化建设，语文学科组坚持创办《蓓蕾》校刊（每学期两期）。1987年萧村逸创办《本校新闻》黑板报（发布过七期），自1987年9月7日由康廷栋续办至124期，于2000年5月29日止，历时13年，发布新闻596条，共15804字，适时适度地宣传了校园动态。

1997年2月，田祥林任教导主任，宋明震任政教主任，张辉任办公室主任。

1998年，学校被评为"全县教育工作先进集体"，黎世亨、祁仲华被评为全县第一批"专业技术拔尖人才"。是年，全县科级领导班子和领导干部考核中学校班子被评为好班子，石纪文被评为优秀领导干部。

1999年，江富傲任教导主任，牛俊泽任总务主任，张英海任教导副主任。

2000年底，范生江任办公室副主任，杨彦云任教研室主任。

2001年底，范生江任办公室主任。

2000年秋，新建的教学北楼投入使用，2002年1月，李瑞任学校党支部书记兼副校长。2003年1月起，黎世亨享受副县级待遇。2004年春，县级文物保护单位——临夏县中学礼堂被拆除，在其旧址上修建一栋综合教学楼。同年祁仲华调离。2004年1月，马维东调任副校长。2004年秋学校校舍紧张，借用中山回民小学部分校舍，供暂分出的初一6个班教学之用，范生江具体负责教学管理，借用一年后迁回。

2004年，江富傲提任副校长，赵亚平提任教导副主任，王永智提任政教副主任，马建成提任办公室副主任，宋海云提任总务副主任。是年高考学校喜获丰收，苏晓虎、苏彩莲、祁黎炎等考生考出了好成绩，176名考生中，有31人被本科院校录取，专科和高职录取115人，录取率为82.9%。初中毕业会考199名考生中六科合格人数53人，合格率也居全县中学上游。

2005年12月，甘肃省教育厅、人事厅、财政厅评选任命黎世亨为2004年度全省特级教师。

从1984年至2005年的21年间，学校基础设施不断发展、制度不断完善、教师队伍不断壮大、学生人数逐年增加，到2004年达到历史最高，初中946人，高中918人，总计1864人。教学质量稳中有升，学校多次受到临夏县委、县政府和上级教育主管部门的奖励。

六、全面创新管理，一路高奏凯歌（2006年—2017年）

2006年3月，赵亚平被提任教导主任，王永智任政教主任，马建成任办公室主任，张永华任教研室主任。

2006年7月，马维东任学校党支部书记；8月，李瑞任校长，张英海、宋明震提任副校长，学校新一届领导班子产生。

2006年10月，郑维华提任教导副主任，杨万福提任教导副主任，李文明提任政教副主任，马文成提任办公室副主任，尹小龙提任教研室副主任，王晓明提任总务处副主任。形成了从校长、书记到各处室主任16人组成的学校行政会管理层。在2006年度全县科级领导班子和领导干部考核中，学校领导班子被评为文教卫生系统好班子，李瑞被评为优秀科级干部。

2007年5月，黎世亨退休，8月底学校初、高中剥离，36名教师被分流到韩集初中任教，学校成为独立高中。是月，马维东调任马集中学校长。秋季高考文科毕业生江贵玉、徐品杰获全县文科第二、四名的好成绩，分别受到县委、县政府4000元、2000元的奖励，理科考生王永清获4000元奖励。

2008年初，学校全面落实州教育工作会议提出的"三线三级"管理机制，开展了以硬化、绿化、美化、净化为主要内容的四项工程建设达标活动，在学校管理上侧重"五课教学"抓教研，围绕创建"平安、和谐、文明"校园，狠抓了学生"三个习惯"（学习习惯、行为习惯、卫生习惯）培养，定目标，下任务，强化目标管理，收到了显著成效。

2008年秋季，参加高考的419名学生1人上重点线，1人入围全州文科50强，30人上二本线，上线人数比2007年增加18人，这是上线人数首次突破30人大关。9月，文、理科数学成绩超州均分的四位教师（郭旭强、杨天祥、江富鹏、孙孝忠）获县委、县政府首次重奖。

自2003年以来，学校每年都有考入重点院校的考生。2008年上半年进行的州教育督导评估中，学校达到了"临夏回族自治州一级中学"指标。

2008年1月，学校升格为副县级建制。3月11日马建功调任党支部书记。

2008年12月，召开九届三次教代会，修订了《临夏县中学教学质量奖奖罚办法》《临夏县中学骨干教师评选办法》等七项制度，制定了由12项考核奖项组成的《临夏县中学绩效工资制试行办法》，大力推行绩效工资制，设立了高中会考奖、教研论文及课件评选奖，提高了教学管理奖、班主任管理奖、教学质量奖金额，有效调动了广大教职工的积极性。

2009年4月，学校被县教育局命名为"平安和谐文明学校"。是年高考，62人上二本线，上线人数比2008年增加32人，118人升入本科院校，242人升入大专高职，升学率为

55.4%，比2008年提高了6.8%，比全州升学率（50%）高5个百分点。高三文、理科六门学科成绩超州平均分。10月，《临夏县教育局关于表彰奖励2008—2009学年度全县教学质量先进集体和先进个人的决定》中，张英海、郑维华、王永智、杨天祥、安群英、马文成、李昌华七名教师获一等奖，奖金各2000元，朱正云、李科华、高占龙、郭彩云四名教师获二等奖，奖金各1500元，本学年度全县高考单科奖均被本校教师摘走，学校被县委、县政府授予"教育系统先进集体"，这是第7次获得此项荣誉称号。年度考核中学校领导班子再度被评为"好班子"，江富傲被评为优秀科级干部。12月22日，学校召开2009年高考、会考质量分析暨表彰大会，兑现各种奖金2.74万元，有效提振了教师信心。

2010年，学校倡导"三苦精神"，狠抓"三风建设"，继续把教学质量再上新台阶作为奋斗目标及各项工作的核心，全面落实县教育局提出的"双线五级"管理办法和《临夏县中小学目标管理量化考核办法》，加大了各项制度的落实力度，实行了责任追究制和安全首遇责任制，为巩固安全文明和谐校园提供了制度保障，进一步落实分级管理、分层教学和年级组长聘任制等管理模式，学校要求全体教职工自觉履行好自己的职责，树立责任意识、成绩意识、吃苦奉献意识、服务意识，模范遵守各项规章制度，维护学校的整体利益。5月，学校被州语委会树立为"州级语言文字规范化示范学校"。

是年，高考又有新突破。参加高考的500名学生中，上一本线1人，二本线65人，比2009年增加了3人，本科上线124人，应届生上线率22.26%，在全州19所高中中居第四名；有121人被本科院校录取，192人被大专院校录取，升学率为59.06%，比2009年提高了5.96%，录取率在全州19所高中中居第五名。

2011年，学校管理以认真细致地落实临夏县教育局出台的"双线五级"管理机制和"4311"考核办法为中心，在继续倡导"三苦精神"的基础上，创新管理理念，贯彻"三会"思想，即：领导苦抓要会抓、教师苦教要会教、学生苦学要会学。抓好"五个继续"，即：继续把教学质量再上新台阶作为奋斗目标及各项工作的核心；继续加大校园安全责任追究制和首遇责任制的执行力度，安全工作实行一票否决制；继续实行分级管理，教学质量"包"字当头；继续配合县教育局抓好学校整体搬迁工作，坚持不懈地抓好学校工作；继续树立县中新形象。强化制度建设，修订并完善了60项制度，使得学校各项工作得以有序和谐地推进。

2011年，高考再次取得新突破，总上线率为75.46%，比2010年提高了39.86个百分点。在参加高考的485名考生中，本科上线184人，上线率为37.94%；升入本科院校147人，本科录取率为30.3%，超出本县录取率1.6个百分点。学校被县委、县政府评为"教育系统先进集体"。高三考生周威国、王海霞、邓忠秀分别居全县文科第一、二、三名，王亨强居全县理科第三名，分别获得县委、县政府5000元、4000元、3000元和3000元的奖励。

2012年，学校继续贯彻"三苦三会"的管理思想，狠抓常规管理，教学质量再上台阶。高考二本上线56人，4人进入全州文理科前100名，5人跃居全县文理科前10名。是年9月8日召开的全县教育教学表彰大会上，本校获高考学生上线奖奖金13250元，胡俊玺、铁永龙等8名班主任获"班主任奖"，杨文理、韩红梅等29名教师获"所教学生上线奖"，安群英、马国鹏等13名教师获"单科成绩优胜奖"。学生张黎明、王燕燕、赵春阳、康晶俊，考取了全县文科考生第三、三、四、五名的好成绩，王磊、朱俊芳取得全县理科考生第四、五名的好成绩，这几位同学受到县委、县政府5000元至3000元不等的奖励。

2012年11月，学校提任郑维华任教研室主任，郭旭强任教导处主任，王智强任政教处主任，戴文熹为办公室副主任，张发为教导处副主任、包旺虎为政教处副主任。聘用王正国为学校工会主席，孙孝忠为工会副主席。成立了学校民主理财委员会，由戴文熹任会长。

2013年，学生数增至1718人（95%为寄宿生），班级数扩大至30个，教职工也增加到146人。为彻底解决校舍破烂，住宿和餐饮条件差的问题，8月，学校从数代教师艰苦奋斗了75年之久的韩家集老校区整体搬迁。经过全体师生三天的艰苦劳动，搬到了双城新落成的实验小学校区和原韩集初中校区（高一年级搬至原韩集初中，高二和高三年级暂时借用双城实验小学）。

2013年6月，陈源调任学校党支部书记。

2013年高考取得了历史性突破：一本上线3人，二本以上上线93人，二本上线率为20.4%。464名考生中被本科院校录取155人，专科以上录取373人，录取率达80.4%（全省录取率为77%）。9月，学校被州委、州政府授予"教育工作先进集体"荣誉称号，县委、县政府重奖学校27.2万元，学校被评为"全县教育系统先进集体"。特别是高三任课教师共获得75万多元的奖励并授予了个人"高考质量奖"荣誉。学校统筹安排，合理分配27.2万元奖金，使全校教职工均按劳获得了高考奖金。学校声誉得到了极大的提升，师生精神空前振奋。

2013年9月，在姚川原韩集初中校区新建了一栋1.1万平方米的教学楼、1200平方米的学生餐厅并附建塑胶操场一块，工程总投资3000万元。

2014年，乘着上年度高考大丰收的强劲势头，学校领导励精图治，群策群力，注重过程管理，狠抓教学研究，努力实现"教研兴校"构想。为优化课堂教学效果，开展了创新设计的"学讲练思"活动，37名教师参加了本活动优质课讲练评比和州级说课比赛。76名教师赴北京师范大学、陕西师范大学和厦门大学学习培训。6月，学校党支部被州教育党工委授予"先进基层党组织"称号。高考再传捷报，一本录取9人，本科录取148人，专科以上录取418人，录取率为77.3%。9月，学校被县委、县政府授予"教育教学质量先进集体"称号；10月，被省委宣传部、文明办、教育厅评为"甘肃省中小学德育示范学校"。

2014年8月，双城部和姚川部实现了合并。学校恢复了建校初的"坚苦卓绝"校训，仍以"团结、勤奋、求实、创新"为校风追求目标，以"严谨、扎实、生动、活泼"为教风之目标，在办学策略上实行了分层教育、分级管理的模式，继续认真落实"三苦三会"的管理思想，将行政会人员分解到各年级组参与管理，体现了真正意义上的分级管理模式。各年级在分管校长领导下，严格师生考勤管理，强化教学过程管理，注重课堂，关注学生。在分级管理的总体格局上，特别注重高三年级的管理，想办法，创路子，建立与省内名校高考信息共享渠道，邀请名师到校指导高考备考工作，收到了良好的效果：2015年参加高考的537名学生6人上一本线，二本以上上线100人，上线率17.95%，居全州15所高中第四名；三本及民族类院校上线96人，居全州15所高中第三名。是年高考，全省总录取率为78%，临夏回族自治州为77.32%，而本校为81.33%，在全州15所高中当中录取率排名第二。学校声誉得到了极大的提升，受到了社会各界的一致好评。

2014年起，学校行政层管理队伍进一步得到了充实。2014年4月，提任马文成为办公室主任、朱杰为教研室副主任、张海胜为总务副主任、杜发利为政教处副主任。之后，2016年，提任王贤博为教导处主任、王正尧为教导处副主任、李昌华为政教处副主任，原教导主任郭旭强提任为副校长，副校长江富傲调离。2017年2月，朱雪莲提任副校长。至此，从校长到各处室主任19人组成了学校管理层，为学校精细化管理夯实了基础。

综观十多年来的可喜成绩，得益于几个主要方面：一、管理创新，思路灵活。"包"字当头的管理模式，让各年级组放开脚步，自定路子，走适合本年级的教学之路。学校根据绝大多数学生基础差、底子薄，很难通过文化课的学习考上一、二本高等院校的实情，因地制宜，引领学困生走艺术特长生升学之路。目前，特长生教学特色已成学校办学的新亮点。二、运作奖惩机制，调动教师的工作热情。自2006年—2012年，学校自筹资金，连续奖励高考单科优胜教师。近十年来每年分四次评选各类管理奖，让绝大部分教师受奖，极大地调动了教师的积极性。三、走出去，请进来，兼收并蓄。学校不惜资金适时带领教师走出学校，学习先进教学思想，拓宽教师视野，更新教学方法：2007年7月，校长带领各处室主任、高三年级教师和部分优秀教师40多人到武威一中、六中、七中进行了为期4天的参观学习；2010年9月，校长又带领40多人到兰州榆中县一中、恩岭中学参观学习；2013年5月中旬，学校高一高二部分教师及行政领导41人赴兰炼一中进行了听课学习。在夯实教师队伍建设的同时，领导班子也及时充电：2012年6月，李瑞赴台湾进行了教育考察交流活动；2012年10月张英海参加了"教育部—中国移动中小学校长培训项目"山东省影子培训。2014年8月，江富傲赴厦门参加高考研讨会；2014年11月，李瑞到山东桓台二中全方位、多层次学习了5天，切身感受了新课程改革实验区的教育新理念等。2015年，江富傲、张英海又分别参加了"教育部—中国移动公司影子校长培训"。四、扶贫救助，抢抓生源。近十年来学校多渠道争取救助资金5212783元，资助学生8985人次，使濒临失学的学生完成学业。设立优生奖，吸引贫困优生到校学习。五、求高效课堂之效，走教研兴校之路。2012年始，学校派出多名教师赴北京师范大学、陕西师范大学等高校培训学习。这些教师返校后学校及时地以召开培训报告会的形式共享培训信息，带动同学科教师更新理念，创新方法。同时学校又开展了以"学、讲、练、思"为环节的课堂教学模式，为追求高效课堂迈出了可喜的一步。为了进一步挖掘教师的教研潜力，学校除每年召开教学研讨会之外，还编印出版了《县中教研》《深化课程改革创建高效课堂》《临夏县中学新课程实验校本教材》《教苑》等教研刊物，给各位教师搭建了资源共享、智力互赢的平台。

县中的昨天，有过辉煌；县中的明天，将会更加令人振奋。而今的县中，气象万千，高歌猛进。"天行健，君子以自强不息；地势坤，君子以厚德载物。"全体县中人将凭着这种自强不息的精神和载育万物的品德，同心同德，群策群力，掌握新情况，研究新问题，提出新措施，破解新难题，再铸新辉煌。

注释：
①②均出自《私立云亭小学校实施概况序言》。

大事记

私立云亭中学创建前大事记

民国七年（1918年），时任宁夏总兵的马福祥捐资1500大洋将导河县西区国民小学修葺一新，并聘请临夏县杨坪村梁家山人氏梁竹岗为校长。

民国十七年（1928年），西区国民小学因河湟之乱停办。

民国十九年（1930年），时任蒙藏委员会委员长的马福祥嘱托儿子马鸿逵带大洋4000块扩建西区国民小学。

民国二十年（1931年），西区小学校创办人马福祥逝世。

民国二十一年（1932年）二月，西区国民小学正式开学，马鸿逵自兼校长。

民国二十一年（1932年），马鸿逵委族兄马宣三为学校董事长，并聘请北平成达师范毕业生王国华为代理校长。

民国二十五年（1936年），王国华辞职；是年七月，继聘请成达师范毕业生马毓贵为代理校长。

民国二十五年（1936年）八月，西区国民小学校改名为"临夏县私立鸿逵小学校"，不久，又改校名为"私立云亭中心小学"。

私立云亭中学大事记

民国二十三年（1934年），为筹办私立云亭中学，马鸿逵派蒙回师范学校校长苏盛华专程视察。

民国二十四年（1935年），为筹办私立云亭中学，马鸿逵派第十七集团军参谋长、宁夏省建设厅厅长李翰国视察。

民国二十六年（1937年），马鸿逵派遣其工程处长马麟阁在私立云亭中心小学东侧扩建一中学，附设有大礼堂、图书楼和董事楼，至民国二十八年学校竣工，费银约30万两，取名"私立云亭中学"。

民国二十七年（1938年），私立云亭中学正式开学，马鸿逵聘请美国哥伦比亚大学留学生、山西大学教授朱启襄为第一任校长，定校训为"坚苦卓绝"。11所小学统归中学校长领导。

民国二十八年（1939年），朱启襄因病辞职。李荣培（南开大学毕业，时任宁夏省教育厅秘书，曾任原宁夏联合中学校长）接替校长职务。

民国三十年秋（1941年），学校设立高中部，招收了一个班，计六十余名学生。民国三十三年秋（1944年），第一届高中学生有12人毕业，他们是：祁克新（曾任永靖中学校长）、马效融、蒋清、马仪、管效儒、黄振海、周奎、韦尚俊、杜儒堂、祁发荣、李万鹏、王明。

民国三十年（1941年）九月十八日，云亭中学学生自治会自发组织"九一八"事变十周年纪念活动，九月二十一日，引发爱国学潮。

民国三十四年秋（1945年），第二届高中学生毕业，共8名，他们是：白廷弼（后任临洮农校校长，被誉为沼气专家）、白光弼（曾任西北师范学院院长）、卢霨、吕国栋、张进仁、祁苠臣、马浴新及青海民和一学生（姓名不详）。

民国三十四年（1945年）秋，因经费紧张，部分教员辞走，学生数减少，高中停办。

民国三十四年（1945年）末，李荣培被撤销校长职务，校长由小学训导主任李恩华接替。

民国三十五年（1946年），学生因不满军训教官随意殴打学生引发第二次学潮，激愤的学生痛打了教官并逼其离校。

民国三十七年（1948年）九月，李恩华调任宁夏省教育厅督学。宁夏师范副校长白鹏飞接任校长一职。

1949年8月，临夏解放，军管会接管云亭中小学，定校名为"韩集完全小学"。

中华人民共和国成立初大事记

1950年初　恢复中学，名为"临夏初级中学"。军管会委派原云亭中学第一届高中毕业生、甘肃学院（兰州大学前身）中文系毕业生蒋清为校长。

1951年秋　由于招收的初一学生文化程度参差不齐，所以分为甲、乙两班（即快班、慢班）。

1952年　原就读于云亭小学、中学，后考入复旦大学英语系的毕业生马有信任校长，韩元明为教导主任。

1953年末 马有信调离，徐敏天代理校长兼教育主任之职。

1954年 中华人民共和国成立后的第一届初中生毕业，共54名。

1955年 校名改为"临夏第一初级中学"，王治成为代副校长，胡光先为教导主任，马维承为总务主任。

1957年 赵穆饮、何士科、杨发荣等教师被错划为右派。

从"大跃进"到"文革"前大事记

1958年5月16日 中共临夏市第一初级中学党支部成立。杨育柽为书记，魏芝莲为组织干事。

1958年夏 学校在麻泥寺沟乡康家村开荒13.88亩。是年，办起了14个校办工厂。

1958年秋 学校首次招收高中生。是年秋季开学只上了一个多月的课。10月5日开始，全校停课。师生全部投入到大炼钢铁运动当中。

1959年3月16日 校名改为"临夏市第三中学"。

1959年11月26日 由市委报请州委批准，王治成被定为"反党分子"，给予"清除出党、撤销代副校长、人大代表资格并降两级"的处分。由胡宏义代理副校长职务。

1960年2月25日 王治成被调往六中任教员。

1960年10月8日 魏芝莲任教育主任。

1961年春季 初三年级六个班211人合并为四个班，初二年级三个班107名学生合并为两个班，高二52名学生合并为一个班。

1961年秋 七中（枹罕中学）全部并入三中。是年，毕业生陈惠民考入甘肃师范大学。

1961年末 党支部书记杨育柽调离，由蒋国元主持工作，并被任命为校长，胡宏义为副校长，胡光先为教导主任。

1962年9月 将八中（吹麻滩中学）并入三中，三个月后又分走。

1962年3月8日 校名改为"临夏县韩集中学"。是年秋，毕业生吴丕忠考入甘肃师范大学。

1962年底 蒋国元调离。副校长胡宏义主持学校工作。

1963年春季 学生数骤降，高中停办。是年底，张永华任校长兼党支部书记。

1964年3月12日 经人委会议研究决定，并降一级工资（原行政工资二十级降为二十一级）。

1964年3月16日 教育干事赵学文调离，任白家河小学校长，李克让调为教育干事，郭志愿调韩集小学任教育干事。

1965年4月7日　王玉财调任县党校教员。

"文革"十年大事记

1966年夏　教学上增加了政治课时数，《五一六》通知下达，"文化大革命"正式开始。

1966年秋　学校又招收高一学生，恢复高中建制。红卫兵组织建立。张永华、陈冠玑、杜裕震、杨德荣、张定邦、鲁家宝等十数名教师受到揪斗。

1968年下半年　学校革委会成立，革委会主任李公朴到任不到三天被揪走。任命李克让为革委会主任，梁万仓（学生）为副主任。

1969年　工宣队、农宣队进驻学校。工宣队队长刘子兴，农宣队队长高大爷（俗称，姓名不详）。学校改为"五七"红专学校。

1970年1月　全州中小学改秋季始业为春季始业。州革委会，对中学生每生每学期收费作出了决定：中学，城市1.5元，农村1元；小学，城市0.7元，农村0.5元。是年12月，临夏县革委会派娄正统任学校革委会主任。

1972年1月9日　录用马新民任学校政治干事，江怀达任教员。

1972年2月21日　县革委政治部任命马新民为学校团支部书记，李永昌任团委副书记。

1972年6月6日　增补曹德财、马培山、张风英、李永昌四人为学校革委会委员。

1972年6月24日　县革委会政治部同意任顺高、张玉英、王联云、金少华为学校共青团委员会委员。

1972年11月27日　尹进科任学校教改组长。

1973年5月10日　学校党支部由娄正统、尹进科、马新明三人组成，娄正统任书记。

1973年8月17日　陈刚、李强、王志学、杨正明、拜小云补选为学校团委会委员。

1973年12月15日　娄正统（副校长）任校长，王玉财（原文教局副局长）任副校长。

1973年12月17日　撤市并县，设立"三区一镇"，即吹麻滩区（辖9个公社）、乩藏区（辖6个公社）、韩集区（辖9个公社）、城关镇（设立城南、城北、东关、西关、八坊5个街道办事处），其余17个公社，共46个公社由县直接领导。

1974年4月19日　学校女子垒球队参加全县女子垒球运动会获第二名。

1974年（月份不详）　增补王玉财、王登雄二人为学校党支部委员，王玉财任副书记。

1974年5月18日　正式启用"临夏县韩集中学"印章。

1975年1月29日　校长娄正统被提任为文教局局长，由赵英甲任学校革委会主任，提任教改组长尹进科为学校革委会副主任。

1975年4月5日　中共韩集区委任命赵英甲为学校党支部书记，高玉英任支部委员、马福兰任革委会委员。

1975年9月20—11月20日　在学校开办社队农机和财会人员培训，共培训293人。

1975年10月13日　文教局发文，拨款1.5万在学校修教室四座，筹建"临夏县'五七'红专学校"。

1975年12月20日　县革委会拨给学校"东风28"拖拉机一台，投资2360元。

1976年2月8日　免去尹进科校革委会副主任职务，调任四中革委会主任。

1976年9月19日　韩集公社发文任命曹家坡大队徐世荣、上阴洼大队马启新为学校贫管组成员，徐世荣任党支部副书记、贫管小组组长，马启新任党支部委员。

1976年10月17日　学校党支部由赵英甲任书记，徐世荣、王玉财任副书记，马启新、曹德财任委员。学校革委会由11人组成：主任为赵英甲，副主任为徐世荣、王玉财，委员分别为马启新、曹德财、孟福有、杨生春、卢建璧、周进录、郭明、焦俊芳。

"文革"后大事记

1977年春季学期　学校没配发政治课本，政治课主要内容为学习毛泽东主席《论十大系》和华国锋主席《在全国农业学大寨会议上的讲话》等。

1977年　高等学校招生考试中，韩集中学295名学生中参考的有27名，居全州32所参考学校中的第20名。

1977年7月22日起　学校"红专中学"耗时三个月，培训农机人员300名。

1977年10月1日　韩集区免去徐世荣贫管会组长、中学党支部副书记、校革委会副主任职务，调任曹家坡大队党支部书记，革委会主任。

1978年2月28日　韩集中学被列为全州重点中学。

1978年5月10日　王锡麟被免去土桥中学革委会主任职务，调任韩集中学校长。

1978年8月8日　韩集区委任王锡麟为学校党支部书记。

1979年1月5日　县委认定杨德荣1961年所写诗歌、日记不属错误，对临县〔1972〕87号文对其所犯错误的处理决定予以撤销。

1979年1月13日　鲁家宝任教导主任，孟福有任教导副主任，雍述元任总务主任，张定邦提任乩藏中学校长。是月16日，尹进科调离任土桥中学校长，王玉财任副校长。

1979年6月14日　大中专招生考试中学校首次成立考场办公室。

1980年1月10日　王锡麟、王玉财、孟福有、武正芳为学校党支部委员。4月25日，雍述元任学校党支部书记。

1980年秋季　尹集中学高二两个班并入韩集中学。

1981年1月10日　闵仲才调枪竿中学任教，卢建璧调入文教局工作。

1981年2月22日　州体委借调孟玉林参加全省武术观摩表演大会。26日，原麻尼寺沟学校校长苏智任学校总务主任。

1981年3月3日　任顺高任学校青年干事。

1981年6月30日　学校党支部被评选为全县先进党支部，任顺高为优秀共产党员。

1981年8月26日　国家正式颁布《中小学生守则》。

1982年12月2日　对1958年在反右倾运动中受批判内定为右倾分子于1960年病故的教师石永贵平反昭雪。

1983年2月22日　李万忠任总务主任，江怀达调离任红台学校校长兼学区负责人。

1983年5月6日　任顺高任副教导主任。

1983年7月12日　省教育厅、省卫生厅授予校医马万良"甘肃省优秀学校卫生工作者"荣誉称号。

1983年8月9日　县委对1958年10月因被怀疑盗窃被捕入狱后死于狱中的马文辉予以平反。是月22日，杨莲、张润虎、赵凤英调出，调入祁仲华、孙孝忠、王德瑞、刘伟、李俊。是月27日，陈源调出。是年9月2日，任顺高、石纪文、李万忠为学校党支部委员。

1983年10月14日　定雍述元为科级干部。11月王锡麟调离。

1984年4月30日　全民文明礼貌月活动总结中，学校被评为先进集体，教师萧村逸、学生张正平被评为先进个人。

1984年5月1日　临县教工会分三片（北塬、西、南三片），组织以学区、中学为单位的全县篮球赛。西片由本校承办。

1984年5月4日　李万忠任韩集中学总务主任。

1984年6月11日　临县府任命黎世亨为校长，金弘为副校长。是年8月24日，蔡亚平调任副校长，郭平调任教导主任。

1984年10月7日上午8时　在县民办教师中录用和招聘40名公办教师的预选考试在学校进行。

1985年1月4日　学校召开第一届第四次教师代表大会。6日，州教育局〔1985〕02号文，1984年高考，韩集中学上线5人，居全州22所高中录取第三名（第一名临夏中学，第二名临夏回民中学），受到州教育局表扬。是月18日，启用"甘肃省临夏县中学"印章。

1985年2月25日　黎世亨享受1984年度"一次奖"一等奖，奖金300元。

1985年7月20日　任顺高任临夏县文化市场管理领导小组副组长。

1985年秋季　改变了高中学制，从原来的两年变为三年。

1985年8月25日　中共临夏县委、县人民政府授予临夏县中学先进集体称号，黎世亨为先进个人，获一等奖并被选为出席州教育战线"双先"代表大会代表。

1985年10月31日　免去蔡亚平临夏县中学副校长职务。

1986年

5月6日　临县府发〔1986〕34号文，关于调整临夏县招生委员会的通知中，黎世亨等11名同志组成临夏县招生委员会。

6月19日　学校成立广播室，由萧村逸副校长具体负责并开展工作。

8月23日　振华中学教师王元涛提任本校副教导主任。

9月8日　学校召开第三个教师节庆祝大会，黎世亨在师生大会上做了以"尊师重教"为内容的重要讲话。

11月17日　本校获州委、州政府"一九八五年教育战线先进集体奖"，黎世亨获州委州政府"一九八五年教育战线先进个人奖"。

12月29日　学校召开二届一次教代会。

临县招办发〔1986〕01号文——《关于一九八六年普通高等学校中等专业学校招生的通知》，临夏本校设为普通高等学校招生考试考点。

临县教发〔1986〕05号文，《关于发放一九八四至一九八五学年度累进奖的通知》中，本校受奖总金额1520元。其中大专录取8人，金额800元；高中中专14人，金额420元；初中中专10人，金额300元。

1987年

1月15日　祁仲华提任副教导主任。

4月30日　临县府发〔1987〕27号文——《关于调整临夏县招生委员会的通知》精神，黎世亨任委员，学校被认定为全国统一高考考点。

5月14日　临县团发〔1987〕012号文——《关于在全县中小学表彰奖励张志文等二百一十一名"三好学生"、马文林等四十九名"优秀学生干部"、县中高一（1）班等三十六个"文明班集体"的决定》中，本校学生张志文（省级）、崇尚俊（省级）、马福祥、黄升、陶玉录、田福林、秦正林、杨玉芳、范菊儿、李承义（8名学生为县级）分别被评为省、县级"三好学生"；马文林（省级）、马文平、尚焕明、邵向明（3名学生为县级）分别被评为省、县级"优秀学生干部"，初三（3）班、高一（1）班被评为"临夏县文明班集体"。

6月13日　学校成立职务评聘工作五人领导小组。首次职务评审、聘任工作全面展开。

9月16日　学校召开二届二次教代会，会议共讨论提出八个方面、十一个具体问题。

9月22日　宋建林任办公室主任。

11月12日　临州教字〔1987〕151号文——《关于成立全州中学教师职务评委会学科评议小组的通知》精神，黎世亨任该评议小组副组长。

1988年

3月9日　学校召开二届三次教代会。是年7月16日，学校召开二届四次教代会。

3月23日　920名学生参加北山绿化任务，植树4600多株。

3月30日　1987年全县中学累进奖评选结果显示，本校高中毕业生被大专以上录取23人，获奖金2300元，被中专录取22人获奖金660元，初中毕业生被中专录取8人获奖金240元，初中合格生3名获奖30元，共获奖金3230元，居全县第一（县中、振中、土中为完全中学）。

8月23日　省政协科教文卫委员会主任贺主任，原甘肃省教育厅厅长、现甘肃教育学会会长、省政府顾问邓品姗（省政协委员），兰州回中教师马国昌等率领的教育调查组一行7人来本校调研学校工作。8月29日，省政协科教文卫贺主任和省政府顾问邓品姗又一次视察本校，实时实地深入教学第一线听课，并调查了各教室教学开展情况。

9月10日　学校举行了建校50周年庆祝活动，省纪委、省政府2个省级单位，州政协、对台办、宗教局、临中、回中等66个州县级单位，白光弼、王国礼等28个校友，马正锋等7名县级领导到会祝贺。省妇联等12个单位和个人发来贺电贺信。

9月14日下午　国家教委初教司陈司长率领的教育调查团来本校调查，陪同调查的有省教委罗主任，省、州人大有关领导，马正锋书记等。

12月　郭平被免去副校长职务，调任县文教局副局长。

1989年

1月14日　学校召开三届一次教代会。

1月17日　提任祁仲华为副校长。

3月13日　合同工宗得奇和校方代表李万忠签订了农场土地承包和新办养殖场合同，合同期三年，并就签订事宜进行了公证。

6月5日　临县教发〔1989〕21号文——《关于发放一九八八年全县中小学累进奖的通知》精神，县中大专录取10人奖金1000元，高中中专录取17人奖金510元，初中中专

13人奖金390元，初中合格生2人奖金20元，合计奖金1920元。

8月14日　县文教局为本校初中班少数民族学生拨付"两免费"2000元。

8月25日　学校兴办的空心砖厂开始上马生产。

9月8日　在全县召开的教育战线先进单位、先进个人和三十年教龄教师表彰大会上，本校荣获全县教育系统"先进集体"称号，黎世亨做了先进经验介绍。本次大会为本校三十年教龄的老教师李万忠、杜裕震颁发了荣誉纪念章。

9月13日—16日　本校召开三届二次教代会。黎世亨向大会作了题为《旗帜鲜明地坚持四项基本原则，积极主动地将教育教学改革推向深入》的工作报告。全体教工分组讨论了黎世亨的报告，最后主席团作出了关于通过校长工作报告的决议。

是年学校改造危房和新建校舍80间约1200平方米，新建了校门。学生人数为1300多。形成新的《总体管理改革方案（试行稿）》，主要包括校长负责制、结构工资制、教职员工聘任制等项制度。

在河北省石家庄市落幕的"第二届（1989）全国中学生文学夏令营选拔营员征文比赛"中，本校初三（1）班学生马立亚撰写的《谈谈我所追求的美》荣获三等奖。

是年高考，本校高中毕业生有24人被省内外大中专院校录取。

是月　黎世亨被评为1989年全国"优秀教师"。9月11日，宋明震提任教导处副主任。

10月　本校学生张举宏、陈国获全国中学生"希望杯"日记大赛三等奖，组委会给他们寄来了获奖证书和奖品。

10月20日　州政府办和州教育局、人事局、财政局、工商局5家组成的督导检查组来校检查工作。

10月23日　宋建林任教导主任，赵达任办公室主任，免去刘进荣教导主任职务和宋建林办公室主任职务。

11月9日—11日　由县文教局副局长左钰带队的全县初中教育教学工作检查组一行七人来本校进行检查，对学校工作给予了充分肯定。

12月2日—5日　县文教局学校教育教学全面检查组在文教局局长拜忠义、副局长郭平带领下对本校高中部的教育教学工作进行了一次全面检查。

12月19日　本校代表队获全县"中学生韵律操比赛（西南片）"第二名。是月，蕙文锦编撰的油印校本小册子——《中学生常用同音异义词辨析》分发到学生手中，深受师生好评。

1990年

1990年春季　全校师生为第十一届亚运会捐款870多元，并寄给亚运会组委会。

2月26日　黎世亨被聘请为临夏回族自治州教育局兼职督学。

3月19日　学校召开三届三次教代会，评选出蕙文锦、宋建林、赵达、马占彪、朱龙发等第二批先进工作者标兵。

4月4日至7日　本校举行了首届教育教学研讨会，18位教师宣读了教育教学论文。大会评出一等奖2名、二等奖3名、三等奖4名。

6月18日　全州召开的关于1989年度开展"体育达标活动"表彰大会上，本校被评为临夏县唯一一所"先进学校"。

7月　由上级计划，财政部门拨款52万元，从1988年8月开始修建的建筑面积为2100多平方米的综合教学楼于1990年7月竣工。经省、州、县有关部门验收合格，交付使用。

9月10日　学校举行庆祝第六个教师节茶话会。同月，学校被评为"全省教育系统先进集体"。受到省委省政府的表彰。

9月24日　本校学生唐月萍、辛小东、王云海、郭源俊、张文展获州级三好学生奖，胡万义、马飞忠、吴志才、朱永忠、徐念祖被评为州级优秀学生干部。侯文平、刘丁兰、杨占华、赵芬芳、马占英获县级三好学生，牟青友、何克寰、秦永胜、宋来祖被评为县级优秀学生干部。

10月　本校30名学生参加由共青团临夏回族自治州州委、临夏回族自治州教育局、临夏回族自治州民族报社、临夏回族自治州科协四个单位举办的全州中学生"家乡之歌"有奖征文比赛，有13名学生获奖，他们是高中组学生马学信、赵文渊、马胜林、马建霞、杜义平，初中组学生何成栋、马忠、马珺、丁玉才、刘煜、马进芳、马进波、侯克秀。是月，本校90届高三（2）班学生马胜林被团州委评为1989年度州级优秀共青团员，给予了表彰奖励。

10月17日　在县文教局和县体委联合举办的"庆亚运"全县初中生篮球比赛中，本校初中男子篮球队荣获第一名。

10月20日　我省古浪、景泰等县发生地震以后，本校师生积极捐款、捐粮票，支援灾区人民，共捐款410元、粮票270多斤。

10月30日　本校工会被评为县文教系统先进工会。李万忠被评为"教书育人，为人师表"先进个人。

1991年

1月14日　本校被县委县政府评为临夏县民族团结进步先进集体，并受到表彰奖励。

3月8日　县政府给学校发放乘车证3张，允乘3人。

3月13日　学校召开四届一次教代会。

3月28日　牛俊泽提任总务副主任。

4月　成立由17位家长组成的首届家长委员会。

5月　在5月11日结束的全县中学生"迎八运（甘肃省第八届运动会）"田径运动会上，本校代表队获得了团体总分第一名的好成绩。

6月　学校开展庆祝中国共产党成立70周年系列活动。是月16日，县委工作组对学校党风廉政建设情况进行了检查。

本校团委被评为"1990年度先进团委"，受到了团县委的表彰奖励。

初一（2）班学生马永梅被全国少先队工作委员会评为"全国学习赖宁标兵"，并授予一枚奖章。

10月24日至30日　临夏回族自治州教育督导组在临夏回族自治州教育局局长马俊华带领下对本校教育教学工作进行全面督导评估。是月，本校高三（2）班学生王玉花的作文《琐忆》在1991年全国中学生作文竞赛中获奖。

1992年

1992年临夏回族自治州中小学师生自制教具展评会上，张作义老师制作的教具——"帕斯卡定律演示器"获二等奖，冯俊礼老师制作的教具——"三地实验器"和"热交换器模型"获三等奖。

2月22日　1990—2000学年度全县各中学教学质量奖发放中本校获1220元（共发放4680元）。

3月27日　学校召开教育教学经验交流会。

4月　本校高级教师、县政协副主席沙占君同志光荣退休。学校召开了第二届教育教学研讨会。会上先进班主任田祥林、张辉、李生忠以及骨干教师蒽文锦、方荣、杨彦云、王正国、赵达、马占彪等交流了教学论文和心得。

4月2日　临县府发〔1992〕18号公布县中学礼堂为县级文物保护单位（占地800m²，砖木结构，上下两层，仿古罗马教堂式建筑。）

4月16日　省教育督导室刘主任与州督导室负责人，县文教局负责人等一行六人来本校检查德育工作。检查组听取了学校领导的汇报，对本校的德育工作给予了肯定。

5月15日至16日　县体委、县文教局联合举办了全县中学生田径运动会，本校代表团获团体总分第一名。

5月29日　教师张永华、冯俊礼代表县文教系统参加了县武装部举办的国防知识竞赛，获第三名。

田祥林，马占彪两位教师被评为先进班主任，并于是年暑假受学校选派赴北京参加了由北京市教育科学研究所和《班主任》杂志社举办的"中学班主任教师培训班"。

本校初一（4）班学生马玉霞被省委、少先队甘肃工作委员会授予"甘肃省学习赖宁标兵"称号。

8月　杜裕震退休。

9月7日　蒄文锦被县委县政府评为优秀教师。

9月24日　学校召开四届二次教代会。

10月14日　由马志俊副县长带领的县委科级领导班子考核小组来本校，对本校领导班子进行了全面考核。

11月7日至20日　临夏回民中学赵鸿壁、蒄国庆、马自祥、线平吉等八名教师先后到本校介绍教育教学经验。

本校初三（2）班学生马平在1992年4月举行的全国初中应用物理知识竞赛中荣获三等奖，中国教育学会物理教学研究会给其颁发了荣誉证书和奖品。

11月　学校评选出杨彦云、马明忠、张辉、郑维华、李生忠等五名教师为第二批教学新秀。

是年　维修了学校礼堂及20间学生宿舍，新建一处教工宿舍。学校被评为实施《体育合格标准》先进集体、业余训练先进集体。

1993年

4月17日　州、县督导室一行四人来本校，对学校在1991年10月教育教学工作全面督导评估后的整改情况进行了回访。

4月26日　临夏县财政局聘任牛俊泽为助理会计师。

5月　学校被县文教局、县体委评为"达标通讯赛先进单位"和"业余训练先进单位"。

7月　全校师生为身患重症的上海籍教师朱龙发捐款1200多元，《民族报》专题做了报道。

是年 初中毕业会考中，本校初三年级各科成绩均居全县前列，有15名学生考入了小中专。

9月8日 王正国、吕忠被县委县政府评为优秀教师。

9月27日至29日 学校召开四届三次教职工代表大会。

11月 学校召开教育教学研讨会，共有12篇论文作了大会交流。

在全县教师书画展中，王永智的国画《秋实》获三等奖、书法作品获三等奖，张辉的书法作品获三等奖。

12月16日 全校师生举办了"纪念毛泽东一百周年诞辰"文艺演唱会。

12月22日 本年度考入大中专学生共10人，其中文科本科1人、文科专科2人、文科中专6人、理科中专1人。

1994年

1月 学校召开了教育教学研讨会，会上9名教师交流了教学论文和心得。

3月 学校团委响应共青团中央提出的"弘扬雷锋精神，参与志愿活动，热心献社会，真情暖人心"的号召，积极组织师生参加"青年志愿者活动"。

本校初三学生甘启明在全国初中应用物理竞赛中荣获三等奖。

8月27日 康廷栋、赵达被县委县政府评为优秀教师。

本校马少菊、袁生福、马学良等10名初三学生考入小中专。郭彩云、马学龙、马成贤等16名高三学生考入大中专。

9月15日至21日 学校召开五届一次教代会。

11月 学校评选出陈志红、江富傲、李月桂、张俊红、范生江等五名教师为第三批教学新秀。

由州教育局、体委及有关学校举办的全州学校体育论文评选活动中，马明忠获二等奖，吕忠获鼓励奖。

12月 康廷栋老师的孩子康永红患疑难病多年，全校师生争献爱心，捐款1900元，《民族报》对此进行了报道。

1995年

3月　学校在1994年度社会治安综合治理工作中成绩显著，被县委、县政府授予三等奖。

4月　冯俊礼被评为全州实验教学先进个人。

6月　学校召开第二届教育教学研讨会，有18名教师宣读了论文。

9月　评选出30名校级先进工作者，张辉、马占彪2名教师被评为县级优秀教师，吕忠被评为州级先进教师。

10月　冯俊礼制作的"三氧化硫吸收塔模型"教具获全州优秀自制教具三等奖。是月，学校按县城改造的要求，将校门口西侧原有铺面以抵押房租、集资建住宅的方式改造成二层楼房，学校改造危房8间。

10月17日至25日　学校召开五届二次教代会。

12月　全县中小学教学质量奖评定中，本校大专以上上线人数6人，获奖金600元，未上线被录取3人，获奖金150元，高中毕业生升入中专16人，获奖金480元，初中毕业生升入中专20人，获奖金150元，合计获得奖金1830元。

1996年

5月17日　学校召开法制报告会，邀请县司法局干部祁春林做了法制报告。

学校教育教学质量再上新台阶，马学平、董俊明、苏国胜等38名学生分别被省内外大中专院校录取。

9月　江富傲获县委县政府颁发的"优秀园丁奖"，方荣获省级"园丁奖"，石纪文被评为甘肃省特级教师。杨占林、冯俊礼二人被评为县级先进科技工作者。是月，15名初中毕业生被小中专录取，参加高考的90名高三考生中有23人被大中专院校录取。

9月10日　学校召开教师节庆祝大会。是月，学校被甘肃省高等学校招生委员会评为甘肃省高等学校统一招生考试"优秀考点"。

10月　学校按县城改造的要求，将校门口东侧原有铺面改造成二层楼房，建筑总面积为345.84平方米。

11月25日至29日　学校召开五届三次教代会。

12月　本校因"综治"工作出色被县综治委考评为模范单位，并列为州级模范单位候选单位之一，上报州综治委考评。是月，学校教职工篮球队获得全县教职工篮球比赛第一名。

1997年

2月28日 田祥林任教导主任，张辉任办公室主任，宋明震任政教处主任。

2月27日 全校师生观看邓小平同志逝世追悼大会实况直播。学校被州委、州政府评为"全州社会治安综合治理模范单位"，被县综治委列为"安全文明单位"创建试点、县"三五"普法试点。

3月 学校被评为"卫生先进"单位。评选出31名校级先进工作者，黎世亨被评为临夏回族自治州专业技术拔尖人才，宋宗义获得临夏回族自治州"园丁奖"，宋明震被评为县级优秀教师。

是月 100名初中毕业生中有18人被小中专录取，参加高考的76名高三考生中有26人被大中专院校录取。

4月 学校评选出秦正林、张英海、马文成、李学信等4名教师为"第四批教学新秀"，杨彦云、江富傲、马俊、郑维华、李生忠、孙孝忠、田祥林、王正国、方荣、张辉、马明忠、吕忠、宋明震、张立萍、赵亚平等15名教师为"第一批教学骨干"。

12月15日 学校召开六届一次教代会。

1998年

年初 学校被评为临夏县"安全文明单位"，年底被评为县级"教育工作先进集体"，受到县委、县政府的奖励。

3月12日 学校召开县纪委参加的党员民主生活会。

5月20日 学校组织教职工进行了"三五"普法考试。

6月10日 县委宣传部根据县委的安排来校对十五大报告和七部法规的学习情况进行了检查。

9月24日 学校召开1997—1998学年度教学工作总结会，会上副校长祁仲华做了重要总结讲话，并宣布本学年度学校考生招录情况：109名初中毕业生中有19人被小中专录取，参加高考的87名高三考生中有37人被大中专院校录取。

11月16日 学校召开六届二次教代会。评选出34名校级先进工作者，黎世亨、祁仲华、杨占林、冯俊礼4名教师被评为临夏县第一批专业技术拔尖人才，吕忠获得甘肃省"园丁奖"，田祥林被评为县级优秀教师。

12月15日 本校在县委县政府年度考核中被评为"好班子"，石纪文被评为优秀领导干部。

12月23日　田祥林任副校长。

1999年

4月12　张英海被提任副教导主任。

4月15日　学校召开"三五"普法骨干培训会。

4月20日　江富傲任本校教导主任，牛俊泽任本校总务主任，免去田祥林本校教导主任职务。

5月　学校举行青年教师"我爱我的事业"普通话演讲比赛。

6月　学校第三届教育教学研讨会召开，会上老师们交流了教学论文和心得，马俊获得一等奖，郑维华获得二等奖，冯尚曒、马文成、孟宪芳3位教师获得三等奖。

8月　学校进行教育行风评议工作，评选出32名校级先进工作者，郑维华被评为县级优秀教师。

是月，102名初中毕业生中有15人被小中专录取，参加高考的73名高三考生中有33人被大中专院校录取。

10月20日　全体教职工参加邓小平理论正规化考试。

12月21日　学校召开六届三次教代会。是月，学校党支部开始在全体党员和教师中积极开展"三讲"教育活动。计划新建1000平方米的教学北楼动工并完成基础工程。

2000年

3月6日　学校被县文明委评为"精神文明建设的好单位"。

4月25日　学校召开国防教育报告会，邀请县武装部政委王志成做了报告。

5月23日开始　州教育局、督导室对学校工作进行全面督导检查，本校最终被评定为"同级同类学校中多年来得分最高的一所学校"。

6月13日　县纪委组织人员来本校对"三讲"教育开展情况进行检查。

8月　中高考升学情况：136名初中毕业生中43人被小中专录取，参加高考的81名高三考生中34人被大中专院校录取，其中本科7人，大专24人，中专3人。实现了"三个突破"，即上硬线人数首次突破10人，理科班升学率首次突破60%，考入大学人数首次突破30人。

9月　高中各学科教师到兰州民族中学听课学习。

10月　学校邀请法制副校长、县公安局副局长汪洪做法制报告。

11月13日　学校被县委评为第三次民族团结进步先进集体。

11月15日　学校召开"综治"骨干培训会。

12月18日　学校召开七届一次教代会。

2001年

3月　学校被县委县政府评为"文明单位"和"全县三五法制宣传教育先进单位"。被省委、省政府评为"全省三五法制宣传教育先进集体"。

9月　上学年评出校级先进工作者29人，孙孝忠、张英海、马文成三人被评为县级优秀教师，受到了县委、县政府的表彰奖励。

12月3日　范生江任办公室主任，杨彦云任教研室主任。

12月　接县委〔2001〕139号、县政府办发〔2001〕07号文件通知，原土桥中学副校长李瑞任本校党支部书记兼副校长，本校原党支部书记石纪文退休。

2002年

1月　本校召开了第四届教育教学研讨会，57篇教研论文在会上做了交流，并评选出一等奖2篇、二等奖3篇、三等奖5篇。

3月10日　为适应素质教育的需要，进一步加强本校的艺术教育，活跃和丰富师生文化生活，学校从兰州购进YMH电子琴1架，架子鼓1套，小号1把，为学校成立乐队、培养艺术人才迈出了坚实的一步。

3月11日　学校行政会会议决定，以每间450元的价格变卖学校家属院住房，每间400元的价格变卖学校大众灶房舍。

3月　本校被县教育局评为"微机培训先进单位"并发奖牌一块。

4月　在今年的高中毕业会考中，英语、历史两门学科会考均分名列全州各县（市）中学第一，政治、数学、物理、生物、地理5门学科名列第二。

5月　赵亚平老师指导的学生张俊福获英语竞赛优胜奖，江富鹏老师指导的初三（3）班学生马祥在全国初中数学竞赛中获三等奖，打破了近几年竞赛无获奖的局面。

5月15日　学校评选出第五批"教学新秀"和第二批"教学骨干"。制定了《临夏县中学安全防范制度》。

5月20日　本校和兰州民族中学部分教师举行了联合教研活动，相互交流论文共16篇，随后又互派5名教师（本校派出教师为郑维华、王永智、宋海云、陶永霞、白仲霞）在对方学校交叉上课一周，相互了解不同条件下学生的思想和学习方式，收到了很好的效果，使"走出去，请进来"工作有了新的起色。

6月26日 学校开展了"教工道德建设与作风建设"心得体会交流大会，会上有8名教师代表教研组进行了交流发言。

8月 本校高考成绩有了较大幅度的提高，实现了"三高一突破"：即上线率比去年高出一倍，比同类学校高出一倍，达29.3%；录取率比省均高14个百分点，达70.7%；被高等院校录取人数首次突破100人。

8月25日 学校决定成立信息技术教研组，由宋海云任组长，张发、祁岩为组员。同时，清真中档灶开灶。

9月8日 本校全校教职工在临夏河海大厦清真餐厅举行了庆祝教师节茶话会。会议由黎世亨校长主持，县委书记张兴珊做了重要讲话，参加会议的还有分管书记陈泽邦和副县长马丁援以及文教局的三位领导。

10月30日 学校给评选的4位"模范班主任"和3位"模范副班主任"颁奖。

12月3日 校级班子会议决定，从2003年元月起，教职工多占的房屋房租按每平方米0.8元征收。

12月 祁仲华调往州教育局教研室工作，冯尚暾调往临夏回中任教，李生忠调往临夏中学任教。另外，赵光旭、杨占林两名教师调往教育局教研室工作。

12月23日 县委组织部部长马旭林、副县长乔国元组成的县委科级班子考核组一行来校对学校班子进行年终考核。

2003年

1月 全县科级领导班子及其成员的考核中，本校班子被评为"落实党风廉政建设责任制"好的企事业单位班子，黎世亨被考核为优秀科级领导干部，李瑞被评为落实党风廉政建设责任制先进个人。

1月29日 接县委〔2003〕30号文件，根据州委任字〔2002〕51号文件通知，黎世亨校长享受副县级干部待遇。

3月10日 行政会修订了《临夏县中学班级量化考核办法》。

3月12日 本校初三（4）班马琴同学被评为全州中小学"三好学生"。

3月26日 新修订的《教案、作业及配套练习的要求及检查办法》正式宣布实行。

5月 学校开展了防治"非典"活动。

6月23日 临夏县中学与临夏县建设环境保护局针对本校前操场开发建设商住楼之事达成协议——《关于临夏县中学操场土地置换协议》。

8月 田祥林被评为第四批州级骨干教师。

9月　刘建奇、王永智被县委县政府评为"优秀园丁"。是月9日，学校聘请县公安局副局长汪洪为法制副校长。

9月11日　校级班子会议研究决定：张玉华替换张生燕去漫路单岭小学支教。

9月12日—9月28日　黎世亨随临夏回族自治州教育局组织的赴新疆教育考察团前往昌吉、伊犁考察学习。

9月22日　县委组织部副部长马建功等一行来校宣布县政府人字〔2003〕04号文件，任命原教育局教育股股长马维东为副校长。

9月24日　评选出32名2002—2003学年度校级先进工作者，其中后勤5人，教学人员27人。

10月8日　校级班子进行了分工调整，副校长田祥林分管电教实验、教研、教师培训工作，副校长马维东分管学生工作，主管政教处、团委、学生会、学生灶。田祥林任学校电教实验领导小组组长、体育卫生领导小组组长，马维东任德育、安全、普法、综治、禁毒领导小组组长。学校提高教学质量奖奖金标准：特等奖350元（增加50元），一等奖250元（增加50元），二等奖150元（增加30元），三等奖100元（增加10元），超省均分每1分奖励100元。提高高三、初三年级补课费标准，高三年级每节10元，初三年级每节8元。

10月20日　校级班子会议决定，筹建多功能教室，由校长黎世亨、副校长田祥林、教研室主任杨彦云、会计宋海云负责。县文教体局从2003年12月2日开始，对全县各级各类完全中小学进行了全面细致的业务考核，12月6日对本校进行了考核，本校班子被评定为2003年度"优秀班子"。

12月31日　临夏县招生工作总结显示，本校高考报考人数126人（其中应届104人），上线总人数26人，上线率20.6%，普通院校上线数合计18人，上硬线率为14.3%，其中应届生11人，应届生上硬线率10.57%。

2004年

2月24日　临县委发〔2004〕19号文，本校获"禁毒工作三等奖"，奖现金400元，奖牌一面；临县委发〔2004〕22号文，本校被授予"文化文艺先进集体"荣誉称号，获奖金600元，奖牌一面；本校被县委、县政府评为"教育工作先进集体"。

4月　教导主任江富傲被提任为副校长，提任赵亚平为教导副主任，王永智为政教副主任，马建成为办公室副主任，宋海云为总务副主任。

4月　江富鹏老师辅导的初三（3）班学生梁国辉获全国初中数学"信利杯"竞赛三等奖。

7月　本校初三会考取得良好成绩：在参考率为全县第一的情况下，全科合格率名列全县第二名，语文、化学及格率分别为全县第一、二名，英语、物理名列第四名。

8月　本校苏小虎同学以全县文科第一的成绩被兰州大学录取。

9月　黎世亨被县委县政府授予"优秀校长"称号，被州委、州政府授予"园丁奖优秀教育工作者"，3名教师获得县级"优秀教师"称号（李瑞、杨彦云、马文成），宋明震被评为"德育工作先进个人"，郑维华被州教育局评为第二届"青年教师教学能手"。杨彦云、郭旭强分别被县文教体局评为首批"学科带头人"和第一批"骨干教师"。

秋季开学，因校舍紧张，学校临时分出初一6个班，借用中山回民小学校舍，开展教育教学活动。由范生江全面负责。

2005年

8月　新学年注册学生数首次超过2000名达到2400名，比去年同期净增500名，学生数创历史最高。

9月　高考再次取得较好成绩，244名考生中有153名考入大专以上院校，比去年的98名增加55名。继2003年孙海林（全县理科第一）、2004年苏小虎（全县文科第一）考入兰州大学之后，是年高考又有贾诏洋同学被兰州大学录取。

黎世亨再次被县委、县政府评为"优秀校长"，马维东被县委、县政府评为"德育工作先进个人"，刘建奇被评为县级"十佳园丁"，牛俊泽、范生江、江贵伟3名教师被评为县级"优秀教师"，马建成被团州委评为全州"优秀共青团干部"。

刘建奇、马国鹏、陶永霞指导的江贵玉、仰海鹏、何建伟3名学生在2005年6月甘肃省创新杯学生作文竞赛中获三等奖；张永华指导的梁国鹏、梁国辉分别获得全国初中物理竞赛临夏赛区二、三等奖；孟宪芳、郭芬、田伟平、张兰月、马海莲指导的江贵玉、杨雯、章雪亮、王小斌、王学义、王自瑜6名学生获全国中学生英语能力竞赛临夏赛区三等奖。指导老师马国鹏、陶永霞、张永华、田伟平、张兰月、马海莲均获"优秀指导教师"奖。

10月　评选出本校第六批教学新秀（李小吉、丁学龙、白仲霞、李文明）和第三批教学骨干（李瑞、孟宪芳、王永智、马国鹏、马建成、赵国英、郭旭强、王智强）。

2006年

3月 接临县委发〔2006〕5号文件，本校领导班子被评为"2005年度科级领导班子好班子"。

4月 本校被省体育局评为"甘肃省第五届全民健身月活动先进单位"并颁发奖牌一面，被州公安局评为2015年度"治安保卫工作优秀单位"并颁发奖牌一面，被团省委、省教育厅、省少工委、省邮政局联合评为"甘肃省第六届中小学生书信文化大赛"优秀组织单位并发文（甘团联发〔2005〕9号）表彰。是月，学校团委被团州委授予"五四红旗团委"荣誉称号并颁发奖牌一面。

本校教学东楼二期工程开始兴建。是月黎世亨被评为全国特级教师。

7月 马维东任党支部书记。

8月3日 县上实行学校领导班子竞聘上岗机制。经过竞聘，李瑞任校长，张英海、宋明震任副校长。

9月 本校被州委、州政府评为"2006年普通高考上本科线人数增长率第一名"，颁发奖牌一面，获奖金15000元。本校被县委、县政府评为"全县教育系统先进集体"，颁发奖牌一面。这是本校连续三年获此殊荣。是月，共有18名本科生分配到本校工作，其中"特设岗位"10名，引进本科生8人。本校教师张英海、张永华、张兰月3人被评为县级优秀教师，县文教局给予了表彰奖励，并颁发了荣誉证书。

9月22日 本校教师王智强、白仲霞、王志学分别在州教委组织的高中物理、化学、政治学科说课活动中荣获三等奖。

9月22日 本校教师丁玉兰在州教委举办的初中英语优质课评选中获三等奖。

郭芬、王忠彦、胡俊忠三位教师制作的课件在中小学优秀课件评选活动中分别荣获全州一、二、三等奖。接县文教局〔2006〕142号文件通知，任命郑维华、杨万福为本校教导副主任，尹小龙为本校教研室副主任，马文成为本校办公室副主任，李文明为本校政教处副主任，王晓明为本校总务处副主任。张昌海任团委书记，李科华任团委副书记。王正国同志任工会主席。

11月22日—29日 九届一次教代会胜利召开。会上校长李瑞做了学校工作报告，总务主任牛俊泽做了财务报告，会议认真讨论了两个报告以及《关于教学质量奖罚的试行办法》《临夏县中学各类奖励试行办法》《食堂承包方案》等制度。会议同时选举了九届工会委员会主席（王正国）、副主席（牛俊泽）。

2007年

2月　接临县党组〔2007〕08号文件通知，任命牛俊泽为本校总务主任，赵亚平为教导主任，王永智为政教主任，马建成为办公室主任，张永华为教研室主任。

3月中旬开始　本校开展了"和谐校园"创建活动，于4月份举办了"今天我以学校为荣，明天学校以我为荣"的主题演讲比赛和"庆五一、知荣辱、树新风、构建和谐新临夏"校园主题实践活动文艺汇演。

3月16日　本校被县委评为文教卫生系统好班子，李瑞被评为优秀科级干部。

5月　学校承办了临夏县文教系统篮球赛，举行了田径运动会。

5月16日　黎世亨到龄退休。

7月1日—4日　在校长带领下，组织副校长、各处室主任、教研组长、高三毕业班班主任一行23人到武威一中、六中考察学习。教师王燕、马海博在6月份参加临夏县中小学信息技术与教材整合优质课评选活动中分别荣获一、三等奖。

8月　党支部书记马维东调任马集中学校长。是月，本校被定为西北师范大学基础教育研究合作基地。

8月21日—27日　本校高一新生军训工作在学校安排下有序开展。

8月26日　新学期开学伊始，本校初、高中按照县上安排成功剥离，57名教师分流到初中任课。原政教处副主任李文明被任命为韩集初中副校长，原教导处副主任杨万福任韩集初中教导主任。

9月　西北师范大学语文、数学、政治、历史专业的30名实习生到本校实习，实习期为40天，主要见习教学和班务工作，其带队教师为张定强教授。

该年高考中，高三毕业生江贵玉、徐品杰分别获全县文科第二、四名，受到县上4000元、2000元的奖励，且江贵玉同学名列全州文科49名。王永清居全县理科第二名，受奖4000元，被兰州大学录取。

9月9日　本校在明月楼餐厅举行了庆祝第23个教师节茶话会。学校邀请县上领导马锦锋、周钰及文教局领导海忠义等参加。会议由江富傲主持，李瑞简单汇报了工作，县长马锦锋做了重要讲话。本次茶话会还邀请了县西南片的几位民营企业家参加。

9月13日　下午，西北师大张定强教授为本校教师做了题为《学习与研究》的学术报告，报告对本校教研兴校战略和创建学习型学校起到了积极推动作用。

9月29日　下午，西北师大历史系副教授、文学院博士尚吉方为本校教师及师大实习生做了题为《和谐社会透视》的学术报告。

本校教师赵亚平、王智强、丁学龙3人被评为2006—2007学年度县级优秀教师。

9月30日下午　本校在西楼门前举行了"庆国庆，迎奥运"文艺汇演。

10月15日　县司法局祁春霖律师向全校师生作了法制报告。

10月26日—29日　全县教工篮球运动会（总决赛）在本校操场举行，共有9个代表队参加，本校代表队获冠军。

11月5日　15:00-17:30在西楼门前召开了"学生思想教育及中国福利彩票基金救助金发放"大会。本学期学校首次实行"家长开放周"制度，并将第14周定为家长开放周，允许家长到校评价学校工作，向校长建言献策，进课堂听课，看学生作业，与班主任和科任教师谈话等，开创了学校教育与家庭教育相结合的教育新模式。

12月14日—24日　九届二次教代会如期召开，会上校长李瑞作了学校工作报告，回顾了一年来的成绩，指出了存在的问题与困难，提出了今后工作的打算。牛俊泽作了财务报告，江富傲作了《关于教学质量奖罚办法》和《教学五十三条》的修订说明，与会人员认真讨论了两个报告和修订的两个制度，表决通过了两个报告及修订的两项制度，作出了决议。

2008年

1月　接上级通知，本校升格为副县级建制，校长李瑞享受副县级待遇。

2月17日　本校管理班子被县委评为好班子。

3月　接县委〔2008〕12号文件通知，任命县委原组织部副部长马建功同志为本校党支部书记（正科级）。

3月10日　全县教学工作会议上，本校07届初三因成绩突出被评为先进集体，副校长宋明震代表学校作了大会经验交流，初三任课教师王贤博和原本校教师丁学龙、王秀峰、胡俊忠4人被评为先进个人，宋明震被评为优秀校长。

4月1日　第十届教育教学研讨会召开，邀请县教育局领导赵树奎等人参加。

4月15日　学校邀请临夏中学高级教师、教导副主任刘尚友来校为全体师生作了学风建设报告。

4月19日—20日　学校组织中青年教师24人去刘化中学考察学习。

4月30日　学校举行了"庆五一、迎奥运、讲文明、树新风"文艺汇演。

5月　召开了临夏县中学第七届教育教学研讨会，有85篇论文参评，评选出12篇优秀论文在大会上交流，并刊印出版了第一期临夏县中学教研成果集——《县中教研》。

5月8日—10日　州教育督导组一行11人对本校工作进行了检查督导，肯定了学校自新班子上任以来的各项工作，并指出了工作中存在的问题及不足。

5月19日　下午，学校邀请县委党校宋秀红老师为全体师生作了"临夏县中学生州县情专题报告"。同时进行了"县中师生向四川地震灾区捐款仪式",共计捐款16617.7元。

6月9日—18日　学校组织26名教师赴华东五市考察,学习先进的管理及教育教学经验。

本校党员响应上级号召,于6月12日向四川地震灾区缴纳"特殊党费",科级以上干部每人500元,一般干部每人200元。

6月23日　州法院院长苟成哲向全体师生做禁毒教育报告。同时参加会议的有州法院喇世雄科长、马建魁科长、县政法委书记曾祥林、人大常委会副主任张学仁、教育局局长海忠义等人。

6月25日　李瑞赴福建考察学习。

7月8日—9日　本校2008年夏季运动会如期举行。

8月26日　杨彦云提任三角中学党支部书记。

9月2日　学校被县委、县政府评为先进集体,江富傲为优秀校长,尹小龙、孟先芳为优秀教师。是年高考,学生祁凯、张彩玲分列全县文科第二、五名,分别获得奖金4000元、2000元。

9月7日　本校举行了"庆祝教师节暨表彰大会",大会邀请县教育局领导赵树奎、周中普参加。江富傲代表学校分析了本校08年高考情况,会议上表彰奖励了2007—2008学年校级先进个人17人,高考教学质量奖获奖教师,高一、高二会考获奖教师和2007—2008学年度发表论文的教师。

9月10日—10月10日　西北师范大学语、政、史、体、物理等专业的本科生51人来本校进行为期一个月的教育教学实习工作。

9月23日　王智强任副教导主任。

9月25日　州政府督导组对本校进行年度考核。中午,省设计局工作人员在局领导及项目工程人员陪同下,来本校对教学东楼二期工程进行了验收。

9月27日　在西楼门前举行"庆十一和庆祝改革开放三十周年"文艺汇演。

11月4日　教育局在临夏县公安局会议室召开了"关于表彰奖励2007—2008学年全县教学质量先进集体和先进个人大会",郭旭强、杨天祥、江富鹏、孙孝忠四位教师受到了表彰奖励。

2009年

1月19日 学校领导班子被评为好班子，江富傲被评为优秀科级干部。

本校自2009年春季学期开始在学生中认真开展"三个习惯（学习习惯、行为习惯、卫生习惯）"教育活动，学校成立了领导小组，江富傲任组长，张英海、宋明震任副组长。

自3月起，史地、生化两个大教研组分为单学科教研组，新成立地理、生物教研组。地理组组长郭彩云、生物组组长赵国英，至此，本校教研组由原10个增至12个。

自春季起，学校筹办教工清真灶。

4月 学校重新修订了《临夏县中学考勤制度》。是月，本校被县教育局命名为第二批"平安、和谐、文明"。

19日 江富傲被聘为临夏回族自治州兼职督学。是月29日下午，2009年"庆五一"文艺汇演在东教学楼新建舞台演出，共有26个节目上演。《临夏教育之窗》2009第九期以简讯的形式对此次演出做了报道。

5月13日 本校邀请州政法委和州电视台、县电视台记者来本校对校园的创建情况进行实地剪辑采访。李瑞全面介绍了近几年学校发展情况，宋明震介绍了德育教育和创建的具体做法，江富傲主要介绍了2008年本校高考情况。

5月23日 本校被评为州级语言文字规范化示范学校。

6月3日—12日 本校组织教师及后勤人员共25人赴华东五市考察学习。是月4日，聘任高占龙、李月桂、赵亚平为中学高级教师。是月30日，郭旭强被评为优秀共产党员。

7月8日—9日 本校在操场举行了2009年夏季田径运动会。

2009届参加高考的436人中，有63人上二本线，其中音、体、美考业生32人，共有112人考入本科院校，比2008年净增36人，录取率25.7%。考入大中专高职院校学生共124人，共有242人升入大专以上学校。本年度高考本校录取率居全州19所高中第五名，上线率排名第四。

8月 本校制定了《临夏县中学师德教育四条禁令》，着力开展师德教育专项活动。

9月 本校教师徐玺、辛永平二人赴韩集初中支教一年。

9月5日 本校全体教职工在韩集溢香苑清真餐厅举行了庆祝第25个教师节活动。

9月10日 下午，县长马锦峰在县教育局局长海忠义的陪同下来本校进行教师节慰问。马县长与本校行政会成员亲切交流，在肯定了本年学校高考成绩的同时，对学校今后的发展提出了指导性意见。是月，本校被县委县政府评为2008—2009学年度先进集体，李瑞为优秀校长，郭旭强、安群英为先进教师。

9月15日　下午，西北师范大学张定强教授做了主题为"教与学"的学术报告。

9月27日　全县教育系统庆祝中华人民共和国成立60周年文艺汇演在本校东楼前舞台举行。与会的领导有县委书记王建华、县长马锦峰、县政协主席周瑜、纪委书记马学成、县人大副主任杨玉芳等。参加会议的还有县教育局领导及各股室负责人，各中学、学区校长，本校全体师生。本次共有21个节目参演，本校教工百人合唱队演唱的《祖国颂》《在太行山上》荣获一等奖，受到表彰奖励。

10月9日　《临夏县教育局关于表彰奖励2008至2009学年度全县教学质量先进集体和个人的决定》中，王永智、郑维华、杨天祥、安群英、张英海、马文成、李昌华7名教师获一等奖，奖金各2000元。朱正云、李科华、高占龙、郭彩云4名教师获二等奖，奖金各1500元。本学年度全县高考单科奖均被本校教师摘得。

2010年

新学期，学校积极争取经费约60万元，在六个实验班教室装备了电子白板设备，购置了6台移动多媒体电子白板，安装了3台液晶电视及配套的EVD播放器。

本校教研成果集——《县中教研》第二期刊印出版。

4月28日　学校组织个别领导和教师共4人到宁夏银川六中、六盘山中学学习新课改实施情况。

5月　学校教研室组织了17名中青年教师分文理科两个组参加以"五课"教研为主的优质课评选活动，有6名教师分别获得文、理科组前三名，受到学校表彰奖励。

6月　学校组织高三教师和后勤人员共14人到华东五市考察学习。

暑假中，本校行政会成员和高一科任教师共65名参加了不同层次的新课改培训，学校共计投入经费约2.9万元。

9月　高占龙被州委、州政府授予"优秀园丁"称号；朱正云、马学平被评为县级优秀教师。

9月3日　普通高校招生中，本校报名人数530人，上线118人，上线率22.26%，录取人数313人，录取率59.06%。

2011年

1月10日　行政会讨论通过了2010年高考质量奖评定结果，决定对2010年高三教师集体降一等级发放奖金。

本校教师张春、马成龙、黄维旭、丁双宏4人被抽调至麻尼寺沟学区进行"迎国检"志愿教学。

3月29日　州安检局人员来校对学校食堂进行安全检查。

3月30日　县政府吴新平副县长来校对学校食堂进行检查指导。

4月20日　由西北师范大学教育学院院长吕世虎教授任组长的省级专家调研组一行来本校对高中新课程改革实验的实施情况进行跟进调研，学校组织七个学生社团进行了汇报演出及成果展示，受到调研组的高度好评。

5月　教师马国鹏做了《弟子规》解读，李昌华做了《临夏县小水电发展的区位优势和发展现状》讲座，马家元做了《中国传统文化"一二三"对做人与做事的启示》讲座。是月，学校投资4000元给学生食堂购置了食品留样柜，强化了对学校食堂安全监督管理力度。

6月9—19日　高三部分教师第一次赴北京考察学习。

6月26日　县公安局消防科对本校消防工作进行了检查，学校更换了部分消防设施。

8月2—8日　在本校进行了国培计划——网上远程教育新课程培训工作，这是自2010年暑假培训的第二次培训，全校教师全员完成了新课改培训工作任务。

8月14—22日　学校分两批派出高一、高二各学科教师赴兰州参加省上组织的骨干教师培训学习。

8月22日　学校派出6名教师赴马集中学支教，他们是马腾云、孟海云、李永永、吴卫军、杨玉红、王斌（后以黄明换回王斌）。

9月　王智强荣获州级"模范班主任"称号，江富傲被县直机关工委授予"优秀党员"称号；孟宪芳、马文成、马家元三人被县委县政府评为"优秀教师"。是月，高考中，周威国、王海霞、邓忠秀分别获全县高考文科第一、二、三名，分别获5000元、4000元、3000元奖励；王亨强居理科第三名获3000元奖励。

9月　经行政会成员民主推荐，校长办公会议上报，提任郭旭强为教导处副主任，张发为政教处副主任。是月，学校被县委县政府评为"2010—2011学年度教育工作先进集体"。

10月14日　聘任尹小龙、江富鹏、张永华为中学高级教师。

11月13日—15日　本校在操场举行了2011年田径运动会。

2012年

4月　本校40名教师赴天水二中考察学习。

5月　本校派出江富傲、尹小龙、王智强、马国鹏4名教师参加省上骨干教师培训。

5月21日　由副县长马尚华率领的督察组一行5人来校检查本校民族团结进步创建工作。

6月10—22日　李瑞赴台湾进行教育考察交流学习活动。是月，高三部分教师赴云南考察学习。是月，甘肃省军区军代处对本校进行了结对帮扶，向学校捐赠课桌凳100套，学生校服40套。是月，临夏回族自治州教育工委表彰奖励了全州教育系统"创先争优"优秀共产党员，本校教师张英海被评为州级优秀共产党员。牛俊泽被县直机关工委评为"优秀党务工作者"，韩红梅被县教育党工委评为"优秀党员"，张永华被县教育党工委评为"优秀党务工作者"。

9月　马家元被州委、州政府评为"园丁奖"优秀教师，郑维华、朱正云、马家元、朱杰、彭艳平5位教师被县委县政府评为"优秀教师"。

9月6日　本年度全县教育教学质量总结大会上，本校因高考二本上线13人，民族本科上线13人，艺术生上线21人，共获奖金13250元，胡俊玺、铁永龙等8名班主任获班主任奖，杨文理、韩红梅等29名教师获高考学生上线奖，安群英、马国鹏等13名教师获单科成绩奖；学生张黎明、王燕燕、赵春阳、康晶俊分别居全县文科考生第二、三、四、五名，王磊、朱俊芳分获全县理科第四、五名的好成绩，得到县上5000元，3000元不等的奖金。

11月　学校成立民主理财委员会，会长为纪检员戴文熹，副会长为张英海，会员为王正国、康尚菊、王晓明、孟宪芳。

11月6日　孟宪芳被聘任为中学高级教师。

11月7日　学校提任郑维华为教研室主任，郭旭强为教导主任，张发为教导处副主任，王智强为政教处主任，包旺虎为政教处副主任，戴文熹为办公室副主任。

11月13日　聘任王正国为工会主席，孙孝忠为工会副主席。

12月11日　州委"十八大"精神贯彻宣讲团派唐占彦来校做报告。是月，出版了学校教研成果集——《县中教研》第三期。

2013年

1月中旬　第十届教育教学研讨会召开，会上有8名教师交流了教育教学论文。是月，本校获州体育局、市人民政府组织的州、市"庆元旦万人杯大夏河长跑公开赛"青年组团体第六名，获奖牌一面。

4月28日　在本校东楼门前举办了由团县委主办，县教育局、五山池酒厂等11家单位协办的"庆五一、五四，我的中国梦"文艺汇演。

5月　学校组织高三教师共40人赴兰炼一中听课学习。

5月16日 州教育督导组由常生强督学带队来校进行督导,县政府督学周忠明、县教育局局长张生强陪同。

6月23日 按州委任字〔2013〕58号文,县委发〔2013〕81号文,调任陈源为本校党支部书记,享受副县级待遇。

6月30日 马小宁、朱雪莲被中共临夏县教育工作委员会授予"优秀党员"称号。宋明震、牛俊泽、吕忠、线宏光四位教师被县委、县政府评为"优秀教师"。

按县委县政府要求,学校于6月19日通过民主选举,产生了"校务监督委员会"。组成人员有:孟宪芳、孙孝忠、江贵伟、康尚菊、马小斌,江贵伟为主任并兼任校工会主席。

7月 学校党支部被州教育党工委授予"全州教育系统先进基层党组织"称号。

8月 学校按照县上安排从韩集校区整体迁出,暂分设两部:双城部(本部)和姚川部(分部)。高二、高三年级在双城部开展工作,高一年级由宋明震分管在原韩集初中校区即姚川部开展工作。

9月 本校高考成绩喜人,一本上线3人,二本上线22人,艺术类上线43人,民本上线23人。学校获得县委县政府奖金27.5万元,高三教师获得县委、县政府75多万元奖金。本年度高考,师生共获奖金达110万元。学校被县委、县政府授予"全县教育系统先进集体",被州委、州政府授予"教育工作先进集体"称号。

10月24日 张英海参加了"教育部—中国移动中小学校长培训项目"山东省影子培训。

11月 县审计局对本校2009年6月至2013年9月财务做了全面而细致的审计。

12月 十一届教育教学研讨会如期举行。

2014年

2月 召开临夏县中学开展党的群众路线教育实践活动工作会议,县委14名督导组成员参加。

是月,学校取消教研组,新增双城、姚川两部文科大组、理科大组,原年级备课组不变。

3月11日晚8点—10点 北京师范大学专家在州、县教育局领导陪同下来本校进行调研,本校被确定为北京师范大学帮扶对象。是月,学校邀请兰炼一中12名骨干教师来校做高考专题讲座。

4月 马文成任办公室主任,朱杰任教研室副主任,张海胜任总务处副主任,杜发利任政教处副主任。

7月　姚川部综合教学楼竣工，并在各教室安装了最新超短焦电子白板。

8月　学校购置6吨开水锅炉一套。是月，本校双城部迁入姚川部，至此姚川、双城两部合一，新综合楼（知行楼）正式启用，新建了女生公寓楼、学生食堂"惜粟楼"及塑胶操场。

新学期初，学校对全体教工子女上学给定优惠办法，凡教师子女入校一律免收住宿费，且编入实验班学习。

9月1日　本校师生为红台中学教师马岩霞积极捐款献爱心，救助其患病的女儿。是月，教师郭旭强获州级园丁奖，徐品升、钟浩、王贤博、李科华被县委、县政府评为"先进教师"，分别受到州县级表彰奖励。

10月　教师江富鹏、彭艳平、李小吉到北京教育学院进行为期一月的培训学习。郭旭强、徐品升、绽宏光、马家元、马小斌、白仲霞、铁永龙到北京师范大学参加培训学习一周。

10月中旬　本校部分师生参加县上公益劳动，到快速通道两旁共栽种牡丹636株。

11月　学校给漠尼沟学区捐赠桌椅60套，给三角学区捐赠健身器材10架，给尹集学区捐赠黑板10块。是月，本校被评为甘肃省德育示范学校。是月，李瑞赴山东考察学习，先后考察参观了淄博市桓台二中、潍坊市昌乐二中两所学校。

11月27日　省教育厅中小学幼儿园秋冬季校园安全交互检查组第14组陇南市一行4人对本校的安全工作做了检查。

12月　本校教师杨天祥、白雪莲享受滋蕙计划救助，教师康永清、临时工王尕曼享受县工会补助。

2015年

1月15日　学校讨论通过了《临夏县中学集体备课实施方案（试行稿）》。

2014年县委科级班子考核中，江富傲被评为教育系统先进个人。

4月　本校教师参加了烟洞山（姚川后山）植树劳动。

4月7日　州党校教授李成俊在县团委领导陪同下来本校做法制报告。

4月21日　王正国、王永芬到龄退休，高登莲病退。

5月4日　本校与县团委联合举办"庆五一、五四暨弘扬社会主义核心价值观"文艺演出活动，取得了圆满成功。是月22日，接临县机构编制委发〔2015〕5号文，核定本校领导职数5名，其中校长1名，党支部书记1名，副校长3名。

6月　本校高考成绩喜人，一本上线6人，二本上线35人，民本上线9人。

6月3日　全省督导工作现场会在本校进行，有2批督导人员来本校参观。

6月10日—14日　本校高三部分教师赴平凉市崇信县一中考察学习。是月26日，静宁县安全人员来本校进行安全交互式检查。

7月　宋明震调任新集高级中学副校长，提任原土桥中学教研室主任何通章为副校长。

8月11日—18日　杨冰、邱志平到甘肃农业大学参加州外事办班主任培训。

9月　李瑞被评为2015年州级"优秀校长"，王智强、王贤博、张英海三人被评为2015年州级"优秀教师"，分别受到州委、州政府奖励，另有46名教师受到县委、县政府表彰奖励。

9月10日　在甘肃省"一师一优课，一课一名师"评比活动中，物理教师钟浩荣获临夏回族自治州优课一等奖，英语教师陈强荣获临夏回族自治州优课二等奖。是月21日，本校两名教师在临夏回族自治州中小学教师教学技能大赛中获奖，其中线宏光荣获高中语文优质课一等奖，郭旭强荣获高中数学优质课三等奖。

2016年

2月1日　免去江富傲副校长职务，调县教育督导办工作。提任教导主任郭旭强为副校长。

3月8日　积石山县民族中学10名教师在该校陶校长带领下来本校参观学习。

3月18日　提任王贤博为教导主任，王正尧为教导处副主任，李昌华为政教处副主任。

3月18日　从召开的全州高中教育工作会上获悉，全州高考录取率为27.82%，2015年本校高考录取率（二本升学率）居全州第三。

3月20日—27日　学校分批次邀请兰炼一中共12名教师到本校进行高考备考辅导讲座。

3月25日　原团委副书记陈玉成任学校团委书记，原副书记除马小斌外，新增娄晓通、马成龙二人为副书记，至此，校团委共由4人组成。

4月　自4月1日起，本校教工免费乘坐学校通勤车。本校教工为学校里家庭困难尤其是特困和单亲家庭的18名学生进行了"献爱心"捐款，共有120名教工参加捐款，总计捐款额为12000元。

5月25日　推荐王智强为本校2016年度临夏回族自治州"中国好老师"。

6月21日　北京师范大学"金色种子联盟"专家、广渠门中学语文特级教师穆秀颖到本校调研"金色种子"教学工作。

6月27日　本校成功通过了国家三类城市语言及文字评估验收。

6月29日　国家教育督导办主任何秀潮到本校验收"全国中小学责任督学挂牌督导创新县"开展情况，陪同人员有马文副县长，周仲明督学，州政府周通贵督学，省教育督导室刘彦文，县教育局局长张生强，督导室主任祁文奎，督学张万英、江富傲等人，学校领导及部分中层人员接待。专家充分肯定了学校挂牌督导工作，验收合格。

7月3日 李瑞、郭旭强、祁黎炎、周世宝4人参加了民乐一中"社会实践活动"。

7月9日 县教育局考核组由张生强局长带队对学校工作进行了考核。

8月10日—13日 高一新生军训。

10月20日 甘肃省综合实践活动课程教学改革研究与实验基地工作研讨会在本校召开。

12月 肖正华到龄退休。

12月14日 临夏回族自治州教育局领导海忠义、范云鹏、宗文杰、马精保一行在县教育局领导张生强、周中普、侯文雪，县政府督导室主任祁文奎陪同下来本校考核"2016年高考学生发展目标工作"。

2017年

2月 提任朱雪莲为学校副校长。

3月6日 高三年级师生在知行楼前举行了高考一百天冲刺誓师大会。

3月7日 州教育局领导海忠义带领一行人来本校检查学校开学情况。

3月28日 兰炼一中6位教师（理科）来本校做高考备考讲座并交流座谈。

4月8日 学校邀请兰炼一中6位高三教师（文科）来本校进行高考备考讲座，并与本校高三相应学科教师进行了深入交流。

4月18日—21日 州政府督导组（第三组）一行6人在王建明督学带领下对学校工作进行了为期3天的督导。

4月28日 在操场举行了由校团委、校艺术组联办的以"践行价值观，共圆中国梦"为主题的"庆五一、五四"文艺汇演。

5月3日 本校教师金碧蓉、蒲维民参加了甘肃省团委举行的2017年甘肃省干部普通话演讲比赛，均获优秀奖。

5月13日 学校举行与兰炼一中"手拉手"联谊活动。本次活动由兰炼一中党支部书记王玉校长助理马彦瑞负责，兰炼一中团委书记张永亮、团委副书记邹佳宁、国际部李红、马晖彬及两名外教老师协同机器人社团、车模航模社团、校团委志愿者等30名学生参加。本校高一、高二、高三年级学生及部分老师一起参加了活动。活动内容有英语学习方法指导兰炼一中科技成果展示（机器人、车模、航模、研究性学习成果展示）、节目表演、图书捐赠、高考励志讲座等。

5月31日—6月15日 县财政局审计组一行3人受县人大常委会委托对学校2013年9

月至2016年12月期间的财政、财务收支情况进行了审计。

6月2日　县政协民主评议县教育局工作调研座谈会在本校召开，会议由县政协副主席王淑萍主持。

9月25日—29日　李瑞参加了州教育局组织的全州普通高中学校工作现场观摩培训活动。

10月14日—15日　本校举行了以"喜迎十九大，共筑中国梦"为主题的2017年秋季田径运动会。

10月21日—29日　郭旭强、戴文熹2人参加了厦门市湖滨中学跟岗学习。

11月16日　厦门市教育专家江合佩来校进行教学调研，并面向全体教职工开展了题为"实践思考，修炼提升"的培训讲座。

11月17日　甘肃省静宁县教育督导团50人来校参观学习临夏县挂牌责任督学工作开展情况，州政府总督学何其宫、县政府副县长陈培林、县教育局副局长周中普等陪同。

第一章 学校沿革与发展

第一节 校址变迁及体制变革

一、学校创办及校址变迁

民国七年（1918年），时任宁夏镇总兵的马福祥回乡探亲，捐资现大洋1500块，在家乡韩集创立一学校，名为"导河县西区国民小学校"，当时聘请杨坪村梁家山人氏梁竹岗为校长。民国十七年（1928年）河湟乱起，校舍几成丘墟，校务因此停顿。民国十九年（1930年）底，时任蒙藏委员会委员长的马福祥听闻家乡学校被毁，嘱其子马鸿逵带去现大洋4000块，重新扩建导河县西区国民小学校。民国二十年（1931年），学校创办人马福祥在北平逝世，马鸿逵奔丧，期间与马宣三商讨开学大事，以继父志。马鸿逵嘱托马宣三任董事并聘请北平成达师范毕业生王国华、马毓贵等6人到临夏接办校务。民国二十一年（1932年）二月，扩修后的学校正式开学，马鸿逵自兼校长，委任王国华为代理校长。同时设学校三处：韩家集、双城、阴洼。设于韩家集的西区国民小学为中心小学，双城、阴洼分别为第一、第二分校。三校学生共有四百多名。民国二十三年（1934年）十二月，第一届学生毕业，共6人。民国二十四年（1935年）八月，王国华辞职，委西区小学校教务主任马毓贵为代理校长兼教务主任，同时改校名为"临夏县私立鸿逵小学校"，并呈请教育局备案。嗣后，数年之间，在尕新集、牙背庄、邱家寺、段家湾、铜匠庄、石头洼、杨家坪、花寺街等村镇，先后成立了10所分校，共有学生一千余名。建校经费和教职员工薪金，马鸿逵均以私款开支。民国二十五年（1936年）四月，马鸿逵感于"今竟学校林立，将来人才辈出，饮水思源，胥出先君创始之力，因以云亭命名"，将"私立鸿逵小学校"改名为"私立云亭中心小学校"。

民国二十六年（1937年）开始，在原中心小学校园东侧扩建一所中学，民国二十七年（1938年），命名为"私立云亭中学"，并于当年秋季开始招收初中学生60名，分初一和预备两个班上课。11所小学统归中学校长领导，编制扩大，经费骤增。中学共占地面积约2.6万平方米（40亩），新建教室8座，教研室、试验室2座，学生宿舍30间，大礼堂、图书楼和办公楼各1座，民国二十八年（1939年）竣工。综观该校规模之宏伟，为当时甘、宁、青三省私立学校之冠。所需经费共计十几万银圆，全部由马鸿逵的私人账房"敦厚堂"支付。

1949年8月，临夏解放，军管会接管云亭中小学，云亭中学撤销，与临夏中学、兴华中学合并成立临夏联合中学。原私立云亭中小学改名为"韩集完全小学校"。

1950年初，恢复中学，校名为"临夏衩级中学"。

1957年，原小学地皮划归中学，小学迁至后河滩。中学在原有房舍的基础上新建教室、教职工宿舍，学校面积骤增至3万平方米。直至2013年7月初，校址未曾变更。

2013年7月，因城镇改造，学校整体搬迁至韩集镇姚川村原韩集初级中学。因原初级中学规模受限，当时搬迁时高二、高三两个年级暂借时已落成而未投入使用的双城小学，高一年级搬至原韩集初级中学。当时学校因在双城和姚川两处开展教育教学，为指称明确，便于管理，称为双城部（校本部）和姚川部。

2014年8月，随着姚川部综合教学楼等硬件设施的竣工，双城部搬迁至姚川部。临夏县中学始以其崭新的面貌坐落于临夏县韩集镇姚川村。

二、校名变更

（一）导河县西区国民小学校。民国七年（1918年）由时任宁夏总兵的原临夏韩集阳洼山人氏马福祥创办。至民国十七年（1928年）河湟事变后停办。马鸿逵继其父遗志，于民国二十年（1931年）修缮，第二年（1932年）二月正式开学。

（二）私立鸿逵小学校。民国二十四年（1935年）九月奉教育局训令，改校名为"临夏县私立鸿逵小学校"，十月，马鸿逵题赠校训"勤慎诚勇"。

（三）私立云亭小学校。民国二十五年（1936年）四月，马鸿逵为念先父"创始之力"，改校名为"私立云亭小学校"。

（四）私立云亭中学。民国二十七年（1938年）秋季创建到1949年8月临夏解放，学校一直沿用"私立云亭中学"的校名。民国二十七年（1938年）至民国三十年（1941年）学校仅有初中，民国三十年（1941年）开始设立高中，直到民国三十四年（1945年）抗战胜利，高中停办。民国三十四年（1945年）至1949年秋，学校仅有初中，无高中。

（五）韩家集完全小学校。1949年秋至1950年秋。1949年8月22日临夏解放，8月26日，临夏县成立，县治设在今临夏市。临夏专员公署撤销私立云亭中学，与兴华中学、临夏中学合并为临夏联合中学，学校遂成为小学，名为"韩家集完全小学校"。

（六）甘肃省临夏初级中学。1950年秋至1958年。1950年6月23日，临夏县中分置临夏市，临夏县县治迁往韩集，下辖南川（今南龙）、韩集、北塬、别藏、吹麻滩、尹集、新集、红台、大河家、马集、居集十一个区。于是，学校恢复中学建制，校名为"甘肃省临夏初级中学"或"甘肃省临夏第一初级中学"（学校图书印模上有这两种名称，《临夏州教育志》记载为"甘肃省临夏初级中学"）。1955年，学校从原来的州属转为县属。1957年，原来的韩集小学地皮及房舍划归中学，即后来的中学家属院，小学在韩集后河滩重建。

（七）甘肃省临夏市第三中学。1958年12月至1961年12月。1958年秋季，学校招收中华人民共和国成立后的第一届高中班，开始又恢复了高中部。1958年12月，撤销临夏县、永靖县，并入临夏市，学校校名遂改为"甘肃省临夏市第三中学"（临夏中学为临夏市第一中学，临夏市一中为临夏市第二中学，临夏回族中学为临夏市第四中学，枹罕中学为临夏市第七中学）。1961年6月将临夏市第七中学（现为枹罕中学）全盘并入本校。

（八）甘肃省临夏县第一中学。1961年12月至1974年4月。1961年12月，恢复临夏县、永靖县。临夏县治迁到韩集，学校校名遂改为"甘肃省临夏县第一中学"（临夏市一中为临夏县第二中学，临夏回民中学为临夏县第三中学，临夏市二中为临夏县第四中学，永靖中学为临夏县第五中学，枹罕中学为临夏县第七中学。或记载吹麻滩中学为临夏市第二中学、临夏县第四中学；乩藏中学为临夏县第三中学、临夏市第八中学，在县市分合时期，校名变更一度出现了波动）。1961年5月23日，临夏市第七中学（即枹罕中学）全盘并入本校，七中校长刘兴来校未几，又调回家乡平凉，教导主任李光祖也仅三个月调往他处。1962年9月将吹麻滩中学并入本校，三个月后又分设为三个学校。1963年春，学校高中学生只有三人，于是将高中部并入临夏中学而停办，学校成为初中，直到1966年秋季，学校又招收高一新生，再次恢复了高中。

（九）甘肃省临夏县韩集中学。1974年5月至1985年4月。1973年12月，撤市并县，临夏市并入临夏县，县治从韩集迁到临夏市城关镇，设立"三区一镇"，即韩集区（下辖9个公社）、吹麻滩区（下辖9个公社）、乩藏区（下辖6个公社），三个区共24个公社，另有17个公社及城南、城北、八坊、西关、东关5个街道办事处，共有46个公社编制，统一由县直接领导。1980年6月，从临夏县析置临夏市、积石山县。1983年5月，临夏县所辖的折桥、城关、枹罕、三个乡和五个街道办事处划归临夏市。8月31日，临夏县县治再次迁到韩集。这一时期校名为"甘肃省临夏县韩集中学"。

（十）甘肃省临夏县中学。1985年5月至今，校名为"甘肃省临夏县中学"。1985年1月18日临夏县教育局文件即临县教发（85）05号《关于启用甘肃省临夏县第二中学等十一所中学印章的通知》载："自1985年2月1日起，启用'甘肃省临夏县中学'印章，废除'甘肃省临夏县韩集中学'印章"。

三、学校体制变更

民国七年（1918年）至1949年8月，学校为私立小学、中学，一切费用都由当时的宁夏省主席马鸿逵开支。

1949年8月临夏解放，云亭中学停办，后由国家接管。自1955年至今，学校由原来的州属转为县属，学校也经过了从小学、初中到完全中学再到独立高中的数次演变。

第二节　校园建设

民国七年（1918年），马福祥斥资1500大洋，创办导河县西区国民小学校。民国十七年（1928年），河湟乱起，校园几成废墟，学务停顿。民国十九年（1930年）底，马福祥听闻家乡学校破败不堪，嘱马鸿逵探亲之际，带去现大洋4000块，重新扩修西区小学校。民国二十年（1931年），西区小学创办人马福祥病逝。民国二十一年（1932年）二月，扩修后的学校正式开学。其规模非当时之私立学校所能及：有6个学习室、2个成绩室、1个音乐室，校长室、教务部、训导部、办公室各1间，办公厅堂1处、图书馆3

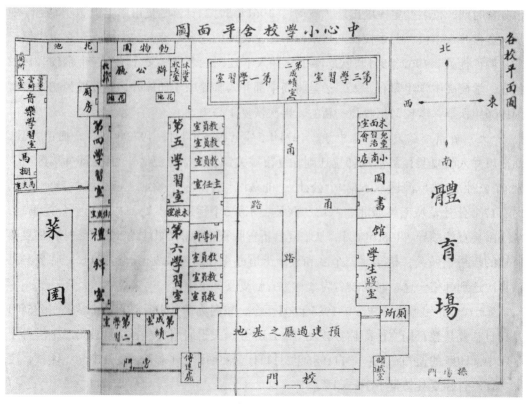

私立云亭小学校平面图

间，学生寝室3座，还有儿童自治会活动室1座，礼拜室、小商店、厨房各1座，体育场、动物园、马棚、菜园等各1处。马鸿逵每年拨家资一部，"扩充是校"，委其"族兄马宣三董其事"，"常年经费，年需万余元"，主要由马鸿逵支付，另外部分由其族兄马鸿宾、马继德、马显图等人筹备。

民国二十六年（1937年），马鸿逵派其工程处长马麟阁带一工程队，费银30万元在小学东侧扩建一所中学，占地面积6670m²，建筑面积1380m²，其中：教室8座，礼堂1座，图书楼1座，董事楼1座。规模巨大，堪称西北私立学校之冠。

1957年小学地皮及房舍划归中学，教室15座，会议室1座，教员宿舍33间，学校占地面积增至16675m²，建筑面积增至2881m²。

1957年修教室4座，价值12227元。1958年修教室6座，价值16839元。

1963年6月对礼堂进行了修缮。由于礼堂后边的跨墙已有裂口，特别是舞台的灰棚裂口最甚，加之舞台太小，为提高使用价值，将舞台向后推进2米多，左右扩展2.5米，礼堂内设置长椅80条。

1963年10月学校上报改造图书楼至11间平房，工料预算费用5240.6元。

1963年12月，校园占地面积16675m²，建筑面积3740m²，其中：教室30间，宿舍92间，礼堂1座，图书楼1座，西楼（办公楼5间），图书室3间，阅览室3间，仪器室4间，实验室3间，门房3间，储藏室13间，厨房6间，饭厅7间，厕所9间。资产总价值162465元。

1974年校内办红专学校，教发〔75〕049号，临县革农发〔75〕020号：韩中配发"东28"拖拉机一台，投资2360元。1975年10月拨款15000元修教室4间。

1978年校园占地面积16675m²，建筑面积4817m²，其中：教室45间，宿舍125间，大礼堂9间，图书室4间，阅览室2间，仪器室4间，储藏室9间，会议室3间，门房3间，井房3间，厨房8间，饭厅7间，厕所16间，广播站用房28间，电影队用房22间。资产价值270385元。

1980年在西一排靠西续建教室3间。1981年在东侧靠礼堂前修办公室6间。中一排修建会议室3间。

1983年9月校园占地面积（含广播站、电影队用房）20010m²，建筑面积5765m²，其中：教室45间，宿舍125间，图书室4间，阅览室2间，仪器室6间，储藏室20间，大礼堂9间，井房3间，会议室3间，家属宿舍28间，厨房8间，饭厅7间，厕所16间，其他32间，农场房子19间，后家属院54间。资产价值总计236224元。

为了解决多年来师生喝开水困难的问题，1984年5月11日上级拨购置款5000元，9月、10月拨修缮费12000元，学校购卧式3吨茶水炉一台，实价4131元，修建锅炉房等6间。

依据校园布局，合理调整厕所位置。1985年5月财政拨款15000元。学校拆除校门口东侧厕所6间，后围墙北面厕所13间，在东围墙礼堂靠前处建3间，在操场西侧建17间，面积176m²。

1985年为了解决老教师住房问题，县财政局拨款30600元，在家属院四合院基础上，向西扩大广播站、电影院，建成八个独院，面积575m²。北面原有6间共90m²划入家属院，安排教师及其家属12户入住。

为了增加勤工俭学收入，1985年学校行政会经过反复讨论，精心规划，利用学校家属院东侧房屋7间、农场房屋15间及库存旧木料，从银行贷款3000元，预收两年房租的办法，开始在校门口两侧临街修建出租商铺，截至1987年10月共修建商铺30.5间。

1986年9月县文教局拨修缮费5485元，在校园东侧修建了东一排6间教师宿舍。

因需解决水路问题并准备扩大后操场，学校于1986年6月20日用校门西侧水草地约1467m²兑换韩集村六社村民买益民在校园后承包的土地1000m²。

1988年甘肃省教育厅为了解决各县一中无教学楼的问题，拨专项资金，修三层戴帽双面教学楼一栋，建筑面积2138m²，投资395000元。

1989年11月11日，县政府拨款3.3万元，主要用于修缮东围墙180米，每米75元，后围墙130米，每米54元，剩余资金用于购打字机一台，阅览桌18张，椅子30把，实验桌12张，实验凳150个。学校围墙北移实际扩大占地面积1333.34m²。2006年县上决定学校向北河滩继续扩大操场，重修北围墙146米，增加占地面积近1000m²。

1989年，修平顶砖房门卫四间，面积62m²，造价9150元。

1992年，为了加强师范教育的实践环节，提高人才培养质量，根据省教委的有关文件精神，学校被定为合作民族师专学生教育实习基地，上级拨基地建设费40000元，在前院西侧建二层楼共10间，建筑面积250m²。

1993年，学校占地面积34684m²（含前操场6003m²），建筑面积6356m²，其中：砖混结构楼房2338m²，砖木结构礼堂704m²，土木结构平房3314m²，资产价值899180.78元。

按照县城规划及县委有关领导的指示精神，行政会决定，将校门西侧旧商铺采取以押金冲抵房租、集资建住房等方式改造成较高标准的二层楼。1995年5月开工修建一层商铺18间，二层商铺4间，教职工住宅15间，建筑面积601.45m²，工程造价228511元。1996年6月开工，于校门东侧修一层商铺11间，二层办公室11间，面积346m²，工程造价131492元，二层造价文教体局负担65709.6元。

2000年9月用"国家贫困地区第三个基础教育"项目资金48万元修建教学北楼，3层戴帽单面教室10间，建筑面积916m²。

为了确保信息化教学，正常开设微机课，2001年9月10日行政会决定，向教工集资微机室筹建款，年息为一年期6%，二年期7%，三年期8%，学校分期向债权教师还本付息。12月6日止，共集得资金175000元。学校从甘肃华泰公司购买电脑35台，价值191800元，建成了第一微机室。

2002年7月项目配发电脑23台，价值152164元，建成了第二微机室。

临县府发〔2002〕16号文即《关于将县中学平房家属院改建为教工集资楼的批复》，同意修建6层24套住宅楼一幢，建筑面积2700m²，总投资148.5万元，2002年7月18日开工，2003年10月中旬竣工验收，24户迁入新居。

2003年7月，学校从陕西省武功天王锅炉厂订购4吨节能茶水炉一台，价值38000元。在操场东侧修建锅炉房27m²，价值16904元，修建炭房及烧水工人宿舍29m²，价值6062元。建设砖铺篮球场地一块、排球场地两块，计11324元。当年路面硬化费用8821元。原水房一排9间变价2540元，旧锅炉变价1300元。

2004年3月，教工筹集资金15.2万元，从甘肃华泰公司购多媒体教学设备一套，计11.2万元。

2004年县上安排二期义教资金162.6万元，修建教学东楼——4层戴帽双面楼，砖混结构，一期建筑面积4258m²，工程造价263万元，用职工集资付息方式自筹100万元（实际集资79万元）。2004年7月1日开工，2005年6月30日竣工，验收合格后秋季开学使用。二期建筑面积1258m²，工程造价81.77万元，2006年3月23日开工，2006年9月30日竣工，验收合格后使用。修建前，象征学校悠久历史的大礼堂经由甘肃金惠会计师事务有限公司资产评估后，予以拆除并抵价4.8万元，抵价款用于修建教学东楼前期费用。

2005年6月22日，经校级班子扩大会同意，用3万元资金装备教学东楼多功能报告厅。

2005年7月18日，在教学东楼安装学生实验室设备，安装电学桌椅56套、化学桌椅56套、生物桌椅56套，学校共投资65928元。

2005年9月6日根据县委有关办公会议要求，决定对学校前操场进行开发建设，修建综合贸易市场，经9月12日行政会讨论，签订协议书。按照协议，补偿土地置换费13.2万元，主要用于扩修后操场。学校重修后围墙146米，费用23432元；修建供暖锅炉房111m²，费用84873元；校园硬化费用23695元。

2006年7月4日，临夏回族自治州教育局拨2005年贴息款6.5万元，12月26日拨2006年贴息款10万元；2007年12月县政府特批财政拨款20万元，偿还修建教学东楼部分集资款；2008年1月县上领导同意财政拨款80万元，解决了集资款及学校所欠工程款。

为了加快校园绿化、美化工作，2005年4月19日校务会决定，拆除前二排平房，投资25826元，种草坪378m²，铺设彩砖216m²。

2006年4月26日，从临夏回族自治州大庆家具有限责任公司订购主席台桌3张，单价900元；前排会议桌4张，单价710元；普通会议桌24张，单价355元。从临夏市伊光家具装潢公司订购硬靠背椅124把，总价值22120元。

为解决学生住宿困难，2006年8月21日行政会讨论同意，外租房屋，经多次调查协商，租用原工会俱乐部为学生住宿楼，每年租金26000元，安排高一、高二男生住宿。

2006年9月15日行政会研究决定以分期付款的方式从兰州得然电子科技有限公司购电脑31台，建成第三微机室，购办公电脑5台，总投资175322元，首付55322元，2007年3月底付7万元，2007年9月底付5万元。

2008年9月，学校安装电子白板2套，2009年11月安装电子白板4套，总价值35.88万元。

2009年9月县财政拨供暖费10万元，临夏回族自治州财政局拨寄宿制项目建设费42万元。

2010年4月，购移动多媒体3套，8月购移动多媒体3套，总价值21.6万元。

2012年9月28日，经行政会讨论决定，更换破旧课桌凳，从甘肃绿荫家具有限公司购单人桌椅1000套，价值19.5万元。购高低床65套，单价530元，另购高低床35套，单价480元，总价值51250元。2013年1月购高低床35套，价值16800元。

2013年校园占地面积26680m²，家属院占地面积1334m²，建筑面积10878m²，其中：南一、二号楼商铺及教师办公室59间947m²，门卫4间62m²，小二楼10间250m²，东楼176间5516m²，西楼66间2129m²，北楼30间916m²，东一排6间100m²，东二排150m²，东三排食堂135m²，锅炉房140m²，西一排储藏室6间98m²，西二排食堂6间139m²，西三排储藏室6间139m²，平房厕所23间157m²。资产价值7827796元。

2013年8月教学综合楼安装窗帘82副，公寓楼安装窗帘24副，合计31412元。

2013年8月旧县城改造，临夏县中学校址定为临夏县韩集初级中学校区，高一学生在原初级中学就读，高二、高三学生借用双城小学就读。

2013年8月26日开工修建5层双面实验综合楼一幢，建筑面积5852.5m²，投资11628918元，5层双面公寓楼一幢，建筑面积5250m²，投资10431750元，2014年8月20日交付使用。2014年6月23日开工修建2层餐厅一幢，建筑面积1142m²，投资2055600元。建成高规格的塑胶操场6517m²，价值1173060元。

为解决学生上早操，经2013年10月行政会决定，教学综合楼后面重新铺设彩砖并维修部分基础设施。共铺设彩砖868m²，投资36624元。

2014年7月，学校从甘肃百川伟业工贸有限公司订购单人桌椅500套，价值97500元；单人床并床垫140套，价值33400元。按照协议，中国电信股份有限公司临夏县分公司安装电子白板22块，价值450010元。2014年9月6日，由临夏市海龙锅炉厂安装6吨茶水锅炉一台，价值47000元。2014年10月购高低床100套，价值37000元。2014年10月5日从临夏市名品家具销售有限公司订购餐桌31套，价值13020元；从淮阳县一恒科教设备有限公司订购餐桌60套，价值28800元。从临夏县土桥镇环城路梦舒雅窗帘行为学校知行楼、三省楼、综合楼定做安装窗帘287副，价值101540元。

2014年至2018年，校园占地面积33333m²，建筑面积22451m²，其中：综合教学楼6797m²，知行楼5852.5m²，三省楼5250m²，男、女生公寓楼两栋共3014m²，惜粟楼1142m²，平顶食堂200m²，门卫45m²，平房厕所150m²。固定资产价值39179202元。

第二章　管理体制变革

第一节　校长室

　　民国七年（1918年），导和县西区国民小学校创办，因为学校为时任宁夏镇总兵马福祥私办，学校校长均由马福祥及其子马鸿逵聘请。创办伊始马福祥聘任当地名士梁竹岗为校长。民国十七年（1928年）河湟之乱起，校舍半成丘墟，学务停顿。民国十九年（1930年）底，时任蒙藏委员会委员长的马福祥嘱托马鸿逵重新修复并扩建西区小学，民国二十一年（1932年）二月正式开学，马鸿逵自兼校长，后因"军务羁绊"，聘请北平成达师范回族毕业生王国华代理校长之职。民国二十四年（1935年）八月王国华辞职，继聘请成达师范毕业生马毓贵代理校长之职。当时学校设立董事会，会员有38名，均为当地素负重望热心教育的绅士。董事会以全体大会为最高权力机关，董事长总辖全会事宜，常务委员会设总务股、宣传股，各股室设股长一名，马宣三任董事长。董事会掌握教育方向和财经，学校组织系统为校长、校务委员会。校务委员会在校长领导下分管教学和

私立云亭小学校题名录

行政事务。民国二十五年 (1936年) 改校名为"私立云亭中心小学"，中心小学居中统辖10所分校。

民国二十六年（1937年）马鸿逵派员在私立云亭中心小学东侧扩建一中学，名为"私立云亭中学"，聘请来宁夏避难的山西大学外文系教授朱启寰为首任中学校长。朱启寰之后，私立云亭中学校长均由马鸿逵委派，李荣培、李恩华、白鹏飞均是。

1949年8月，临夏解放，军管会接管私立云亭中小学。云亭中学撤销，中小学改名为"韩集完全小学校"，校长由政府任命。

中华人民共和国成立至今，校长均由政府任命。

临夏县中学历任校长附表

姓名	任期	学校名称	备注
梁竹岗	1918—1928	导河县西区国民小学校	现临夏县新集镇杨坪村梁家山人。
马鸿逵	1932—不详	临夏县私立鸿逵小学校	
王国华(代理校长)	1932.2—1935.7	临夏县私立鸿逵小学校	原北平成达师范学校毕业。
马毓贵(代理校长)	1935.7.23—不详	私立云亭小学校	原北平成达师范学校毕业。兼私立云亭小学校教务主任。
朱启寰	1938.8—1939	私立云亭中学	美国哥伦比亚大学留学生，山西大学外文系教授，首倡"坚苦卓绝"校训。
李荣培	1939—1945.8	私立云亭中学	天津南开大学毕业，宁夏省教育厅秘书，曾任宁夏联合中学校长。
李恩华	1945.1—1948	私立云亭中学	山东济南人，原北平成达师范学校毕业，宁夏省党部科长，后调至宁夏贺兰县政协工作。
白鹏飞	1948—1949	私立云亭中学	河北省人，原宁夏师范副校长。
白予石	1949.8—1950	韩集完全小学	
蒋 清	1950—不详	韩集完全小学	临夏县人，原云亭中学第一届高中毕业生，甘肃学院(兰州大学)中文系毕业。
马有信	1952—1954	临夏初级中学	临夏市人，复旦大学英语系毕业，1956年调任临夏市第二初级中学(现临夏市一中)首任校长。
徐敏天(代理校长、教导主任)	1953—不详	临夏初级中学	
王治成(代理校长)	1955—1958	临夏第一初级中学	代理校长，后调任临夏回族自治州文化局局长。
胡宏义(代理校长)	不详	临夏市第三中学	临夏市人。
杨育栓(书记主持学校工作)	不详	临夏市第三中学	

续表

姓名	任期	学校名称	备注
蒋国元	1961—1962	临夏县韩集中学	副校长胡宏义于 1963 年 5 月至 11 月主持工作。
张永华	1963.11—不详	临夏县韩集中学	兼任党支部书记，后调入临夏回族自治州计量局。
李克让	1968—1970.11	临夏县韩集中学	革委会主任。
娄正统	1970.12—1975.1	临夏县韩集中学	临夏县人，1970 年 12 月任革委会主任兼副校长，1973 年 12 月任校长，1975 年调任县文教局局长，直至 1983 年。后调入临夏市政协。
赵英甲	1975.2—1977	临夏县韩集中学	1975 年 2 月，从县三中即回中革委会副主任调任韩集中学革委会主任。后调入兰州八中。
王锡麟	1978.5—1983	临夏县韩集中学	兰州人，甘肃学院(今兰州大学)中文系毕业，原土桥中学革委会主任，1983 年起历任临夏县政府副县长、县长、临夏回族自治州教育学院书记。
黎世亨	1983.11—2006.6	临夏县中学	康乐县八松人，特级教师。
李 瑞	2006.7—至今	临夏县中学	临夏县人。

临夏县中学历任副校长附表(部分)

时间	姓名	时间	姓名	时间	姓名
1938	—	1939	—	1945	—
1949	—	1950	—	1952	—
1957	王治成	1962	胡宏义	1962	—
1963	胡宏义	1970	娄正统	1975	尹进科
1978	王玉财	1983—1984	金 弘	1985—1986	萧村逸
1987—1989	郭 平	1990—1991	祁仲华	1992—1996	祁仲华
1997—2000	祁仲华	2001—2002	祁仲华 田祥林	2003	李 瑞
2004—2006.7	李 瑞 江富傲 马维东	2006.1—7	李 瑞 江富傲 马维东	2006.10—2014	江富傲 张英海 宋明震
2007.3—2009	江富傲 张英海 宋明震	2010	江富傲 张英海 宋明震	2011	江富傲 张英海 宋明震
2012	江富傲 张英海 宋明震	2013	江富傲 张英海 宋明震	2014	江富傲 张英海 宋明震
2015	江富傲 张英海 何通章	2016	张英海 何通章 郭旭强	2017	张英海 郭旭强 朱雪莲

第二节　党支部建设

1958年5月16日，学校党支部正式成立，临夏市委派杨育桦任支部书记。至此校党支部逐渐完善，有具体的支部职责，下设支部委员，每个委员都有具体的分工。学校党建工作以邓小平理论和"三个代表"重要思想为指导，深入学习贯彻党的各项精神，深入学习实践科学发展观，围绕本校党建工作要点和作风建设，全面完成教育工委部署的各项工作任务。临夏县中学针对党员开展"双培养"活动，积极将普通党员培养成学校教学和管理骨干，将教学骨干培养成党员。并组织党员开展了一系列活动，推进学校的规范化管理，进一步提升教育水平。

一、党支部委员职责

党支部作为党的基层组织，其主要职责有以下四项。

2010年7月，学校党支部被中共临夏县委评为先进基层党组织。

（一）党支部书记的主要职责。

负责主持党支部的日常工作；负责支部"三会一课"制度的落实；负责传达贯彻上级的决议、指示；负责研究安排党支部工作。

（二）组织委员的主要职责。

负责了解和掌握党员的思想状况，抓好党员思想教育和党纪教育；负责对积极分子的培养、教育、考察；严格按照党章规定，做好吸收党员和预备党员转正各项工作；负责做好党员日常管理和党务公开；负责接收党员的组织关系，按时收缴党费。

（三）宣传委员的主要职责。

负责了解党内外思想动态，提出宣传教育工作的意见，结合支部实际情况，采取有效的方式开展宣传教育工作；负责拟订支部学习计划，会同组织委员加以实施；负责支部各项活动信息的整理、撰写、报送。

（四）纪律检查委员的主要职责。

经常了解并向支部和上级纪检部门反映党员执行纪律情况；协同组织委员、宣传委员对党员进行党性、党风、党纪教育；管理群众对党员的检举、控告，检查处理党员违纪案件，并同违纪现象做斗争；对受党纪处分的党员进行考察、教育。

二、支部委员

近60年来，学校不断完善党组织结构，先后产生了11位党支部书记和多名支部委员，具体情况如下表。

附：历届党支部书记、副书记和支部委员一览表

时间	书记	副书记	支部委员
1958	杨育桎		魏芝莲
1973-1974			王玉财、尹进科、马明星、王登雄
1975-1976.9			赵英甲、徐世荣、高玉英、马启新
1976.10	赵英甲		赵英甲、徐世荣、王玉财、马启新、曹德才
1980.1.10			王锡麟、王玉财、孟福有、武正芳
1980.4.25-1983.9	雍述元	王玉财	任顺高、石纪文、李万忠
1983年底	石纪文	黎世亨	组织委员李万忠，纪检委员马维成，宣传委员郭平（1988年12月调任县文教局副局长）
1989.6	石纪文	黎世亨	组织委员李万忠，纪检委员蒠文锦，宣传委员宋建林（1996年12月调离）
1998.4	石纪文	黎世亨	组织委员牛俊泽，纪检委员祁仲华，宣传委员张辉（2000年10月调离）
2001.12	李瑞	黎世亨	组织委员牛俊泽，纪检委员祁仲华，宣传委员范生江
2004.3.23	李瑞	黎世亨	组织委员牛俊泽，纪检委员马维东，宣传委员范生江，统战委员田祥林，青妇委员江富傲
2006.8	马维东	李瑞	组织委员牛俊泽，纪检委员祁仲华，宣传委员范生江，统战委员田祥林，青妇委员江富傲
2006.12	马维东	李瑞	组织委员牛俊泽，纪检委员江富傲，宣传委员马建成，统战委员张永华，工青妇委员郭旭强
2007.8-2008.2		李瑞	组织委员牛俊泽，纪检委员江富傲，宣传委员马建成，统战委员张永华，工青妇委员郭旭强
2008.3-2013.5	马建功	李瑞	组织委员牛俊泽，纪检委员江富傲，宣传委员马建成，统战委员张永华，工青妇委员郭旭强
2013.6	陈源	李瑞	组织委员牛俊泽，纪检委员江富傲，统战委员张永华，青妇委员郭旭强，宣传委员戴文熹
2017.3.30	陈源	李瑞	组织委员戴文熹，纪检委员张英海，宣传委员李科华，统战委员郭旭强，工青妇委员朱雪莲

三、 工作概况与业绩

临夏县中学部分党员在爱国教育基地——会宁县红军第一、二、四方面军会师塔前宣誓。

（一）党支部自建立以来，多次受到临夏县委、临夏回族自治州州委的肯定。2010年7月，校党支部被中共临夏县委评为"先进基层党组织"；2013年7月，校党支部被州教育党工委评为"全州教育系统先进基层党组织"；2014年11月，校党支部被州教育工作委员会评为"先进基层党组织"。党支部不仅获得多项荣誉称号，而且也培养出了许多优秀党员。

附：优秀党员一览表

姓名	时间	获奖称号	授奖单位
任顺高	1981.6.30	优秀共产党员	县委、县政府
石纪文	1982.9	优秀共产党员	县委、县政府
郭旭强	2009.6.30	优秀共产党员	县机关工委
江富傲	2011.9	优秀共产党员	县委、县政府
张英海	2012.7	州级优秀共产党员	州直机关工委
牛俊泽	2012.7	优秀党务工作者	州直机关工委
韩红梅	2012.7	优秀党员	州教育党工委
张永华	2012.7	优秀党务工作者	州教育党工委
马小宁　朱雪莲	2013	优秀党员	县教育党工委

（二） 21世纪，党员是中国工人阶级的有共产主义觉悟的先锋战士。在本校，作为党员教师，不仅要做一名优秀的共产党员，遵守党的规章制度，同时还要教书育人，努力将党员的先进思想、工作作风、思想观念带入到教学工作中。据此，临夏县中学开展了"双培养"活动，即将普通党员培养成学校教学和管理骨干，将教学骨干培养成党员。通过"双培养"活动，充实了党组织队伍，体现了党的先进性。

附：临夏县中学"双培养"一览表

表一：把普通党员培养成学校教学和管理骨干

姓名	原职务	培养人	培养时间	现在的职务
朱雪莲	音乐教师	李 瑞	2016.12	党支部工青妇委员、副校长
戴文熹	语文教师、办公室副主任	李 瑞	2017.2	党支部组织委员、高二年级组长
李科华	数学教师、班主任	李 瑞	2017.8	党支部宣传委员、高二数学备课组长

表二：把教学骨干培养成党员

姓名	原来的职务	培养人	培养时间	现在的身份
杜发利	高二生物备课组长、政教处副主任	李 瑞	2016.1	中共党员
王贤博	高二数学备课组长、高二年级组长、教导处主任	李 瑞	2017.3	中共预备党员
王正尧	高三化学备课组长、高三年级组长、教导处副主任	郭旭强	2017.3	中共预备党员

临夏县中学中共党员名单

姓 名	性别	出生年月	参加工作时间	入党时间	现任职务	技术等级（职称）
陈 源	男	1962.7	1981.8	1997.7	书记	副县级
李 瑞	男	1962.3	1982.8	1997.9	校长	高级教师
郭旭强	男	1977.9	1995.8	2000.7	副校长	一级教师
张英海	男	1967.11	1990.8	1997.4	副校长	高级教师
牛俊泽	男	1962.1	1982.8	1987.11	总务处主任	高级教师
张永华	男	1963.1	1982.8	2002.3		高级教师
戴文熹	男	1981.8	2006.3	2011.10	办公室副主任	二级教师
王永智	男	1968.2	1989.8	1993.1		高级教师
李昌华	男	1972.8	1993.8	1994.7	政教处副主任	高级教师
高占龙	男	1968.12	1991.8	1997.7		高级教师
赵亚平	男	1964.7	1982.8	1997.9		高级教师
马文成	男	1970.11	1992.8	1997.9	办公室主任	高级教师
张 发	男	1970.1	1991.8	1997.5	教导副主任	一级教师
王晓明	男	1968.7	1987.8	1998.3		一级教师
包旺虎	男	1977.1	1996.8	1999.9	政教处副主任	一级教师
郑维华	男	1966.3	1987.8	1999.9	教研室主任	高级教师
马小宁	男	1976.2	1996.8	2000.7		一级教师
杨春海	男	1967.8	1989.8	2001.7		一级教师
张玉华	男	1980.1	2002.8	2002.4		二级教师
李科华	男	1982.1	2004.7	2002.11		二级教师
韩红梅	女	1981.8	2006.8	2003.12		二级教师
尹小龙	男	1966.7	1988.8	2004.6		高级教师

姓 名	性别	出生年月	参加工作时间	入党时间	现任职务	技术等级（职称）
陈玉成	男	1989、1	2012.9	2012.6		二级教师
朱雪莲	女	1979.12	2006.9	2004.10	副校长	二级教师
彭艳平	男	1981.12	2007.5	2005.5		二级教师
钟 浩	男	1983.8	2006.8	2005.12		二级教师
邵开红	女	1982.8	2006.8	2006.6		二级教师
张昌海	男	1977.6	2001.1	2006.6		二级教师
李小吉	男	1978.5	2001.8	2006.6		二级教师
亢志强	男	1979.10	2002.8	2012.9		二级教师
缐宏光	男	1979.10	1998.8	2010.6		一级教师
张海胜	男	1981.8	2004.7	2010.11	总务处副主任	二级教师
张丽娟	女	1989.5	2011.9	2009.6		二级教师
周世宝	男	1985.10	2010.11	2010.12		二级教师
路左伟	男	1988.10	2011.09	2010.11		二级教师
周颜龙	男	1981.2	2009.11	2004.6		二级教师
铁永龙	男	1996.11	2009.11	2015.7		二级教师
马成龙	男	1987.2	2010.11	2007.11		二级教师
王莉萍	女	1986.10	2016.9	2006.5		二级教师
马 磊	男	1989.1	2011.9	2010.4		二级教师
陈 燕	女	1989.7	2015.9	2010.1		二级教师
毛 博	男	1983.3	2001.12	2008.7		中级工
马正霞	女	1983.6	2006.8	2004.11		二级教师
蒲维民	男	1987.8	2011.9	2008.9		二级教师
陈 强	男	1984.2	2010.9	2012.12		二级教师
马腾云	男	1980.4	2004.7	1999.10		二级教师
杜发利	男	1980.1	2007.5	2016.1		二级教师
罗丽霞	女	1986.3	2009.9	2016.1		二级教师
马风贤	女	1990.3	2013.9	2011.5		未评级
马金龙	男	1987.1	2014.9	2013.3		未评级
王世荣	男	1992.5	2016.8	2014.5		未评级
陈志红	男	1962.6	1982.7	2008.11		高级教师
魏 珊	女	1986.10	2009.11	2007.3		二级教师

第三节　处室

一、临夏县中学历届各处室主任、副主任变动情况表（1938年—2017年）

时间（年）	教导处	总务处	办公室	政教处	教研室	备注
1935	主　任:王荫培	主　任:王继业		训导主任:李恩华		云亭小学
1938		主　任:白玉璞				云亭中学
1939		主　任:白玉璞				云亭中学
1945		主　任:白玉璞				云亭中学
1949	主　任:丁世雄	主　任:周兆贤				韩集完小
1950		副主任:马维承				临夏第一初级中学
1952	主　任:韩元明					
1957	主　任:胡光先					
1960	主　任:魏芝莲	主　任:马维承				临夏市第三中学
1961	主　任:胡光先	主　任:张克千				
1962		主　任:马建业				韩集中学
1963						临夏县第一中学
1964年底	主　任:尹进科	主　任:尹进科				
1975—1978		主　任:曹德才				
1979	主　任:鲁家宝 副主任:孟福有	主　任:雍述元				韩集中学
1981	主　任:黎世亨	主　任:苏　智				
1982	主　任:黎世亨	主　任:李万忠				
1983.5	主　任:黎世亨 副主任:任顺高	主　任:李万忠				
1983—1984	主　任:郭　平 副主任:任顺高	主　任:李万忠	主　任:宋建林			临夏县中学（1983年底）

续表

时间（年）	教导处	总务处	办公室	政教处	教研室	备注
1985—1986.8	主　任:刘进荣 副主任:王元涛	主　任:李万忠	主　任:宋建林			
1987.9	主　任:刘进荣 副主任:祁仲华	主　任:李万忠	主　任:宋建林			
1989.10	主　任:宋建林 副主任:宋明震	主　任:李万忠	主　任:赵　达			
1991—1996	主　任:宋建林 副主任:宋明震	主　任:李万忠 副主任:牛俊泽	主　任:赵　达			
1997.2	主　任:田祥林	主　任:李万忠 副主任:牛俊泽	主　任:张　辉	主　任:宋明震		
1999	主　任:江富傲 副主任:张英海	主　任:牛俊泽	主　任:张　辉	主　任:宋明震		
2000底	主　任:江富傲 副主任:张英海	主　任:牛俊泽	主　任:张　辉 副主任:范生江	主　任:宋明震	主　任:杨彦云	
2001—2002	主　任:江富傲 副主任:张英海	主　任:牛俊泽	主　任:范生江	主　任:宋明震	主　任:杨彦云	
2003	主　任:江富傲 副主任:张英海	主　任:牛俊泽	主　任:范生江	主　任:宋明震	主　任:杨彦云	
2004	主　任:杨彦云 副主任:赵亚平	主　任:牛俊泽 副主任:宋海云	主　任:范生江 副主任:马建成	主　任:宋明震 副主任:王永智	主　任:张英海	
2006.3	主　任:赵亚平 副主任:郑维华 杨万福	主　任:牛俊泽 副主任:王晓明	主　任:马建成 副主任:马文成	主　任:王永智 副主任:李文明	主　任:(空缺) 副主任:尹小龙	
2007.3	主　任:赵亚平 副主任:郑维华 杨万福	主　任:牛俊泽 副主任:王晓明	主　任:马建成 副主任:马文成	主　任:王永智 副主任:李文明	主　任:张永华 副主任:尹小龙	
2008—2009	主　任:赵亚平 副主任:郑维华 王智强	主　任:牛俊泽 副主任:王晓明	主　任:马建成 副主任:马文成	主　任:王永智	主　任:张永华 副主任:尹小龙	
2010	主　任:赵亚平 副主任:郑维华 王智强	主　任:牛俊泽 副主任:王晓明	主　任:马建成 副主任:马文成	主　任:王永智 副主任:李文明	主　任:张永华 副主任:尹小龙	

续表

年份						
2011	主　任:赵亚平 副主任:郭旭强 　　　　王智强 　　　　郑维华	主　任:牛俊泽 副主任:王晓明	主　任:马建成 副主任:马文成	主　任:王永智 副主任:李文明	主　任:张永华 副主任:尹小龙	
2012	主　任:赵亚平 副主任:王智强 　　　　郑维华 　　　　张　发 　　　　郭旭强	主　任:牛俊泽 副主任:王晓明	主　任:马建成 副主任:马文成	主　任:王永智	主　任:张永华 副主任:尹小龙	
2013	主　任:郭旭强 副主任:张　发	主　任:牛俊泽 副主任:王晓明	主　任:马建成 副主任:马文成	主　任:王智强 副主任:尹小龙	主　任:郑维华 副主任:朱　杰	
2014— 2015	主　任:郭旭强 副主任:王贤博 　　　　张　发	主　任:牛俊泽 副主任:张海胜	主　任:马文成 副主任:戴文熹	主　任:王智强 副主任:杜发利 包旺虎　尹小龙	主　任:郑维华 副主任:朱　杰	
2016— 2017	主　任:王贤博 副主任:王正尧 　　　　张　发	主　任:牛俊泽 副主任:张海胜	主　任:马文成 副主任:戴文熹	主　任:王智强 副主任:杜发利 包旺虎　李昌华	主　任:郑维华 副主任:朱　杰	

二、现阶段各处室主任、副主任职责

（一）办公室主任。

1. 负责办公室的总体工作，认真履行《办公室主任职责》。

2. 负责保管印章及便函、重要证明材料等文件开具。

3. 协调校级领导、中层领导之间的工作关系，完成校长、书记安排的临时性工作。

4. 负责教师职称考核、晋升、申报及档案管理工作。

5. 具体负责学校党支部文件、材料的起草、打印及上报工作。

6. 负责督促各项《责任书》的落实及硬、软件工作（如党建、党风廉政建设等）；做好年度各项考核的准备工作。

7. 做好小范围会议（如支委会、校长办公会等）的会议记录。

8. 负责协调与上级部门、外单位相关事宜，及时向学校有关领导进行汇报。

9. 负责办公室干事的出勤及考核，负责综治、维稳、民族团结、党风廉政建设、精神文明、中心组学习等工作，并做好上述《责任书》的软硬件工作。

（二）办公室副主任。

1. 协助主任开展工作，认真履行《办公室副主任职责》。

2. 具体负责学校行政工作及各类材料的起草、打印及上报工作。

3. 搞好档案管理工作，负责各类文件的收发、送阅、上报及保管工作。

4. 负责有关通知及每周活动要点的安排、起草。

5. 做好各项会议记录（办公室主任职责7中内容除外）。

6. 负责普法、信访、计划生育工作并做好各项《责任书》的硬软件工作。

（三）政教处主任。

1. 负责政教处总体工作，认真履行《政教主任职责》，在分管副校长领导下抓好班主任及学生思想品德教育工作，且一抓到底，要求将学生德育工作具体化，创新工作方式，明确抓手，力求效果。

2. 负责召开班主任工作培训会、汇报会、经验交流会、学生座谈会，经常性深入班级、宿舍，及时掌握学生思想动态及不安全因素，注意发现问题，研究制定具体管理措施。

3. 搞好班主任管理奖和坐班补助的核算发放及模范班主任的评选工作，抓好学生行为习惯培养和对《一日常规》等制度的落实。

4. 负责教师值周工作，对值周工作检查指导、总结，对存在问题及时指出。负责主持升国旗仪式，负责政教干事的出勤及考核。

5. 负责调查学生中的重大违纪事件，遵循教育规律，妥善处理学生中的突发事件并及时汇报通气。

6. 具体负责学校的德育、安全、禁毒等工作并做好相关各项《责任书》的硬软件工作。

7. 完成校领导指派的临时性工作。

（四）政教处副主任一。

负责高二年级政教及教研工作，分管团委、学生会，负责学校卫生及分管女生宿舍管理工作。

（五）政教处副主任二。

具体负责高三政教工作，男生二号楼宿舍管理工作。

（六）政教处副主任三。

负责学校禁毒、社团活动、高一政教及卫生工作。

（七）教导处主任。

1. 负责教导处的总体工作，认真履行《教导主任职责》，在分管副校长的领导下，组织搞好教育教学工作。

2. 主持召开教导处相关工作会议，做好各项工作安排，确定工作重点，围绕课堂抓教学，掌握任课教师的基本情况，协调好与校级班子、其他处室及教职工的关系，尽力做好教职工的思想政治工作。

3. 具体负责教导处计划、总结、招生、会考、学生学籍、教师工作安排、考勤、教学检查、书本征订、核实与发放教学质量奖及教学管理奖等工作。

4. 负责抽查文科作业、配套练习等，抓好《教学常规三十条》的落实及学生学习习惯培养工作，加大教学常规的落实力度。负责教导干事考核。

5. 完成校领导指派的临时性工作。

（八）教导处副主任一。

1. 协助主任开展工作，负责教导办公室工作。教导处全力为教学工作提供良好服务。

2. 具体负责抽查理科作业、配套练习等，加大教学常规的落实力度，另负责教导处办公设施管理、"双缺"统计公布及教育新生教务工作。

3. 完成分管校长、主任指派的临时性工作。

（九）教导处副主任二。

分管高一年级组及高一年级教务工作。

（十）教研室主任。

1. 负责教研室总体工作，协助分管校长抓好教育教学研究。

2. 开学初召开教研组及备课组长会，制定教研工作计划，并负责实施，学期中、末进行总结，抓好教研组长、备课组长的考核与总结评比工作。

3. 负责办好《县中教研》和《蓓蕾》，负责检查督促教师读书学习任务的完成情况。

4. 开展全校性的专题研究及教育教学研讨活动。

5. 抓好青年教师的培训及教研组长教案签字等工作，负责电教人员考勤及考核工作。

（十一）教研室副主任。

1. 协助主任开展工作，主要抓好教学实践活动及考核工作（如组织开展观摩课等）。

2. 具体负责电教、实验、各学科竞赛及辅导等，具体抓好实验教学计划任务的落实，有检查、有督促，管理好演示及学生实验档案，负责实验员的考勤及考核工作。

（十二）总务处主任。

1. 全面负责总务工作，认真履行《总务主任职责》，在校长领导下做好后勤工作。

2. 主持召开每月一次的总务工作会议，组织学习、搞好总结，加强对后勤人员的思想教育和培训工作。安排与部署好后勤工作，做到后勤人员分工明确，职责清楚，并做好量化考核记载，负责后勤人员管理奖发放。

3. 具体负责学校每学年度预算编制，每年度财务审核，采购小组、修建及维修、学生教室、宿舍、教职工办公室安排、校车管理、校园绿化、美化、防汛、安全、危房检查等工作，督查学校水、电、暖、厕所的管护与维修，保障畅通。

4. 完成校长交办的临时性任务。

（十三）总务处副主任。

1. 协助主任搞好后勤服务工作，树立为教学服务、为学生生活服务的理念，搞好服务工作。

2. 加强门卫管理，监督并负责门卫人员值好班，杜绝校外人员入内，保证教学秩序正常运行。

3. 根据学校实际需要，安排班组劳动，按时完成任务，定期安排班级清理各垃圾点垃圾。

4. 指导并监督财产保管员、宿舍管理员、卫生清洁员及时检查公物使用及损坏情况并及时上报处理，负责公物验收工作并做好详细记录。

5. 参与维修及后勤日常事务。

6. 完成校领导指派的临时任务。

第三章　思想教育

第一节　教育概况

民国七年，宁夏总兵马福祥创立西区小学校，民国二十年（1931年），马福祥于北平逝世，马鸿逵每年拨家资一部，扩充是校，委其族兄马宣三（马继德）董其事。民国二十三年（1934年）十月，马鸿逵题写校训匾额一方为"勤慎诚勇"。究其校训内涵，其办学目的也有为其军队培植大量军事人才，以巩固自己军阀地位的思想。在学校教育中实行党化教育，以"信义和平，礼义廉耻"为其道德准则。

民国二十七年（1938年），私立云亭中学开学，校训为"坚苦卓绝"。讲求师生以坚忍不拔的精神致力于教和学。

20世纪五六十年代，因生活紧张，学校认真贯彻劳动生产与教学、理论与实际紧密结合的原则，要求初中学生每周参加劳动6至8小时（每次不超过3小时），高中学生每周参加劳动8至10小时（每次不超过4小时）。学校为贯彻这一精神，开办工厂，发动学生上太子山背矿石，开垦农场，带领学生到康家农场搞生产。受反右斗争浪潮的冲击，一批工作上进的教师被挫伤了积极性，直至"文革"结束前，教学工作处于低迷状态。

1978年拨乱反正后，学校将教学工作纳入重点。学校针对此时形势发展和不够稳定的教学秩序，抢抓《中学生守则》贯彻试行这一机遇，制定了《临夏县韩集中学关于校风校纪的规定》（简称《八条规定》），此规定在学生中认真讨论，反复修改后正式公布执行。学校领导身体力行，埋头苦干。对于来自校外影响教学的行为，书记校长挺身而出，维护教师的合法权益，经过三四年坚持不懈的努力，收到了可喜的效果，学校的日常工作井然有序。

1981年，黎世亨主持教导处工作时制定了《关于"备课、讲课、批改作业、辅导学生"的初步意见》，突出了基本概念的教学与"双基"训练，使教学工作更向科学化、系统化、条理化迈进了一步。

1985年1月3日，第一届第一次教代会提出并通过了学校"三风"建设构想，"三风"具体指以下内容：

校风：团结勤奋、求实创新。"团结"就是在四项基本原则的指导下，发扬民主，开展批评与自我批评，做到五团结（领导班子团结、民族团结、同志团结、师生团结、同学团结）、三热爱（热爱祖国、热爱社会主义、热爱中国共产党），把学校办成生气勃勃、团结友爱、不断提高的育人阵地。"勤奋"就是要教师勤勤恳恳、兢兢业业、孜孜不倦。教师勤奋工作，学生勤奋学习，树立"三感二心"（光荣感、责任感、荣辱感和上进心、事业心）。全体教职工要做到"五勤"（眼勤、耳勤、口勤、手勤、脑勤）。"求实"就是讲求踏实认真，谦虚谨慎，表里一致，严于律己，实事求是的工作作风，全校师生在工作和学习中要讲求实效，不尚空谈，作风朴实，工作扎实，学问严实。"创新"就是要不断改革，不断进取，不断提高；要不断总结经验，积极学习，勇于更新教学方法。

教风：严谨、扎实、生动。目的明确、内容正确、重点突出、教法得当，组织严密、精讲多练、语言简练、板书整齐合理、效果明显，做到五认真（认真备课、认真讲课、认真批改作业、认真辅导学生、认真检查教学效果并总结教学经验）。

学风：勤学好问、刻苦钻研、一丝不苟、持之以恒。学习态度明确，学习方法得当，做到课前预习，上课专心听讲，积极思考，课后认真复习，独立完成作业，单元做好小结。

领导作风：以身作则、密切配合、遵循规律、抓住中心。各级领导要深入实际，联系群众，刻苦学习，认真履行各自职责，自觉遵守本校领导班子《约法三章》，做到工作系列化、规范化、制度化，有目标，能以身作则，发现问题及时解决，秉公办事，不徇私情。工作有计划，计划有落实，对工作不断总结、不断完善，使管理工作科学化。

1994年12月第二次修订办学指导思想：全面贯彻党的教育方针，突出"严、细、实、效"；积极推进素质教育，面向全体学生，坚持全面发展；全面提高教育质量，努力完成好双重任务。在教学工作中，贯彻"遵循大纲，立足统编教材；狠抓双基，传授知识，发展智力，培养能力；既教书又育人；既抓教学方法，又抓学习方法；教师为主导，学生为主体；精讲多练，讲练结合"的原则。在教育工作中，贯彻"爱护学生，了解学生，积极引导，耐心教育，发扬优点，

2009年4月，学校被临夏县教育局评为"平安、和谐、文明学校"。

克服缺点；严格要求与尊重学生，正面说理与开展活动相结合"的原则，教育学生坚持四项基本原则，立志为祖国为人民服务，笃学尊师，积极向上，具有社会主义道德品质和良好的文明行为习惯；奠定坚定正确的政治方向和科学的人生观、世界观的基础；具有初步的道德评价能力和自觉教育能力；成为"有理想、有道德、有文化、有纪律"的社会主义新一代。

这一时期，学校实行校长负责制。在校长的统一领导下，各分管副校长首先对校长负责，分别负责政教处、教导处、总务处工作，办公室为学校日常办事机构，必须对校长负责。学校党组织在党支部书记的领导下，对学校工作进行监督并领导团委、工会组织。教代会是学校的民主管理和民主监督组织。教导处负责学校图书馆、实验室和教师的教学工作；政教处负责学生会和年级班组工作，总体负责学生纪律、卫生工作；总务处负责会计室、伙委会及其他服务组等。从而自上而下形成了有机统一的学校教育网络，对学校正常有序地运转起着宏观调控作用。

2008年初，学校全面落实临夏回族自治州教育工作会议提出的"三线三级"管理机制，开展了以硬化、绿化、美化、净化为主要内容的四项工程建设达标活动，在学校管理上侧重"五课教学"抓教研，围绕创建"平安、和谐、文明"校园，狠抓学生"三个习惯"（学习习惯、行为习惯、卫生习惯）培养，定目标，下任务，强化目标管理，收到了显著效果。12月，在九届三次教代会上，修订了《临夏县中学教学质量奖奖罚办法》《临夏县中学骨干教师评选办法》等七项制度，制定了由12项考核奖项组成的《临夏县中学绩效工资制试行办法》，大力推行绩效工资制，设立了高中会考奖、教研论文及课件评选奖，提高了教学管理奖、班主任管理奖、教学质量奖金额，有效调动了广大教职工的积极性。

2010年学校倡导"三苦精神"，狠抓"三风建设"，继续把"教学质量再上新台阶"作为奋斗目标及各项工作的核心，全面落实县教育局提出的"双线五级"管理办法和《临夏县中小学目标管理量化考核办法》，加大了各项制度的落实力度，实行了责任追究制和安全首遇责任制，为巩固安全文明和谐校园提供了制度保障，进一步落实分级管理、分层教学的办学策略，实行了年级组长聘任制等管理模式。

2014年12月对"三风"进行修订，并提出办学理念、办学思路、办学宗旨以及办学策略，在十一届一次教代会上通过，具体为：

校　　训：坚苦卓绝。

办学理念：科学育人，和谐发展。

办学思路：以人为本，质量立校，教研兴校，骨干强校。

办学宗旨：全面贯彻党的教育方针，全力提高教育教学质量。

办学目标：争创州级示范性高中。

校　　风：团结、勤奋、创新、进取。

教　　风：严谨、扎实、生动、活泼。

学　　风：勤学好问、刻苦钻研、一丝不苟、持之以恒。

办学策略：

一是分层教育，分级管理。

二是认真落实"三苦三会"（即领导苦抓要会抓、教师苦教要会教、学生苦学要会学）的管理思想。

三是坚持开展以培养学生学习习惯、卫生习惯、行为习惯为内容的学生德育教育。

四是创设以"学讲练思"教学模式为主的有效课堂。

五是与名校（兰炼一中）结对，采取"请进来，走出去"的措施，助推学校发展，提高教学质量。

2009年至今，学校实行分层教育，分级管理的办学策略，进一步充实了基层组织管理队伍，实行以年级组为单位的相对独立的教育教学系统。每个年级组基本上配备了办公室、教导、政教、教研、总务等主任（副主任），在年级包级副校长领导下，年级组长及各口主任、副主任严抓共管、一丝不苟、坚持不懈地开展本年级教育教学工作。

第二节　工作制度、内容、方法及成果

制度建设是抓好工作的根本。本校自创办以来，就已经非常重视制度建设工作了。据民国二十四年（1935年）《私立云亭小学校实施概况》记载，当时各种规程就已有三十多项，分别为：（1）校务会议规程；（2）教务部规程；（3）训导部规程；（4）事务部规程；（5）教务会议规程；（6）训导会议规程；（7）事务会议规程；（8）教职员日常应行事务条例；（9）教职员轮流监护规程；（10）各级训导员应行职务条例；（11）经济公开办法；（12）各种集会之职务分配摘要；（13）学生奖惩办法；（14）各种集会仪式；（15）抽考法则；（16）比赛办法；（17）儿童自治会简章；（18）儿童自治会执监联合会议组织大纲；（19）儿童自治会执行委员会组织条例；（20）儿童自治监察委员会组织条例；（21）儿童自治会各分会组织条例；（22）儿童自治会总务部办事细则；（23）儿童自治会风纪部办事细则；（24）儿童自治会学艺部办事细则；（25）公安股办事细则；（26）小商店办事细则；（27）储蓄股办事细则；（28）图书股办事细则；（29）体育股办事细则；（30）讲演股办事细则；（31）编辑股办事细则；（32）卫生股办事细则。从这32条规程来看，可分三组，有关学校领导的规程八条（第1、

2、3、4、5、6、7、11条），关系到教师的规程有四条（第8、9、10、12条），其余的都是用来约束学生的。各规程细目之细、操作性之强、计划性之高，在今天对我们也应有启迪，如民国二十四年（1935年）秋季学期训导部每周中心训练德目显示，学校在这一学期每周有中心训练内容。就以当时的第五周（9月20日至9月26日）为例，训导部把这一周定为"雪耻周"，对各年级学生的中心训练内容是这样的：一年级——我立誓不买日货；二年级——我不忘九一八事变，时时要准备雪耻；三年级——我明了日本侵略中国的情形；四年级——我要立志废除二十一项不平等条约；五年级——我要劝告别人不买日货；六年级——我要锻炼身体，努力求学，誓死收复东北失地。

中华人民共和国成立后至"文革"这段时期，学校制度建设无从稽考。

1978年恢复高考后，学校步入正轨，曾制定了一系列制度，如1978年5月由当时校长王锡麟（校纪部分）、教导主任黎世亨（校风部分）起草的《临夏县韩集中学关于校风校纪的规定》（简称《八条规定》），在学生中认真讨论，反复修改后正式公布执行。两年来，经过上至书记、校长下至每一位教师扎实有力地推行后，收到了可喜的效果，教学秩序井井有条，有力地促进了教育教学工作。1979年秋季，高考中有4名学生考入了大学，44名学生考入了中专。1981年，学校又制定出了七条改进教学提高质量的关键措施。1983年底，黎世亨任校长后，响亮地提出《约法三章》，后在1985年1月召开了第一届教代会，通过了《临夏县中学教职工代表大会暂行条例》，进一步健全了教代会制度，为充分发扬民主，促进教育教学创造了条件。1988年学校制定了总体改革方案，实行校长负责制、教职工聘任制、目标管理制等制度，在教学方面制定了《临夏县中学教学工作常规五十三条》等五十余项制度。1988年5月、1994年12月、2005年8月，先后汇编了当时制定的全部制度，名为《临夏县中学制度汇编（一）（二）（三）》。其中，《制度汇编（一）》因其具有系统化、科学化的学校教育管理思想被临夏回族自治州教育局在全州中小学中进行了印发推广。

2006年，学校新一届领导班子上任后，在秉承学校"民主办学，制度约束"这一优秀传统管理思想的基础上，坚持与时俱进，创新管理思路，在教育教学方面进行了大力改革，修订完善了一些旧制度（修订和完善了《临夏县中学年度考核评定办法》《班主任工作量化考核办法》《临夏县中学教辅后勤人员工作考核细则》等13项制度），并结合学校发展实际，探索制订了一些新的制度，为了使用方便，2014年将其汇编成《临夏县中学制度汇编（四）》，与原来的一、二、三册一并执行。

学校在一系列制度的引导下，教育教学工作呈现可喜的局面。2015年高考一本上线6人，二本以上上线78人，上线率16.6%，居全州15所高中第四名；2016年高考二本上线86人，上线率17.9%，3名学生进入全州文理科前100名；2017年高考一本上线6人，二本上线55人，在参加高考的470名学生中高职以上录取388人，其中本科115人，专科及高职272人，录取率为82.6%（全省80.6%，全州81.11%），超出省录取率2%，尤其是文科一本上线4人，且进入临夏县高考前4名。2016年9月学校被临夏回族自治州州委、州政府授予"全州教育系统先进集体"。2015至2017年连续三年被临夏县委、县政府授予"教育教学质量先进集体"。2016年临夏县委县政府重奖47.9万元，2017年重奖36.9万元，极大地调动了教职工的积极性。2016、2017年连续两次获得"全州普通高中学生发展目标考核二等奖"的好成绩。2017年4月临夏回族自治州州教育局和州政府督导室组织部分州政府督学，对全州7所普通高中进行了全面和深入的综合督导评估，最终，本校被评为"临夏回族自治州普通高中综合督导优秀学校"。6月学校党支部被评为"全州教育系统先进基层党组织"。9月学校被评为"临夏回族自治州青少年毒品预防教育示范学校"。目前，学校校风正、教风好、学风浓，校园呈现出一派勃勃生机。

附：

《临夏县中学制度汇编》（四）目录

办学总则

校训释义

校级班子成员分工

中层领导成员分工

学风建设九条措施

专业技术人员考核办法

师德教育四条禁令

关于进一步规范各类行文的通知

关于进一步加强教育教学工作的几项决定

绩效工资及各类奖项奖金发放方法

关于高中毕业会考奖罚试行办法

毕业会考奖罚试行办法

关于教学质量奖罚的试行办法

教学工作常规三十条

课堂教学十项要求

教学管理奖实施细则

考勤制度

实验班管理办法

先进个人评选办法

关于进一步加强教研组活动的几点要求

电子白板教室管理使用制度

大力培养青年教师的实施办法（修订）

教研工作改进的措施和办法

校级教学骨干评选条件

优秀教师评选条件及奖励办法

语言文字工作制度

新教员培训措施及要求（细则）

班主任工作岗位责任制

班主任及班级工作量化考核实施方案

模范班主任评选条件及奖励办法

校园安全巡查制度

值班巡逻制度

食堂食品卫生管理、疾病防控制度

消防安全管理制度

住宿生安全管理制度

交通安全管理制度

易燃、易爆、剧毒危险品管理制度

大型活动申报制度

教学场地、设施、器材及体育运动管理制度

安全教育培训制度

重点部位安全管理制度

安全隐患整改制度

档案保管制度

安全工作奖惩情况信息报告制度

关于进一步加强学生安全工作的决定

紧急情况预案

应急反应流程图

流动红旗评比项目及分值

学生宿舍管理员岗位职责

学生宿舍管理条例

文明宿舍标准及评选办法

学生宿舍管理评分办法

值周教师职责

值周教师考评细则

学生一日常规（试行稿）

学生"十不准"要求

关于禁止学生吸烟、带手机、听MP3等的决定

学生七条禁令

办公用品发放办法

后勤教辅人员量化考核细则

食堂管理办法（试行稿）

第三节　班级管理

班级是学校教育的基层组织，也是学生实现个体社会化、个性得以发展的重要环境。班级管理的运行状态，直接影响到班级教育功能的发挥和学生能否健康全面地发展。多年以来，本校的班级管理，还存在着诸多问题，从大的方面讲，班主任教育观念滞后、教育方法单一、注重应试教育、片面追求升学率等问题比较突出，具体来说，体现在班主任对班级管理的随意化、管理内容的片面化、管理方法的简单化以及评价学生的主观化，这些都对班级管理产生了负面的影响。此外，从学校管理者的层面而言，缺乏科学的班级工作评价体系也是一个主要因素。

鉴于上述原因，学校先后制定了班级管理方面的制度：1984年2月首次出台了《班主任工作岗位责任制（试行）》，之后多次修订《班级目标管理试行办法》，2006年8月制定了《临夏县中学学生一日常规》，设计了《班级管理工作手册》，9月制定了《临夏县中学班委会及班干部工作职责》，2007年4月修订了《班主任工作岗位责任制》，2008年9月制定了《临夏县中学学生"十不准"要求》，2009年制定了《临夏县中学学生德育理化考核办法》，2010年3月出台了《临夏县中学班级工作量化考核实施方案》。此后，班级管理工作步入了制度化轨道。

一、班主任工作职责

班主任是班级教育和管理的组织者，是学校教育教学工作的骨干力量。因此班主任必须树立正确的教育思想，加强对学生的素质教育，引导学生在德、智、体、美等方面全面发展，健康成长。

（一）按照德、智、体、美全面发展的要求，开展班级工作，全面教育、管理、指导学生。对学生进行思想政治教育和德育教育，保护学生的身心健康；教育学生热爱祖

国，逐步树立为人民服务的思想；培养学生社会主义道德品质和良好的心理素质；要求学生遵守《中小学生守则》《中学生日常行为规范》。

（二）教育学生努力完成学习任务，会同各科教师帮助学生明确学习目标，端正学习态度，掌握科学的学习方法，培养良好的学习习惯，调动学生学习积极性，经常与各任课教师联系，以促进各科的平衡发展与提高。

（三）教育指导学生参加学校安排的各项劳动；协助学校贯彻实施体育卫生工作条例，教育学生坚持体育锻炼，上好"三操、两课、两活动"，养成良好的劳动习惯、生活习惯和卫生习惯。

（四）关心学生的课外生活。组织和引导学生参加各种有益于身心健康的科技、文娱和社会实践活动，鼓励学生发展有益的兴趣和特长。

（五）负责班级的日常管理。建立班级常规；指导班委会和班团支部工作；培养学生干部；提高学生的自理、自立、自治能力；把班级建设成为奋发向上，团结友爱的优良集体。

（六）负责联系和组织班级科任老师，商讨本班教育教学工作；互通情况，协调各种活动和各科学生课业负担；做好优生发展、中生优化和后进生转化工作。

（七）做好本班学生思想品德评定和有关奖惩的汇报工作。

（八）经常与本班学生联系交流，争取家长和社会有关方面的支持与配合，共同做好学生的教育工作。

（九）学期初制订本班工作计划，并负责组织实施，期末做好班级工作总结。

二、班委会工作职责

班委会由班长、团支部书记、纪律检查副班长、文体卫生副班长、劳动委员、学习委员、生活委员组成。

为加强班级建设，发挥班委会及班干部的核心领导作用，各负其责，各尽所能，调动班干部工作的积极性，使班级工作有条不紊地进行，特制定此工作职责。

（一）配合班主任教育学生努力学习，组织有关学习活动，介绍学习方法，交流学习经验，帮助同学解决学习中的困难，完成学习任务，提高学习质量；

（二）协助班主任和任课教师教育学生增强组织性、纪律性、遵守学校和班级规章制度，保证各项规定和措施顺利进行；

（三）协助班主任组织同学参加各种有意义的活动，提高同学的政治觉悟、道德水平和各种能力，增强劳动观念；

（四）坚持原则，敢于同不良思想和行为做斗争，自觉维护集体荣誉；

（五）关心全班同学的生活，团结友爱，互相帮助，帮助家庭困难和学习基础差的同学解决学习和生活上的困难，共同进步；

（六）维护同学的正当权益，反映同学们的建议、意见和要求，促进同学之间、同学与教职工之间的团结；

　　（七）协助班主任并组织好班会，经常开展批评与自我批评；

　　（八）主动完成好学校、班主任、科任教师安排的各项工作；

　　（九）讨论表决班上的各项事务。

三、班会课开展情况

　　多年来，学校将每周的星期一下午第三节定为班会课。对班会课的开展情况在2013年前，由政教处负责检查。政教处要求班主任备好班会课教案——2006年后班会教案要求备写在《班级管理工作手册》上。每学期分两次对班级目标管理工作进行考核时，《班级管理工作手册》也是一项重要内容。2013年后，学校实行分层教育、分级管理的办学策略，班会课的检查由各年级政教主任或年级组长负责。

　　班会课内容，除了处理上周班级管理中存在的问题外，还应有一个主题。主题班会的内容要突出学校教育方向以及国家时势，凸显正能量，强化德育水准，弘扬优秀传统。另外，还应注意教育的阶段性，使各年级学生在符合其身心发展特点的前提下受到思想方面的教育。值得一提的是，本校创办初期，学校训导部制定的中心训练德目其主题鲜明，内容具体，操作性强，对广大教育者应有启迪。私立云亭小学校时期，训导部把每周冠以一个特别的名称，这个名称就是这一周的教育主题，如第一到第二十周分别定为礼貌周、服从周、规律周、强健周、雪耻周、节俭周、负责周、国庆周、爱国周、勤勉周、公益周、勇敢周、清洁周、劳动周、互助周、活泼周、诚实周、仁慈周、革新周和公正周。每周对各年级学生提出了具体的教育内容。所列内容都从学生生活实际出

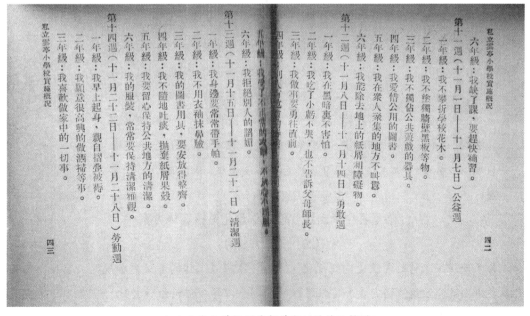

私立云亭小学校训导部学期训练德目摘引

发，具有较强的操作性，很好地发挥了对学生的思想教育功能。

四、优秀班主任名单（1995年—2017年）

临夏县中学历届优秀班主任花名册（1995年—2017年）

1995—1996	马占彪　郑维华
1996—1997	刘建奇　张英海　李生忠　赵亚平
1997—1998	张英海　王正国　秦正林　赵亚平
1999—2000	刘建奇　郑维华　王正国　马建成
2000—2001	刘建奇　李生忠　张永华　江富鹏
2001—2002	杨彦云　祁忠云　郑维华　安群英　张永华　包旺虎　王永智　吴燕
2002—2003	郑维华　王智强　李小吉　江富鹏
2003—2004（第一学期）	江富鹏　朱永海　李文明　郑维华
2003—2004（第二学期）	郑维华　江富鹏　李文明
2004—2005（第一学期）	郑维华　李文明　王智强　张江红
2004—2005（第二学期）	孙孝忠　李文明　郑维华　邓平
2005—2006（第一学期）	陈志红　線宏光
2005—2006（第二学期）	王智强　江富鹏
2007—2008	王智强　郭旭强　马文成　朱杰　炭举国　丁学龙
2008—2009	王智强　郭旭强　王贤博　李科华　马文成
2009—2010	郑维华　朱正云　王智强　王贤博　彭艳平　马文成
2010—2011	朱杰　王正尧　彭艳平
2011—2012	王正尧　彭艳平　朱杰　王贤博　郑维华　马家元
2012—2013	王智强　马克南　王正尧　彭艳平　祁黎炎　王贤博
2013—2014	祁黎炎　李科华　王智强　康永清　郭旭强　王正尧
2014—2015	王正尧　王斌　王智强　王贤博　祁黎炎　辛永平
2015—2016	王智强　王贤博　祁黎炎　李科华　王正尧　陈强
2016—2017	祁黎炎　李科华　梁兆恺　李多豪　王正尧　陈强

（1995年以前的优秀班主任名单由于资料遗失，无法查证，未作记录）

附：

临夏县中学班级管理工作量化考核实施方案

（2014年12月修订）

为了使班级工作的管理走向正规化，班主任及班级工作的考核更加规范、客观，特制定本实施方案。方案依据定量和定性考核的原则，以学校流动红旗评比、班务工作常规管理和学风管理三个大板块来施分。其中班务工作常规管理包括9个子项，分别是：1.班会开展情况；2.各对学校安排各项活动的落实情况；3.学生遵纪情况；4.班主任坐班和处理学生问题情况；5.各班课本发放、表册领取、考风考纪和学生巩固等情况；6.各班组织参与学校组织的集体活动的情况；7.各班公物爱护情况；8.体育卫生工作；9.宿舍管理等。

每学期考核分期中、期末两次进行，采用百分制计分法实行量化考核。考核由政教处具体实施，经分管校长核查、行政会研究、校长审批后，直接与班主任管理奖挂钩。

班级工作量化考核主要由政教处负责，教导处、总务处、年级组等参与有关项目的考核，对班主任进行阶段性奖励（奖金及等级按学校有关规定执行）。每学年将考核结果进行总评，得分最高的班级（以年级组为单位）为先进班集体，班主任为模范班主任。学校将对先进班集体和模范班主任予以表彰奖励，并与教师年度考核挂钩，另外加分。

具体考核内容及施分方法如下：

一、每10周流动红旗评比平均分占40%，即满分为40分。

学校内实施的"流动红旗"评比活动是各班纪律、学风、体育、卫生工作的综合反映，也能比较全面地反映班主任的班级管理工作，同时，也正是由于全校各值周教师的共同参与，彰显出其公平、公正与民主的特点，因而这一项的考核在班主任工作考核中占40%的比例。具体办法是每10周流动红旗的平均分（保留至小数点后两位）乘以40%所得的分为该项实际得分。此项考评由各值周组负责计分，政教处统计核算。

二、班务工作常规管理占35%，即满分为35分。各子项及分值如下

（一）班会有计划，内容充实，形式活泼多样。（4分）

其满分为4分，每周得0.4分。若每周班会不按学校布置的内容进行，扣除0.2分/次；检查中班主任迟到、早退，扣除0.1分/次；班主任缺席（请假除外）、班会时间做作业、上课、复习或做其他事情，扣除0.4分/次；班会课有针对性、目的性，班会课教案要经包级校长签注意见；班会课有主题，形式多样，讨论或学生参与气氛热烈，效果好可得满分，即每次0.4分，共4分。班主任若有事请假要向政教处口头说明，且过后要补开班会，否则按缺课计分。此项由政教处负责考评。

（二）落实学校安排的活动及时，效果好。（4分）

落实政教处下达的各项任务及时、认真，包括开学初制订计划，整顿班纪，学期末交验家长通知单、班务工作总结及安排的临时性工作。各任务落实有序、效果显著可得满分，即2分。工作拖沓滞后，每项至少扣除0.2分；不完成的每项至少扣除0.5分。此项由政教处负责考评。

落实总务处安排的劳动任务及临时性工作效果好，可得满分，即2分，达不到要求的可酌情扣分。此项考评由总务处具体负责酌定。

（三）学生遵纪情况。（4分）

为加强班级常规管理，要适度加大对班级的定性考核力度，有下列情况的要在考核

中适当扣分：1.有集体倾向性违纪（违纪人数超过班级人数1/4的可属集体倾向性违纪）行为的班级每次要扣除1~5分。2.与任课教师在课堂上发生冲突被任课教师多次送到政教处的可酌情扣分。

另外，公开批评每次扣1分，警告处分每人次扣除1.5分，记过处分每人次扣除2分，留校察看处分每人次扣除2.5分，开除学籍（含令其退学）每人次扣3分，学生有顶撞老师的现象可酌情扣分，一旦打骂老师的除另行处理外，一次性扣除3分（班主任主动上报且积极配合工作者可酌情扣分）。此项考评由政教处负责。

（四）班主任坐班认真负责，处理学生问题及时果断、方法灵活、收效快。（3分）

此项由政教处和年级组考评。班主任坐班由政教处统计值班领导的检查记载后打分，占2分，其他由年级组负责，于期中、期末考试后分别将考评结果上报政教处，占3分。班主任坐班若有记载较好每次扣0.2分、差扣0.4分。

（五）重视课前宣誓，上、下午及晚自习课间迟到学生少。（2分）

此项根据值班领导记载，由政教处考评。

（六）开学初学风整顿有序，课本及各种表册的领取、发放及时高效，考风考纪好、学生巩固率高。（3分）

此项考评由教导处负责，期中、期末考试分别结束后的最短时间内将考评结果送交政教处。

（七）积极参加学校的集体活动，获奖班级第一名（一等奖）加2分，第二、三名（二、三等奖）加1.5分，其他班级加1分，无故不参加的班级不得分或适当扣分——最低应扣除0.5分。此项由组织单位将活动情况及时送交政教处进行考评。

（八）公物爱护。（3分）

此项考评由总务处负责，每半学期将考评结果送交政教处。

（九）体育卫生工作。（5分）

此项工作由主管口处具体实施，每学期第十一周、二十一周星期三前分别将考评结果送交政教处。

（十）宿舍管理。（5分）

此项由政教处分管主任会同生活老师（舍管员）负责考评。

（十一）由所包年级校长打分。（5分）

此项考评由总包级校长根据日常观察记载打分。

三、学风考评占25%，即25分。各子项及分值如下：

（一）学风浓厚，学生学习劲头足，得3分。此项由年级组长定性考评。

（二）班级人数附加考评占3分。普通班以50人为基数，实验班以45人为基数，每超1人，每人次加0.1分；不足1人，每人次减0.1分。此项由政教处依据学校有关数据考评。

（三）学习成绩，占19分。分别以期中、期末成绩为准，分班级笔试科目均分和年级组优胜者人数两个小子项来定。

1. 理科实验班和文科实验班均分分别以高出同年级（文理分别对待）均分8分、6分为基准（高一实验班以高出8分为基准），每高出1分（包括四舍五入后的均分）加0.5分，高出8分(含8分)以上加8分。普通班均分超出年级均分1分加1分，反之则扣除0.5分（加至8分或扣除8分为止）。此项由教导处考评。

2. 各年级期中、期末考试名次的入围人数依各年级实验班人数确定（高二、高三分文理科对待）。实验班采用扣分制，普通班采用加分制。实验班给定基础分为11分，每少一个入围名次扣除0.2分，普通班则在原给定的基础分7分的基础上每入围一人加0.4分。此项由年级组长考评。

备注：

1. 各考核子项在特殊情况下可允许突破原来分值，违纪现象严重时可允许出现负分。

2. 学生中如有刑事案件使公安机关介入的或因班主任严重违反教育规律被上级部门通报批评的，则该班一次性定为不合格班，不受奖。

3. 奖项设置：以年级组为单位，分三个等级，其中一等占30%，奖金为830元；二等占50%，奖金为730元；三等占20%，奖金为630元。（一学期两次考核，每次考核中连续四周内出现"流动红旗"评比三次"批评"者，则该班主任被评定的管理奖要扣除25%，出现类似情况两次者，扣除管理奖金的50%。）

4. 如班级数出现特殊情况时，可利用"舍中间入两头"（即获二等奖的班级数可舍去小数点后的数字、一等奖和三等奖的班级数可以按小数点后四舍五入的办法）的原则进入相应等次。

5. 本方案自2015年2月起执行。

附：临夏县中学班务暨班主任工作考评表。

临夏县中学政教处

2010年3月

临夏县中学高____ 年级____ 学年度第____ 学期第____ 周班务暨班主任工作考评表

临夏县中学政教处制

校长审批签字：　　　　本页合计金额：　　　元　　　　时间：

班级序号	班主任姓名	(一)流动红旗评比占40%			(二)班级常规管理(占35%)										(三)学风管理(占25%)				总分	名次	奖金(元)	备注	班主任签名
		1 政教处 4分	2 政教处 2分	3 总务处 2分	政教处 4分	政教处 2分	4 年级组 3分	重视宣誓 2分	6 教导处 3分	7 政教处 2分	8 总务处 3分	体育组 2分	9 卫生组 3分	10 宿舍分 5分	11 年级校长 5分	1 年级组 3分	2 政教处 3分	教导处 8分	3 年级组 11分					
1																								
2																								
3																								
4																								
5																								
6																								
7																								
8																								
9																								
10																								

三页合计：

三页合计：(大写)　　　整

第四节 安全工作

学校无小事，安全是大事。学校历来把安全工作列为头等大事来抓，因为学生的安全问题牵动着每一个家庭，也关系着学校的秩序，甚至关系着社会的长治久安。因此，学校要发展，安全应保障。基于这一思想认识，学校在各个发展阶段均针对学生安全工作制定了相关措施。

学校首创时期，学校安全工作由学校训导部主抓。训导部通过学生自治会之执监联席会下设的风纪部来管理，而风纪部将对学生的安全工作交付公安股具体执行，即每天的检查工作由公安股来完成。公安股对风纪部负责，风纪部对自治会负责，自治会执监联席会对训导部负责，就这样形成了严密的学校安全管理网络。

中华人民共和国成立后很长一段时期，学校安全管理工作无从查据。

"文革"时期，学校正常的教学秩序被破坏。工宣队、农宣队进驻学校，学校班级建制消失，全校学生被分为连、排、班，实行军训军管，学校也配发了枪支（数量不详）。学校安全工作由民兵分队下设的纠察队负责管理。每天由四名纠察员（纠察小组）巡逻执勤，晚上巡查并站岗放哨。交接班前纠察组长认真填写纠察日志后交由纠察队长签字，执勤工作方可完毕。

高考恢复后，学校教学工作步入正轨。20世纪90年代后，学校出台了一系列安全管理制度。1994年10月，制定了《"综治"工作责任制》，成立了由党支部书记任组长、校长及分管副校长任副组长、治保组成员为组员的"综治"工作领导小组，学校安全工作上了新台阶。1995年，学校获县委、县政府"1994年度社会治安综合治理"三等奖；1997年，被州委、州政府评为"全州社会治安综合治理模范单位"；1998年初，被县委县政府评为"安全文明单位"；2001年3月，被省委、省政府评为"全省三五法制宣传教育先进集体"。2001年10月制定了《消防安全制度》，12月制定了《关于值班签到的各项规定》。2004年10月制定了《火灾应急预案》。之后《治安保卫制度》《门卫制度》《总务管理制度》《水电管理制度》《关于加强仪器管理及搞好实验工作的若干规定》等制度相继

2001年6月，学校被甘肃省委省政府评为1996年—2000年全省"三五"法制宣传教育先进单位。

出台，使学校安全管理工作得到了制度保障。2006年4月，学校被临夏回族自治州公安局评为"2005年度'治安保卫工作优秀单位'"。

这一时期，学校的值班值周工作有序进行。每天有一名学校行政会领导值班，值周教师两名，负责对初高中学生的日常巡查工作。

2007年8月底，初高中成功剥离。随着学校破旧平房被拆除，学生宿舍紧张，学校允许个别学生在校外借宿，这给学校的安全管理带来了困难。负责学生安全工作的副校长和政教处正、副主任不时到校外检查借宿学生的安全问题。并且很长一段时间，学生放学后可以出校门，导致带来了一系列的问题，如学生在校外抽烟、上网、打架等，给学校产生了负面影响，尽管学校有韩集派出所干警协助学校管理校外学生问题，政教处和班主任老师也不止一次地花休息时间突击检查管理校外借宿学生问题，但收效甚微，治标不治本。

1960年11月，代理校长胡宏义给海南籍教师陈泰南授枪。

2010年起，学生住宿问题得到了缓解，学校加强了管理，杜绝学生校外借宿现象，实行了半封闭式管理，加强了值班值周工作（值周教师数量明显增多），制定并充实了安全管理制度。

2011年春季学期开始，学校为了加快争创平安、和谐、文明校园进程，提高教育教学质量，优化育人环境，促进和保障学生全面发展、健康成长，出台了一系列安全管理制度，成立了安全工作领导小组，先后制定了《临夏县中学应急反应流程图》《临夏县中学安全工作应急预案》《临夏县中学安全管理制度》《临夏县中学寄宿生舍长职责》《临夏县中学学生宿舍管理条例》《学生宿舍安全应急预案》《临夏县中学十不准》《临夏县中学学生安全责任协议书》《临夏县中学学生违纪处理规定》《值周教师考评细则》《临夏县中学安全管理六道防线》《临夏县中学关于禁止学生吸烟、听MP3等的决定》《临夏县中学学生"七条禁令"》《首遇责任制》《夜晚停电学生管理预案》《楼道安全须知》等近二十项安全管理制度。这些制度的出台，有效保障了学生安全管理，大力促进了教育教学工作。2013年以来，学校的教育教学质量一年一个台阶，连续6年上了6个台阶。2014年6月学校被甘肃省委、省政府评为"甘肃省平安和谐校园"。

第四章　教学教研

第一节　管理制度

民国私立云亭小学时期，教学教研由教务部负责，通过编辑、考核、成绩、研究、课程、学籍等管理具体实施。每学期隔周分别举行一次教育研究会和教务会议，每学期不定时有三次不同年级不同学科的抽考（单考、抽考、合考），"以觇各校成绩地位"[①]。每月有月考，"以觇各个学生在全级中成绩上所占之地位"[②]。教学活动主要围绕学生发展展开，就以民国二十四年度第一学期行事历反映之情况而言，全学期开展了丰富多彩的教育教学活动，除抽考、月考外，另有识字讲演及表演活动，音乐比赛、跳绳比赛、艺术科成绩展览会、球赛、速算比赛、检查字典比赛、各校野外大会操、日记比赛、调查儿童课外读物兴趣活动、故事会、学历测验比赛、国语比赛、雪中游戏比赛、调查儿童个性等活动。教学过程有着多个环节及要求：一、教学之先应注意的事：精密的计划、环境的布置（"学习室应避免纷扰，力求幽静，要知道这是学生的工作室；在乎听见儿童的声音，并不是有如警察守卫的牢笼"[③]）。二、引起动机：谈话、启发。三、决定目的：目标、注意要点。四、讨论研究：供给参考资料、审查课文、质疑问答、计划作结、共同讨论、指定作业。五、实习：关于实验、推理验证。六、报告作业：部分的、全部的。七、鼓励批评。八、欣赏玩味。学生奖励的方法有：个人奖、团体奖、比较奖。马鸿逵对其所办学校的教育很重视，曾在1934年—1935年内派要员到学校视察，对校务发展起了促进作用。

私立云亭中学时期，因学校图书楼（当时命名为"少云图书楼"）藏书丰富，工具书全面，学校对中小学的课外阅读又倍加重视，教师来源广，学养丰厚，学生视野开阔，思想活跃，对教学产生了积极影响，为社会培养了不少优秀人才。如第一届高中毕业生祁克新、马效融、蒋清等人在临夏地区很有名望。第二届高中毕业生中被称为"白

注：①②③出自《私立云亭小学校实施概况》

氏四杰"中的白廷弼、白光弼二人，在各方面都享有很高的声誉。

民国三十四年（1945年）秋后，学校经费紧张，教师辞走，学生数锐减，高中停办。

1950年恢复中学，由甘肃学院毕业生蒋清（原云亭中学第一届毕业生）为校长，当时课桌椅严重短缺，师资又很缺乏，文化课开设确有困难，学校就组织教职员学习党的政策，校长给学生上政治课，每日四课时。1952年复旦大学毕业生马有信（曾就读云亭小学、云亭中学）任校长。马校长筚路蓝缕，励精图治，1954年7月，中华人民共和国成立后的第一届初中毕业生毕业，54名毕业生中考入兰州医学院（预科）8名，中央医学院（预科）两名，直接分配为地方干部的24名，升入高中的有20名。

1957年，副校长王治成代行校长事务且亲自授课，领导与群众上下团结，协同前进，学校教育形势一片大好。但不久后（1957年）反右斗争开始，1958年国庆节后，全校停课，大炼钢铁。由于"大跃进"和"反右倾"的错误影响，加上当时频繁的自然灾害，学生大量流动，财产严重损失，教学质量急剧下滑。

"文革"十年，教育教学几近停顿，教学质量很低。期间，1970年娄正统任校革委会主任时善于团结同志，能调动教师的积极性，教改组长尹进科工作扎实，学校试图狠抓教育教学质量，恢复了必要的制度和秩序，实行了考试和升、留级制度，要求教师讲求教学"四认真"（认真备课、认真讲课、认真批改作业、认真辅导学生），教师也敢于要求学生，所以教学质量逐步上升，但没过多久，又有了反复。"反复辟，反回潮，学张铁生，交白卷"的浪潮席卷而来。学校只能随社会潮流到麻尼寺沟康家去垦荒。每年春耕、拔草、秋收三忙季节，学生轮流上山劳动，严重影响了正常的教学秩序。

1978年，党中央拨乱反正，一批积极有为的曾遭受冤屈的教师得到了平反昭雪，形势大好，领导与群众上下一心，作风踏实，狠抓教学工作，学校顺势而为，制定了《临夏县中学关于校风校纪的规定》。

1981年，黎世亨主持教导处工作期间，制订出《关于"备课、讲课、批改作业、辅导学生"的初步意见》，突出了基本的教学与"双基"训练，使教学工作更向科学化、系统化、条理化迈进了一步。

1983年底，以黎世亨为校长、石纪文为党支部书记、金弘为副校长的新一届领导班子提出了《约法三章》，学校教育教学工作出现了可喜的新气象。1984年高考录取人数排名居全州第三，受到州教育局表扬。1987年高考，成绩优异，仅杜裕震老师所带班级41人中竟有38人分别被大中专院校录取，其中学生崇尚俊以467分的成绩摘得了临夏回族自治州文科高考第一名，创造了临夏县自1949年以来历届高考最佳成绩，在当时传为佳话。

1988年，学校制定了总体改革方案，实行校长负责制、职工岗位责任制、教职工聘任制、目标管理制度等一系列促进教育教学提高的制度。在教学中坚持"精讲多练、讲练结合、传授知识、培养能力、发展智力"的原则，并制定了《教学工作常规五十三条》，相继编制《临夏县中学制度汇编》（一、二、三册），使学校管理步入了制度化轨道。在制度管理的同时，大力培养青年教师，采用"一学二促三带四奖"的办法，有力地促进了教师队伍建设。

1992年起，学校在教学管理上突出了"严、细、实、效"的指导思想，重新修订印发了《关于校风校纪的规定》及《领导班子约法三章》，校风有了进一步好转。

2001年底，学校设立了教研室，主抓学校教研工作。

2002年，为了加强与同类学校的交流学习，学校与兰州民族中学建立了教育教学互动关系。先由兰州民族中学骨干教师在校长马国昌（马鸿逵曾孙）带领下到本校与全体教师一起召开了教育教学研讨会，介绍了他们的教学经验，之后，两校临时互换5名教师开展教学活动。当时本校派出了郑维华、王永智、宋海云（主要接受电脑培训）、白仲霞、陶永霞5位教师到兰州民族中学进行了为期一周的教学活动。这一活动的开展，推动了本校与同类学校的交流合作关系，使得学校"走出去，请进来"的教学探索模式有了大胆推行的基础。自2012年6月起，学校和兰炼一中建立了教学帮扶关系。兰炼一中每年派出骨干教师在高考备考的关键阶段来本校指导备考工作，这对本校教学质量的提高起到了积极的作用。

2006年，以李瑞为校长，马维东为党支部书记，江富傲、张英海、宋明震为副校长的学校新一届领导班子产生。2007年8月底，初高中成功剥离，中层管理队伍得到了进一步充实。2008年初，学校全面落实州教育工作会议提出的"三线三级"管理机制，侧重"五课教学"抓教研，狠抓学生"三个习惯"（学习习惯、行为习惯、卫生习惯）培养，强化目标管理，收到了显著成效。2008年上半年进行的州教育督导评估中学校达到了"临夏回族自治州一级中学"指标。2008年12月召开的九届三次教代会上修订并通过了《临夏县中学教学质量奖罚办法》《临夏县中学骨干教师评选办法》和《临夏县中学绩效工资制试行办法》等七项制度，大力推行绩效工资制，设立了高中会考奖、教研论文及课件评选奖，提高了教学管理奖、班主任管理奖、教学质量奖奖金金额，有效调动了广大教职工的工作积极性。

2010年，学校倡导"三苦"（领导

学校与兰炼一中手拉手联谊活动启动仪式场景（临夏县中学）。

苦抓、教师苦教、学生苦学）精神，狠抓"三风建设"，继续把教学质量再上新台阶作为奋斗目标及各项工作的核心，落实县教育局提出的"双线五级"管理办法和《临夏县中小学目标管理量化考核办法》。特别是2013年县委县政府为大力发展我县教育事业，积极调动广大教师的工作积极性而采用重奖的有力举措后学校呈现了一派教风正、学风浓的可喜局面，深得社会各界的好评。综观近十年来的变化，学校在教育教学管理方面有以下几个大的举措。

一、变教研组为年级备课组

教研组是学校行政的基层组织，也是教学研究组织。教研组长是学校基层的行政负责人。教研组长要对本学科教学质量负责，有职、有责、有权抓好本学科组的教学工作，培养青年教师，做教书育人的带头人。教研组长岗位责任制实行许多年以来，有力促进了学校教学工作。

2009年，为了能充分发挥集体智慧，集思广益，博采众长，真正实现资源共享，促进教学交流，也为了进一步落实学校分层教育分级管理的办学策略，本校将教研组分解为年级备课组。组长为各学科教学骨干，组内成员为各年级同一学科教师。

2015年秋季学期起，教研室开展了各年级教学案集体备课活动，并要求各任课教师每学期在备课组内上一节共案展示课。此活动客观上促进了教学信息资源共享、教学方法互动交流工作，实现了教学相长的目的。

附：

临夏县中学教学案集备流程六步方案

集体备课必须立足个人备课的基础上，在充分研究课程标准和教材的前提下，集体商讨教学方法，共同研究教学中应注意的问题，同时要兼顾学生的基础和实际情况，确定教学目标，提高课堂教学效率。力求各具特色、突现个性，备课形成流程。特制定本方案：

步骤一：各备课组开学初提前做好分周备课计划；

步骤二：各教师按计划备出个案；

步骤三：备课组活动时间集备共案，主备人完善教师讨论案并形成共案草案（包括导学案）；

步骤四：星期五主备执笔人将导学案制成电子稿并打印分发（配套练习上有导学案的可以沿用）；

步骤五：教师课堂生成、形成续案；

步骤六：个案每周五上交教导处检查（每师一册）。

二、精减"教学工作常规五十三条"为"教学工作常规三十条"

本校教学工作常规是对教学过程六个环节，即备课、上课、作业、辅导、复习、考试的具体要求和教学检查的具体规定。教学工作常规，是学校工作基本规律的反映，它可以保证学校形成正常的教学秩序和工作秩序，提高教学质量和培养学生良好行为习惯，只有教学过程每个环节都符合常规要求并力求实现最优化，才能保证教学整体的高质量，据此并结合本校的教学工作实际制订了教学工作常规，使教学工作的每个环节符合规范化、科学化要求，以提高工作效率，全面提高教学质量。

《临夏县中学教学工作常规五十三条》是在1991年9月由黎世亨（原县中校长）、宋建林起草的，在《关于认真备课、讲课、批改作业、辅导学生及认真总结的初步意见》基础上制订而成，2005年4月由校行政会修订并公布后试行，由主管校长及教导处组织实施。

随着学校的发展以及根据近几年教师教学活动中出现的问题，结合高中的教学特点，2008年元月，在校长的领导和教研室的共同努力下，本校将原来的"教学工作常规五十三条"浓缩加工为新的"教学工作常规三十条"。变化内容如下：

将备课"三备"增加为"四备"。"三备"，即备教材，备学生，备教法。在教学工作常规三十条中，新加入"备学法指导"，即教给学生读书、思考、归纳、记忆、解答等学习方法，培养学生的自学能力。

取消"第8、9、12、16、19、20、25、28、30、31、32、36、39、42、43、44、47、48、49、50条"，具体删减内容如下：

8.体育课上，要注意在阴雨天上好内堂课。

9.非毕业班以中等学生水平为教学起点，毕业班以中上等学生水平为教学起点。

12.如遇学生不遵守课堂规则，应提醒、当即制止或批评，不能采取听之任之的态度。

16.上课时间，教师一律不会客，不准外人进教室找人问事。

19.体育、音乐、美术等课必须征得教导处同意方可停课，劳动技术课、人口教育课和其他选修课，每学期十七周末停课，进入期末考试（考查），要保证授课十六周。

20.观摩课、示范课、汇报课的课堂教学要求按本常规有关条款执行。

28.各科作业批改方法及标准，由教研组自定，报教导处和主管校长核准。

30.科任教师应有"作业错误摘记本"，将学生作业中重要错误随时摘记，发还作业本时对全班学生进行作业情况的评讲，避免以误传误。

31.作业要及时批改，一般情况下作业应在下次上课前改完，不得将作业本长时间置放于窗台、走廊内而不管不批。

32.一般在下午第二节课后发作业本，要在上午发的应该在上课前拿到教室。教师应将作业本直接交给或委托学习委员（课代表）发到学生手中。要求学生不要哄抢、撕扯作业本。

36. "第二课堂"即课外活动小组、学科竞赛活动、辅导和体育训练等，由教研组组织领导，做到辅导教师、时间、地点、人数、效果五落实。

39. 复习期间，教师根据教材的难点、重点可编写练习发给学生进行训练，但不宜过多、偏难，一般不勾划重点复习题，要着重指导学生复习所讲授教材，学会看书、学会答题方法。

43. 考试命题，以大纲为准则，以课本为依据，根据教导处对命题的统一要求，由教导处统一组织，采取交叉方法命题。命题老师给予适当补助。

44. 每个科任教师都必须承担监考任务。监考时，不得在教室看书报，不得吸烟、闲聊及干非监考之事，不得擅自离开考场。

48. 检查是指对教学过程六个环节改进和提高情况的检查，也是对每个科任教师的教学工作和教学质量的考核、奖励评优的依据，采取教师自检并认真自我总结、同组教师互评、教导处抽查及学校组织的全面检查四种方式进行。

49. 每学期第三周由教导处审阅教案，检查每个科任教师计划制定情况，第七周、第十六周由各教研组检查本组教师教学进度。

50. 平时对教案和作业，采取自检、互评方法检查或教导主任、校长临时调阅抽查。每学期末从第十六周初开始由教导处统一检查考核。

三、继续坚持青年教师培养制度，努力做好新老教师的过渡与传承工作

根据本校青年教师占大多数的实际情况，为大力培养中青年教师，进一步优化中青年教师队伍的群体结构，提高教师队伍综合素质，培养造就德才兼备的教师队伍，全面提高本校教育教学质量，不断提升学校办学品位，增强学校可持续发展力，于1990年制定《临夏县中学大力培养中青年教师试行办法》。目的是通过两年一轮的培养，促进教龄5年以下的青年教师尽快提高政治及业务素质；通过各种措施，促使45岁以下教员大部分成为教学骨干，一部分成为学科带头人。此办法在1994年4月进行第一次修订，1994年12月第二次修订，2005年5月第三次修订，2014年不断完善并最终形成。

《办法》对教师提出两个要求：师德要求和业务要求。师德要求即以《中小学教师职业道德规范》及本校《师德十则》为依据，须增强"三个意识"、开展"四优"活动，做到"五讲、五好"、"六育人"。通过一学、二促、三带、四奖和评选教学新秀的具体措施，使本校中青年教师迅速成长，实现"一年合格，三年熟练，五年成骨干，十年做名师"的目标，最终建设一支师德师风良好、教学技艺精湛的高素质教师队伍，以不断提高教学质量，增强本校可持续发展力。

四、出台《高效课堂教学的十条建议》，积极改进课堂教学模式

课堂教学是实施素质教育的主渠道，深化课堂教学改革就是要不断地提高课堂教学的效率和质量。为了使课堂教学真正体现学生的主体性和教师的主导性，进一步规范全校教师的课堂教学行为，2009年，教研室集中各备课组意见建议，起草了《关于创建高效课堂的十条建议》，经过集体讨论、修改，最终在2009年11月出台。

附：

临夏县中学创建高效课堂的十项要求

一、高效课堂的标准

努力做到"五实"，即扎实、充实、平实、厚实、真实，达到教得有效、学得愉快、考得满意的最终目的。

二、实施意见

（一）抓好课前预习，明确预习任务，督促学生自主学习，每节课前应布置预习任务，新课开始之前要用1至2分钟检查，同时用好课间2分钟。

（二）充分发挥备课组活动的作用，备课组活动要求"三定""四落实"。

三定：定时间、定内容、定主讲人。

四落实：落实好集体备课、合作交流、二次备课和总结反思四个环节。充分发挥集体智慧，制作电子课件，做到集体备课，资源共享。

（三）根据所授内容的特点及班级学生的实际情况精心制作课件，提倡电子备课，禁止下载抄袭或照搬别人的课件。

（四）（课堂教学）教师要精心备课，高效课堂需要教师做到以下三备：①深备教材，②透备学生，③活备教法。明确一节课中哪些内容需要简单说明，哪些内容要重点讲解，哪些内容只需学生自学通过等。同时要精选习题、练习，做到有的放矢。

（五）激发学生的思考欲望。古人云："学而不思则罔，思而不学则殆。"高效的课堂必然是思考的课堂。教师应鼓励学生在课堂上质疑问难，创造一个有疑而问的争鸣课堂，鼓励每一个学生在课堂上提出问题，课堂围绕解决问题推进，提倡学生带着问题听课。

（六）课堂教学应提倡百花齐放，充分发挥教师的教学创造能力，以多种教学模式（并存）推进课堂，让教师施展个性，而不应对课堂教学过多干预。尽量避免统一模式的程式化课堂，要力争做高效的课堂，学生满意的课堂，学生放心的课堂。

（七）合理加减，活用教材和教辅读物，对教材内容做适当删减与重组，以提高有效教学。教师可根据考纲要求，重新安排课时与学时，还可以引入课外讲解和题型资源，做到精讲多练。

（八）关注学生的个体差异，关爱每个学生，利用多种教学手段（诸如：情景创设、图片展示、故事引入、录音播放、角色对话等）以提高学生兴趣，增强学生的自信心。

（九）教师在传授知识的同时，还应注重学习方法的培养，要求我们教师在设计学案时有的放矢，培养学生自主学习的方法。

（十）精心筛选课外作业题，学生课外作业的负担要合理。布置的作业要求份量适中，并根据学生的不同程度分类布置，作业不一味追求数量，要注重质量，及时督促学生完成《配套练习》，教师按学校要求及时合理地查阅《配套练习》，克服训练不同步、重点题和难点题不辅导、集中查阅的现象。

第二节　课程设置

民国七年建校初，即导河县国民小学校初建时，课程设置单一，以国语和算术为主，至民国二十四年八月，课程设置不断完善，开设的课程为：公民训练、卫生、体育、国语（说话、读书、书法、作文）、常识（社会、公民、历史与自然）、算数（珠算、笔算）、劳作、美术、音乐，另有简单的军事训练科目及国术技能演练，总校配有军训教官。

民国二十七年秋季云亭中学创办，始招第一届初中生六十余名，分初中班、预备班（初称简师班，后转为初中班），民国三十年第一届初中生毕业，遂成立高中部，是时学校初中部开设课程有初一语文、汉语、算术、植物、历史、地理、卫生常识、体育、图画；初二加设社会、几何、代数、物理、动物，去掉算术、卫生常识；初三在初二基础上加设化学、农类、生理卫生，去掉了汉语、动物、植物、音乐和图画，各课程一律采用学分制（5分）。高中开设的课程分普通科（六科12门，即社会科：公民、历史、地理；文科：国语、英语；艺术科：图画、手工、音乐；体育科：生理卫生、体育；自然科；算术科和职业科（有师范、商业、工业、农业、家事和写作）。普通科以升学为目的，又分为两组。第一组注重文学和社会科学；第二组注重数学和自然科学。课程均分公共必修、分科专修、纯粹选修三部分，各课程以学分计，以修满150学分为毕业。

1949年8月22日，临夏解放，学管会接管学校，云亭中学撤销。原云亭中小学合并为"韩集完全小学校"。解放军第十四师政治部召集本地的中心小学教员，学习毛泽东《论联合政府》《论人民民主专政》等著作以及政策性文件，后恢复小学。随着时代的发展与政治形势的需要，中学课程略有变动。1951年秋季，使用人民教育出版社出版的新教材。初中一年级开设政治、语文、算术、地理、历史、外语、动物、植物、音乐、美术、体育、劳动；初二停开算术、开设代数，增开生理卫生；初三增设物理、几何。高一增开立体几何，高二增开三角。

1953年至1957年的经济过渡时期，学校教育在"整顿巩固，重点发展，保证质量，稳步前进"的方针指引下，有计划、有步骤地向前发展。这一时期，学校响应上级主管部门的号召，在教职工中认真开展每周4小时的政治学习，学生中开展"五爱"（爱祖国、爱人民、爱劳动、爱科学、爱社会主义）教育。贯彻执行周恩来同志在第一届人大第四次会议上所作的工作报告中《教育改革问题》的精神，学习贯彻毛泽东主席提出的"德、智、体"全面发展方针。加强政治课教学，开展劳动教育。学校认真贯彻《汉语拼音方案》，大力推广普通话。1956年5月，全区中小学遵照省教育厅指示，将初、高中各年级上课周数一律改为34周，初、高中各年级增设实习课，初三年级每周为一课时，其他年级为两课时；原语文科改为汉语、文学进行教学；初中汉语，一、二年级每周各三课时，三年级为二课时；文学授课时数一、二年级每周各六课时，三年级为五课时。1957年6月开始，从每班每周的语文、代数、历史、地理课中抽出一课时改上政治课，从此，学校有了马列主义、毛泽东思想的宣传阵地。

1957年7月7日，省教育厅颁发《甘肃省中小学生学业成绩考核暂行办法》，学校将准备认真贯彻这一办法，但在暑假，学校不得不遵照中共中央《关于整风运动的指示》《关于在中等学校和小学的教职员中开展整风和反右派斗争的通知》精神，集中开展整风和反右斗争。9月，在初中三年级增设农业常识课，每周授课两学时。

1962年中学的主要学科为政治、语文、数学、外语（俄语）、物理、化学。学校在保证正常的教学内容外，每学年还让学生参加20天的劳动，但学生的社会公益劳动不得超过10天。 1961—1962学年度，在初三和高三增开农业生产知识课（初三每周一课时，高三每周两课时），使大部分走向社会的学生获得农业生产知识。

为了强化学生的汉字书写能力，《临夏回族自治州文教卫生局关于提高全日制中小学教育质量的意

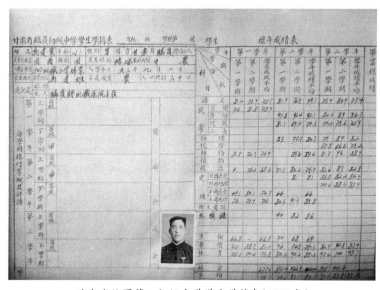

甘肃省临夏第一初级中学学生学籍表(1962年)

见》规定：中小学应注意和加强毛笔字的练习，小学低年级每周保证最少三小时的中楷毛笔字练习时间，中学的周记、作文一律要用毛笔书写。1975年学校办起了"五七"红专学校，当时以毛主席关于学习理论、反修防修、安定团结和把国民经济搞上去的重要指示为方针，学习贯彻"抗大精神"，走"共大""朝农"道路。一面学习，一面生产，半工半读，劳动建设，坚持自力更生勤俭办校的方针，农业学大寨，工业学大庆，学制长短结合，长的不超过两年，短的十天半月或几天，学懂就回去，遇到问题可以再回来学习。而政治课教材的教学突出无产阶级专政，当时开展了"五课"教育，即马列毛主席著作必修课，阶级斗争主课，艰苦斗争传统课，上山下乡方向课，为农业服务专业课。学校规定高中生在两年中通读《毛泽东选集》四卷，还要学些马列的有关著作。积极引导学生把学习与批修批资结合起来，并积极参加党在各个时期的政治运动，以班级为阵地，开批判会，写批判文章，办批判专栏，专题批，对照批，列罪状，剥画皮，开展群众性的革命大批判。1975年8月州教育局、卫生局共同发文，在高中开设节育课。

1976年春季，甘肃省教育局对中小学政治教材提出了如下要求：要求根据当前阶级斗争的需要，继续学习无产阶级专政理论，继续批孔和评论《水浒》。具体内容除学习马列毛主席著作和语录并由学校根据学生的实际情况决定外，另采用甘肃人民出版社编辑出版的《无产阶级文化大革命的继续和深入》一书，作为中学各年级共同使用的教材，同时要求随着斗争形势的发展，还应经常注意从《人民日报》《红旗》杂志上选些重要文章。原订初高中政治课本不再印发，《中国地理》因纸张供应不及时未印发。

1977年学制有了变动，中学的"二二"学制变为"三二"学制，即初中三年，高中两年。中学设课12门，即政治、语文、数学、物理、化学、外语、历史、地理、生物及农基、体育卫生、音乐、美术。是年春季学期中学教材特别是政治课本没有供书，中学各年级均以毛泽东主席的《论十大关系》和华国锋主席《在第二次全国农业学大寨会议上的讲话》为主要内容，同时密切结合深入揭批"四人帮"（王洪文、张春桥、江青、姚文元为首的政治集团），结合对《毛泽东选集》四卷的通读，选讲马列的著作或语录和毛主席的其他著作，学习中共中央关于批判"四人帮"的重要文件和材料。选学两报（《人民日报》和《解放军报》）一刊（《红旗》杂志）的重要社论和文章。语文教学均应安排一些关于向雷锋同志学习的内容。

直到1985年秋季，高中学制从两年变为三年。高中课程为语文、数学、英语、政治、物理、化学、历史、生物、地理、音乐、美术、体育（十二门）。初中课程为语文、数学、英语、物理、化学、政治，另有历史、地理、动物、植物、生理卫生、音乐、美术、体育等14门。

从2010年秋季学期开始，甘肃省普通高中学校进行高中新课程实验。按照省教育厅《甘肃省普通高中新课程实施指导意见（试行）的通知》的要求，开设六大学习领域共计14门学科的必修和选修课程，在高一和高二年级开展综合实践活动。《新课程实施指导意见（试行)》规定，普通高中学生每学年在每个学习领域都获得一定的学分、三年内总学分达到144分以上，参加甘肃省普通高中学生学业水平考试成绩合格，且在高中三年内综合素质评定合格以上者，由省教育厅颁发甘肃省普通高中毕业证书。

第三节　教学管理

　　因档案遗失严重，1981年以前学校在教学管理方面的制度已经无法查据，仅供查据的只1984年9月由蕙文锦和萧村逸执笔的《临夏县中学发展简史》所载的黎世亨主持教导处工作时制订的《关于"备课、讲课、批改作业、辅导学生"的初步意见》，该"意见"可称为本校新时期教学管理制度的滥觞。之后在1982年，广大教师经过认真讨论，并针对当时严峻的学校高考现状，总结出了改进教学提高质量的七条措施。之后，经过学校领导班子和广大教师的不断探索，针对学校教学工作，出台了一系列制度，均收录于1985年5月、1994年12月、2005年8月印制的《临夏县中学制度汇编》（一、二、三）中。

　　2006年，新一届领导班子产生后，审时度势，在继承中谋求发展，对学校的教学工作进行了大胆改革，总结了一些成功经验，并对以往的制度作了修订，出台了许多针对教学方面的制度，其中最主要的是对《临夏县中学教学工作常规五十条》（简称《五十条》）作了修订，于2010年11月22日起执行《临夏县中学教学工作常规三十条》（简称《三十条》）——删除条款见本章第一节。这项制度对教师的备课、上课、作业处理、辅导、指导学生复习、考试和学校对教学工作的检查等方面作了比较具体的规定，涉及教学的方方面面，数年来，在规范教师教学方面发挥了积极的作用。

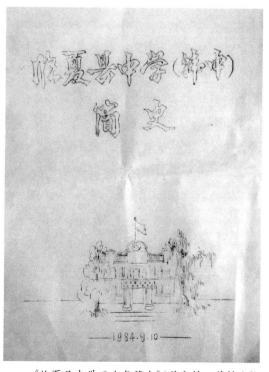

《临夏县中学五十年简史》(蕙文锦、萧村逸执笔)封面。

附：

临夏县中学教学工作常规三十条

教学工作常规，是学校工作基本规律的反映，它可以保证学校形成正常的教学秩序和工作秩序，提高教学质量和培养学生良好行为习惯，只有教学过程每个环节都符合常规要求并力求实现最优化，才能保证教学整体的高质量，据此并结合本校的教学工作实际制订本教学工作常规，以便使教学工作的每个环节达到规范化、科学化，提高工作效率，全面提高教学质量。

《教学工作常规》包括对教学过程六个环节，即备课、上课、作业、辅导、复习、考试的具体要求和教学检查的具体规定。

一、备课

1. 各科任教师应在每个学期开课前，认真学习课程标准、教材，着重明确本学科一学期的教学目的（从知识与技能、过程与方法、情感态度与价值观三方面把握）、任务及具体要求。在理解教材的基础上，认真制定教学计划，要求详细、具体、全面。每学期按实际授课十六周编写计划。

2. 备课要做到"四备""两结合"。

"四备"，①备教材。深入钻研教材，准确地确定教学目的、目标、要求、重点、难点，订出培养学生"双基"（基本知识和基本技能）和"双力"（智力和能力）的具体措施。②备学生。了解学生思想状况、知识基础、接受能力、学习态度、学习方法和年龄心理特征。③备教法。根据教材内容和学生情况，决定教学方法，确定课堂类型、课堂结构以及各环节中采用的方法。④备学法指导。教给学生读书、思考、归纳、记忆、解答等学习方法，培养学生的自学能力。

"两结合"，即个人备课和集体备课相结合，每一单元（课）开学前教师个人首先根据教学大纲，钻研教材，广泛阅读参考书刊，选取其精华作为教材的补充，然后进行集体备课，同年级同学科的教师研究讨论，交流钻研教材的心得体会，在年级备课组长主持下决定教学目的、要求、重点、难点、练习和教学进度，做到"四个一致"。

3. 教案（课时计划）是教师备课成果的集中体现，每位科任教师必须十分重视。要求提前三天认真写好下一周课的教案，送交教研组长审阅签字，教案签字原则上每周一次，全学期签字14次以上，达不到者，酌情降低检查等级，没有教案不能上课。

每备一课都要求写明教学目的（目标）要求、教学过程和课后思考等内容。教案内容应发挥各学科特点，不求一律。但要把教学过程中各个环节需要多少时间、复习提问的学生在备课时尽量确定下来，以加强教学计划性。

绪论课、写作课、实验课、复习课、习题课同样要有教案。

教案务求详细、实用、规范，要有针对性、创造性、深刻性，体现新教材理念，但不要烦琐。五年以下教龄的青年教师要写成详案。中老年教师的教案可适当从简，但要不断更新、补充，不得用旧教案上课。

二、上课

4. 教师在上课铃响前两分钟应站在教室门口，目视学生做好上课准备。同时，应检查自己的服饰、仪表是否整齐端庄。不蓬头垢面。不只穿无领背心或拖鞋进课堂。

5. 教师步入课堂时，态度从容严肃，学生全体起立后，学生首先问"老师好"，教师回答"同学们好"，然后示意学生坐下，如有学生缺课，应向班干部查问原因并做记载。要求讲新内容前对上节内容提问打分，以督促学生看书复习。

6. 一堂课的基本标准有以下几条：①教学目的目标要求明确。②教学内容科学正确。③教学态度认真、严谨。④教学方法具有启发性、灵活性，有利于学生的"双基"和"双力"生动、活泼、主动地发展。既有方法总结，又有学法指导。⑤教学语言清晰、准确、生动、易懂，能使用普通话。⑥板书设计精心合理，书写合乎课堂要求，板书完整规范。⑦整个教学过程的组织符合学生认识规律、掌握运用知识和技能的规律。⑧教学效果优良，即一堂课不仅使学生知识上有所长进，而且在能力上也有所提高，同时要求师生花最少的时间和精力，去取得最优的效果。上述八条标准既是衡量一堂好课的尺度，又是每个科任教师努力达到课堂教学优化的具体目标。

7. 精讲多练，讲练结合。依据学习上很需要、学生不懂、能够接受三个条件来确定精讲内容。讲是练的前提与基础，练是讲的巩固与加深，正是知识转化为能力的条件，因此不仅要练，而且要反复地经常地练。

8. 教学活动由重视结果向重视过程转变。师生共同讨论、研究、实验。老师成为学生学习的组织者、促进者和指导者，尽力倡导和谐的课堂气氛，大力倡导平等参与式、探究式、讨论式等新的教学方法，大力提倡以"主动、探究、合作"为特征的学习方法，老师有意地指导学生的学法，逐渐树立多元评价意识，促进每一个学生成长。

9. 上课时，应鼓励学生提出问题，应耐心负责地回答，如不能立即答复，应明确告诉学生待老师研究后解答。教师不得敷衍了事，更不得拒绝回答。学生回答教师提出的问题时，不论学生回答正确或表达全面与否，都应耐心听完，不得粗暴急躁，挖苦讽刺，打击学生的积极性，教师尽量正面鼓励，注意发现学生的闪光点，最大限度调动学生学习的积极性。

10. 教师应在上课前，准备好一切教学用品，避免中途走出教室，或叫学生中途出教室拿教学用品，不得无故离开课堂，不得早退。上课时禁止接打电话。

11. 教师布置作业须在下课铃响前，使每个学生明确作业具体要求。要准时下课，不拖堂。科任教师应督促学生在第一节课后，认真做眼保健操，第二节课后迅速离开教室去做课间操。

12. 实验课前，必须做好充分准备，实验课上，做好演示和分组实验。从学生走进到离开实验室，教师必须严格要求学生遵守操作规程，爱护实验仪器、药品和实验设备。无论教师还是学生丢失损坏器物，一律按规定赔偿。教师应要求学生做到"三轻"，即走路轻、说话轻、关门轻。体育课上，要注意在阴雨天上好内堂课，实验课、体育课要绝对注意安全，否则追究相关责任人的责任。

13. 为了稳定教学秩序，严格按课程表授课，非特殊情况一律不得调课，有必要调课或占用自习课者，须课前通知教导处由教导处负责通知班主任及科任教师。

14. 各科教学时数均按教学计划规定，不得随意增减，更不得赶前或放慢进度，特殊情况须经教导处同意，报主管校长核准。

15. 教师因事因病确实不能上课者，应提前请示教导主任，以便安排临时代课教师。教师缺课原则上均应补授。缺课一周内的，须在销假后一月内补齐。

16. 坚持听课制度，每学期科任教师听课6节，教研组长听课10节以上，行政会有关成员听课不少于16节。每次听课都应在上课铃响前进教室，听课时不与其他教师谈话，不做影响学生上课的事。听课后要写"听课记录"，看教案，并与授课教师交换意见。

三、作业

17. 布置作业以教科书为依据。不论课内、课外作业应以教材的练习题为主，以基本知识和技能的训练为主，不能完全离开课本另搞一套。作业的难易程度和份量要适当。作业布置应从中等学生的水平出发。

18. 教师要精选作业习题，要选具有典型性的练习让学生完成。选题时，不仅要注意特殊与具体相结合，而且要有针对性、连贯性，使学生通过练习，获得系统的知识能力。

19. 教师要严格要求学生认真、按时、独立、整洁地完成作业。同时，应向学生明确指出完成作业的方法、时间及具体要求。教师要及时检查作业完成情况，对无故不交作业的学生要及时批评教育，要求补做，对抄袭作业的及有错题的要求重做，错字要求改正。要教育学生注重作业的规范化，使用学校规定的作业本。作业本要整洁、美观。

20. 配套练习及作业的批阅要求。

①学生对《配套练习》中较容易的题目必须做，中等难度以上的题目选择做，其中典型题目（包括一些难题）要求教师及时辅导讲解。各学科《配套练习》查阅结合，以阅为主，要查阅主观题的完成情况，收交率必须达到75%以上。其中数学、英语每学期阅4次，查4次以上；语文、物理、化学、生物每学期阅4次，查2次以上；政治、历史、地理每学期阅4次以上。理化生《实验报告册》、历史、地理《填充图》每学期阅2次查2次以上。高三复习资料每三周查一次。

②语文、历史、地理、政治、生物课后练习可以当堂完成，也可以在笔记上完成

（学生应有作业），每学期阅6次以上；数、理、化、英每2课时阅1次作业以上，高三大堂课减半计，作文写8次阅5次以上。

　　③作业及《配套练习》等期中前完成批阅（查）任务的一半，期中后完成一半，未完成者视情况降低检查等级。

　　21. 各科作业都应重视错别字的订正，一律用红笔批改，批改符号要工整、清楚、明了，批改文字要用正楷字。作业要及时批改，一般情况下作业应在下次上课前批改完。

　　四、辅导

　　22. 辅导要贯彻因材施教和分类推进的原则，在面向多数的前提下，既要狠抓中下，更要注意中上，使他们各得其所。

　　23. 辅导方式，可以是集体辅导、个别辅导、解答问题、指导自学、讲评作业，但应以小型个别辅导为主。集体辅导时，要避免利用辅导课重讲一遍旧课或新课赶进度的做法。辅导时间一般在下午自习或晚自习。

　　24. 凡安排的辅导课，教师必须认真组织指导，不得迟到早退，如黑板上布置作业、抄写练习、辅导材料之类，教师尽量亲自动手，不要指定班干部代抄、代写。

　　五、复习

　　25. 复习分单元复习和阶段复习（指期中、期末考试前的复习）两种。单元复习由科任教师自行确定时间、内容和方法，教导处不统一安排。阶段复习分为两次，均为考试前三天，合计一周时间，按课程表随堂复习。

　　26. 复习不是教师简单的复述，不是去适应学生已有的知识水平，而是要引导学生在已有的知识基础上进行知识归类、整理、比较、分析，使学生掌握规律性的知识，能举一反三，触类旁通。

　　27. 高三在完成教材讲授任务之后进入复习阶段，以上好复习课、练习课为主，复习内容以教学大纲为纲，以课本为本，全面突出教材重点，复习时要做到精讲多练、讲中有练、练中有评、以练代讲，讲练评结合。

　　六、考试

　　28. 考试分为平时考试（课堂提问打分、平时测验、单元测验、作业评分、实验评分等）和阶段考试（期中、期末考试）两种，期中（第十周）、期末考试（第二十周）是学校组织的常规考试，均停课举行。每个科任教师都必须承担监考任务。监考时，不得在教室看书报，不得吸烟、闲聊及干非监考之事，不得擅自离开考场。

　　29. 期中、期末考试，学校教导处严密组织，各年级学生插开，桌口朝前，试卷下不得垫任何有文字的东西。自备草稿纸，文科2页，理科3页，用完后向监考教师申请。若学生作弊，视其情节分别予以警告、扣分、试卷作废、取消考试资格，直至提请政教处给以纪律处分。

30. 试卷采取"流水"方式批改，单独任课的教师由个人根据要求批改。评卷应注意学生有创见的思想和答法，发现共同性的错误，并认真做好书面试卷分析。要求学生总结考试的成功与失败之处，写在本学科作业本上，对错题要求重做，学懂为止。

七、检查

为了认真贯彻教学常规"三十条"，落实检查制度，学校规定：开学第一周由教导处审阅教案，对每一位教师教案封面填写、计划的制定及总的教学目的确定等情况进行检查，并盖章。第七周、第十七周由教研组长检查本组教师教学进度。第九周、第十九周学校统一组织，全面检查每个教师对教学过程六个环节改进和提高情况进行检查。检查结果作为每个教师评优选先的依据。平时对教案和作业采取自检、互评等方法检查或教导主任、校长临时调阅检查。

此制度自2008年1月1日起执行。

2008年1月修订

第四节　教学研究

一、学生作业考评标准及发展变化

教师对学生作业的考评，许多年来一直实行等级制，即除语文作文以外，其他学科（包括语文其他作业）均采用"甲、乙、丙、丁"四个等级（英语则采用A、B、C、D四个等级）来评定。语文中的作文质量评定标准在2010年之前采用百分制评分，学校实行新课程标准后，为了跟高考接轨，采用六十分制评分法来评定。此外，学校为了加强教学管理，督促师生，在宏观上对学生作业的布置、完成、批阅情况又以制度（见《临夏县中学教学常规三十条》中"作业"部分）的形式作了要求。

2012年，郭旭强主持教导处工作后提出的"三种笔（学生初次做作业用蓝色或黑色笔，教师批阅用红色笔，学生修改则用另一种色笔）"作业处理法对教师和学生在作业的处理上提出了具体要求，对教学工作起到了积极的推动作用。

安群英老师在认真辅导学生。

2015年秋季学期，根据各学科课时数的调整情况，对学科作业种类和作业批阅方式及次数等也作了变动，比如作业批阅突出教师的"阅"，取消"查"，又如作业不仅包括作业本上的，还有配套练习上的"限时训练"及各种试卷、试题等。

2017年，教导处在充分征求了各科任教师的意见建议后，又针对高一、高二年级制定了《临夏县中学教案、作业检查评定细则》及《临夏县中学作业次数总要求》，细化了学校对作业处理工作的要求。高三年级的作业根据学情由年级组灵活酌定，但批阅次数、质量、强度均远远高于高一、高二年级的作业处理要求。

附：

临夏县中学教案、作业检查评定细则

（试 行）

为了使教案和作业检查有章可循，能够体现公平、公正原则，使检查工作真正能发挥督促、导向、评比的作用，根据《教学常规三十条》及有关规定，特制定本细则。

一、教案（共计100分）

（一）送审18分，缺1次扣1分。每周五下午按时送审，提前备课至少一课时。教案审核人员在每个教案首页"审阅意见栏"中签名并签注时间。

（二）教学总目标、教学进度表、双缺统计表总计10分。预订进度与实际不符，且没有说明原因的酌情扣分，双缺统计表统计不详实的酌情扣分。没有以上表格的缺一样扣3分。

（三）书写规范、认真，标点符号和格式正确得2分。

（四）首页，总计20分。

各栏目填写要完整，做到：三维目标切合课程实际，重难点准确，教学方法适当，授课时间准确，课后反思详实，对下一节课的预习内容有明确的设计，以上合计20分。各栏目的设计太过简略，视简略程度每项扣1至3分。

首页每学期必须更新，否则此项得分为0分。若涂改备课人、授课时间等，此项得分也为0分。

（五）续页，总计50分。

1.教案环节齐全得10分。五个环节，缺一个环节扣2分。

2.重点备写教学过程，做到"四备一拓展"，即备教材、备教法、备学生和备学法指导详细具体，知识拓展延伸体现自己的特点40分。

无教学方法，无试题、案例分析过程，无学法指导，只抄袭例题，抄袭教本材料的，此项扣20分以上。

34岁以下教师写详案，至少写满三页；35岁至44岁教师写较详案，至少写满两页；

45岁以上教师写略案，至少写一至两页。续页达不到规定的页数按所占比例的分值扣分。如34岁以下教师只写一页教案，则40分中扣除27分后根据"四备一拓展"的情况再评分。

（六）其他。

1.必须是分课时教案，即一个课时备写一个教案（含首页和续页）。

2.教案首页必须及时更新，续页不断完善，可重复使用。

3.经备课组讨论审定的共案可以打印，但必须有首页，若共案中已设计了课题、教学目标、重难点和教学方法的，首页中就不再另写。除共案外的教案必须手写。

4.高三教案要求。一轮、二轮资料和三轮试卷教师首先要做一遍，其次要深入挖掘、归纳整理并补充，还应注明上课时间。教案检查人员应每周检查并签注意见。送审32分，缺1次扣2分；质量68分依据做题、整理和补充的情况评分。

二、作业（共计100分）

（一）作业等级及评定要求。

理科类（数学、物理、化学、生物）作业类型：作业本、配套练习、实验报告册、单元卷、学考指导。文科类（语、英、政、史、地）作业类型：配套练习、填充图、单元卷、学考指导。按"甲、甲－、乙、丙"四个等级评定（英语从A、B、C、D四个等级评定），标注批阅日期和次数。单元卷和试题给出确切分数，同时标注批阅日期和次数，并要求学生整理装订。

语文作文分甲乙本。甲本教师详阅，按60分制评分、写适量评语、标注批阅日期和次数。乙本学生互评，按60分制评分、写适量评语、标注批阅日期和次数，也可以多人批阅，教师督查，重点看学生批阅是否详细、规范，错字错句是否纠正。

英语作文只设一个本子，教师详阅，按25分制评分、写适量评语、标注批阅日期和次数。

（二）作业检查要求。

1.作业次数40分。

（1）完成或超额完成规定的作业次数得40分。

（2）达不到规定的次数按所占比例分值的2倍扣分。

2.作业质量60分。

（1）作业封面整洁、填写规范，试卷装订有序得5分。

（2）收交率得10分。

（3）学生填写格式正确，书写工整，做答认真得10分。

（4）学生更正错误，使用"三种笔"学习法得10分。

（5）教师精心筛选题目，作业份量适中得10分。

（6）教师批阅规范、及时和细致得15分。

3. 其他。

（1）每班每科随机抽查3至5名学生的作业，检查项目（1）（2），并填写相关表格。另外，根据有关人员的检查，若存在问题就酌情扣分。

（2）作业次数按《临夏县中学学期作业总次数要求》执行。

本《细则》从下发之日起执行。

临夏县中学

2017年6月1日

二、学生素质测评工作开展情况

1949年前，私立云亭中小学时期，学生素质测评通过《成绩考查表》告知家长和学生本人。《学生考查表》所列内容须在学籍簿上进行反映。学籍簿上学生基本情况与现在的素质测评诸项相符，但"操行"栏目中的小项更为细致。"操行"分内心（气质、感觉、感情、意志）和外表（仪容、动作、职务、公益）两项。

1949年后至2011年之前，本校学生的综合情况反映在每学期期末由各班主任填发的《学生成绩报告单》（列举各科成绩、班主任评语、假期始末时间、收费情况及注意事项等情况）上，从2011年秋季学期起，《学生成绩报告单》变为《学生综合素质评价手册》。该手册除了原有项目外，还新添了以下内容：中考成绩、个人简历、父母或监护人情况、学籍变动情况、研究性学习评价表、学生自我评价、科任教师评价等内容。到目前为止，本校采用《学生综合素质评价表》来对学生情况作出综合评价。

临夏县中学教学研讨会.

附：

临夏县中学学生综合素质评价表

一级指标	二级指标	三级指标	评价结果			
			自评	学生互评	教师评价	总评
道德品质	是非观	崇尚科学,信仰真理; 明辨善恶,有正义感; 对事物或事件作出符合社会价值取向的合理判断。	☐ A ☐ B ☐ C ☐ D	☐ A ☐ B ☐ C ☐ D	☐ A ☐ B ☐ C ☐ D	☐ A ☐ B ☐ C ☐ D
	荣辱观	明荣辱,知进退; 善于反省,修正自身; 有集体荣誉感; 积极向上,要求进步。	☐ A ☐ B ☐ C ☐ D	☐ A ☐ B ☐ C ☐ D	☐ A ☐ B ☐ C ☐ D	☐ A ☐ B ☐ C ☐ D
	集体观	关心集体,乐于帮助他人,富有爱心; 尊重交往对象,理解他人的情绪情感,合群,不偏激; 能服从集体决定; 不妒忌他人的成绩,能与他人共同分享。	☐ A ☐ B ☐ C ☐ D	☐ A ☐ B ☐ C ☐ D	☐ A ☐ B ☐ C ☐ D	☐ A ☐ B ☐ C ☐ D
	诚信度	没有欺骗他人的言行; 勇于践行自己的诺言; 负责任地完成所承担的任务; 考试守纪。	☐ A ☐ B ☐ C ☐ D	☐ A ☐ B ☐ C ☐ D	☐ A ☐ B ☐ C ☐ D	☐ A ☐ B ☐ C ☐ D
	其他		☐ A ☐ B ☐ C ☐ D	☐ A ☐ B ☐ C ☐ D	☐ A ☐ B ☐ C ☐ D	☐ A ☐ B ☐ C ☐ D
公民素养	热爱祖国	拥有民族自尊心、自豪感; 尊敬国旗、国徽,热爱国歌; 关心国家、家乡的建设。	☐ A ☐ B ☐ C ☐ D	☐ A ☐ B ☐ C ☐ D	☐ A ☐ B ☐ C ☐ D	☐ A ☐ B ☐ C ☐ D
	社会责任	关心时政; 自觉维护公共利益; 对个人行为负责; 对他人的违法行为能够做到及时报告; 对违反社会公德的行为能够以合适的方式予以劝阻; 积极参加各种公益活动。 有家庭责任感,尊重长辈、感恩父母、承担必要的家庭责任与义务,适当参加家务劳动。	☐ A ☐ B ☐ C ☐ D	☐ A ☐ B ☐ C ☐ D	☐ A ☐ B ☐ C ☐ D	☐ A ☐ B ☐ C ☐ D

续表

一级指标	二级指标	三级指标	评价结果			
			自评	学生互评	教师评价	总评
道德品质	遵纪守法	知法、懂法、守法、用法； 遵守中学生守则及日常行为规范，遵守校规校纪。	☐ A ☐ B ☐ C ☐ D	☐ A ☐ B ☐ C ☐ D	☐ A ☐ B ☐ C ☐ D	☐ A ☐ B ☐ C ☐ D
	文明习惯	礼貌待人，语言、行为文明； 遵守公共秩序； 爱护公共设施； 无不良嗜好。	☐ A ☐ B ☐ C ☐ D	☐ A ☐ B ☐ C ☐ D	☐ A ☐ B ☐ C ☐ D	☐ A ☐ B ☐ C ☐ D
	其他		☐ A ☐ B ☐ C ☐ D	☐ A ☐ B ☐ C ☐ D	☐ A ☐ B ☐ C ☐ D	☐ A ☐ B ☐ C ☐ D
学习能力	学习态度	自觉主动学习； 学习勤奋，努力克服困难，认真完成学习任务； 学习专注，对自己的学习行为负责。	☐ A ☐ B ☐ C ☐ D	☐ A ☐ B ☐ C ☐ D	☐ A ☐ B ☐ C ☐ D	☐ A ☐ B ☐ C ☐ D
	学习兴趣	能在学习中寻找快乐； 求知欲强，爱提问； 主动通过各种途径，能保持并丰富自己的学习兴趣。	☐ A ☐ B ☐ C ☐ D	☐ A ☐ B ☐ C ☐ D	☐ A ☐ B ☐ C ☐ D	☐ A ☐ B ☐ C ☐ D
	学习习惯	讲究学习策略； 养成独立思考的习惯； 善于反思与自我调整； 合理安排学习时间； 善于收集和使用学习资料； 善于合作学习。	☐ A ☐ B ☐ C ☐ D	☐ A ☐ B ☐ C ☐ D	☐ A ☐ B ☐ C ☐ D	☐ A ☐ B ☐ C ☐ D
	创新意识	善于观察，有强烈的好奇心； 在学习过程中能大胆质疑，敢于提出自己的见解； 喜欢寻找多种解决问题的方法。	☐ A ☐ B ☐ C ☐ D	☐ A ☐ B ☐ C ☐ D	☐ A ☐ B ☐ C ☐ D	☐ A ☐ B ☐ C ☐ D
	学习效果	能在规定时间内完成学习任务； 善于改进学习方法，提高学习效率； 学习进步明显，学习成绩达到课程标准。	☐ A ☐ B ☐ C ☐ D	☐ A ☐ B ☐ C ☐ D	☐ A ☐ B ☐ C ☐ D	☐ A ☐ B ☐ C ☐ D
	其他		☐ A ☐ B ☐ C ☐ D	☐ A ☐ B ☐ C ☐ D	☐ A ☐ B ☐ C ☐ D	☐ A ☐ B ☐ C ☐ D

续表

一级指标	二级指标	三级指标	评价结果			
			自评	学生互评	教师评价	总评
交流与合作	表达能力	能明确地表达自己的思想； 能准确回答他人的问题； 能善于运用各种方法与人沟通。	☐ A ☐ B ☐ C ☐ D	☐ A ☐ B ☐ C ☐ D	☐ A ☐ B ☐ C ☐ D	☐ A ☐ B ☐ C ☐ D
	倾听习惯	尊重对方,耐心倾听对方的观点； 在听取别人意见时注意提取有益的信息； 虚心接受他人的忠告和建议。	☐ A ☐ B ☐ C ☐ D	☐ A ☐ B ☐ C ☐ D	☐ A ☐ B ☐ C ☐ D	☐ A ☐ B ☐ C ☐ D
	合作能力	能充分地认识自己的优势和不足； 尊重并理解他人的观点和处境； 能客观地判断问题； 能与他人一起确定目标,并努力去实现目标。	☐ A ☐ B ☐ C ☐ D	☐ A ☐ B ☐ C ☐ D	☐ A ☐ B ☐ C ☐ D	☐ A ☐ B ☐ C ☐ D
	其他		☐ A ☐ B ☐ C ☐ D	☐ A ☐ B ☐ C ☐ D	☐ A ☐ B ☐ C ☐ D	☐ A ☐ B ☐ C ☐ D
运动与健康	生活方式	热爱生命,不吸烟,不喝酒,拒绝毒品； 有良好的卫生习惯； 合理安排课余生活； 合理消费,勤俭节约； 拥有健康意识； 养成锻炼身体的习惯。	☐ A ☐ B ☐ C ☐ D	☐ A ☐ B ☐ C ☐ D	☐ A ☐ B ☐ C ☐ D	☐ A ☐ B ☐ C ☐ D
	体能	达到国家学生体质健康标准。	☐ A ☐ B ☐ C ☐ D	☐ A ☐ B ☐ C ☐ D	☐ A ☐ B ☐ C ☐ D	☐ A ☐ B ☐ C ☐ D
	情绪	了解自己,接纳自己,客观评价自己,对自己充满信心； 保持积极乐观的情绪状态； 能根据情境,适当地表达并控制自己的情绪。	☐ A ☐ B ☐ C ☐ D	☐ A ☐ B ☐ C ☐ D	☐ A ☐ B ☐ C ☐ D	☐ A ☐ B ☐ C ☐ D
	意志	做事能坚持到底,不半途而废； 能以真诚的态度,发展和保持和谐的人际关系； 客观认识现实环境,并能自我调适； 遇到挫折有耐受能力,有战胜困难的决心和勇气。	☐ A ☐ B ☐ C ☐ D	☐ A ☐ B ☐ C ☐ D	☐ A ☐ B ☐ C ☐ D	☐ A ☐ B ☐ C ☐ D
	其他		☐ A ☐ B ☐ C ☐ D	☐ A ☐ B ☐ C ☐ D	☐ A ☐ B ☐ C ☐ D	☐ A ☐ B ☐ C ☐ D

一级指标	二级指标	三级指标	评价结果			
			自评	学生互评	教师评价	总评
审美与表现	感受美	具有对美的鉴别能力； 积极体验自然、社会、生活中的美； 对于艺术和生活中的美好事物有敏锐的感受能力。	☐ A ☐ B ☐ C ☐ D	☐ A ☐ B ☐ C ☐ D	☐ A ☐ B ☐ C ☐ D	☐ A ☐ B ☐ C ☐ D
	表达美	精神饱满，富有朝气； 积极参加艺术活动，能做到自信地表达； 能自主地美化环境； 能用某种艺术形式表达自己的思想。	☐ A ☐ B ☐ C ☐ D	☐ A ☐ B ☐ C ☐ D	☐ A ☐ B ☐ C ☐ D	☐ A ☐ B ☐ C ☐ D
	其他		☐ A ☐ B ☐ C ☐ D	☐ A ☐ B ☐ C ☐ D	☐ A ☐ B ☐ C ☐ D	☐ A ☐ B ☐ C ☐ D

临夏县中学学生综合素质高＿＿＿年级第＿＿＿学期评价表

＿＿＿＿＿＿班级　姓名＿＿＿＿＿＿　　性别＿＿＿＿　学籍号＿＿＿＿＿＿＿＿＿

项目	道德品质	公民素养	学习能力	交流与合作	运动与健康	审美与表现
结果统计	☐ A ☐ B ☐ C ☐ D	☐ A ☐ B ☐ C ☐ D	☐ A ☐ B ☐ C ☐ D	☐ A ☐ B ☐ C ☐ D	☐ A ☐ B ☐ C ☐ D	☐ A ☐ B ☐ C ☐ D
总评						
获奖情况						
教师寄语						
学生成长感言						

班主任(签章)	教导处(签章)	政教处(签章)
年 月 日	年 月 日	年 月 日

注：1. 综合素质评价各项目统计的方框（☐）中应填写一学期各评定项目中二级指标所对应等级的累计数字。若项目的结果统计中某一等级的个数达2个及以上，则该维度的总评以该等级呈现，若两个不同等级的个数各占半数，则最终以高等级的评价结果为准；要认定为A应有充分的实证材料，要认定为D应将实证材料报学校学生综合素质评定工作委员会审定。

2. 学期获奖以学校认定项目为准；

3. "教师寄语"和学生成长感言主要表达教师对学生发展的期待和学生本人的心得、收获与体会。

临夏县中学学生毕业总评表

_____班级　　姓名_____　　　　性别_____　　　学籍号_____

课程修习评定表		学科	语文	外语	数学	政治	历史	地理	物理	化学	生物	信息技术	通用技术	音乐	美术	体育与健康	研究性学习	社区服务	社会实践	选修Ⅱ
	高一	必修																		
		选修																		
	高二	必修																		
		选修																		
	高三	必修																		
		选修																		

总学分	学　分		必　修	学　分		选修Ⅰ	学　分		选修Ⅱ	学　分	

综合素质评价	项目	道德品质	公民素养	学习能力	交流与合作	运动与健康	审美与表现
	总评						

获奖情况	
描述性评语	

校长：　　　　　　　　学校公章：　　　　　　　　　年　月　日

注：1.学生综合素质评价某一维度的总评结果的记录，若6个学期评价结果出现两等级，某个等级的个数达到半数以上，以该等级为最终评价结果。若出现两个不同等级的个数各占一半，最终评价结果以高等级为准；若出现三个不同等级且个数相等或不等，要认定为A应有充分的实证材料，要认定为D应将实证材料报学校学生综合素质评定工作委员会审定。

2.描述性评语应着重突出学生的个性、特长和发展特点，简明扼要，客观描述学生的发展状态，不要重述综合素质评定中六个维度的评定结果。

3.获奖情况以县级以上教育行政部门认定的奖项为准。

临夏县中学生综合素质评价指标体系及主要观测点

一级指标	二级指标	三级指标	主要观测点（表中所列内容仅供参考，学校可以根据其不同的特点和要求进行适当的增删）
道德品质	是非观	崇尚科学，信仰真理； 明辨善恶，有正义感； 　对事物或事件作出符合社会价值取向的合理判断。	1.不参加迷信活动，反对邪教； 2.以合适方式报告他人的违法行为； 3.不盲从他人观点，能够独立思考，形成符合社会发展需要、适合自身特点的努力方向。
	荣辱观	明荣辱，知进退； 善于反省，修正自身； 有集体荣誉感； 积极向上，要求进步。	1.践行"八荣八耻"，自觉自律； 2.自觉抵制不良现象，勇于知错就改； 3.身体力行，为集体做贡献； 4.学习生活起模范带头作用。
	集体观	乐于帮助他人或集体，富有爱心； 尊重交往对象，理解他人的情绪情感； 能服从集体决定； 不妒忌他人的成绩，能与他人共同分享。	1.参加社会公益活动和捐助的表现； 2.在帮助他人或集体时，可以不考虑奖励； 3.不侮辱、戏弄他人，不以他人的缺陷为取笑内容； 4.能服从集体决定； 5.不妒忌他人的成绩。
	诚信度	没有欺骗他人的言行； 勇于践行自己的诺言； 负责任地完成所承担的任务。	1.无考试舞弊、抄袭作业等现象； 2.三级指标中的内容可以同时作为观点。
公民素养	热爱国家	拥有民族自尊心、自豪感； 尊敬国旗、国徽，热爱国歌； 关心国家、家乡的建设。	1.以祖国为荣，热爱自己的民族文化； 2.没有损害国家利益的行为； 3.有为报效祖国而学习的远大理想； 4.了解国旗、国徽的含义，会唱国歌，不做有辱国旗、国徽的事情。
	社会责任	关心时政； 自觉维护公共利益； 对个人行为负责； 对他人的违法行为能够做到及时报告； 对违反社会公德的行为能够以合适的方式予以劝阻； 积极参加各种公益活动； 有家庭责任感，尊重长辈、感恩父母、承担必要的家庭责任与义务，适当参加家务劳动。	1.明了国家大事； 2.具有环保意识； 3.遵守交通秩序，不闯红灯； 4.对他人的违法行为能够做到及时报告； 5.对违反社会公德的行为能够以适当的方式予以劝阻； 6.参加公益活动的次数和表现记录； 7.家长反馈意见，教师家访记录等。
	遵纪守法	知法、懂法、守法、用法； 遵守校规校纪。	1.上课出勤率； 2.无违纪记录； 3.不传播不良信息； 4.不违反中学生日常行为规范。
	文明习惯	礼貌待人，语言、行为文明； 遵守公共秩序； 爱护公共设施； 无不良嗜好。	1.不讲脏话、粗话； 2.仪表整洁； 3.不破坏公共财物； 4.讲秩序，在公共活动中不起哄、滋扰； 5.文明上网。

续表

一级指标	二级指标	三级指标	主要观测点 （表中所列内容仅供参考，学校可以根据其不同的特点和要求进行适当的增删）
学习能力	学习态度	自觉主动学习； 学习勤奋，努力克服困难，认真完成学习任务； 学习专注，对自己的学习行为负责。	1.上课认真听讲，认真完成作业； 2.学习勤奋； 3.学习不需要别人的督促。
	学习兴趣	能在学习中寻找快乐； 求知欲强，爱提问； 主动通过各种途径，关注并丰富自己的学科兴趣。	1.无厌学情绪； 2.经常交流学习信息； 3.三级指标可以作为观测点。
	学习习惯	讲究学习策略； 养成独立思考的习惯； 善于反思与自我调整； 合理安排学习时间； 善于收集和使用学习资料。	1.懂得使用工具书、参考书； 2.三级指标可以作为观测点。
	创新意识	善于观察，有强烈的好奇心； 在学习过程中能大胆质疑，敢于提出自己的见解； 喜欢寻找多种解决问题的方法。	1.积极参与研究性学习； 2.对各种新鲜事物保持好奇心，并积极探究； 3.三级指标可以作为观测点。
	学习效果	能在规定时间内完成学习任务； 善于改进学习方法，提高学习效率； 学习进步明显，学习成绩达到课程标准。	1.课前预习、有课堂笔记、课后复习、按时完成作业； 2.不断借鉴和总结科学的学习方法，坚持身体力行，并不断改进； 3.学习成绩稳定上升，无大起大落现象。
交流与合作	表达能力	能明确地表达自己的思想； 能准确回答他人的问题。	1.能以恰当的方式让对方理解自己的思想和观点； 2.能让同学听懂如何去做交付给他的任务。
	倾听习惯	尊重对方，耐心倾听对方的观点； 在听取别人意见时注意提取有益的信息； 虚心接受他人的忠告和建议。	1.不打断对方讲话，等到对方讲完之后再询问细节； 2.三级指标可以作为观测点。
	合作能力	能充分地认识自己的优势和不足； 尊重并理解他人的观点和处境； 能客观地判断问题； 能与他人一起确定目标，并努力去实现目标。	1.不局限于个人的好恶、利害关系，公平办事； 2.能客观地、多角度地思考问题，判断正确与否再行动； 3.不把自己的观点强加给他人。
运动与健康	生活方式	热爱生命，远离烟酒，拒绝毒品； 合理安排课余生活； 合理消费，勤俭节约； 拥有健康意识； 养成锻炼身体的习惯。	1.在生活消费上，不攀比； 2.无浪费现象； 3.学生可以列举自己锻炼身体的方式； 4.不吸烟、不酗酒，拒绝毒品； 5.学生说明自己的生活作息安排。
	体能	达到学生体质健康标准。	达到学生体质健康标准。

续表

一级指标	二级指标	三级指标	主要观测点
			(表中所列内容仅供参考,学校可以根据其不同的特点和要求进行适当的增删)。
运动与健康	情绪	了解自己,接纳自己,客观评价自己,对自己充满信心; 保持积极乐观的情绪状态; 能根据情境,适当地表达并控制自己的情绪。	1.热爱生活,不消极,不悲观; 2.遇事冷静不偏激; 3.三级指标可以作为观测点。
	意志	做事能坚持到底,不半途而废; 能以真诚的态度,发展和保持和谐的人际关系; 客观认识现实环境,并能自我调适; 遇到挫折有耐受能力,有战胜困难的决心和勇气。	三级指标可以作为观测点。
审美与表现	感受美	具有美的鉴别能力; 积极体验自然、社会、生活中的美; 对于艺术和生活中的美好事物有敏锐的感受能力。	三级指标可以作为观测点。
	表达美	精神饱满,富有朝气; 积极参加艺术活动,能自信地表达; 能自主地美化环境。	三级指标可以作为观测点,着装符合中学生身份。

三、近十年成绩对比

2007年—2017年临夏县中学高考成绩对比表

年份	考生人数	一本上线人数	二本上线人数	本科录取人数	本科录取率
2007 年	361	1	12	37	10.20%
2008 年	419	1	30	65	15.60%
2009 年	436	1	62	118	27.10%
2010 年	500	1	65	121	24.20%
2011 年	485	2	60	147	30.30%
2012 年	506		56	139	27.50%
2013 年	464	3	93	155	33.40%
2014 年	535	4	55	148	27.70%
2015 年	557	6	78	142	25.50%
2016 年	486	5	86	139	28.60%
2017 年	470	6	55	115	24.50%

教导处

2018年3月27日

附：近十年高考录取情况曲线图

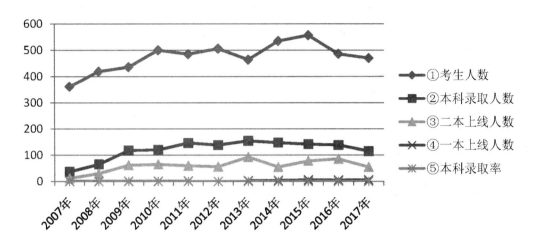

教师研究成果一览表

作者	论文题目	发表时间	级别	刊物名称
郑维华	初中数学教学中改变传统教学模式的探索	2002.1	省级	甘肃高师学报
郑维华	充分发挥猜想在数学教学中的作用	2002.1	省级	甘肃高师学报
张永华	关于对凸透镜实验的一点改进	2002.9	省级	甘肃教育
李月桂	高考作文临考前突击复习方法策略	2008.1	省级	中学语文
张永华	重视课堂教学,加强能力培养	2008.2	省级	甘肃教育督导
尹小龙	化学教学中的教法指导	2008.2	省级	甘肃教育督导
马文成	高考历史复习中的针对性训练	2008.9	省级	中学历史教学
杨春海	月球趣谈	2008.10		西北师大学报
安群英	班主任工作的基础——爱心	2008.11	省级	中学教育科研
江富鹏	锤炼课堂语言,提高教学水平	2009.1	省级	甘肃教育督导
安群英	如何使高中英语课堂活跃起来	2009.1	省级	中学教育科研
吕　忠	教师如何培养学生学习体育的兴趣	2009.12	国家级	青春期健康人口与文化
杨春海	新课改下高中物理教学初探	2010	省级	新课程
马文成	从地图中读取历史	2010.1	国家级	中小学教育
王志学	小议优化课堂教学	2010.1	国家级	中小学教育
赵文兰	农村高中英语阅读教学中的问题及对策	2011	省级	中学教学参考
赵文兰	新课程下英语写作教学的点滴体会	2011	省级	教育学文摘

续表

作者	论文题目	发表时间	级别	刊物名称
吕 忠	浅论甘肃省临夏县中学学生体质健康现状的调查与分析	2011.8	省级	教育学文摘
康永清	比较句型的活用	2011.8	省级	教育学文摘
焦玉梅	排列组合同题常见解法	2011.8	省级	教育学文摘
李月桂	学好语文要充满自信 脚踏实地 持之以恒	2011.8	省级	教育学文摘
徐品升	新课程理念下的英语语法教学方法初探	2011.10	省级	教育学文摘
李月桂	对语文选修课的设计和教学的几点思考	2011.11	省级	教育学文摘
朱 杰	转变观念积极推进 精心组织有序推进	2011.11	省级	教育学文摘
杨春海	浅谈高中物理新教材的特点	2011.11	省级	教育学文摘
朱 杰	例谈用基本不等式求函数最值的常用方法	2011.12	省级	课堂内外
赵国英	如何激活生物课堂	2011.12	省级	中学课堂辅导教学研究
马国鹏	析草品句,陶情养志	2011.12	省级	中学教学参考
王永智	注重课本积累,挖掘课内素材	2011.12	省级	中学教学参考
牛俊泽	历史复习方法的几点建议	2011.15	省级	中学课堂辅导教学研究
徐品升	激发英语学习兴趣,激活英语课堂教学	2011.16	省级	中学课堂辅导教学研究
马国鹏	关于高三考场作文的训练	2012	国家级	中学教学参考
张永华	增强教研兴校意识,提高教研工作质量	2012	省级	教育学文摘
马建成	新课程历史课堂教学中的"三心二意"观	2012.2	省级	教育学文摘

续表

作者	论文题目	发表时间	级别	刊物名称
李月桂	教师要向专业化发展,我们应从哪些方面努力	2012.2	省级	教育学文摘
安群英	如何上好高中政治课之我见	2012.2	省级	教育学文摘
王志学	增强《生活与哲学》教学的趣味性	2012.5		思想政治课教学
张丽娟	浅谈高中美术新课程<美术鉴赏>的有效教学	2012.7	州级	新疆教育
张永华	浅谈教师终生学习体系的青年教师培养	2012.8	省级	教育学文摘
宋明晨	浅谈短文改错题中非智力因素引起的失分	2012.8	省级	教育学文摘
王海芳	捕捉学生学习语文的灵光	2012.8	省级	教育学文摘
马国鹏	从心所欲不逾矩	2012.8	省级	教育学文摘
张永华	切实搞好课后反思,努力提高教学水平	2012.9	国家级	课外阅读
宋明晨	浅谈英语动词用的主动形式可表示被动的意义	2012.9	省级	教育学文摘
宋明晨	既教且导　提高学生运用英语的能力	2012.9	国家级	课程教育研究
王智强	新课程背景下高中物理教学中的探究性学习	2012.10	省级	教育学文摘
李昌华	让学生在阅读中展开想象的翅膀	2012.11	省级	文理导航
王永智	平中见奇话一"字"	2012.12	省级	教育学文摘
李　瑞	浅谈学校管理与制度建设	2012.12	省级	教育学文摘
杨天祥	对民族地区幼儿教师的现状与对策的思考	2013.1	省级	教育学文摘
王海芳	语文生命——阅读	2013.1	省级	教育学文摘

续表

作者	论文题目	发表时间	级别	刊物名称
马国鹏	从心所欲不逾矩	2013.1	省级	教育学文摘
张英海	政治课开展探究性学习的几点思考	2013.3	省级	教育学文摘
张英海	高中政治课培养学生能力的几点做法	2013.5	省级	教育学文摘
马克南	高中化学(焰色反应)实验改进	2013.5	州级	教育学文摘
杨天祥	浅谈新课程背景下的数学作业批改	2013.6	省级	教育学文摘
祁黎炎	加强中学生品行教育	2013.6	州级	教育学文摘
杨天祥	农村学前教育挫折	2013.6	省级	教育学文摘
张 发	如何创设高中数学高效课堂	2013.12	省级	教育学文摘
赵红原	浅谈2014年高考作文备考策略	2014.1	国家级	教育研究
车凤琴	浅谈高中物理教学中应注意的问题	2014.1	省级	教育学文摘
朱 杰	课程教育研究	2014.2	省级	教育学文摘
江贵伟	浅谈美术教学中对学生创新能力及审美能力的培养	2016.1	省级	教育学文摘
续宏光	敢问路在何方——高中文言文教学的现状和途径	2016.8	省级	教育学文摘
郭旭强	含有两个绝对值符号函数的处理方法	2016.11	国家级	中学生数学
王智强	浅谈物理课堂教学与学生的素质教育	2017.3	省级	文理导航
王志学	浅析多媒体教学在哲学与生活中的利弊	2017.3	省级	中学政史地
王智强	创设物理情景激发学生学习物理兴趣的策略	2017.4	省级	新课程

续表

作者	论文题目	发表时间	级别	刊物名称
杨天祥	高中数学教学中问题导学法的应用研究	2017.8	省级	新课程
金晓红	培养创新思维能力，增强高中语文教学质量	2017.8	省级	新课程
郭素琴	高中英语教学中如何转化学困生	2017.8		
包旺虎	浅谈音乐教学中学生创新能力的培养策略	2017.10	省级	文理导航
王海芳	浅谈高中语文教学方法改进的实践与探究	2017.10		新课程
王海芳	如何加强高中生作文创新写作	2017.10		中华少年

（部分教师的研究成果因档案丢失，未作收录）

临夏县中学第六届教育教学研讨会获奖论文

理科类

姓名	论文题目	名次（获奖等级）
郭旭强	例谈数学解题教学中的轻轻一改	1 一等奖
李小吉	对农村中学数学教学的几点看法	2 二等奖
赵国英	生物课堂教学结尾五种类型	3 二等奖
张永华	重视课题教学 提高教学水平	4 二等奖
尹小龙	无机推断的思路方法	5 三等奖
江富傲	一元二次方程常见错误分析	6 三等奖
邓 平	浅谈初中数学总复习策略	7 三等奖
马正霞	数学答题规范化能力的培养	8 三等奖
白仲霞	浅谈高中化学教学中各部分知识的衔接	9 三等奖

文科类

姓名	论文题目	名次（获奖等级）
安群英	兴趣培养在英语教学中的作用	1 一等奖
孟宪芳	书面表达的教学	2 二等奖
杨成荣	如何让学生对英语感兴趣	3 二等奖
马文成	优化课堂教学的新诠释	4 二等奖
张英海	思想政治课的导入方法浅谈	5 三等奖
王永智	注重课本积累 挖掘课内素材	6 三等奖
郭彩云	谈高中地理复习教学	7 三等奖
高占龙	开发利用课程资源 提高课堂教学效果	8 三等奖
马建成	作好后进生转化工作的几点体会	9 三等奖

临夏县中学第七届教育教学研讨会获奖论文

理科类

姓名	论文题目	名次（获奖等级）
江富傲	高三数学复习方法和策略	1 一等奖
张永华	切实搞好课后反思 努力提高教学水平	2 二等奖
李 瑞	浅谈学校管理与制度建设	3 二等奖
郭旭强	向量法求二面角可以放心了	4 二等奖
郑维华	高考复习的方法浅谈	5 三等奖
朱 杰	高中生数学成绩分化的原因与对策	6 三等奖
王智强	浅谈高考物理第二轮总复习策略	7 三等奖
赵国英	高三生物复习中答题规范化能力的培养	8 三等奖
万慧霞	小议初高中化学教学各方面的衔接问题	9 三等奖

文科类

姓名	论文题目	名次(获奖等级)
马国鹏	从方法到能力——略谈作文教学的实践与探索	1 一等奖
孟宪芳	英语教师应培养学生的几种学习习惯	2 二等奖
宋明震	巧学英语单词,全力扩大英语词汇量	3 二等奖
马小宁	浅谈中学地理教学中兴趣培养的点滴体会	4 二等奖
李昌华	怎样把评语写出个性	5 三等奖
徐品升	"there be"句型用法归纳	6 三等奖
田伟平	谈高中英语词汇复习教学	7 三等奖
丁玉兰	试论"如何激发学生的英语学习兴趣"	8 三等奖
赵红原	对高考复习中"常见修辞手法及应用"考点的点滴体会	9 三等奖

临夏县中学第八届教育教学研讨会获奖论文

理科类

姓名	论文	名次(获奖等级)
张永华	增强教研兴校意识　提高教研工作质量	1 一等奖
郭旭强	从三个失败的数学案例说起	2 二等奖
郑维华	解一元高次不等式的利器——数轴标根法	3 二等奖
江富傲	专题复习——三角函数	4 三等奖
钟　浩	对高中物理课堂教学的几点思考	5 三等奖
马正霞	浅谈数学课前引入方法	6 三等奖
尹小龙	粒子反应易错点	7 三等奖

文科类

姓名	论文	名次(获奖等级)
朱正云	浅谈教师个体对形成教育合力的影响及对策	1 一等奖
马文成	谈高中历史教学中学生学习习惯的培养	2 二等奖
张英海	思想政治课"学优生"再培养的几点做法	3 二等奖
马国鹏	漫谈学语文	4 三等奖
孟宪芳	课堂教学中"学生有问题不问"现象的原因分析及对策	5 三等奖
刘　玺	在英语教学中关注学困生学习兴趣的培养	6 三等奖
马家元	高三的历史复习课该如何上	7 三等奖

临夏县中学十届教育教学研讨会获奖论文

理科类

姓名	论 文	名次（获奖等级）
郑维华	"学生活动"设计之案例分析	1 一等奖
郭旭强	从三个失败的数学案例说起	2 二等奖
张永华	辨析变力做功问题的处理方法	3 二等奖
朱 杰	专题复习——三角函数	4 三等奖
钟 浩	高三物理复习的几点思考	5 三等奖
江富鹏	浅谈数学课前引入方法	6 三等奖

文科类

姓名	论 文	名次（获奖等级）
马家元	做"新课标高考试题"文综历史部分——我的一些体会	1 一等奖
康永清	小议如何开展英语课堂听说活动	2 二等奖
高占龙	政治主观题失分原因分析及对策	3 二等奖
吴卫军	浅谈如何提高高中生的英语阅读能力	4 三等奖
庞彩芳	课堂教学中"学生有问题不问"现象的原因分析及对策	5 三等奖
徐国胜	高三文言文阅读复习中的一点体会	6 三等奖

临夏县中学教师课件获奖名单

序号	姓名	课件	名次	时间	级别
1	赵花姐	超重和失重	一等奖	2008.8	州级
2	李昌华	水土流失的综合治理	一等奖	2008.8	州级
3	张英海	按客观规律办事	二等奖	2008.8	州级
4	邵开红	美丽的色彩世界	三等奖	2008.8	州级
5	安群英	班主任工作的基础——爱心	二等奖	2008.8	州级
6	魏显丁	信息技术课反思	三等奖	2008.8	州级
7	李月桂	高考作文临考前突击复习方法策略	二等奖	2008	州级
8	赵花姐	电梯里的怪现象	二等奖	2009.3.5	省级
9	李昌华	黄土地为例	二等奖	2009.3.5	省级
10	王智强	高中物理教学中的探究性学习	一等奖	2009.12	州级
11	康永清	文化差异对焦虑的影响	一等奖	2010.12	州级
12	马国鹏	从方法到能力	三等奖	2011.12	州级
13	郭旭强	向量求二面角可以放心了	三等奖	2012.12	州级
14	马国鹏	游褒禅山记	二等奖	2012.7	州级
15	张丽娟	中国现代人物画	三等奖	2012.7	州级
16	韩红梅	资产阶级革命与改革	三等奖	2013.12	州级

序号	姓名	课件	名次	时间	级别
17	王志学	实践的特征	三等奖	2013 年	州级
18	李月桂	故都的秋	三等奖	2013 年	州级
19	杜发利	生态系统结构	二等奖	2013 年	州级
20	韩红梅	社会主义现代化建设的迅速发展	二等奖	2013 年	州级
21	王永智	赤壁赋	一等奖	2013.6	州级

第五节　学生考试

一、关于校内学生考试的发展情况

民国时期，云亭小学校每学期实施多次考试来促进教学工作。每学期不定时有三次不同年级不同学科的抽考（单考、抽考、合考），"以觇各校成绩地位"。每月有月考，"以觇各个学生在全级中成绩上所占之地位"。

1949年后至"文革"前，学校统一组织的考试一般有期中和期末两次。各学科学期评定成绩则按5分制执行。

"文革"中，正常的教学秩序被破坏，学校淡化了学习成绩，学期考试时有时无，学生招录以推荐的办法进行。

恢复高考后，学校教学步入正轨。学校狠抓了学生考试工作，严格了升留级制度。九年义务教育实行后，虽取消了留级制度，但考试工作仍然严格执行。

2008年，学校设立了实验班后，对实验班加强了管理。主要表现在每学期对高一、高二实验班除了跟其他班级同步进行的期中、期末考试外，还要在第六、十六周进行月考，并在年级组师生中进行总结，表彰优胜者激励后进生。至于高三年级的学生考试，由其年级组自行安排考试，考试形式多种多样，有全省联考（联考成绩与兄弟学校进行比较）、组内月考，近几年以来实行大通练检测等。

学校从2010年秋季学期开始，实施新课程标准。"标准"规定普通高中学生每学年在每个学习领域都获得一定的学分。学校及时制订《临夏县中学新课程学分管理细则》，从11月15日起执行。在2011年11月3日，结合实际，又制订了《关于新课程学分认定及管理的规定》，对学分认定工作程序、认定办法和档案管理等作出规定，并增加年级组长为学分管理委员会成员。模块修习结束后学校组织模块考试，即期中和期末考试。从2012年秋季学期开始，期中和期末考试均实行单人单桌、按座位号参加考试的标准化考

1996 年,学校被甘肃省高等学校招生委员会授予"优秀考点"奖牌。

试模式。模块考试成绩结合平时的学习情况(如出勤、作业、课堂表现等)给予学生相应的学分;学分达不到要求的学生可申请补考,补考成绩达到规定要求后可获得相应学分。补考仍达不到要求的,必修模块必须重修,直至达到要求为止;选修模块可重修或改修其他模块。

二、考点设立情况

改革开放后临夏县的第一次高考考点就设在本校。原临夏回族自治州州长、现为甘肃省人大常委会副主任的马青林(当初在临夏县刁祁乡尕沟村插队当知青)就是在原县中学大礼堂西边的一座教室里参加了这次高考后被录取的。后来,学校一直是小升初、中考和高考的考点。1996年学校被甘肃省高等学校招生委员会授予"优秀考点"荣誉称号,并颁发了奖牌。

2007年秋季学期开始,县上决定初、高中剥离,学校成为独立高中。

2008年起,学校不再承担小学升学考试的任务。2013年秋季学期,学校由旧址韩集搬迁到原韩集初中(姚川)和现双城中心小学。2014年秋季开学前,原双城部迁入姚川部,临夏县中学姚川校址随得以确定,姚川校区便是今临夏县中学。2014年开始,学校不再承担中考考点的工作,但依然是临夏县高考考点之一。

第六节　电化教学

随着现代化信息技术的迅猛发展,网络技术在教学应用中日益广泛,特别是农村中小学现代远程教育工程进入本校以来,为本校教育提供了丰富的资源,使网络教学真正成为现实,同时也为本校教育工作开辟了广阔的前景。

一、学校电化教学的艰难发展历程

由于学校周边辐射乡镇居住的少数民族居民较多,普遍存在对子女的文化教育不太重视的情况,所以,1949年以来一直制约着学校的发展,很大程度上表现为学校资金的投入远远不如兄弟学校。为了学校的长远发展,学校各届领导无不殚精竭虑,筚路蓝缕。在资金极为短缺的情况下,2001年8月,全体教职工集资约14万元,购置了35台学生电脑,一台办公电脑,在师生中普及计算机基础知识和基本技能,简称"县中第一个微机室"；购置了一套电子投影设备，用于各学科多媒体教学，由此，创建了临夏县中学第一个投影仪幕布多媒体教室。学校给初一至高二学生安排一节信息技术课，由宋海云、张发担任信息技术教师。

2002年，县教育局为本校配发22台微机，由宋海云、张生燕、张发担任信息技术教师，建成"县中第二微机室"。

经过5年的发展，在校领导及各位老师的努力下，2007年学校购置了30台平台机及8台办公机。按课程要求，本校开设信息技术课，高一、高二年级学生每周两节信息技术课。在6个实验班安装交互式电子白板，用于课堂教学。

2009年购置6台移动多媒体，用于普通班多媒体教学。同年，为了能更好地培养音乐生，坚持走特长生培养之路，购置了总计价值3.4万元的25台电子琴及3架钢琴。

直到2014年，本校共安装28块交互式电子白板，多媒体教学使用率达到100%。每位教师在授课时，不像以前一样提前排好课轮流到多媒体教室去上课，这极大地方便了教师授课，加大了课堂容量，促进了教学工作。

2015年，学校又购置了价值14万元的网上阅卷系统；购置了一套电子投影设备，用于教学研究和学术交流；2016年10月，购置了一套价值1.38万元的专门用于美术教学的交互一体机。至2018年，本校共有计算机118台，其中学生电脑共98台，计算机教室2个，电子白板教室31个，投影仪幕布多媒体教室7个。

目前，我们学校全面实现了电化教学手段。

二、电化教学结硕果

（一）教师多媒体课件频频获奖。

多媒体教学以其鲜明的教学特点，丰富的教学内容，生动、形象的教学情景，促进了教育技术的信息化发展，并逐步打破了教师凭一本教材、一本教学参考书、一支粉笔、一张嘴完成的传统教法，构建起新型教学模式。它将知识一目了然地展现在学生面前，培养了学生的观察能力和思维能力，激发了学生蓬勃的求知欲，充分调动了学生的学习积极性，为学生创新意识和探索精神的培养提供了良好的条件。随着新课程改革的深入发展，多媒体技术改变了老师们关于知识和学习的传统讲授观念，在课堂教学中利用自己精心制作的课件授课，收到了事半功倍的效果。本校教师精心制作的课件也多次在教育部门组织的比赛中获奖。

学生在微机室上课的情景。

近几年，在全州乃至全省的教师课件制作比赛中，都不乏本校教师的积极参与。到目前为止，本校教师制作的课件在各种比赛中获奖共38个。2008年，本校7名教师在全州课件制作大赛上获奖；2009年，本校2名教师制作的课件在全省课件制作大赛上获奖；2010年，本校教师康永清制作的课件《文化差异对焦虑的影响》在全州中小学教师优秀课件评选中获得一等奖；2011年底，马国鹏老师的课件《从方法到能力》在全州中小学教师优秀课件评选中获得三等奖；2012年，本校3名教师制作的课件在全州课件制作大赛上获奖；2013年，本校13名教师制作的课件在全州课件制作大赛中获奖；2016年，本校9名教师制作的课件在全州课件制作大赛中获奖；2017年，本校教师杜发利制作的课件《生态系统的结构》在2017年临夏回族自治州中小学教师信息技术应用教学课件和论文评比活动中获得二等奖。

（二）在网络"一师一优课，一课一名师"晒课活动中获奖。

为贯彻落实党的十八届三中全会提出的"构建利用信息化手段扩大优质教育资源覆盖面的有效机制"和《教育部关于全面深化课程改革 落实立德树人根本任务的意见》精神，根据教育部2014年教育信息化工作部署，决定开展"一师一优课、一课一名师"活动。通过活动的开展，力争使每位中小学教师能够利用信息技术至少上好一堂课，使每堂课至少有一位优秀教师能够利用信息技术讲授。

郭旭强获2016-2017年度部级"优课"证书

为了响应这一网络晒课活动，扎实推进这项工作，本校教研室科学安排，制定了具体的活动实施方案。各备课组推荐本组优秀教师参加共案展示课，在共案展示课中获奖的教师参加"优课"评选，将自己的课件、教案及课堂实录上传至"省平台"参加评选。每位教师都按照教研室的安排，在规定的时间，完成了各自的晒课任务，部分教师获得佳绩：

在2016年"一师一优课，一课一名师"活动中，本校教师陈强、梁钊恺获得州级二等奖，康永清获得州级三等奖；梁钊恺获得县级一等奖，祁黎炎获得县级二等奖，王世荣、陈燕获得县级三等奖。

2017年"一师一优课，一课一名师"活动中，本校教师郭旭强的课例《第四章 圆与方程——小结》不仅被评为甘肃省"一师一优课，一课一名师"省级优质课一等奖，也被中央电化教育馆评为教育部2016—2017年度"一师一优课，一课一名师"活动"优课"。铁永龙等10位教师的课例被评为县级"优课"；王永明等4位教师的课例被评为州级"优课"。

三、搭建方便快捷的校园信息通道

互联网极大地方便了人与人之间的联系与交流，随着网络通讯工具的广泛运用，本校为了使教职工能更快更便捷地收到学校各种通知和各种文件的互传，在教研室的努力以及各位教师的积极配合下，建立了临夏县中学校园群、临夏县中学教研群和临夏县中学安全生产群，各年级在分管校长的领导下也建立了相应的年级微信群。

临夏县中学校园群由全体教职工构成，目前群内共有168人；学校教研群成员为专任教师，目前共127人。教研群的主要职能是教师在上完共案展示课后将所上内容的课件、说课稿、教案上传至教研群，以方便广大教师传阅，收到信息共享之效果，达到提高教学质量之目的。

运用多媒体辅助课堂教学是课堂教学发展的必然趋势，多媒体在教学中的应用也越来越广泛。从2001年至今这十几年间，本校电化教学在县教育局的关心支持和全体师生的共同努力下，大步前行，稳步发展。

第七节　教学成果

1.近三十年（中）高考录取统计表

1979年—2017年（中）高考录取统计表

年份	录取人数	年份	录取人数	年份	录取人数	年份	录取人数
1979	26	1990	46	2000	66	2010	96
1980	36	1991	36	2001	54	2011	114
1981	14	1992	23	2002	34	2012	190
1982	10	1993	26	2003	34	2013	196
1983	23	1994	31	2004	105	2014	194
1984	38	1995	26	2005	75	2015	236
1985	31	1996	38	2006	55	2016	174
1987	48	1997	43	2007	93	2017	148
1988	28	1998	56	2008	120		
1989	44	1999	46	2009	132		

附:1979年—2017年（中）高考录取情况曲线图

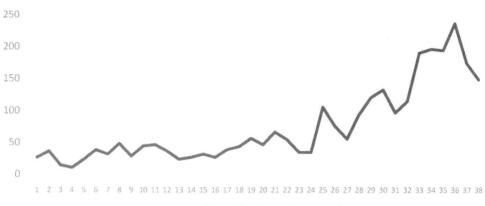

1-38分别为年份1979年—2018年

2.历年中（高）考部分录取学生情况表

1944 年—1960 年部分录取学生名单

姓名	性别	民族	院校名称	姓名	性别	民族	院校名称
祁克新	男	汉	北京师范大学	马效融	男	回	甘肃师范学院
白廷弼	男	汉	西北农学院	白光弼	男	汉	西北师范学院
马有信	男	回	复旦大学	王××	男	汉	西北师范学院
李风林	男	汉	西北师范学院	唐振寰	男	汉	西北师范学院
秦顺亭	男	汉	北京石油学院				

1961年—1977年由于资料丢失，毕业生升学情况不详。

1978年

姓名	性别	民族	院校名称	姓名	性别	民族	院校名称
辛逢歧	男	汉	甘肃省水电学校				

1979年

姓名	性别	民族	院校名称	姓名	性别	民族	院校名称
陈　源	男	汉	甘肃省临夏师范学校	徐维杰	男	汉	兰州铁道学院
闵　海	男	东乡	西北民族学院	陈泽雄	男	汉	甘肃省临夏师范学校
尹国兵	男	汉	甘肃工业大学	辛逢和	男	汉	甘肃省临夏师范学校
王国志	男	汉	甘肃省临洮农业学校	韩林云	男	汉	甘肃省临夏师范学校
宋明震	男	汉	甘肃省临夏师范学校	卢金凤	女	汉	甘肃省临夏师范学校
牟青和	男	汉	甘肃省临夏师范学校	焦俊华	男	汉	甘肃省临夏师范学校
冯国进	男	汉	甘肃省临夏师范学校	张志忠	男	汉	甘肃省临夏师范学校
田义祥	男	汉	甘肃省临夏师范学校	孙孝忠	男	汉	甘肃省临夏师范学校
苏渊陆	男	汉	甘肃省临夏师范学校	韩文奎	男	回	甘肃省临夏师范学校
陶万云	男	汉	甘肃省临夏师范学校	张　琪	男	汉	甘肃省临洮农业学校
古永忠	男	回	临夏州民族学校	王国云	男	回	临夏州民族学校
金富全	男	汉	中国民航专科学校	胡　权	男	汉	兰州交通学院
马万忠	男	回	甘肃省临夏师范学校	马原立	男	回	甘肃省物资学校

1980年

姓名	性别	民族	院校名称	姓名	性别	民族	院校名称
马玉成	男	回	西北师范学院	王永忠	男	汉	兰州高等师范专科学校
田祥林	男	汉	天水师范高等专科学校	周玉学	男	汉	甘肃省临夏师范学校
马世英	男	回	甘肃省临夏师范学校	侯世杰	男	汉	武威黄羊镇畜牧学校
赵发源	男	汉	甘肃省临夏师范学校	徐世英	男	汉	武威黄羊镇畜牧学校
韩洪元	男	汉	武威黄羊镇畜牧学校	邓菊英	女	汉	甘肃省临夏师范学校
顾效青	男	汉	甘肃省临夏师范学校	王延龙	男	回	甘肃省临夏师范学校
马庆文	男	回	甘肃省临夏师范学校	马 俊	男	回	甘肃省临夏师范学校
马自龙	男	回	甘肃省临夏师范学校	王永昌	男	汉	甘肃省临夏师范学校
江贵隆	男	汉	甘肃省临夏师范学校	王渭清	男	汉	甘肃省临夏师范学校
江富傲	男	汉	甘肃省临夏师范学校	常小梅	女	汉	甘肃省临夏师范学校
张菊芬	女	汉	甘肃省临夏师范学校	杨 俊	男	汉	甘肃省临夏师范学校
何生荣	男	汉	甘肃省临夏师范学校	杨志林	男	汉	甘肃省临夏师范学校
董玉琢	男	汉	甘肃省临夏师范学校	马忠文	男	回	甘肃省临夏师范学校
赵正光	男	汉	甘肃省临夏师范学校	李 俊	男	汉	甘肃省临夏师范学校
张志林	男	汉	甘肃省临夏师范学校	牛俊泽	男	汉	甘肃省临夏师范学校
辛志平	男	汉	甘肃省临夏师范学校	马义忠	男	回	临夏州民族学校
张维忠	男	汉	甘肃省临夏师范学校	秦 忠	男	汉	甘肃省农业机械化学校
段应海	男	汉	甘肃省供销学校	朱盛虎	男	汉	甘肃水利水电学校

1981年

姓名	性别	民族	院校名称	姓名	性别	民族	院校名称
李生发	男	汉	甘肃省临夏师范学校	冯月兰	女	汉	甘肃省临夏师范学校
赵树奎	男	汉	甘肃省临夏师范学校	宋光华	男	汉	甘肃省临洮农业学校
马巧云	女	回	临夏州卫生学校	李志英	男	汉	甘肃省临夏师范学校
张海珍	女	汉	甘肃省交通学校	马维俊	男	回	临夏州民族学校
李政文	男	汉	甘肃省临夏师范学校	曹俊芳	女	汉	临夏州卫生学校
马 龙	男	东乡	临夏州民族学校	赵峰祥	男	回	临夏州民族学校
马 奎	男	回	临夏州民族学校	马淑英	女	回	临夏州卫生学校

1982年

姓名	性别	民族	院校名称	姓名	性别	民族	院校名称
冯小焱	男	汉	甘肃省临夏师范学校	宋学祖	男	汉	临夏州民族学校
王　明	男	回	临夏州民族学校	常　平	女	汉	临夏州卫生学校
王国俊	男	回	甘肃省临夏师范学校	张志林	男	汉	甘肃省临夏师范学校
马忠林	男	回	临夏州民族学校	马国英	男	回	临夏州民族学校
马文智	男	回	临夏州民族学校	铁俊民	男	回	临夏州民族学校

1983年

小中专 11 人

姓名	性别	民族	院校名称	姓名	性别	民族	院校名称
谢华芳	女	汉	甘肃省临夏师范学校	喇登奎	男	回	甘肃省临夏师范学校
马正元	男	回	甘肃省临夏师范学校	张丽铧	女	汉	甘肃省邮电学校
马忠明	男	回	甘肃省临夏师范学校	马忠奎	男	回	甘肃省临夏师范学校
王佐伟	男	汉	甘肃省临夏师范学校	刘丁龙	男	汉	甘肃农业大学

大中专 15 人

姓名	性别	民族	院校名称	姓名	性别	民族	院校名称
司徒国强	男	汉	兰州铁道学院	何　青	男	汉	甘肃省轻工业学校
喇子忠	男	回	临夏州民族学校	佘文赟	男	汉	甘肃农业大学
冯学强	男	汉	武威黄羊镇畜牧学校	郭玉明	男	汉	甘肃省林业学校
胡永忠	男	汉	西北民族学院	马明海	男	回	甘肃农业大学
徐　杰	男	汉	兰州铁道学院	马维正	男	回	临夏州民族学校
马诚环	男	回	西北民族学院	邵艳霞	女	汉	临夏州民族学校
陶万义	男	汉	西安建筑工程学院	杨学华	男	汉	临夏州民族学校
孟有来	男	汉	甘肃省临洮农业学校				

1984年

小中专 26 人

大中专 37 人

姓名	性别	民族	院校名称	姓名	性别	民族	院校名称
陈秀花	女	汉	西北师范学院	何丽丽	女	土	临夏州民族学校
贺彩莲	女	汉	兰州师范高等专科学校	马福明	男	回	临夏州民族学校
冯小煜	男	汉	兰州师范高等专科学校	刘应祯	男	汉	临夏州民族学校
张宏建	男	汉	兰州铁道学院	马占科	男	回	临夏州民族学校
刘丁龙	男	汉	甘肃农业大学	马英海	男	回	临夏州民族学校
苏渊隆	男	汉	甘肃农业大学	张文勇	男	汉	西安电力学校
陶万艺	男	汉	西北建筑工程学院	祁永海	男	汉	成都水力发电学校
张振荣	男	汉	庆阳师范高等专科学校	杨莲梅	女	汉	定西地区农校
郑维华	男	汉	兰州师范高等专科学校	李生平	男	汉	甘肃省林业学校
李生忠	男	汉	兰州师范高等专科学校	白云华	男	汉	甘肃省林业学校
杨占林	男	汉	兰州师范高等专科学校	郭占忠	男	汉	定西农业学校
谢文孝	男	汉	兰州师范高等专科学校	耿小平	男	汉	青海省邮电学校
宋小平	男	汉	兰州师范高等专科学校	张建科	男	汉	甘肃省邮电学校
阎登科	男	汉	兰州师范高等专科学校	张学谦	男	汉	甘肃省交通学校
张寿仁	男	汉	甘肃省银行学校	李俊杰	男	汉	甘肃省水利水电学校
王云峰	男	汉	临夏州民族学校	马秀珍	女	回	临夏州卫生学校
薛海云	男	汉	临夏州民族学校	宋旭祖	男	汉	临夏州卫生学校
管风科	男	汉	临夏州民族学校	王贵女	女	藏	临夏州卫生学校
李学明	男	汉	临夏州民族学校				

1985年

姓名	性别	民族	院校名称	姓名	性别	民族	院校名称
张 辉	男	汉	兰州师范高等专科学校	徐安明	男	汉	福建师范大学
马忠云	男	回	合作民族师范高等专科学校	杨 卫	男	汉	兰州师范高等专科学校
赵正祥	男	汉	庆阳师范高等专科学校	尹小龙	男	汉	兰州师范高等专科学校
何得元	男	汉	兰州师范高等专科学校	赵国明	男	汉	庆阳师范高等专科学校

姓名	性别	民族	院校名称	姓名	性别	民族	院校名称
宋复琴	女	汉	庆阳师范高等专科学校	张菊芬	女	汉	庆阳师范高等专科学校
宋宗达	男	汉	哈尔滨建行学校	陈秀云	女	汉	西安电力学校
文育明	男	汉	甘肃省银行学校	江富文	男	汉	甘肃省银行学校
何正魁	男	汉	甘肃省中医学校	王万明	男	汉	甘肃省商业学校
李福明	男	汉	甘肃省供销学校	赵春俊	男	汉	临夏州民族学校
马永梅	女	汉	临夏州民族学校	贾登平	男	汉	临夏州民族学校
马文杰	男	回	临夏州民族学校	马文义	男	回	临夏州民族学校
王学海	男	汉	临夏州民族学校	孙维林	男	汉	黄河水利学校
张　勤	男	汉	甘肃省林业学校	林学义	男	汉	甘肃林业学校
宋小平	男	汉	兰州师范高等专科学校	马德清	男	东乡	临夏卫生学校
张建云	男	汉	兰州卫生学校	魏孝林	男	汉	河北机电学院
李承秀	女	汉	临夏州卫生学校				

1987年

小中专录取21人

大专以上49人

姓名	性别	民族	院校名称	姓名	性别	民族	院校名称
王登云	男	汉	兰州商学院	丁得云	男	回	西北第二民族学院
马文林	男	回	中央民族学院	马玉英	女	回	合作民族师范高等专科学校
马明霞	女	回	陕西师范大学	宋海云	男	汉	合作民族师范高等专科学校
崇尚俊	男	汉	西北师范大学	石玉霞	女	汉	合作民族师范高等专科学校
马有信	男	回	西北师范大学	马学仁	男	回	合作民族师范高等专科学校
高占龙	男	回	西北师范大学	马维德	男	东乡	合作民族师范高等专科学校
马梅芳	女	回	西北民族学院	马忠义	男	东乡	合作民族师范高等专科学校
何克昌	男	汉	西北师范大学	马占龙	男	回	合作民族师范高等专科学校
韩玉芳	女	汉	兰州师范高等专科学校	刘玉姣	女	汉	哈尔滨建行学校
卢建江	女	汉	兰州师范高等专科学校	朱彩虹	女	汉	甘肃银行学校
徐品升	女	汉	兰州师范高等专科学校	徐　霞	女	汉	甘肃银行学校
陈　静	女	汉	兰州师范高等专科学校	韩海深	男	汉	甘肃银行学校

续表

姓名	性别	民族	院校名称	姓名	性别	民族	院校名称
宋宗芳	女	汉	兰州师范高等专科学校	马福才	男	东乡	临夏州民族学校
惠海军	男	汉	甘肃物资学校	陈 萍	女	汉	临夏州民族学校
刘培玉	女	汉	甘肃省财政学校	马 林	男	回	临夏州民族学校
韩先忠	男	东乡	临夏州民族学校	孙维德	男	汉	临夏州民族学校
马学龙	男	东乡	临夏州民族学校	牟秀芳	女	汉	临夏州民族学校
马岩林	男	回	临夏州民族学校	秦占林	男	汉	庆阳师范高等专科学校
马占林	男	回	临夏州民族学校	安显勇	男	汉	甘肃税务学校
张少良	男	汉	西北师范大学	马国彦	男	汉	西北民族学院
马海龙	男	回	兰州师范高等专科学校	陈 震	男	汉	甘肃农业大学
祁占生	男	汉	甘肃机械学校	庞国义	男	汉	武威黄羊镇畜牧学校
邵向明	男	汉	第四军医大学	杨玉才	男	汉	临夏州民族学校
崔拥军	男	汉	甘肃煤炭学校	张志文	男	汉	甘肃省临洮农业学校
马秀娟	男	汉	甘肃计划学校				

1988年

小中专录取10人

大专以上28人

姓名	性别	民族	院校名称	姓名	性别	民族	院校名称
祁瑞芬	女	汉	中南林业学院	杨国栋	男	汉	湖南化工学校
卜国芬	女	土	西北师范大学	王志录	男	汉	武威黄羊镇畜牧学校
何学荣	男	汉	哈尔滨投资学校	张晓红	女	汉	甘肃省粮食学校
马岩青	男	汉	兰州医学院	赵维平	男	汉	兰州师范高等专科学校
周占良	男	回	合作民族师范高等专科学校	赵新生	男	汉	甘肃省煤炭学校
李承霞	女	土	合作民族师范高等专科学校	张振新	男	汉	兰州商业学院
韩玉芳	女	汉	合作民族师范高等专科学校	宋永忠	男	汉	甘肃省建设银行学校
杨玉芳	女	汉	合作民族师范高等专科学校	马玉珍	女	回	临夏州民族学校
马永胜	男	汉	合作民族师范高等专科学校	康廷林	男	汉	临夏州民族学校
张 俊	男	回	合作民族师范高等专科学校	马小义	男	回	临夏州民族学校
王永良	男	汉	兰州师范高等专科学校	蔡义武	男	回	临夏州民族学校
马玉华	男	汉	甘肃省计划学校	包新民	男	回	临夏州民族学校
宋国才	男	汉	甘肃省物资学校	李金柱	男	汉	临夏州民族学校
金秀梅	女	汉	甘肃省物资学校	马明良	男	回	临夏州民族学校

1989年

小中专录取20人

姓名	性别	民族	院校名称	姓名	性别	民族	院校名称
马福祥	男	回	临夏州农业学校	拜永贤	男	回	甘肃省临洮农业学校
张菊英	女	汉	甘肃省临洮农业学校	袁胜云	男	汉	甘肃省临洮农业学校
辛培西	男	汉	甘肃省临夏师范学校	杨如刚	男	回	甘肃省临夏师范学校
马福林	男	回	甘肃省临夏师范学校	何成栋	男	汉	甘肃省临夏师范学校
马孝华	男	回	甘肃省临夏师范学校	马立军	男	回	甘肃省临夏师范学校
拜国奎	男	回	甘肃省临夏师范学校	彭文荣	男	汉	庆阳林业学校
郭作林	男	汉	临夏州农业学校	马　俊	男	回	甘肃省临夏师范学校
蒲渊海	男	回	临夏州农业学校	马维忠	男	回	甘肃省临夏师范学校
马小燕	女	回	临夏州卫生学校	韩风兰	女	撒拉	甘肃省临夏师范学校
马　坚	男	回	临夏州卫生学校	马　龙	男	回	临夏州卫生学校

大专以上16人

姓名	性别	民族	院校名称	姓名	性别	民族	院校名称
张玉发	男	汉	甘肃政法学院	马文成	男	汉	兰州师范高等专科学校
王金瓶	女	汉	西北政法学院	马玉林	男	回	合作民族师范高等专科学校
刘　东	男	汉	兰州师范高等专科学校	王林忠	男	回	合作民族师范高等专科学校
石力秀	女	汉	甘肃省计划学校	徐海清	男	汉	兰州师范高等专科学校
马玉兰	女	汉	甘肃省供销学校	长金霞	女	汉	甘肃省财政学校
王国红	女	汉	甘肃省财政学校	何世菊	女	汉	甘肃省财政学校
张振华	男	汉	甘肃省银行学校	马俊清	男	回	临夏州民族学校
妥春芳	女	东乡	临夏州民族学校	马维茂	男	回	临夏州民族学校
马占明	男	回	临夏州民族学校	马晓云	男	回	临夏州民族学校
穆学智	男	回	临夏州民族学校	马南龙	男	回	临夏州民族学校
范菊儿	女	汉	临夏州民族学校	康金平	男	汉	临夏州民族学校
张海萍	女	汉	临夏州民族学校	马福祥	男	回	临夏州农业学校

1990年

大中专

姓名	性别	民族	院校名称	姓名	性别	民族	院校名称
马建成	男	回	合作民族师范高等专科学校	陶万礼	男	汉	兰州师范高等专科学校
祁占奎	汉	汉	兰州师范高等专科学校	尹小刚	男	汉	兰州师范高等专科学校
李旭东	男	汉	兰州师范高等专科学校	管风菊	女	汉	兰州气象学校
张好霞	女	回	临夏州民族学校	姜万平	男	汉	兰州师范高等专科学校
白旭东	男	汉	甘肃省税务学校	胡万琼	女	汉	甘肃省粮食学校
亢 杰	男	汉	临夏州民族学校	董 红	女	汉	临夏州卫生学校
李晓莉	女	汉	兰州师范高等专科学校	王维莲	女	汉	临夏州民族学校
柏生林	男	回	甘肃省财政学校	铁玉芳	女	回	临夏州民族学校
宋霞祖	女	汉	兰州师范高等专科学校	王亨谦	男	汉	合作民族师范高等专科学校
徐品鹏	女	汉	兰州师范高等专科学校	张振荣	男	汉	兰州师范高等专科学校
姚田辉	男	汉	临夏州民族学校	石玉美	女	汉	兰州师范高等专科学校
赵 兰	女	汉	合作民族师范高等专科学校	段金国	男	汉	合作民族师范高等专科学校
田国虎	男	汉	临夏州卫生学校	马胜荣	男	回	兰州师范高等专科学校
古继祖	男	回	兰州师范高等专科学校	穆克明	男	汉	合作民族师范高等专科学校
杨旭鹏	男	汉	临夏州民族学校	马学伶	女	汉	临夏州民族学校
李 辉	男	回	西北民族学院	马国宏	男	汉	兰州师范高等专科学校
马春梅	女	汉	西北民族学院	韩风雨	男	回	临夏州民族学校
马玉秀	女	回	临夏州民族学校	祁学林	男	回	临夏州民族学校
马忠良	男	回	临夏州民族学校	马秀玲	女	回	临夏州民族学校
郭俊平	男	汉	临夏州民族学校	刘振华	男	汉	临夏州民族学校
田新年	男	汉	甘肃省财政学校	孙德军	男	汉	甘肃省商业学校
妥永忠	男	回	临夏州民族学校				

1991年

小中专16人

姓名	性别	民族	院校名称	姓名	性别	民族	院校名称
包进虎	男	汉	甘肃省轻工业纺织学校	马飞忠	男	回	临夏州农业学校
张文展	男	汉	甘肃省轻工业纺织学校	喇永胜	男	回	临夏州农业学校
辛小东	男	汉	甘肃省卫生学校	王永芳	女	回	甘肃省临夏师范学校

续表

姓名	性别	民族	院校名称	姓名	性别	民族	院校名称
康学鹏	男	汉	甘肃省林业学校	王志军	男	回	甘肃省临夏师范学校
朱永忠	男	汉	临夏州农业学校	铁成伟	男	回	甘肃省临夏师范学校
韩继明	男	汉	临夏州农业学校	王永真	男	回	甘肃省临夏师范学校
马光明	男	回	临夏州农业学校	马振华	男	回	甘肃省临夏师范学校
马文华	男	回	临夏州农业学校	马庆丽	女	回	甘肃省临夏师范学校

大专20人

姓名	性别	民族	院校名称	姓名	性别	民族	院校名称
善魏魏	女	土	西北师范大学	贾琴芬	女	汉	兰州师范高等专科学校
李祥	男	汉	兰州师范高等专科学校	吕菊霞	女	汉	合作民族师范高等专科学校
马振宇	男	回	合作民族师范高等专科学校	柳金平	男	汉	合作民族师范高等专科学校
宋海山	男	汉	甘肃省财政学校	罗彩云	女	汉	甘肃省商业学校
庞国海	男	汉	甘肃省税务学校	长志峰	男	汉	重庆民政学院
吕建平	男	汉	甘肃省工商行政管理学校	何克寰	男	汉	呼和浩特交通学校
马国伟	男	汉	临夏州民族学校	周玉萍	女	汉	临夏州民族学校
李小红	女	回	临夏州民族学校	周国俊	男	回	临夏州民族学校
马忠华	男	回	临夏州民族学校	马学梅	女	汉	临夏州民族学校
王云海	男	回	临夏州民族学校	吴国玉	男	土	临夏州民族学校

1992年

大专23人

姓名	性别	民族	院校名称	姓名	性别	民族	院校名称
陶世兴	男	汉	甘肃农业大学	郭彩云	女	汉	西北师范大学
徐玉红	女	汉	临夏州民族学校	陈孝	男	汉	甘肃省财政学校
何世蕙	女	汉	西北师范大学	曲强	男	汉	甘肃建筑学校
张海山	男	汉	甘肃省财政学校	王子平	男	汉	甘肃省银行学校
江怀义	男	汉	甘肃省农业学校	拜学忠	男	回	合作民族师范高等专科学校
祁小玲	男	汉	临夏州民族学校	汪彩艳	女	汉	临夏州民族学校
吕学忠	男	汉	甘肃省警察学校	韩继源	男	汉	甘肃省银行学校
雷春庆	男	汉	临夏州民族学校	张萍	女	藏	合作民族师范高等专科学校
宋锦霞	女	汉	甘肃省税务学校	王辉红	女	汉	合作民族师范高等专科学校
贺海林	男	汉	张掖师范高等专科学校	苏建慧	女	汉	甘肃省联合中专
马永前	男	汉	甘肃省财政学校	马玉良	男	回	临夏州民族学校
曹俊红	女	汉	甘肃农业大学				

1993年

小中专17人

姓名	性别	民族	院校名称	姓名	性别	民族	院校名称
马学龙	男	回	甘肃省临夏师范学校	关仲雄	男	回	甘肃省临夏师范学校
丁学龙	男	回	甘肃省临夏师范学校	炭华云	男	回	甘肃省临夏师范学校
马少太	男	回	甘肃省临夏师范学校	杨修俊	男	回	临夏州农业学校
包旺虎	男	汉	甘肃省临夏师范学校	马军元	男	回	临夏州农业学校
赵永山	男	汉	甘肃省临夏师范学校	马少斌	男	回	临夏州卫生学校
王延萍	女	回	甘肃省临夏师范学校	马志玲	女	回	临夏州卫生学校
马玉秀	女	回	甘肃省临夏师范学校	刘学礼	男	回	甘肃省临夏师范学校

大中专 11 人

姓名	性别	民族	院校名称	姓名	性别	民族	院校名称
马学莲	女	回	甘肃省临夏师范学校	宋芳祖	女	汉	临夏州民族学校
杨天祥	男	汉	西北师范大学	张英胜	男	汉	临夏州民族学校
彭文彬	男	汉	西北民族学院	马 杰	男	回	临夏州民族学校
马武林	男	汉	西北民族学院	马仲云	男	回	临夏州民族学校
宋复荣	女	汉	甘肃省银行学校	史有能	男	汉	甘肃省交通学校
张好霞	女	回	临夏州民族学校	韩继源	男	回	临夏州民族学校
马学莲	女	回	临夏州民族学校				

1994年

小中专录取12人

姓名	性别	民族	院校名称	姓名	性别	民族	院校名称
甘启明	男	汉	甘肃省邮电学校	杨兴德	男	回	临夏州农业学校
马少菊	女	回	甘肃省邮电学校	马 昱	男	回	临夏州农业学校
袁生福	男	汉	兰州纺织学校	拜国秀	女	回	甘肃省临夏师范学校
马学良	男	汉	临夏州卫生学校	杨小兰	女	汉	甘肃省临夏师范学校
常玉芬	女	汉	临夏州卫生学校	马振华	男	汉	甘肃省临夏师范学校
宋亚滨	男	汉	临夏州卫生学校				

大专以上录取19人

姓名	性别	民族	院校名称	姓名	性别	民族	院校名称
郭彩云	女	汉	西北师范大学	祁小林	男	藏	临夏州民族学校
马学龙	男	回	西北第二民族学院	王永福	男	回	临夏州民族学校
马学正	男	东乡	合作民族师范高等专科学校	喇永祥	男	回	临夏州民族学校

续表

姓名	性别	民族	院校名称	姓名	性别	民族	院校名称
马成贤	男	东乡	合作民族师范高等专科学校	徐玉红	女	汉	临夏州民族学校
杨占礼	男	汉	甘肃省工商行政管理学校	马 林	男	回	临夏州民族学校
贺慧珍	女	汉	长沙民政学校	马 忠	男	撒拉	临夏州民族学校
缐宏亮	男	汉	甘肃省警察学校	张永明	男	汉	甘肃省广播电视大学
刘晨辉	男	汉	甘肃省计划学校	杜文海	男	汉	甘肃省广播电视大学
刘学礼	男	汉	兰州工业电子学校	赵春芳	女	汉	甘肃省广播电视大学
马礼杰	男	回	临夏州民族学校				

<h1 align="center">1995年</h1>

小中专录取24人

大专录取25人

姓名	性别	民族	院校名称	姓名	性别	民族	院校名称
宋光昱	男	汉	兰州师范高等专科学校	赵 沛	男	汉	甘肃省计划学校
卜明成	男	汉	武威黄羊镇畜牧学校	马学才	男	汉	
郭材栋	男	汉		周国伟	男	汉	西北第二民族学院
祁 岚	女	回	临夏州民族学校	周玉秀	女	汉	
何维兰	女	汉	甘肃省临洮农业学校	杜文辉	男	汉	
武海芳	女	汉	甘肃省临洮农业学校	汪志静	男	汉	
王克春	男	汉	西北第二民族学院	何建章	男	汉	甘肃警察学校
徐志坚	男	汉	临夏州民族学校	徐海平	男	汉	甘肃省计划学校
善忠博	男	汉	中央民族大学	林海清	男	汉	甘肃警察学校
拦学奎	男	汉		徐仲勋	男	汉	
赵国华	男	汉		张永志	男	汉	合作民族师范高等专科学校
赵文朝	男	汉	临夏州民族学校	马 玉	男	回	临夏州民族学校
马文胜	男	回	临夏州民族学校	马艳奎	男	回	甘肃农业大学
宋光昱	男	汉	兰州师范高等专科学校	赵 沛	男	汉	甘肃省计划学校

1996年

小中专录取15人

姓名	性别	民族	院校名称	姓名	性别	民族	院校名称
马晓霞	女	回	临夏州卫生学校	马艳红	女	回	甘肃省临夏师范学校
马成英	男	回	临夏州卫生学校	王学良	男	回	兰州工业学校
妥新平	男	东乡	临夏州卫生学校	王小华	男	回	甘肃省税务学校
王翠芬	女	回	临夏州卫生学校	铁玉芳	女	回	甘肃省税务学校
马清政	男	回	甘肃省临夏师范学校	马振华	男	回	甘肃省联合中专
王廷梅	女	回	甘肃省临夏师范学校	周 麒	男	回	临夏州农业学校
马红霞	女	回	甘肃省临夏师范学校	马立田	男	回	临夏州农业学校
马敏礼	男	回	甘肃省临夏师范学校				

大专录取23人

姓名	性别	民族	院校名称	姓名	性别	民族	院校名称
董俊明	男	汉	兰州师范高等专科学校	苏国胜	男	汉	临夏州民族学校
马学平	男	汉	兰州师范高等专科学校	郭海辉	男	汉	临夏州民族学校
赵 霞	女	汉	合作民族师范高等专科学校	马明义	男	回	临夏州民族学校
张 霞	女	藏	合作民族师范高等专科学校	马远彪	男	回	临夏州民族学校
牟妍萍	女	汉	合作民族师范高等专科学校	马学奎	男	回	临夏州民族学校
马振华	男	回	合作民族师范高等专科学校	马海涛	男	回	临夏州民族学校
赵仲林	男	土	合作民族师范高等专科学校	李维国	男	回	临夏州民族学校
马英龙	男	回	合作民族师范高等专科学校	马胜祥	男	回	临夏州民族学校
王进保	男	汉	甘肃省警察学校	杨维玲	女	汉	甘肃省财政学校
赵成栋	男	汉	甘肃省警察学校	谢永林	男	汉	甘肃省畜牧学校
庞迎孝	男	汉	甘肃省警察学校	马继红	女	汉	甘肃省畜牧学校
王维虎	男	汉	甘肃省供销学校				

1997年

小中专录取18人

姓名	性别	民族	院校名称	姓名	性别	民族	院校名称
马如海	男	回	甘肃省天水农业学校	马启龙	男	回	甘肃省临夏师范学校
马玉林	男	回	甘肃省临洮农业学校	马晓燕	女	回	甘肃省临夏师范学校
周玉杰	男	回	临夏州农业学校	马玉梅	女	回	甘肃省临夏师范学校
白晓峰	男	回	临夏州农业学校	何成云	男	汉	甘肃省临夏师范学校
马文明	男	回	临夏州卫生学校	马小兰	女	回	甘肃省临夏师范学校
马玉霞	男	保安	临夏州卫生学校	马世英	男	回	甘肃省临夏师范学校

续表

姓名	性别	民族	院校名称	姓名	性别	民族	院校名称
马永华	男	回	临夏州卫生学校	刘秀珍	女	汉	甘肃省临夏师范学校
马晓东	男	回	临夏州卫生学校	吴泽	男	土	甘肃省临夏师范学校
马菲霞	女	回	临夏州卫生学校	马世芳	女	回	甘肃省临夏师范学校

大专录取26人

姓名	性别	民族	院校名称	姓名	性别	民族	院校名称
张自通	男	汉	西北民族学院	马文华	男	回	甘肃省计划学校
赵拥华	男	汉	西北师范大学	高永发	男	汉	甘肃省计划学校
曹成莉	女	回	西北民族学院	孙小龙	男	汉	甘肃省计划学校
买小明	男	回	西北民族学院	蒋俊	男	汉	甘肃省警察学校
马常俊	男	回	西北第二民族学院	林学清	男	汉	甘肃省警察学校
田维平	男	汉	兰州师范高等专科学校	张忠有	男	汉	甘肃省警察学校
张永志	男	回	合作民族师范高等专科学校	吕学忠	男	汉	甘肃省供销学校
王勇	男	回	合作民族师范高等专科学校	李伟	男	回	临夏州民族学校
宋光煜	男	汉	合作民族师范高等专科学校	马玉	男	回	临夏州民族学校
王秀芬	女	回	合作民族师范高等专科学校	白学义	男	回	临夏州民族学校
马玉海	男	回	合作民族师范高等专科学校	马学义	男	回	甘肃省计划学校
马岩云	男	回	合作民族师范高等专科学校	马福贤	男	回	甘肃省计划学校
马国俊	男	汉	甘肃省计划学校	陶玉贤	男	汉	西北工业学校

1998年

小中专录取19人

姓名	性别	民族	院校名称	姓名	性别	民族	院校名称
丁玉芳	女	回	甘肃省临夏师范学校	乔琰	女	汉	甘肃省联合中专
尤国安	男	汉	甘肃省实验中专	张令平	男	藏	省国防科技工业学校
马红	女	土	甘肃省经贸学校	丁伟	男	回	甘肃省财政学校
马国孝	男	回	甘肃省联合中专	王燕	女	回	甘肃省临夏师范学校
齐国平	男	汉	甘肃省临夏师范学校	马俊	男	回	临夏州卫生学校
王庆青	男	汉	甘肃省临夏师范学校	赵文君	男	汉	甘南州民族学校
周博	男	回	甘肃省电力学校	魏学仁	男	回	甘肃省临夏师范学校
马志林	男	回	临夏州卫生学校	马鸿雁	男	回	甘肃省园艺学校
晏桂萍	女	回	甘肃省临夏师范学校	铁永忠	男	回	临夏州农业学校
唐伟云	男	汉	甘肃省临洮农业学校				

大专录取37人

姓名	性别	民族	院校名称	姓名	性别	民族	院校名称
马 玉	男	汉	西北师范大学	侯小珍	女	汉	兰州师范高等专科学校
张昌海	男	汉	西北民族学院	孙平安	男	汉	合作民族师范高等专科学校
韩丽萍	女	保安	合作民族师范高等专科学校	马英平	男	回	合作民族师范高等专科学校
马春辉	男	回	合作民族师范高等专科学校	李小吉	男	汉	合作民族师范高等专科学校
秦万祥	男	汉	兰州师范高等专科学校	王国红	女	汉	兰州师范高等专科学校
蒋玉平	男	回	合作民族师范高等专科学校	马继霞	女	汉	甘肃省广播电视学校
唐兴华	女	汉	兰州师范高等专科学校	张少春	男	汉	甘肃省商业学校
袁光旭	男	汉	甘肃省警察学校	马 杰	女	汉	甘肃省计划学校
马维清	男	回	甘肃省建筑学校	马建华	男	回	甘肃省计划学校
何丽萍	女	汉	甘肃省计划学校	韩海云	男	汉	甘肃省计划学校
张 华	女	汉	甘肃省计划学校	杜俊峰	男	汉	甘肃省商业学校
张维礼	男	汉	甘肃省商业学校	宋玉清	女	汉	甘肃省工业学校
马占龙	男	回	甘肃省水利学校	秦彩霞	女	汉	临夏州民族学校
王渊鸿	女	回	临夏州民族学校	马爱兰	女	回	临夏州民族学校
段小萍	女	回	临夏州民族学校	马志忠	男	回	临夏州民族学校
王学明	女	汉	临夏州民族学校	王永新	男	汉	临夏州民族学校
马旭升	女	回	临夏州民族学校	马建勋	男	东乡	甘肃省计划学校
何录泉	男	汉	甘肃省计划学校	张林峰	男	汉	兰州师范高等专科学校
穆占丽	女	汉	甘肃省计划学校				

1999年

小中专录取15人

姓名	性别	民族	院校名称	姓名	性别	民族	院校名称
马润元	男	撒拉	甘肃省畜牧学校	马 云	男	回	甘肃省平凉农业学校
马小平	男	回	甘肃省平凉农业学校	马德卿	男	回	甘肃省林业学校
白晓华	男	东乡	甘肃省临洮农业学校	宋学智	男	汉	甘肃省临洮农业学校
段有刚	男	汉	甘肃省临洮农业学校	张振平	男	汉	甘肃省临夏师范学校
马俊明	男	回	甘肃省临夏师范学校	马景平	男	回	甘肃省临夏师范学校
张治华	男	汉	临夏州农业学校	张俊福	男	汉	临夏州农业学校
买小慧	女	回	临夏州卫生学校	马培芬	女	回	甘肃省经贸学校
赵文煜	男	汉	甘肃省联合中专				

大专录取 33 人

姓名	性别	民族	院校名称	姓名	性别	民族	院校名称
罗炜云	女	汉	甘肃中医学院	张永芬	女	汉	天津师范大学
张林峰	男	汉	西北民族学院	朱永海	男	汉	兰州师范高等专科学校
王月增	男	汉	兰州师范高等专科学校	张玉华	男	汉	兰州师范高等专科学校
卜成红	男	汉	兰州师范高等专科学校	李玲琴	女	汉	兰州师范高等专科学校
马占龙	男	回	合作民族师范高等专科学校	马进明	男	回	合作民族师范高等专科学校
王冬菊	女	汉	合作民族师范高等专科学校	李永明	男	汉	合作民族师范高等专科学校
周国栋	男	汉	合作民族师范高等专科学校	田喜平	男	汉	青海财经学校
魏学兰	女	回	甘肃省计划学校	何东旭	男	汉	甘肃省水利学校
王挥南	男	汉	甘肃省临洮农业学校	马淑兰	女	回	临夏州民族学校
马成华	男	东乡	临夏州民族学校	马爱民	女	回	临夏州民族学校
庞玉红	女	汉	临夏州民族学校	高青龙	男	汉	临夏州民族学校
肖旭莉	女	回	临夏州民族学校	马占林	男	回	临夏州民族学校
马文霞	女	回	临夏州民族学校	牟　平	女	回	临夏州民族学校
李　治	男	回	临夏州民族学校	何秀霞	女	汉	甘肃省计划学校
王秀莲	女	汉	兰州师范高等专科学校	张明新	男	汉	甘肃省临洮农业学校
李菊芳	女	汉	甘肃省合作畜牧学校	刘志燕	女	汉	兰州石油化工学院
王学志	男	汉	兰州石油化工学院				

2000 年

小中专 43 人

姓名	性别	民族	院校名称	姓名	性别	民族	院校名称
铁福明			临夏州农业学校	安胜华			甘肃省气象学校
马子贤			临夏州农业学校	尹永利			甘肃省建筑学校
马玉忠			临夏州民族学校	吕世金			湖北生物工程学校
马志国			临夏州民族学校	齐永霞			湖北美尔雅服装学校
贺永忠			甘肃省财政学校	刘建福			湖北地质学校
宋海琴			甘肃省财政学校	肖　燕			甘肃省经济贸易学校
吕灵迪			甘肃省甘南师范学校	郭学荣			甘肃省经济贸易学校
马丽萍			甘肃省畜牧学校	陶艳艳			甘肃省中医学校
王进强			甘肃省畜牧学校	刘红昱			临夏州卫生学校
李喜梅			甘肃省临洮农业学校	王开理			临夏州卫生学校

续表

姓名	性别	民族	院校名称	姓名	性别	民族	院校名称
马学华			甘肃省武威财贸学校	蒲采贞			临夏州卫生学校
妥玉蓉			河南信阳卫生学校	马健明			临夏州卫生学校
王瑞华			西安航空工程学校	邓国庆			临夏州卫生学校
买学忠			甘肃省石油化工学校	马 宁			临夏州卫学校
韩 斌			甘肃省庆阳林业学校	张居良			临夏州卫生学校
马明成			甘肃省乡镇企业学校	马建民			甘肃省临夏师范学校
马小梅			甘肃省计划学校	韩秀红			甘肃省临夏师范学校
梁国峰			甘肃省计划学校	马 杰			甘肃省临夏师范学校
梁国玉			甘肃省商业学校	苏海忠			甘南州卫生学校
马玉贤			甘肃省商业学校	马学义			甘南州卫生学校
周 芬			兰州医学院护士学校	周 俊			甘南州卫生学校
苏小琴			兰州医学院护士学校				

大中专22人

姓名	性别	民族	院校名称	姓名	性别	民族	院校名称
孙光耀	男		西北师范大学	马玉环	女		西北师范大学
王春霞	女		甘肃省广播电视大学	潘秀芳	女		西北民族学院
韩秀兰	女		甘肃省中医学院	管世倩	女		兰州师范高等专科学校
贺国俊	男		西北师范大学	邱英相	男		兰州师范高等专科学校
丁英俊	男		合作民族师范高等专科学校	陶林平	男		兰州师范高等专科学校
马海文	男		合作民族师范高等专科学校	马全明	男		西北民族学院
王小云	男		兰州师范高等专科学校	侯孝虎	男		合作民族师范高等专科学校
余学胜	男		兰州师范高等专科学校	赵学儿	女		兰州师范高等专科学校
冯 毅	男		甘肃农业大学	他 明	男		兰州师范高等专科学校
余玲霞	女		甘肃省中医学院	赵秀珍	女		兰州市外语学校
尤军军	女		甘肃省工业职业学院	张巧霞	女		甘肃省教育学院
朱志刚	男		合作民族师范高等专科学校				

2001年

姓名	性别	民族	院校名称	姓名	性别	民族	院校名称
白保罗	男	汉	西北师范大学	戴文熹	男	汉	天津师范大学
马 斌	男	回	西北民族学院	冯 毅	男	汉	甘肃农业大学
崔玉国	男	汉	甘肃农业大学	马腾云	男	回	合作民族师范高等专科学校
辛万平	男	汉	西南民族学院	沈中海	男	回	合作民族师范高等专科学校
马忠杰	男	回	合作民族师范高等专科学校	田伟宏	男	回	合作民族师范高等专科学校
李海龙	男	回	合作民族师范高等专科学校	丁玉兰	女	回	合作民族师范高等专科学校
罗保光	男	回	合作民族师范高等专科学校	马海龙	男	回	合作民族师范高等专科学校
马增华	男	汉	合作民族师范高等专科学校	马正明	男	回	合作民族师范高等专科学校
周 荣	女	回	合作民族师范高等专科学校	刘学平	男	汉	合作民族师范高等专科学校
马海博	男	回	合作民族师范高等专科学校	管世倩	女	汉	兰州师范高等专科学校
张英霞	女	汉	合作民族师范高等专科学校	赵自军	男	汉	兰州师范高等专科学校
刘映霞	女	汉	兰州师范高等专科学校	张永玲	女	汉	兰州师范高等专科学校
王雪贞	女	汉	兰州师范高等专科学校	马学忠	男	汉	甘肃中医学院
陶世忠	男	汉	甘肃中医学院	赵秀珍	女	汉	甘肃广播电视大学
王春霞	女	汉	甘肃广播电视大学	方玉娉	女	汉	兰州教育学院
黎 霞	女	回	兰州教育学院	杨庆临	男	回	兰州教育学院
沈秀兰	女	回	兰州教育学院	白文清	男	汉	兰州教育学院
王丽君	女	回	兰州教育学院	陈国伟	男	汉	兰州教育学院
庞学芳	女	回	兰州教育学院	祁喜平	男	汉	甘肃警察职业学院
马清君	男	回	兰州商学院	马学礼	男	汉	甘肃警察职业学院
马林海	男	回	东北师范大学	赵学礼	男	汉	甘肃警察职业学院
李 林	男	汉	甘肃政法学院	王靖华	男	汉	甘肃省教育学院
罗世华	男	汉	甘肃政法学院	邓秀丽	女	汉	甘肃教省育学院
陶万彪	男	汉	北京经贸学院	刘丁元	男	汉	甘肃机械职工大学
陶海霞	女	回	甘肃建筑职业学院	何小玲	女	汉	兰州外语职业学院
徐品平	男	汉	河西学院	余学峰	男	汉	兰州外语职业学院
马晓军	男	回	兰州外语职业学院	杨秀萍	女	汉	兰州外语职业学院
武海淑	女	汉	兰州外语职业学院				

2002年

姓名	性别	民族	院校名称	姓名	性别	民族	院校名称
马林海	男	回	东北师范大学	李翠	女	汉	甘肃联合大学
李海明	男	汉	甘肃联合大学	蒉国辉	男	汉	甘肃联合大学
宋海强	男	汉	甘肃联合大学	朱文忠	男	汉	合作民族师范高等专科学校
张刘平	男	汉	甘肃省广播电视大学	杨秀萍	女	回	合作民族师范高等专科学校
王鉴娥	女	回	合作民族师范高等专科学校	鲁辉平	男	汉	合作民族师范高等专科学校
王秀兰	女	汉	合作民族师范高等专科学校	喇月梅	女	回	合作民族师范高等专科学校
韩秀英	女	回	合作民族师范高等专科学校	線国强	男	汉	合作民族师范高等专科学校
包荣鑫	男	汉	合作民族师范高等专科学校	杨志刚	男	东乡	合作民族师范高等专科学校
江玉虎	男	汉	合作民族师范高等专科学校	杨阳	男	汉	兰州教育学院
周颜龙	男	汉	河西学院	宋光林	男	汉	兰州教育学院
宋海贤	男	汉	兰州教育学院	徐锋贤	男	汉	兰州师范高等专科学校
唐艳丽	女	汉	兰州师范高等专科学校	贺梅玲	女	汉	兰州师范高等专科学校
尚玉忠	男	汉	兰州师范高等专科学校	祁喜平	男	汉	青海民族学院
杨彩霞	女	汉	明达职业技术学院	马学忠	男	汉	西北第二民族学院
彭艳平	男	汉	青海民族学院	马晓军	男	回	西北民族学院
马清俊	男	回	西北民族学院	赵进科	男	汉	西北民族学院
孔祥云	女	回	西北民族学院	黄兰芳	女	汉	西北师范大学

2003年

姓名	性别	民族	院校名称	姓名	性别	民族	院校名称
孙海林	男	汉	兰州大学	马成祥	男	回	西北师范大学
李斯强	男	汉	甘肃联合大学	张俊福	男	汉	河西学院
杨宝磬	男	汉	合作民族师范高等专科学校	黄维娟	女	汉	兰州外语职业学院
张冠平	男	汉	兰州商学院陇桥学院	马怀俊	男	汉	兰州外语职业学院
祁荣强	男	汉	合作民族师范高等专科学校	喇俊	男	回	合作民族师范高等专科学校
李永郁	男	汉	兰州教育学院	白占奎	男	汉	定西师范高等专科学校
彭艳艳	女	汉	武威职业学院	马怀龙	男	汉	甘肃联合大学
石吉红	女	汉	东方现代管理学院	王顺天	男	回	合作民族师范高等专科学校
赵秀兰	女	汉	合作民族师范高等专科学校	何海燕	女	汉	合作民族师范高等专科学校
汤月彪	男	汉	合作民族师范高等专科学校	孙庆军	男	汉	甘肃省广播电视大学
张维霞	女	汉	宁夏工业职业学院	窦安娜	女	汉	合作民族师范高等专科学校
闵晓红	女	回	合作民族师范高等专科学校	管晓胜	男	汉	兰州教育学院
唐国伟	男	汉	合作民族师范高等专科学校	马永胜	男		合作民族师范高等专科学校
赵学志	男		兰州教育学院	马春兰	女		西北民族学院
马永兰	女		合作民族师范高等专科学校	常国伟	男	汉	合作民族师范高等专科学校
马学萍	女		合作民族师范高等专科学校	線国胜	男	汉	兰州交通大学

2004年

姓名	性别	民族	院校名称	姓名	性别	民族	院校名称
苏小虎	男	汉	兰州大学	马文泽	男	汉	兰州交通大学
朱魁	男	汉	兰州交通大学	管孝雄	男	汉	兰州交通大学
石小霞	女	汉	兰州交通大学	韦俊	男	汉	兰州交通大学
苏彩莲	女	汉	西北师范大学	祁黎炎	男	汉	西北师范大学
王永明	男	汉	西北师范大学	王琳	男	汉	西北师范大学
辛志平	男	汉	兰州理工大学	马永平	男	回	西北民族大学
庞彩芳	女	回	西北民族大学	姜学平	男	藏	西北民族大学
辛永平	男	汉	西北民族大学	石云	男	汉	西北民族大学
罗军	男	汉	西北民族大学	梁国强	男	汉	西北民族大学
吕学鹏	男	汉	西北民族大学	苟文海	男	回	西北民族大学
唐小明	男	汉	甘肃联合大学	杨玉梅	女	汉	甘肃联合大学
侯茂斌	男	汉	甘肃联合大学	马廷云	男	汉	甘肃联合大学
杨忠平	男	汉	甘肃联合大学	郭立平	男	汉	甘肃联合大学
尹立明	男	汉	甘肃联合大学	李斯敏	女	汉	甘肃联合大学
宋子红	女	汉	甘肃联合大学	邓钰	女	汉	甘肃联合大学
梁国娟	女	汉	甘肃联合大学	李学明	男	汉	甘肃联合大学
张维霞	女	汉	甘肃联合大学	孙维芳	女	汉	甘肃联合大学
邓玺	男	汉	甘肃联合大学	绵国胜	男	汉	甘肃农业大学
李彦林	男	汉	省广播电视大学	王世通	男	汉	甘肃省广播电视大学
杨玉明	男	汉	省广播电视大学	侯小娟	女	汉	甘肃省广播电视大学
马玉海	男	回	省广播电视大学	王永清	男	汉	甘肃省广播电视大学
刘彬彬	男	汉	甘肃政法学院	余庭庭	男	汉	甘肃中医学院
马永胜	男	汉	合作民族师范高等专科学校	马怀艳	女	汉	合作民族师范高等专科学校
郭东荣	男	汉	合作民族师范高等专科学校	汪小霞	女	汉	合作民族师范高等专科学校
马海龙	男	回	合作民族师范高等专科学校	顾立芳	女	汉	合作民族师范高等专科学校
马雪梅	女	回	合作民族师范高等专科学校	王真	男	回	合作民族师范高等专科学校
马元海	男	回	合作民族师范高等专科学校	张小龙	男	汉	合作民族师范高等专科学校
周康燕	女	汉	合作民族师范高等专科学校	王麒	男	藏	合作民族师范高等专科学校
王国艳	女	汉	合作民族师范高等专科学校	祁海云	男	汉	合作民族师范高等专科学校
马瑞珍	女	东乡	合作民族师范高等专科学校	王学文	男	汉	合作民族师范高等专科学校
朱海发	男	汉	合作民族师范高等专科学校	宋嗣鹏	男	汉	合作民族师范高等专科学校
鲁辉莉	女	汉	合作民族师范高等专科学校	张永佩	女	汉	合作民族师范高等专科学校
费秀成	男	汉	合作民族师范高等专科学校	张永倩	女	汉	合作民族师范高等专科学校

续表

姓名	性别	民族	院校名称	姓名	性别	民族	院校名称
王 和	男	撒拉	合作民族师范高等专科学校	辛志婧	女	汉	合作民族师范高等专科学校
赵学武	男	汉	合作民族师范高等专科学校	韩俊梅	女	汉	合作民族师范高等专科学校
卜成海	男	汉	合作民族师范高等专科学校	何建峡	男	汉	合作民族师范高等专科学校
康晖云	男	汉	合作民族师范高等专科学校	徐阔兰	女	汉	合作民族师范高等专科学校
马永强	男	汉	河西学院	马志成	男	回	河西学院
张 红	女	汉	河西学院	蒲灵芝	女	汉	兰州工业高等专科学校
白海云	男	汉	兰州工业高等专科学校	陶海珍	女	汉	兰州教育学院
王海芳	女	汉	兰州教育学院	李小龙	男	东乡	兰州教育学院
赵红萍	女	汉	兰州教育学院	马永华	男	回	兰州教育学院
宋彩云	女	汉	兰州教育学院	吴荣胜	男	汉	兰州教育学院
黄小玲	女	汉	兰州教育学院	王胜平	男	汉	兰州理工大学工程技术学院
张光辉	男	汉	兰州商学院陇桥学院	杨俊辉	男	汉	兰州商学院长青学院
孙 维	男	汉	兰州师范高等专科学校	马彩莲	女	汉	兰州师范高等专科学校
张海红	女	汉	兰州师范高等专科学校	马海强	男	回	兰州师范高等专科学校
苏吉荣	男	汉	兰州师范高等专科学校	韩子文	男	汉	陇东学院
陶 荣	男	汉	陇东学院	石海青	女	汉	陇东学院
段小梅	女	回	西北第二民族学院	马润玉	女	撒拉	西北第二民族学院
马 静	男	回	西北第二民族学院	柏青霞	女	汉	云南师范大学商学院
张 华	男	汉	定西师范高等专科学校	王顺生	男	汉	甘肃工业职工大学
郭 荣	男	汉	甘肃工业职工大学				

2005年

姓名	性别	民族	院校名称	姓名	性别	民族	院校名称
李彦林	男	汉	长安大学	孙旭博	男	汉	昆明理工大学
马彩莲	女	汉	甘肃政法学院	刘彬彬	男	汉	兰州理工大学
王 蔚	男	汉	河西学院	马俊明	男	汉	甘肃政法学院
马国智	男	汉	天水师范学院	李文智	男	汉	甘肃中医学院
宋玲英	女	汉	河西学院	杨雪芹	女	汉	甘肃政法学院
马 祥	男	回	西北民族大学	张 华	男	汉	兰州师范高等专科学校
郭艳平	男	汉	兰州理工大学工程技术学院	胡万辉	男	汉	兰州师范高等专科学校
郭会玉	男	汉	兰州师范高等专科学校	韩子文	男	汉	陇东学院
杨美珠	女	汉	兰州师范高等专科学校	罗海珊	男	汉	兰州师范高等专科学校
张 红	女	汉	甘肃中医学院	何俊杰	男	回	西北第二民族学院

续表

姓名	性别	民族	院校名称	姓名	性别	民族	院校名称
李慧霞	女	汉	合作民族师范高等专科学校	沈忠平	男	汉	陇东学院
仰海鹏	男	汉	张掖医学高等专科学校	潘永福	男	汉	兰州师范高等专科学校
邓春发	男	汉	陇南师范高等专科学校	鲁辉浩	男	汉	兰州交通大学博文学院
辛军萍	女	汉	兰州商学院陇桥学院	宋迎霞	女	汉	合作民族师范高等专科学校
胡珍珍	女	汉	张掖医学高等专科学校	王文彦	男	汉	兰州工业高等专科学校
柏青霞	女	汉	甘肃联合大学	白鹏志	男	汉	合作民族师范高等专科学校
白喜俊	男	汉	兰州工业高等专科学校	杨胜利	男	汉	合作民族师范高等专科学校
辛丽霞	女	汉	合作民族师范高等专科学校	费秀成	男	汉	陇南师范高等专科学校
朱海发	男	汉	兰州理工大学工程技术学院	王国发	男	汉	陇南师范高等专科学校
亢灵芝	女	汉	合作民族师范高等专科学校	余林芳	女	汉	合作民族师范高等专科学校
李廷芳	女	汉	陇南师范高等专科学校	朱光瑞	男	汉	陇南师范高等专科学校
吴伟光	男	汉	张掖医学高等专科学校	王俊海	男	汉	张掖医学高等专科学校
戚小平	男	汉	兰州理工大学工程技术学院	王　斌	男	汉	合作民族师范高等专科学校
张维平	男	汉	合作民族师范高等专科学校	马文科	男	回	西北师范大学知行学院
马振中	男	汉	合作民族师范高等专科学校	常丽萍	女	汉	合作民族师范高等专科学校
徐登辉	男	汉	陇东学院	铁万明	男	回	合作民族师范高等专科学校
马国良	男	回	合作民族师范高等专科学校	马进才	男	回	天水师范学院
拦学明	男	汉	省广播电视大学	张临胜	男	汉	兰州师范高等专科学校
宋宏伟	男	汉	兰州交通大学博文学院	马正忠	男	东乡	合作民族师范高等专科学校
周颜丽	女	土	合作民族师范高等专科学校	章玉龙	男	土	合作民族师范高等专科学校
马明清	男	回	重庆人文科技学院	赵学俊	男	汉	兰州理工大学工程技术学院
马秉杰	男	回	合作民族师范高等专科学校	马光明	男	回	合作民族师范高等专科学校
王国华	男	汉	甘肃政法学院	他艳娥	女	汉	甘肃联合大学
王国忠	男	汉	沙市职业大学	杨旭红	女	汉	沙市职业大学
张小庆	女	汉	新余高等专科学校	徐茂财	男	汉	甘肃联合大学
马玉海	男	回	合作民族师范高等专科学校	马成蛟	男	保安	合作民族师范高等专科学校
马忠华	男	回	合作民族师范高等专科学校	秦顺梅	女	汉	新余高等专科学校
韩　红	女	汉	合作民族师范高等专科学校	苏　强	男	汉	萍乡高等专科学校
沈学燕	女	汉	萍乡高等专科学校				

2006年

姓名	性别	民族	院校名称	姓名	性别	民族	院校名称
张国强	男	汉	西北师范大学	马怀文	男	汉	兰州交通大学
王 兰	女	汉	兰州理工大学	马振中	男	汉	甘肃政法学院
戚小平	男	汉	天水师范学院	宋子明	男	汉	天水师范学院
郭艳平	男	汉	天水师范学院	沈忠平	男	汉	天水师范学院
罗海珊	男	汉	河西学院	马成龙	男	回	西北师范大学
尹德昌	男	汉	河西学院	姬国贞	男	汉	兰州城市学院
亢灵芝	女	汉	天水师范学院	杨美珠	女	汉	河西学院
钟进辉	男	汉	兰州工业高等专科学校	康 辉	男	汉	黔南民族医学高等专科学校
董志华	男	汉	甘肃联合大学	马如强	男	东乡	西北师范大学知行学院
杨进平	男	汉	西北师范大学知行学院	魏继忠	男	汉	兰州工业高等专科学校
王莉莉	女	汉	兰州工业高等专科学校	马国良	男	回	西北民族大学
王永清	男	回	兰州工业高等专科学校	黄永海	男	汉	兰州工业高等专科学校
余林芳	女	汉	兰州工业高等专科学校	董俊杰	男	汉	兰州城市学院
王胜平	男	汉	兰州交通大学博文学院	马玉梅	女	回	西北民族大学
蒽晶晶	女	汉	西北师范大学知行学院	王 斌	男	汉	兰州工业高等专科学校
田国平	男	汉	兰州工业高等专科学校	张海军	男	汉	平凉医学高等专科学校
宋宏伟	男	汉	平凉医学高等专科学校	王文彦	男	汉	平凉医学高等专科学校
李 彦	男	汉	兰州商学院长青学院	吴卫军	男	汉	西北师范大学知行学院
张明慧	女	汉	兰州工业高等专科学校	宋学红	女	汉	合作民族师范高等专科学校
刘学良	男	汉	合作民族师范高等专科学校	耿利军	男	汉	合作民族师范高等专科学校
徐阔哲	男	汉	张掖医学高等专科学校	江荣玉	男	汉	合作民族师范高等专科学校
郭立平	男	汉	西北师范大学知行学院	邓 钊	男	汉	张掖医学高等专科学校
胡卫东	男	汉	合作民族师范高等专科学校	马孝忠	男	回	张掖医学高等专科学校
马永杰	男	回	陇东学院	马俊华	男	回	兰州理工大学工程学院
李得胜	男	汉	张掖医学高等专科学校	王凤兰	女	汉	张掖医学高等专科学校
马志云	男	回	甘肃联合大学	张林华	男	汉	平凉医学高等专科学校
赵芸芸	女	汉	平凉医学高等专科学校				

2007年

姓名	性别	民族	院校名称	姓名	性别	民族	院校名称
王永清	男	回	兰州大学	王莉莉	女	汉	西北师范大学
马俊华	男	回	西北师范大学	耿利军	男	汉	西北师范大学
邓海红	女	汉	西北师范大学	马黎明	男	汉	兰州理工大学
梁国辉	男	汉	兰州交通大学	马建辉	男	汉	兰州交通大学
陈少强	男	汉	兰州交通大学	江贵玉	男	汉	兰州交通大学
马学云	男	东乡	天水师范学院	周颜丽	女	土	青海民族学院
王月萍	女	汉	宁夏理工学院	王静	女	汉	陇东学院
杨维静	女	汉	陇东学院	宋俊芳	女	汉	陇东学院
江荣玉	男	汉	陇东学院	秦巧英	女	汉	陇东学院
马仲平	男	回	陇东学院	安珍珍	女	汉	兰州商学院
侯孝国	男	汉	兰州商学院	马平	男	汉	兰州商学院
彭少俊	男	汉	兰州商学院	李永芳	女	汉	甘肃中医学院
罗瑞英	男	汉	甘肃中医学院	宋迎霞	女	汉	甘肃中医学院
马永海	男	回	甘肃政法学院	王珊	女	汉	甘肃政法学院
朱小玲	女	汉	甘肃联合大学	张春霞	女	汉	甘肃联合大学
宋治中	男	汉	甘肃联合大学	王彩蕾	女	汉	甘肃联合大学
朱秀清	女	汉	兰州城市学院	韩淑琴	女	汉	兰州城市学院
王学礼	男	汉	兰州城市学院	辛志琦	男	汉	兰州城市学院
余成龙	男	汉	兰州城市学院	秦芳梅	女	汉	兰州城市学院
赵学谦	男	汉	兰州城市学院	王艳	女	汉	河西学院
杨兰兰	女	汉	河西学院	包延华	女	汉	河西学院
王学义	男	汉	河西学院	徐登辉	男	汉	河西学院
苏强	男	汉	河西学院	马永刚	男	回	河西学院
赵小芹	女	汉	河西学院	杜亮亮	男	汉	合作民族师范高等专科学校
赵章志	男	汉	合作民族师范高等专科学校	马俊杰	男	回	合作民族师范高等专科学校
马文斌	男	回	合作民族师范高等专科学校	李俊	男	回	合作民族师范高等专科学校
崔武山	男	汉	定西师范高等专科学校	马辉霞	女	回	北方民族大学
苗海平	男	汉	北方民族大学	马腾俊	男	东乡	北方民族大学
赵章萍	女	汉	宝鸡文理学院	马黎芬	女	汉	张掖医学高等专科学校
刘文兰	女	汉	张掖医学高等专科学校	郭丽丽	女	汉	张掖医学高等专科学校

续表

姓名	性别	民族	院校名称	姓名	性别	民族	院校名称
张海生	男	藏	重庆人文科技学院	何学仁	男	土	重庆人文科技学院
刘文奇	男	汉	西北师范大学知行学院	康学文	男	汉	西北师范大学知行学院
穆和平	男	汉	西北师范大学知行学院	王国红	女	汉	西北师范大学知行学院
刘雪莲	女	汉	西北师范大学知行学院	张永强	男	撒拉	兰州理工大学工程学院
赵蓉蓉	女	汉	平凉医学高等专科学校	李冬发	男	汉	平凉医学高等专科学校
王俊	男	汉	平凉医学高等专科学校	陈秀红	女	汉	平凉医学高等专科学校
马志强	男	回	陇南师范高等专科学校	马文跃	男	回	陇南师范高等专科学校
包娟娟	女	汉	陇南师范高等专科学校	赵丽丽	女	汉	兰州商学院长青学院
马菊红	女	汉	兰州商学院长青学院	郭玉霞	女	汉	兰州商学院长青学院
何风强	男	汉	兰州商学院长青学院	铁永芳	女	回	兰州商学院长青学院
马杰	男	回	兰州商学院陇桥学院	何永山	男	汉	兰州交通大学博文学院
谢军军	男	汉	兰州工业高等专科学校	江贵玺	男	汉	兰州工业高等专科学校
吕文杰	男	汉	兰州工业高等专科学校	李文红	女	汉	兰州工业高等专科学校
魏继忠	男	汉	兰州工业高等专科学校	马国兰	女	回	兰州教育学院
夏海云	男	汉	兰州教育学院	章月霞	女	汉	兰州教育学院

2008年

姓名	性别	民族	院校名称	姓名	性别	民族	院校名称
唐彩霞	女	汉	西北师范大学	李晓芳	女	汉	西北师范大学
马君慧	女	回	西北师范大学	赵永丽	女	汉	兰州理工大学
赵飞云	男	汉	兰州理工大学	杨美英	男	汉	兰州理工大学
黄志刚	男	汉	兰州理工大学	张居雄	男	汉	兰州理工大学
祁凯	女	汉	兰州交通大学	马慧艳	女	回	兰州交通大学
何永山	男	汉	兰州交通大学	郭玉平	男	汉	兰州商学院
赵丽霞	女	汉	兰州商学院	曹俊艳	女	汉	兰州商学院
马苏海	男	回	兰州商学院	马玉芳	女	回	西北民族大学
马国雄	男	回	西北民族大学	马云	男	回	西北民族大学
马海云	男	回	天水师范学院	郭胜	男	汉	天水师范学院
余成龙	男	汉	天水师范学院	余正霞	女	汉	天水师范学院
邓永平	男	汉	陇东学院	康学文	男	汉	陇东学院

姓名	性别	民族	院校名称	姓名	性别	民族	院校名称
张居明	男	汉	陇东学院	沈永国	男	汉	陇东学院
李正平	男	汉	陇东学院	何国俊	男	汉	陇东学院
王玉兰	女	汉	兰州城市学院	李莉	女	土	兰州城市学院
张林同	男	汉	兰州城市学院	李芳	女	汉	兰州城市学院
柳艳霞	女	汉	河西学院	刘振云	男	汉	河西学院
郭胜辉	男	汉	河西学院	段志龙	男	汉	河西学院
张霞	女	汉	河西学院	王娟娟	女	汉	河西学院
张国俊	男	汉	河西学院	杨志景	男	汉	甘肃中医学院
张林强	男	汉	甘肃中医学院	范玉刚	男	汉	甘肃中医学院
焦婷红	女	汉	甘肃中医学院	周伟青	男	汉	甘肃中医学院
李冬发	男	汉	甘肃中医学院	李玉霞	女	汉	甘肃政法学院
马维良	男	回	甘肃政法学院	苏强	男	汉	甘肃政法学院
马成云	男	回	甘肃政法学院	张亨通	男	汉	甘肃政法学院
马若云	男	回	甘肃政法学院	马志俊	男	汉	甘肃政法学院
张彩玲	女	汉	甘肃农业大学	张红喜	男	汉	甘肃农业大学
侯世敬	男	汉	甘肃联合大学	赵福	男	汉	甘肃联合大学
白冬冬	男	汉	北方民族大学	马小平	女	回	宝鸡文理学院
王秀珍	女	汉	安康学院	刘红	女	汉	合作民族师范高等专科学校
马俊霞	女	回	合作民族师范高等专科学校	祁江红	女	汉	合作民族师范高等专科学校
马利利	女	回	合作民族师范高等专科学校	王瑞云	男	回	合作民族师范高等专科学校
张金梅	女	汉	合作民族师范高等专科学校	辛丽梅	女	汉	合作民族师范高等专科学校
姚永梅	女	汉	合作民族师范高等专科学校	赵俊霞	女	汉	合作民族师范高等专科学校
蒋玉华	男	回	合作民族师范高等专科学校	唐惠霞	女	汉	合作民族师范高等专科学校
马克俭	男	回	合作民族师范高等专科学校	胡春霞	男	汉	合作民族师范高等专科学校
马国胜	男	汉	合作民族师范高等专科学校	陶秀月	女	汉	合作民族师范高等专科学校
马小芳	女	东乡	合作民族师范高等专科学校	郭军	男	汉	合作民族师范高等专科学校
崔俏艳	女	汉	合作民族师范高等专科学校	赵永霞	女	汉	合作民族师范高等专科学校
李廷霞	女	汉	定西师范高等专科学校	汪小云	男	汉	定西师范高等专科学校
王进莲	女	汉	定西师范高等专科学校	汪胜光	男	汉	兰州理工大学工程技术学院
马琳	男	汉	兰州理工大学工程技术学院	韩瑞智	男	汉	张掖医学高等专科学校

续表

姓名	性别	民族	院校名称	姓名	性别	民族	院校名称
陈平霞	女	汉	张掖医学高等专科学校	马志强	男	回	张掖医学高等专科学校
李晓鹏	男	汉	张掖医学高等专科学校	李珍兰	女	汉	张掖医学高等专科学校
樊蕾	女	汉	张掖医学高等专科学校	马菊红	女	汉	张掖医学高等专科学校
辛万晓	男	汉	张掖医学高等专科学校	辛万海	男	汉	张掖医学高等专科学校
江贵琦	男	汉	宜昌市教育学院	尤新芳	女	汉	重庆人文科技学院
韩德鹏	男	汉	西北师范大学知行学院	马艳	女	回	西北师范大学知行学院
杨翠珍	女	汉	西安培华学院	范玉萍	女	汉	平凉医学高等专科学校
何进红	女	汉	平凉医学高等专科学校	金学芳	女	汉	平凉医学高等专科学校
韩艳芳	女	汉	平凉医学高等专科学校	张岩红	女	汉	平凉医学高等专科学校
周康娟	女	汉	平凉医学高等专科学校	杨雄霞	女	汉	平凉医学高等专科学校
尹正龙	男	汉	陇南师范高等专科学校	何艳艳	女	汉	兰州商学院长青学院
王艳	女	藏	兰州商学院陇桥学院	梁通	男	汉	兰州交通大学博文学院
陈娟娟	女	汉	兰州交通大学博文学院	丁达伟	男	回	兰州交通大学博文学院
包娟娟	女	汉	兰州交通大学博文学院	宋治中	男	汉	兰州工业高等专科学校
邓志军	男	汉	兰州工业高等专科学校	高伟清	男	回	兰州工业高等专科学校
辛进忠	男	汉	兰州工业高等专科学校	鲁辉浩	男	汉	淮北煤炭师范学院

2009年

姓名	性别	民族	院校名称	姓名	性别	民族	院校名称
金树理	男	回	西北师范大学	马小林	男	回	兰州交通大学
马瑞	女	回	兰州交通大学	邱慧娟	女	汉	兰州交通大学
董进云	男	汉	兰州交通大学	张永红	女	撒拉	西北民族大学
尹正龙	男	汉	西北民族大学	祁小玲	女	藏	西北民族大学
马林霞	女	汉	西北民族大学	马锦春	男	回	西北民族大学
马慧艳	女	回	西北民族大学	管世胜	男	汉	西北民族大学
杜和平	男	汉	渭南师范学院	铁福英	男	回	天水师范学院
马腾云	男	回	天水师范学院	罗世霞	女	汉	天水师范学院
侯世敬	男	汉	天水师范学院	康化清	男	汉	天津商业大学
韩永辉	男	汉	内江师范学院	周丽	女	回	洛阳师范学院
张小林	男	汉	陇东学院	王玉海	男	汉	陇东学院

姓名	性别	民族	院校名称	姓名	性别	民族	院校名称
王小龙	男	汉	陇东学院	王　军	男	汉	辽宁石油化工大学
张永强	男	撒拉	兰州商学院	韩福海	男	汉	兰州商学院
包玉红	女	回	兰州商学院	赵　茜	女	汉	兰州城市学院
祁秀秀	女	汉	兰州城市学院	陈海发	男	汉	兰州城市学院
赵大鹏	男	汉	河西学院	马占红	女	汉	河西学院
周延虎	男	汉	甘肃中医学院	马若萍	女	回	甘肃中医学院
朱孝霞	女	汉	甘肃政法学院	马建华	男	回	甘肃政法学院
何小燕	女	土	甘肃政法学院	长　旭	男	汉	甘肃农业大学
章月胜	男	汉	甘肃农业大学	尹德发	男	汉	甘肃农业大学
石海平	男	汉	甘肃农业大学	秦玉龙	男	汉	甘肃农业大学
马永芳	女	回	甘肃农业大学	陈秀红	女	汉	甘肃农业大学
白　雪	女	汉	甘肃农业大学	朱秀芬	女	汉	甘肃民族师范学院
周永芳	女	回	甘肃民族师范学院	周彩虹	女	汉	甘肃民族师范学院
张进春	男	汉	甘肃民族师范学院	张光於	男	汉	甘肃民族师范学院
尤新芳	女	汉	甘肃民族师范学院	魏国兰	女	回	甘肃民族师范学院
王玉霞	女	汉	甘肃民族师范学院	王海红	女	汉	甘肃民族师范学院
王春花	女	汉	甘肃民族师范学院	陶占侠	男	汉	甘肃民族师范学院
苏芬芬	女	汉	甘肃民族师范学院	宋子艳	女	汉	甘肃民族师范学院
邱海霞	女	汉	甘肃民族师范学院	庆海兰	女	汉	甘肃民族师范学院
裴俊霞	女	汉	甘肃民族师范学院	敏成玉	男	东乡	甘肃民族师范学院
马自龙	男	回	甘肃民族师范学院	马秀英	女	回	甘肃民族师范学院
马晓丽	女	回	甘肃民族师范学院	马文俊	男	回	甘肃民族师范学院
马　强	男	回	甘肃民族师范学院	马　蕾	女	回	甘肃民族师范学院
马德成	男	东乡	甘肃民族师范学院	李晓丽	女	土	甘肃民族师范学院
李　芳	女	汉	甘肃民族师范学院	黄志杰	男	汉	甘肃民族师范学院
黄金艳	女	汉	甘肃民族师范学院	何玉娟	女	汉	甘肃民族师范学院
关晓霞	女	回	甘肃民族师范学院	段秀娟	女	回	甘肃民族师范学院
陈　云	男	回	甘肃民族师范学院	薛占红	女	汉	甘肃联合大学
辛玉珍	女	汉	甘肃联合大学	王建业	男	汉	甘肃联合大学
马　慧	女	汉	北方民族大学	马海山	男	回	北方民族大学

续表

姓名	性别	民族	院校名称	姓名	性别	民族	院校名称
董俊胜	男	汉	宝鸡文理学院	朱秀娟	女	汉	张掖医学高等专科学校
周燕	女	汉	张掖医学高等专科学校	王芳	女	汉	张掖医学高等专科学校
马娟娟	女	汉	张掖医学高等专科学校	梁兆风	女	汉	张掖医学高等专科学校
梁通	男	汉	张掖医学高等专科学校	李廷霞	女	汉	张掖医学高等专科学校
李海霞	女	汉	张掖医学高等专科学校	赵梦华	女	汉	西北师范大学知行学院
他艳丽	女	汉	西北师范大学知行学院	吕文杰	男	汉	西北师范大学知行学院
郭正盛	男	汉	四川烹饪学校	孙立民	男	汉	平凉医学高等专科学校
王进菊	女	汉	陇南师范高等专科学校	王小艳	女	汉	兰州商学院长青学院
王卫霞	女	汉	兰州商学院长青学院	马玉花	女	回	兰州商学院长青学院
马婧	女	回	兰州商学院长青学院	赵伟兰	女	汉	兰州商学院陇桥学院
张金卫	女	汉	兰州商学院陇桥学院	祁永红	女	汉	兰州商学院陇桥学院
蒲永平	男	汉	兰州商学院陇桥学院	马玉霞	女	回	兰州商学院陇桥学院
马小华	女	回	兰州商学院陇桥学院	马海燕	女	回	兰州商学院陇桥学院
马福才	男	东乡	兰州商学院陇桥学院	焦春晓	男	汉	兰州商学院陇桥学院
何国林	女	汉	兰州商学院陇桥学院	何冰融	男	回	兰州商学院陇桥学院
蒽丽丽	女	汉	津桥学院	徐登文	男	汉	兰州理工大学工程技术学院
穆海琴	女	汉	兰州理工大学工程技术学院	马旻	男	回	兰州理工大学工程技术学院
邓勇	男	汉	兰州理工大学工程技术学院	赵永志	女	汉	兰州教育学院
苟晶晶	女	汉	兰州教育学院	徐尚斌	男	汉	兰州交通大学博文学院
赵艳艳	女	汉	兰州工业高等专科学校	辛得胜	男	汉	兰州工业高等专科学校
汪小斌	男	汉	兰州工业高等专科学校	秦俊强	男	汉	兰州工业高等专科学校
秦海军	男	汉	兰州工业高等专科学校	马彩娟	女	汉	兰州工业高等专科学校
马斌	男	汉	兰州工业高等专科学校	刘生红	女	汉	兰州工业高等专科学校
耿立杰	男	汉	兰州工业高等专科学校	赵玉秀	女	汉	定西师范高等专科学校
黄志勇	男	汉	定西师范高等专科学校	何进红	女	汉	定西师范高等专科学校

2010年

姓名	性别	民族	院校名称	姓名	性别	民族	院校名称
马小明	男	回	兰州大学	马海霞	女	东乡	西北师范大学
马学忠	男	回	兰州理工大学	马春霞	女	回	兰州交通大学
冯国霞	女	汉	兰州交通大学	马福民	男	回	中国地质大学
马旭	男	汉	湘南学院	马玉博	男	回	西藏民族学院
马晖亮	男	东乡	西北民族大学	马艳艳	女	东乡	西北民族大学
陕晶晶	女	回	西北民族大学	苗永明	男	汉	西安石油大学
杨济花	女	回	西安工程大学	赵胜	男	汉	渭南师范学院
郭金红	女	汉	天水师范学院	张学彦	女	汉	天水师范学院
刘伟伟	男	汉	邵阳学院	姬彦龙	男	汉	内江师范学院
王利伟	男	汉	内江师范学院	马小明	男	回	南昌理工学院
王鉴雄	男	回	陇东学院	赵艳红	女	汉	兰州城市学院
余红红	女	汉	兰州城市学院	杨洋	女	汉	河西学院
马晓兰	女	回	河西学院	李婷霞	女	汉	河西学院
马学伟	男	汉	河西学院	马丽娟	女	回	甘肃政法学院
马文	男	回	甘肃政法学院	章辉蕊	女	汉	甘肃农业大学
赵静伟	男	汉	甘肃农业大学	邱云云	女	汉	甘肃民族师范学院
孙海云	男	汉	甘肃民族师范学院	杨彩霞	女	汉	甘肃民族师范学院
王莉	女	回	甘肃民族师范学院	王占云	男	回	甘肃民族师范学院
马福民	男	回	甘肃民族师范学院	拜正元	男	回	甘肃民族师范学院
杨俊丽	女	汉	甘肃民族师范学院	张岩平	男	汉	甘肃民族师范学院
马冬青	女	汉	甘肃民族师范学院	马晓辉	男	回	甘肃民族师范学院
马林	男	回	甘肃民族师范学院	杨雷	男	汉	甘肃民族师范学院
吴佳丽	女	土	甘肃民族师范学院	马雄文	男	回	甘肃民族师范学院
李瑞瑞	女	汉	甘肃民族师范学院	邓少雄	男	汉	甘肃民族师范学院
王永芬	女	汉	甘肃民族师范学院	赵秀红	女	汉	甘肃民族师范学院
杨洁	男	汉	甘肃民族师范学院	罗俊霞	女	汉	甘肃民族师范学院
杨延霞	女	汉	甘肃民族师范学院	喇海霞	女	回	甘肃民族师范学院
马寒琼	女	回	甘肃民族师范学院	白延平	男	汉	甘肃民族师范学院
杨伟平	男	汉	甘肃民族师范学院	焦财智	男	汉	甘肃联合大学
张居才	男	汉	甘肃联合大学	张永丽	女	汉	甘肃联合大学

续表

姓名	性别	民族	院校名称	姓名	性别	民族	院校名称
马忠英	男	回	北方民族大学	王清玉	男	汉	宝鸡文理学院
赵永莉	女	汉	宝鸡文理学院	杜 平	男	汉	白银公司职工大学
董秀林	男	汉	安顺学院	何学兰	女	土	黄河科技学院
杨 延	女	汉	张掖医学高等专科学校	李 娟	女	汉	张掖医学高等专科学校
康晓霞	女	汉	张掖医学高等专科学校	蒲春艳	女	汉	张掖医学高等专科学校
马晓霞	女	回	重庆人文科技学院	马海兰	女	回	重庆人文科技学院
白志林	男	汉	西北师范大学知行学院	亢志娟	女	汉	西北师范大学知行学院
窦 卉	女	汉	西北师范大学知行学院	沈东云	男	汉	西北师范大学知行学院
马海兰	女	回	天津医学高等专科学校	张娟娟	女	汉	平凉医学高等专科学校
孙学霞	女	汉	平凉医学高等专科学校	彭 伟	男	汉	兰州商学院长青学院
袁 胖	男	汉	兰州商学院长青学院	王玉忠	男	回	兰州商学院长青学院
白 琳	女	汉	兰州商学院长青学院	马玉蕾	女	汉	兰州商学院长青学院
马文萍	女	汉	兰州商学院陇桥学院	王英红	女	汉	兰州商学院陇桥学院
贺晨霞	女	汉	兰州商学院陇桥学院	祁 霞	女	汉	兰州商学院陇桥学院
张燕燕	女	汉	兰州商学院陇桥学院	马光明	男	回	兰州商学院陇桥学院
魏秀青	女	汉	兰州商学院陇桥学院	杨小林	男	汉	兰州理工大学工程技术学院
曹丽娟	女	汉	陇南师范高等专科学校	邓 文	男	汉	兰州交通大学博文学院
杨 辉	男	汉	兰州交通大学博文学院	韩青兄	女	汉	兰州工业高等专科学校
豆学智	男	汉	定西师范高等专科学校	吴卫霞	女	汉	定西师范高等专科学校

2011年

姓名	性别	民族	院校名称	姓名	性别	民族	院校名称
赵 鹏	男	汉	兰州大学	宋子平	男	汉	兰州交通大学
王海霞	女	汉	兰州交通大学	马 林	男	回	兰州交通大学
马文俊	男	回	兰州交通大学	祁国忠	男	汉	咸阳师范学院
王利红	女	汉	咸阳师范学院	王玉萍	女	汉	咸阳师范学院
马玉红	女	回	西北民族大学	赵海湖	男	藏	西北民族大学
马 忠	男	回	西北民族大学	马义忠	男	回	西安工程大学
王维学	男	汉	渭南师范学院	马 俊	男	回	天水师范学院
马荣海	男	汉	邵阳学院	马玉芳	女	回	商丘师范学院

续表

姓名	性别	民族	院校名称	姓名	性别	民族	院校名称
蒲露露	女	汉	山东英才学院	吴冬冬	男	汉	青海民族大学
马海珍	男	汉	宁夏理工学院	尚延俊	男	汉	内江师范学院
王青霞	女	汉	南昌理工学院	张官发	男	土	南昌工学院
马明德	男	回	南昌工学院	沈永秀	女	汉	长治学院
王丽丽	女	汉	长治学院	张宗和	男	汉	襄樊学院
炭维民	男	回	陇东学院	田延霞	女	汉	陇东学院
祁菁	女	回	陇东学院	陈勇智	男	汉	兰州商学院
马红霞	女	回	兰州城市学院	辛灵巧	女	汉	兰州城市学院
他艳霞	女	汉	兰州城市学院	方翠兰	女	汉	兰州城市学院
高辉	男	回	兰州城市学院	宋宗敏	女	汉	兰州城市学院
马占雄	男	回	北京吉利大学	杨志霞	女	汉	宝鸡文理学院
马小云	男	回	九江学院	马志明	男	回	江西财经大学
王学霞	女	汉	鸡西大学	张黎明	男	汉	河西学院
张鹏	男	汉	河西学院	贾旭云	男	汉	河西学院
魏继芳	女	汉	河西学院	杜秀芳	女	汉	甘肃政法学院
王彦平	男	汉	甘肃农业大学	陈丽萍	女	汉	兰州航空职工大学
马志芳	女	回	兰州航空职工大学	王青霞	女	汉	甘肃民族师范学院
穆燕红	女	汉	甘肃民族师范学院	顾艳梅	女	汉	甘肃民族师范学院
王正兴	男	汉	甘肃民族师范学院	杜俊花	女	汉	甘肃民族师范学院
马红霞	女	回	甘肃民族师范学院	马自云	男	回	甘肃民族师范学院
马忠华	男	回	甘肃民族师范学院	马伟俊	男	回	甘肃民族师范学院
王海鹏	男	汉	甘肃民族师范学院	王占虎	男	汉	甘肃民族师范学院
李强	男	汉	甘肃民族师范学院	赵雪	女	汉	甘肃民族师范学院
杨旭红	女	汉	甘肃民族师范学院	余琳霞	女	汉	甘肃民族师范学院
王菊红	女	汉	甘肃民族师范学院	刘丁婷	女	汉	甘肃民族师范学院
赵小婷	女	回	甘肃民族师范学院	段秀红	女	回	甘肃民族师范学院
妥晓燕	女	回	甘肃民族师范学院	马正雄	男	回	甘肃民族师范学院
张小兰	女	汉	甘肃民族师范学院	陶婷婷	女	汉	甘肃民族师范学院
张峰	男	汉	甘肃联合大学	马瑞霞	女	汉	甘肃联合大学
李生梅	女	汉	甘肃联合大学	赵文智	男	汉	甘肃联合大学

续表

姓名	性别	民族	院校名称	姓名	性别	民族	院校名称
姚文霞	女	汉	甘肃联合大学	陶 超	男	汉	甘肃联合大学
尹旺燕	女	汉	高新学院	马 忠	男	回	重庆人文科技学院
王英雄	女	汉	西北师范大学知行学院	王文菊	女	汉	西北师范大学知行学院
沈彩连	女	汉	西北师范大学知行学院	雷华文	男	汉	兰州理工大学工程技术学院
文振兴	男	汉	兰州理工大学工程技术学院	王青霞	女	汉	兰州理工大学工程技术学院
王彦彦	女	汉	兰州商学院长青学院	汪小红	女	汉	兰州商学院长青学院
王永莉	女	汉	兰州商学院长青学院	杨俊芳	女	汉	兰州商学院陇桥学院
江艳芬	女	汉	兰州商学院陇桥学院	张紫燕	女	汉	兰州商学院陇桥学院
姜雪凤	女	汉	兰州交通大学博文学院	孙燕红	女	汉	兰州交通大学博文学院
朱志军	男	汉	兰州交通大学博文学院	张林春	男	汉	兰州交通大学博文学院
何新俊	男	汉	兰州交通大学博文学院	庆 义	男	汉	兰州交通大学博文学院
马枫霞	女	汉	定西师范高等专科学校	安瑞琪	男	汉	定西师范高等专科学校
邓秀娟	女	汉	定西师范高等专科学校	卜红红	女	汉	定西师范高等专科学校
刘绍英	女	汉	定西师范高等专科学校	范伟平	男	汉	定西师范高等专科学校
雷华俊	男	汉	定西师范高等专科学校	张学艳	女	汉	定西师范高等专科学校
杨莲芳	女	汉	张掖医学高等专科学校	宋子娇	女	汉	张掖医学高等专科学校
张晓霞	女	汉	张掖医学高等专科学校	赵士艳	女	汉	张掖医学高等专科学校
何翠萍	女	汉	陇南师范高等专科学校	管晓虎	男	汉	陇南师范高等专科学校
朱永盛	男	藏	陇南师范高等专科学校	马文俊	男	回	江西服装学院

2012年

姓名	性别	民族	院校名称	姓名	性别	民族	院校名称
张黎明	男	汉	西北师范大学	李佐文	男	汉	西北师范大学
张自茫	男	汉	西北师范大学	王燕燕	女	汉	西北师范大学
王 磊	女	汉	兰州理工大学	康生卫	男	汉	兰州理工大学
朱俊芳	女	汉	兰州理工大学	马志明	男	回	西南民族大学
马玉财	男	回	西南民族大学	马国兴	男	回	西北民族大学
韩凯明	男	藏	西北民族大学	贾国强	男	汉	兰州商学院
马晶千	男	汉	兰州商学院	张强俊	男	汉	银川学院
马俊林	男	汉	长治学院	李建科	男	汉	长江师范学院

续表

姓名	性别	民族	院校名称	姓名	性别	民族	院校名称
何志海	男	汉	云南师大商学院	张亮亮	女	汉	云南大学滇池学院
陶海林	男	汉	西安交大城市学院	余　胜	男	汉	渭南师范学院
宋小青	男	汉	天水师范学院	黄永辉	男	汉	天水师范学院
赵春阳	男	回	山东财经大学	张延军	男	汉	青岛黄海学院
李生梅	女	汉	内江师范学院	徐文君	女	汉	南昌理工学院
马永良	男	回	南昌工学院	王孝婷	女	汉	洛阳师范学院
郑　莹	女	汉	陇东学院	刘正发	男	汉	陇东学院
马永花	女	回	陇东学院	王蕾蕾	女	汉	陇东学院
刘琴琴	女	汉	陇东学院	他红霞	女	汉	陇东学院
李立斌	男	汉	陇东学院	李国玲	女	藏	陇东学院
郭锦红	女	汉	龙岩学院	李金平	男	汉	宜春学院
马小红	女	汉	新余学院	李斯琴	女	汉	新余学院
王占虎	男	回	兰州城市学院	赵静芳	女	汉	兰州城市学院
刘俊龙	男	汉	兰州城市学院	杨　洁	男	汉	兰州城市学院
王　成	男	回	兰州城市学院	喇月花	女	回	兰州城市学院
杨腾翔	男	回	兰州城市学院	马　昕	女	回	兰州城市学院
秦娟娟	女	汉	兰州城市学院	赵　鹏	男	汉	兰州城市学院
徐园园	女	汉	兰州城市学院	陈平寿	男	汉	河西学院
马　芳	女	汉	河西学院	訾占元	男	汉	河西学院
穆卓君	男	汉	河西学院	高　辉	男	回	河西学院
包延鹏	男	汉	河西学院	周志云	男	汉	河西学院
黄文平	男	汉	河西学院	李　鹏	男	汉	河西学院
吴保贵	男	汉	甘肃中医学院	肖　安	男	回	甘肃政法学院
余文静	女	汉	甘肃政法学院	何国正	男	汉	甘肃农业大学
张林春	男	汉	甘肃农业大学	杨莲芳	女	汉	甘肃农业大学
赵学奇	男	汉	甘肃农业大学	张　浑	女	汉	甘肃民族师范学院
王学明	男	汉	甘肃民族师范学院	王　玲	女	东乡	甘肃民族师范学院
马晓平	男	回	甘肃民族师范学院	马　骐	男	回	甘肃民族师范学院
马海云	男	东乡	甘肃民族师范学院	张胜发	男	汉	甘肃民族师范学院
马福云	男	回	甘肃民族师范学院	周永峰	男	回	甘肃民族师范学院

续表

姓名	性别	民族	院校名称	姓名	性别	民族	院校名称
马登奎	男	撒拉	甘肃民族师范学院	李倩倩	女	藏	甘肃民族师范学院
吕青萍	女	汉	甘肃民族师范学院	马秀兰	女	东乡	甘肃民族师范学院
王菊红	女	汉	甘肃民族师范学院	高宏霞	女	汉	甘肃民族师范学院
宋晓辉	男	汉	甘肃民族师范学院	吴宝童	女	藏	甘肃民族师范学院
马艳红	女	回	甘肃民族师范学院	孙利云	男	汉	甘肃民族师范学院
穆平平	女	土	甘肃民族师范学院	马培仁	男	回	甘肃民族师范学院
马 林	男	回	甘肃民族师范学院	陈淑军	女	土	甘肃民族师范学院
马玉龙	男	回	甘肃民族师范学院	包玉清	女	藏	甘肃民族师范学院
高文俊	男	回	甘肃民族师范学院	马红丽	女	回	甘肃民族师范学院
王小平	男	回	甘肃民族师范学院	郭玲玲	女	汉	甘肃民族师范学院
铁永祥	男	回	甘肃民族师范学院	王生红	女	汉	甘肃联合大学
王莉莉	女	汉	甘肃联合大学	辛灵童	男	汉	甘肃联合大学
张栋良	男	汉	甘肃联合大学	杨玉青	女	汉	甘肃联合大学
李宏伟	女	汉	甘肃联合大学	朱学志	男	汉	甘肃联合大学
何玉山	男	汉	甘肃联合大学	刘绍雄	男	汉	九江学院
康晶君	女	汉	河北金融学院	马笑龙	男	回	江西科技学院
马庆祥	男	回	黄河科技学院	邓秀娟	女	汉	湖北文理学院
张焕明	男	汉	重庆南方翻译学院	李 祥	男	汉	四川大学锦江学院
罗筱梅	女	汉	兰州工业学院	王 磊	男	汉	兰州工业学院
王俊义	男	汉	兰州工业学院	冯佩华	女	汉	兰州工业学院
赵光辉	男	汉	兰州工业学院	赵兴文	男	汉	兰州工业学院
孙国强	男	汉	兰州理工大学工程技术学院	余国俊	男	汉	兰州理工大学工程技术学院
张 胜	男	汉	兰州理工大学工程技术学院	郑 杰	男	汉	兰州理工大学工程技术学院
胡卫芬	女	汉	兰州理工大学工程技术学院	马燕燕	女	汉	兰州理工大学工程技术学院
尚胜利	男	汉	兰州理工大学工程技术学院	周东伟	男	汉	兰州商学院长青学院
杨开芳	女	汉	兰州商学院长青学院	辛志鹏	男	汉	兰州商学院长青学院
陈彦军	男	汉	兰州商学院长青学院	卢庆庆	女	汉	兰州商学院长青学院
李俊卫	男	汉	兰州商学院长青学院	赵 辉	女	汉	兰州商学院长青学院
王黎霞	女	汉	兰州商学院长青学院	刘利珺	女	汉	兰州商学院长青学院
李世梅	女	汉	兰州商学院长青学院	李波霞	女	汉	兰州商学院陇桥学院

续表

姓名	性别	民族	院校名称	姓名	性别	民族	院校名称
他艳玲	女	汉	兰州商学院陇桥学院	薛占斌	男	汉	兰州商学院陇桥学院
韩文海	男	汉	兰州商学院陇桥学院	陈伟华	女	汉	兰州商学院陇桥学院
郭翠翠	女	汉	兰州商学院陇桥学院	韩秀芬	女	汉	芙蓉学院
刘彦红	女	汉	西北师范大学知行学院	刘云云	女	汉	西北师范大学知行学院
陈千千	女	汉	西北师范大学知行学院	吕学亮	男	汉	西北师范大学知行学院
贺伟艳	女	汉	西北师范大学知行学院	张志霞	女	汉	西北师范大学知行学院
崔学芹	女	汉	西北师范大学知行学院	朱永平	男	汉	西北师范大学知行学院
黄小花	女	汉	西北师范大学知行学院	何文艳	女	汉	定西师范高等专科学校
陶俊红	女	汉	定西师范高等专科学校	赵海蓉	女	汉	定西师范高等专科学校
马继红	女	汉	定西师范高等专科学校	王玉珍	女	汉	定西师范高等专科学校
王学霞	女	汉	定西师范高等专科学校	章志俊	男	汉	定西师范高等专科学校
管晓虎	男	汉	定西师范高等专科学校	段小娟	女	汉	定西师范高等专科学校
林　芳	女	汉	定西师范高等专科学校	马　根	女	回	定西师范高等专科学校
何丽虹	女	汉	定西师范高等专科学校	王林秀	女	汉	定西师范高等专科学校
卜伟明	男	汉	平凉医学高等专科学校	王新明	男	汉	平凉医学高等专科学校
王红霞	女	汉	平凉医学高等专科学校	李冬冬	女	汉	平凉医学高等专科学校
崔艳芳	女	汉	平凉医学高等专科学校	王青青	女	汉	平凉医学高等专科学校
卜翠霞	女	汉	兰州交通大学博文学院	武　斌	男	汉	兰州交通大学博文学院
何西云	男	汉	兰州交通大学博文学院	管世奎	男	汉	兰州交通大学博文学院
孙亚军	男	汉	兰州交通大学博文学院	张冬冬	男	汉	兰州交通大学博文学院
罗世强	男	汉	兰州交通大学博文学院	何达海	男	汉	兰州交通大学博文学院
杨维宁	男	汉	兰州交通大学博文学院	赵国云	男	汉	兰州交通大学博文学院
章胜利	男	汉	兰州航空职工大学	王英雄	女	汉	张掖医学高等专科学校
马怀兰	女	汉	张掖医学高等专科学校	马瑞霞	女	汉	张掖医学高等专科学校
王海皎	男	汉	张掖医学高等专科学校	代君霞	女	汉	张掖医学高等专科学校
候玉芳	女	汉	张掖医学高等专科学校	沈吉龙	男	汉	张掖医学高等专科学校
王艳秀	女	汉	张掖医学高等专科学校	尹忠平	男	汉	陇南师范高等专科学校
马　睿	女	撒拉	陇南师范高等专科学校	罗　鹏	男	汉	重庆人文科技学院

2013年

姓名	性别	民族	院校名称	姓名	性别	民族	院校名称
王国云	男	汉	西南政法大学	王殿强	男	汉	兰州理工大学
李俊泽	男	汉	兰州理工大学	张 俊	男	汉	兰州理工大学
王国庆	男	汉	甘肃中医学院	董玉林	男	汉	大连海洋大学
朱俊文	男	汉	兰州交通大学	张鹏飞	男	汉	甘肃中医学院
赵梅芳	女	汉	甘肃政法学院	孙学红	女	汉	甘肃政法学院
赵静红	女	汉	西北民族大学	马俊华	男	回	甘肃政法学院
魏清华	女	汉	兰州商学院	朱学仁	男	汉	甘肃中医学院
余更安	男	汉	兰州商学院	王冬萍	女	汉	甘肃中医学院
张丽丽	女	汉	甘肃政法学院	李永彪	男	汉	济宁医学院
赵文琴	女	汉	天水师范学院	王 鹏	男	汉	甘肃农业大学
马海文	男	撒拉	西北民族大学	郭 勇	男	汉	甘肃民族师范学院
马成云	男	东乡	中南民族大学	赵春云	男	汉	甘肃民族师范学院
江荣璐	女	藏	西北师范大学	何晓强	男	回	西北民族大学
马俐娜	女	回	西北师范大学	马奇楠	男	东乡	西北民族大学
杜青青	女	汉	甘肃民族师范学院	马 婧	女	回	西北民族大学
包荣华	女	藏	西北民族大学	杨海燕	女	回	西北民族大学
唐若兰	女	汉	甘肃民族师范学院	赵彩青	女	汉	天水师范学院
刘 娴	女	汉	甘肃民族师范学院	马玉莹	女	回	甘肃民族师范学院
马志强	男	回	西北民族大学	范娟娟	女	汉	兰州城市学院
董志忠	男	汉	甘肃民族师范学院	郭圆圆	女	汉	甘肃民族师范学院
杨海清	男	汉	兰州工业学院	张慧娟	女	汉	河西学院
秦娟红	女	汉	甘肃民族师范学院	赵珮珮	女	汉	甘肃民族师范学院
刘成斌	男	汉	兰州理工大学工程技术学院	陈 磊	男	汉	甘肃民族师范学院
王素娜	女	汉	甘肃民族师范学院	康巧芬	女	汉	甘肃民族师范学院
王维兰	女	汉	天水师范学院	管世文	男	汉	陇东学院
常文文	女	汉	甘肃民族师范学院	章志海	男	汉	陇东学院
吴艳荷	女	汉	甘肃民族师范学院	顾庆华	男	汉	甘肃民族师范学院
康卫卫	男	汉	兰州商学院长青学院	王永珍	女	汉	兰州商学院长青学院
罗琴琴	女	汉	甘肃民族师范学院	马晓阳	男	回	甘肃民族师范学院
张 英	女	汉	张掖医学高等专科学校	马学义	男	回	甘肃民族师范学院

续表

姓名	性别	民族	院校名称	姓名	性别	民族	院校名称
韩承俊	男	汉	西北师范大学知行学院	徐志扬	男	汉	甘肃民族师范学院
齐学伟	男	汉	甘肃民族师范学院	马志海	男	回	甘肃民族师范学院
郭俊平	男	汉	甘肃民族师范学院	马占明	男	回	甘肃民族师范学院
李得庆	男	汉	兰州商学院长青学院	谢晓婷	女	汉	甘肃民族师范学院
苏 梅	女	汉	甘肃民族师范学院	铁永梅	女	回	甘肃民族师范学院
张晶晶	女	汉	兰州商学院长青学院	王圆圆	女	汉	兰州文理学院
孙彦平	男	汉	甘肃民族师范学院	章玉环	女	汉	甘肃民族师范学院
张玉春	女	汉	兰州商学院长青学院	樊东虎	男	汉	兰州文理学院
訾翠翠	女	汉	兰州文理学院	马海棠	女	回	甘肃民族师范学院
赵 昕	男	藏	甘肃民族师范学院	马宏亮	男	回	甘肃民族师范学院
郭雄芳	女	汉	定西师范高等专科学校	王晓鹏	女	汉	兰州商学院长青学院
高安巴四	男	回	甘肃民族师范学院	赵 晗	男	藏	甘肃民族师范学院
郭 林	男	汉	太原理工大学	高志林	男	回	甘肃民族师范学院
马小虎	男	回	甘肃民族师范学院	马玉龙	男	回	甘肃民族师范学院
马国平	女	回	甘肃民族师范学院	孙国胜	男	汉	兰州交通大学博文学院
马秀兰	女	东乡	甘肃民族师范学院	刘国霞	女	汉	陇南师范高等专科学校
孙丽丽	女	汉	天津师范大学津沽学院	马成文	男	东乡	甘肃民族师范学院
秦姗姗	女	汉	陇南师范高等专科学校	马 军	男	回	甘肃政法学院
马 斌	男	回	甘肃民族师范学院	马颜明	男	汉	天水师范学院
梁居英	男	汉	定西师范高等专科学校	魏立国	女	汉	西北师范大学知行学院
马秀兰	女	回	西北师范大学	陶世波	男	汉	兰州交通大学博文学院
马 龙	男	回	甘肃民族师范学院	张海霞	女	汉	定西师范高等专科学校
王占海	男	回	陇东学院	马玉梅	女	回	甘肃民族师范学院
张金红	女	汉	张掖医学高等专科学校	马才华	男	回	甘肃民族师范学院
李 斌	男	藏	甘肃民族师范学院	江荣杰	男	汉	洛阳理工学院
田芬芬	女	汉	张掖医学高等专科学校	赵路迎	男	汉	兰州工业学院
柳东东	男	汉	兰州交通大学博文学院	李卫伟	男	汉	河西学院
张建明	男	汉	兰州交通大学博文学院	庞星星	女	汉	兰州商学院陇桥学院
贾芬芬	女	汉	天水师范学院	吴应明	男	汉	甘肃民族师范学院
高文强	男	回	陇东学院	徐海林	男	汉	兰州城市学院

续表

姓名	性别	民族	院校名称	姓名	性别	民族	院校名称
王海山	男	汉	兰州理工大学工程技术学院	卜俊亮	男	汉	天水师范学院
周彭彭	男	汉	兰州城市学院	宋军霞	女	汉	兰州交通大学博文学院
李 莲	女	藏	甘肃民族师范学院	赵 宇	女	汉	天水师范学院
朱学伟	男	汉	兰州理工大学工程技术学院	王林和	男	汉	兰州交通大学博文学院
杨青霞	女	汉	天水师范学院	邱莲莲	女	汉	甘肃民族师范学院
丁英斌	男	回	天水师范学院	朱永平	男	汉	天水师范学院
赵永杰	男	汉	河西学院	杨俊国	男	汉	兰州航空职工大学
王子霞	女	汉	兰州文理学院	马小燕	女	回	西北民族大学
康吉耿	男	汉	黄淮学院	陈 琳	女	汉	甘肃民族师范学院
马小兰	女	汉	兰州文理学院	何志海	男	汉	河西学院
马荣明	男	汉	河西学院	朱庆鹏	男	汉	甘肃商学院长青学院
吕 剑	女	汉	陇东学院	宋玉萍	女	汉	甘肃民族师范学院
张青青	女	汉	兰州城市学院	王玲翠	女	汉	新余学院
李学军	男	汉	兰州城市学院	张林志	男	汉	郑州轻工业学院
马媛媛	女	汉	河西学院	刘金辉	男	汉	兰州文理学院
王鉴明	男	回	定西师范高等专科学校	孙学良	男	汉	河南科技学院
牛海龙	男	东乡	甘肃民族师范学院	王引兄	女	汉	甘肃民族师范学院
马秀兰	女	回	甘肃民族师范学院	唐志杨	男	汉	河西学院
冯丽芳	女	汉	兰州交通大学博文学院	张静儿	女	汉	兰州城市学院
周康英	男	汉	兰州城市学院	张冬平	女	汉	兰州理工大学
马 萍	女	汉	九江学院	马海生	男	汉	昆明理工大学
冯艳艳	女	汉	河西学院	杨鹏鹏	男	汉	湖南理工学院
王红艳	女	汉	兰州城市学院	王彩霞	女	汉	兰州商学院陇桥学院
马小龙	男	汉	陇东学院	陈力晓	男	汉	兰州文理学院
张倩倩	女	汉	陇南师范高等专科学校	江贵林	男	汉	定西师范高等专科学校
彭青霞	女	汉	湘南学院	王霞霞	女	汉	甘肃民族师范学院
蒲林发	男	汉	重庆三峡学院	马明忠	男	回	湘南学院
贾姗姗	女	汉	兰州工业学院	康彩艳	女	汉	兰州文理学院
邱俊合	男	汉	渭南师范学院	牟海娟	女	汉	陇南师范高等专科学校
杜 珍	女	汉	兰州文理学院	尚引弟	女	汉	甘肃民族师范学院

续表

姓名	性别	民族	院校名称	姓名	性别	民族	院校名称
王如霞	女	汉	陇南师范高等专科学校	杨志杰	男	汉	青海民族大学
庞进虎	男	汉	天水师范学院	张威龙	男	汉	河西学院
费成俊	男	汉	大连艺术学院	魏小霞	女	汉	河西学院
李东刚	男	汉	黑龙江工业学院	王凤凤	女	汉	安康学院
谢永丽	女	汉	甘肃民族师范学院	辛春苗	女	汉	九江学院
赵生龙	男	汉	黑龙江工业学院	拦海妹	女	汉	定西师范高等专科学校
章胜利	男	汉	兰州城市学院	王丽丽	女	汉	南昌理工学院
赵文平	男	汉	新余学院	贾禄娟	女	汉	西北师范大学知行学院
孙勇强	男	汉	陇南师范高等专科学校	蒲媛媛	女	汉	陇南师范高等专科学校
王临临	女	汉	兰州文理学院				

2014年

姓名	性别	民族	院校名称	姓名	性别	民族	院校名称
张俊卫	男	汉	重庆大学	赵双龙	男	汉	西北师范大学
李红霞	女	汉	甘肃政法学院	姜海军	男	汉	兰州交通大学
江进红	女	汉	西北师范大学	吴娟娟	女	汉	西北师范大学
齐圆圆	女	汉	甘肃政法学院	康卫卫	男	汉	甘肃政法学院
杨倩宏	男	汉	甘肃农业大学	铁蕊	女	回	西北师范大学
杨海霞	女	汉	甘肃政法学院	梁胜平	男	汉	甘肃农业大学
管娟娟	女	汉	兰州城市学院	马海成	男	回	西北师范大学
兰娜	女	汉	甘肃政法学院	王英明	男	汉	甘肃中医学院
刘绍俊	男	汉	天津中医药大学	何小七	女	汉	甘肃农业大学
沈小涓	女	汉	天水师范学院	李文强	男	汉	甘肃农业大学
柏俊伟	男	汉	天水师范学院	魏秀秀	女	汉	吕梁学院
杨菊梅	女	汉	河西学院	马晓瑜	男	回	西北民族大学
罗斌	男	汉	河西学院	罗胜霞	女	汉	河西学院
胡旭霞	女	汉	河西学院	杜渊鑫	男	汉	河西学院
王国栋	男	汉	甘肃民族师范学院	王路路	女	汉	甘肃民族师范学院
刘彩芳	女	汉	河西学院	姚金发	男	汉	甘肃民族师范学院

续表

姓名	性别	民族	院校名称	姓名	性别	民族	院校名称
江 发	男	汉	甘肃农业大学	曾文霞	女	汉	平凉医学高等专科学校
刘化伟	男	汉	河西学院	韩文强	男	汉	甘肃民族师范学院
祁婷婷	女	汉	甘肃农业大学	马艳芳	女	回	甘肃民族师范学院
王青辉	男	汉	甘肃民族师范学院	王 真	男	回	甘肃民族师范学院
冯小红	女	回	甘肃民族师范学院	王菊芳	女	汉	甘肃民族师范学院
杨红艳	女	汉	甘肃民族师范学院	李阳阳	男	汉	甘肃民族师范学院
黄青霞	女	汉	甘肃民族师范学院	马学忠	男	回	甘肃民族师范学院
杜秀梅	女	汉	西北师范大学知行学院	宋子蔚	女	汉	甘肃民族师范学院
杜兴哲	男	汉	西北师范大学知行学院	王海鹏	男	汉	河西学院
王晓鹏	男	汉	天水师范学院	王俊霞	女	汉	西北师范大学知行学院
马 英	男	回	甘肃民族师范学院	杨俊红	女	汉	西北师范大学知行学院
章健兄	女	汉	甘肃民族师范学院	王丽丽	女	汉	甘肃民族师范学院
李正艳	女	汉	甘肃民族师范学院	张海燕	男	汉	北方民族大学
张欣欣	女	汉	西北师范大学知行学院	马洪涛	男	回	甘肃民族师范学院
辛龙龙	男	汉	陇东学院	黄占忠	男	汉	陇东学院
杨学伟	男	汉	西北师范大学知行学院	郭莲平	女	汉	西北师范大学知行学院
崔文才	男	汉	西北师范大学知行学院	杨小飞	男	汉	陇东学院
王维兄	女	汉	河西学院	唐延会	男	汉	兰州商学院陇桥学院
马占龙	男	回	甘肃民族师范学院	王晶晶	女	汉	西北师范大学知行学院
马国风	男	汉	河西学院	乩承平	男	汉	河西学院
张俊发	男	汉	陇东学院	杨翠娥	女	汉	河西学院
马正福	男	回	西北民族大学	马玉良	男	东乡	西北民族大学
王 宁	男	汉	甘肃中医学院	杜渊博	男	汉	洛阳职业技术学院
韩冬雄	男	汉	河西学院	杜玉红	女	汉	兰州商学院长青学院
张宏玉	女	藏	西北民族大学	吴姗姗	女	汉	河西学院
李迎晖	女	汉	兰州商学院长青学院	张学贵	男	汉	河西学院
孙学平	男	汉	河西学院	杨彦义	女	汉	河西学院
吴东升	男	汉	兰州交通大学博文学院	曾国红	女	汉	甘肃民族师范学院
马福云	男	回	甘肃民族师范学院	何中虎	男	汉	河西学院
李正丽	女	汉	河西学院	郭彩霞	女	汉	兰州理工大学工程技术学院

续表

姓名	性别	民族	院校名称	姓名	性别	民族	院校名称
马兰平	女	汉	兰州商学院长青学院	姚延珍	女	汉	陇东学院
孙学芳	女	汉	兰州交通大学博文学院	袁辉	男	汉	陇东学院
马艳霞	女	回	甘肃民族师范学院	赵盘云	男	汉	甘肃民族师范学院
马富忠	男	回	甘肃民族师范学院	杨俊国	男	汉	甘肃中医学院
马永海	男	东乡	甘肃民族师范学院	朱园圆	女	汉	石家庄医学高等专科学校
王洲平	男	汉	甘肃民族师范学院	刘奋娟	女	汉	甘肃民族师范学院
曹俊霞	女	汉	陇南师范高等专科学校	王俊秀	女	汉	陇南师范高等专科学校
马兰	女	回	甘肃政法学院	孙丽丽	女	汉	河西学院
高珍珍	女	汉	陇南师范高等专科学校	周万龙	男	回	甘肃民族师范学院
刘斌	男	汉	平凉医学高等专科学校	朱艳霞	女	汉	兰州工业学院
马明	男	回	甘肃民族师范学院	张威鹏	男	汉	兰州商学院长青学院
高志峰	男	回	甘肃民族师范学院	雷红霞	女	汉	石家庄医学高等专科学校
孙碧云	女	汉	齐鲁理工学院	雷明霞	女	汉	石家庄医学高等专科学校
尤文利	男	汉	河西学院	李多智	男	汉	甘肃民族师范学院
王彪	男	回	甘肃民族师范学院	秦丽丽	女	汉	西北师范大学知行学院
白海月	男	汉	河西学院	包玲玲	女	汉	兰州商学院陇桥学院
陶海月	女	汉	甘肃民族师范学院	张珍珍	女	汉	甘肃民族师范学院
费成俊	男	汉	河西学院	雷亚婷	女	汉	陇南师范高等专科学校
马鑫	男	东乡	甘肃民族师范学院	马胜利	男	汉	陇南师范高等专科学校
王小俊	男	汉	甘肃中医学院	张敬伟	男	回	陇南师范高等专科学校
赵星星	女	汉	西北师范大学知行学院	马学英	女	回	甘肃中医学院
王斌	男	回	河西学院	王文春	男	汉	西北师范大学知行学院
杨媛媛	女	汉	昌吉学院	苏俊发	男	汉	兰州商学院长青学院
马玉龙	男	回	河西学院	贺燕燕	女	汉	信阳师范学院
李斯娟	女	汉	湖北师范学院	崔永花	女	汉	石家庄医学高等专科学校
牟冰艳	女	回	西安工程大学	马学智	男	回	甘肃民族师范学院
张瑞雪	男	汉	河西学院	马玉明	男	回	河北外国语学院
吴珊珊	女	汉	哈尔滨广厦学院	杨苗苗	女	汉	淮南师范学院
马玉龙	男	回	河西学院	李成兰	女	汉	兰州文理学院
管云云	女	汉	石家庄医学高等专科学校	马金龙	男	回	南昌工学院

续表

姓名	性别	民族	院校名称	姓名	性别	民族	院校名称
孙文燕	女	汉	湖南女子学院	汪小俊	男	汉	天水师范学院
王雪霞	女	汉	石家庄医学高等专科学校	黄佛林	男	汉	兰州商学院长青学院
杨倩倩	女	汉	湘南学院	姜国财	男	汉	湖北文理学院
马英财	男	回	甘肃民族师范学院	章清花	女	汉	陇南师范高等专科学校
杨萍萍	女	汉	西北师范大学知行学院	张小和	男	汉	西北师范大学知行学院
孙 博	男	汉	广西艺术学院	柳明全	男	汉	湖北民族学院
王彩霞	女	汉	兰州交通大学博文学院	李青恒	女	汉	湖南女子学院
王忠文	男	汉	怀化学院	蒲光胜	男	汉	石家庄医学高等专科学校
杨国红	女	汉	内江师范学院	冯倩倩	女	汉	咸阳师范学院
王俊云	男	汉	甘肃民族师范学院	李伟俊	男	回	兰州商学院长青学院
宋婷婷	女	汉	甘肃中医学院	李生强	男	汉	河西学院
马 杰	男	回	黄河科技学院	杨国仪	男	汉	萍乡学院
马志强	男	回	石家庄医学高等专科学校	解艳霞	女	汉	甘肃中医学院
马文靖	男	汉	甘肃民族师范学院	白丽丽	女	汉	甘肃中医学院
江润发	男	汉	兰州航空职工大学	拜玉忠	男	回	南昌工学院
仙国强	男	汉	巢湖学院	张圆圆	女	汉	许昌学院
陈国昌	男	汉	南昌工学院				

2015年

姓名	性别	民族	院校名称	姓名	性别	民族	院校名称
李 霞	女	汉	兰州理工大学	王永合	男	回	兰州大学
刘文智	男	回	西北师范大学	秦林霞	女	汉	西北师范大学
江金涛	女	汉	兰州理工大学	马晓晴	女	回	西北师范大学
宋慧娟	女	汉	西北师范大学	马 玲	女	汉	甘肃政法学院
王小龙	男	回	西北师范大学	马伟国	男	回	兰州交通大学
马燕艳	女	回	西北师范大学	黄志云	男	汉	甘肃中医药大学
秦丹丹	女	汉	甘肃政法学院	韩得芳	女	汉	兰州城市学院
马倩玲	女	回	西北师范大学	马红艳	女	回	西北师范大学
马羽晨	女	回	西北师范大学	张林鹏	男	汉	甘肃中医药大学
曾文亮	男	汉	兰州交通大学	韩正梅	女	汉	天水师范学院

续表

姓名	性别	民族	院校名称	姓名	性别	民族	院校名称
张永霞	女	汉	兰州城市学院	武霞霞	女	汉	甘肃民族师范学院
李重阳	女	汉	河西学院	马 林	男	回	西北民族大学
郭海强	男	汉	河西学院	江福娟	女	汉	甘肃民族师范学院
刘倩倩	女	汉	甘肃农业大学	张冬霞	女	汉	甘肃中医药大学
韩巧红	女	汉	甘肃民族师范学院	李艳林	男	汉	甘肃民族师范学院
耿小艳	女	汉	甘肃民族师范学院	杨永祥	男	汉	兰州交通大学
尹海霞	女	汉	甘肃民族师范学院	张翠珠	女	汉	甘肃民族师范学院
杨灵芝	女	汉	兰州理工大学	杜渊博	男	汉	甘肃民族师范学院
朱瑞蓓	女	汉	兰州理工大学	罗学福	男	汉	甘肃民族师范学院
何志燕	女	汉	天水师范学院	马小丽	女	汉	甘肃民族师范学院
马艳霞	女	回	甘肃民族师范学院	马玉琼	女	回	兰州理工大学
文斌斌	男	汉	甘肃民族师范学院	康进强	男	汉	甘肃农业大学
铁玉轩	男	回	兰州理工大学	韩 伟	男	回	甘肃民族师范学院
邱玉芳	女	汉	甘肃民族师范学院	周伟霞	女	汉	甘肃民族师范学院
姚文文	男	汉	甘肃民族师范学院	袁 鹏	男	汉	甘肃农业大学
韩增林	男	汉	甘肃农业大学	王强真	男	汉	甘肃民族师范学院
石倩倩	女	汉	甘肃民族师范学院	金学萍	女	汉	河西学院
乩青青	女	汉	河西学院	马红萍	女	回	甘肃民族师范学院
穆小青	女	汉	兰州财经大学陇桥学院	张宏红	女	藏	西北民族大学
亢灵芝	女	汉	河西学院	白志强	男	回	西北师范大学
王艳霞	女	汉	兰州财经大学陇桥学院	李彩红	女	汉	兰州财经大学陇桥学院
张彩霞	女	汉	兰州财经大学陇桥学院	何彩萍	女	汉	兰州财经大学陇桥学院
管青娥	女	汉	兰州财经大学陇桥学院	李红霞	女	汉	兰州财经大学陇桥学院
邓丽霞	女	汉	兰州财经大学陇桥学院	他广朋	男	汉	兰州城市学院
姬春明	男	汉	兰州交通大学博文学院	孙大燕	女	汉	陇南师范高等专科学校
杜廷红	女	汉	兰州交通大学长青学院	余国忠	男	汉	兰州城市学院
魏文斌	男	汉	河西学院	李建国	男	汉	兰州工业学院
王孝兰	女	汉	石家庄医学高等专科学校	赵桂芳	女	汉	甘肃农业大学
喇慧芳	女	回	甘肃民族师范学院	李元林	男	汉	河西学院
马腾云	男	回	甘肃民族师范学院	胡小文	男	汉	陇东学院

续表

姓名	性别	民族	院校名称	姓名	性别	民族	院校名称
祁政国	男	汉	河西学院	张元元	女	汉	兰州财经大学陇桥学院
宋林林	男	汉	兰州财经大学陇桥学院	杨鲜鲜	女	汉	兰州财经大学陇桥学院
刘利琼	女	汉	陇南师范高等专科学校	郭婷婷	女	汉	兰州财经大学长青学院
罗平霞	女	汉	兰州工业学院	尚维军	男	回	甘肃农业大学
韩文俊	男	汉	陇东学院	马艳梅	女	回	甘肃政法学院
赵 红	女	汉	兰州财经大学长青学院	赵永兰	女	汉	兰州城市学院
柳居霞	女	汉	甘肃中医药大学	李彦如	女	汉	河西学院
白斌利	男	汉	陇南师范高等专科学校	王军辉	男	汉	陇东学院
何光明	男	汉	兰州财经大学长青学院	马志国	男	回	甘肃民族师范学院
王 涛	男	回	甘肃民族师范学院	贾震兄	男	汉	陇南师范高等专科学校
杨国利	男	汉	兰州财经大学长青学院	李月娥	女	汉	陇南师范高等专科学校
朱丽丽	女	汉	河西学院	他登林	男	汉	陇东学院
马延林	男	回	甘肃民族师范学院	王华林	男	回	甘肃民族师范学院
崔永花	男	汉	张家口学院	杜卫平	男	汉	新疆师范高等专科学校
赵宗辉	男	汉	甘肃中医药大学	康兴明	男	汉	甘肃中医药大学
豆金明	男	汉	甘肃民族师范学院	马金龙	男	回	甘肃民族师范学院
孙碧云	男	汉	甘肃中医药大学	陕秀花	女	回	甘肃民族师范学院
雷丽丽	女	汉	兰州工业学院	马国霞	女	回	河西学院
牟彩红	女	汉	甘肃中医药大学	杨宝童	男	汉	兰州工业学院
高么乃	男	回	兰州理工大学工程技术学院	马文才	男	回	宁波大红鹰学院
苏俊发	男	汉	天水师范学院	高 麟	男	回	甘肃民族师范学院
杨翠翠	女	汉	甘肃民族师范学院	赵正华	男	东乡	河西学院
何举辉	男	汉	甘肃医学院	周瑜莲	女	东乡	陇南师范高等专科学校
赵伟玉	女	汉	陇南师范高等专科学校	雷红霞	女	汉	甘肃中医药大学
王学丽	女	汉	甘肃中医药大学	马小虎	男	回	河北北方学院
江盼盼	女	汉	甘肃中医药大学	韩国林	男	回	河西学院
丁玉红	女	东乡	河西学院	马培礼	男	回	甘肃民族师范学院
韩敏钊	男	汉	西北师范大学知行学院	赵学峰	男	汉	中央民族大学
赵亮亮	男	汉	遵义师范学院	陶国俊	男	汉	甘肃民族师范学院

续表

姓名	性别	民族	院校名称	姓名	性别	民族	院校名称
赵　荣	男	藏	甘肃民族师范学院	马明清	男	回	陇东学院
马俊云	男	回	陇东学院	赵国平	男	汉	河西学院
朱庆鹏	男	汉	甘肃民族师范学院	郭春霞	女	汉	甘肃民族师范学院
余早芳	女	汉	兰州交通大学博文学院	胡俊君	女	汉	兰州财经大学陇桥学院
宋永平	男	汉	兰州文理学院	朱秀花	女	汉	陇南师范高等专科学校
卡海腾	男	汉	兰州财经大学长青学院	徐　阳	男	汉	兰州理工大学工程技术学院
马春芳	女	东乡	甘肃民族师范学院	江旭红	女	汉	河西学院
王光荣	男	汉	河西学院	马胜利	男	汉	兰州财经大学长青学院
贾埂拥	男	汉	兰州交通大学博文学院	张海燕	女	汉	南昌工学院
马玉玲	女	撒拉	北京科技大学天津学院	刘平梅	女	汉	兰州交通大学博文学院
朱明发	男	汉	昌吉学院	张小青	女	汉	河西学院
秦斌斌	男	汉	兰州理工大学工程技术学院	王红红	女	汉	郑州工业应用学院
蒲光胜	男	汉	兰州交通大学博文学院	康彩芳	女	汉	河西学院
陈元元	女	汉	焦作师范高等专科学校	沈建利	女	汉	宁夏大学
李永智	男	汉	兰州理工大学工程技术学院	穆丽娟	女	汉	兰州交通大学博文学院
刘建荣	男	汉	湖北文理学院	杨文秀	女	汉	甘肃中医药大学
马　瑞	男	回	甘肃民族师范学院	李明辉	男	汉	兰州交通大学博文学院
李明明	男	汉	河西学院	马光月	男	回	甘肃民族师范学院
刘金银	男	汉	兰州文理学院	杨秀文	男	汉	西北师范大学知行学院
孙慧强	男	汉	兰州文理学院	马玉明	男	东乡	兰州理工大学工程技术学院
马旭婷	女	回	河西学院	马占海	男	回	河西学院
马忠英	男	藏	南昌工学院	刘银芝	女	汉	甘肃中医药大学
沈彦琼	男	汉	池州学院	章彩红	女	汉	黄淮学院
余林芝	女	汉	山东师范大学	张俊龙	男	汉	甘肃民族师范学院
肖玉芳	女	汉	琼台师范高等专科学校	陶雨红	女	汉	上饶师范学院
拦娟娟	女	汉	陇南师范高等专科学校	王倩倩	女	汉	天水师范学院
杨伟忠	男	汉	巢湖学院	赵燕霞	女	汉	河西学院
尹小娟	女	汉	西北师范大学	杨瑞琦	女	汉	陇南师范高等专科学校
郭　晶	女	汉	安庆师范学院	王喜明	男	汉	山东现代学院
线永华	男	汉	兰州文理学院	李云泽	男	汉	湘南学院

续表

姓名	性别	民族	院校名称	姓名	性别	民族	院校名称
马晓庆	女	东乡	西北师范大学知行学院	马 强	男	回	天水师范学院
杨文娟	女	汉	河西学院	杜鑫涛	男	汉	甘肃中医药大学
贾欣欣	女	汉	甘肃民族师范学院	李兵兵	男	汉	青海民族大学
马 斌	男	东乡	北方民族大学	冯娇娇	女	汉	巢湖学院
马彩霞	女	汉	安康学院	张云云	男	汉	兰州财经大学长青学院
马小霞	女	汉	河西学院	吴春生	男	汉	甘肃民族师范学院
李世友	男	汉	兰州航空职工大学	庞正正	男	汉	连云港师范高等专科学校
陈立婷	女	汉	甘肃中医药大学	江荣光	男	汉	海南师范大学
马 瑛	女	回	天水师范学院	张亭亭	女	汉	天水师范学院
韩俊芳	女	汉	遵义师范学院	敏 雪	女	回	陇东学院
江婷亮	男	汉	巢湖学院	郭俊伟	男	汉	山东交通学院
赵海兵	男	汉	长治学院	王菊芳	女	藏	甘肃民族师范学院
王 婷	女	汉	甘肃中医药大学	蒲维清	男	汉	甘肃民族师范学院
宋子顺	男	汉	山东现代学院	李倩倩	女	汉	兰州财经大学长青学院
宋子红	女	汉	广西师范学院	唐利霞	女	汉	南京特殊教育师范学院
王晓俊	男	回	西北师范大学知行学院	韩娟娟	女	汉	重庆传媒职业学院
杨珊珊	女	汉	黑龙江工业学院	陈小红	女	汉	陇南师范高等专科学校
芝伟国	男	汉	兰州财经大学长青学院	李生强	男	汉	黄淮学院
秦筱薇	女	汉	兰州文理学院	吴胜利	男	汉	甘肃中医药大学

2016年

姓名	性别	民族	院校名称	姓名	性别	民族	院校名称
马 方	男	回	西北师范大学	韩 伟	男	回	西北师范大学
马雪梅	女	回	西北师范大学	杨占忠	男	汉	西北师范大学
陈 帆	男	汉	西北师范大学	江旭萍	女	汉	西北师范大学
康永花	女	汉	西北师范大学	张学忠	男	汉	西北师范大学
赵俊杰	男	汉	郑州大学	马 霞	女	回	西北民族大学
马俊锋	男	回	西北民族大学	王艳艳	女	汉	天水师范学院
徐俊霞	女	汉	天水师范学院	郭芬芬	女	汉	天水师范学院

续表

姓名	性别	民族	院校名称	姓名	性别	民族	院校名称
杨艳艳	女	汉	天津商业大学	李卫云	男	汉	太原理工大学
常兴新	男	汉	邵阳学院	卢东莉	女	汉	邵阳学院
赵小青	女	汉	上饶师范学院	马玲洁	女	汉	上饶师范学院
辛帆军	男	汉	宁夏大学	何佛云	男	汉	南昌工学院
李小帆	女	回	陇东学院	陶旭红	女	汉	丽水学院
汪自腾	女	汉	兰州文理学院	马彩霞	女	回	兰州文理学院
祁俊俊	女	汉	兰州文理学院	宋梅玲	女	回	兰州理工大学
王栋仪	男	汉	兰州理工大学	王文豪	男	汉	兰州理工大学
沈文军	男	汉	兰州交通大学	何海忠	男	汉	兰州交通大学
韩敏钊	男	汉	兰州交通大学	陈义龙	男	汉	长治学院
王燕强	男	汉	长沙师范学院	马东雄	男	汉	长江师范学院
蒲旭光	男	汉	云南艺术学院	韩秀青	女	汉	新余学院
周雷正	男	汉	湘南学院	柳栋	男	汉	兰州航空职工大学
朱学智	男	汉	兰州航空职工大学	王新艳	女	汉	兰州城市学院
赵庆彦	男	汉	兰州城市学院	张明霞	女	汉	兰州城市学院
马燕燕	女	回	兰州城市学院	王鹏	男	汉	兰州城市学院
杨兴慧	女	汉	兰州财经大学	代海芳	女	汉	兰州财经大学
王永芳	女	汉	兰州财经大学	尹生芳	女	汉	兰州财经大学
赵文涛	女	汉	焦作大学	郭博青	女	汉	焦作大学
何艳芳	女	汉	湖南文理学院	段学霞	女	汉	湖南理工学院
郭俊强	男	汉	湖南科技学院	江贵发	男	汉	湖南科技学院
蒲忠明	男	汉	重庆人文学院	沈志伟	男	汉	湖南第一师范学院
马安福	男	汉	河西学院	王艳丽	女	汉	河西学院
赵晓燕	女	汉	河西学院	蒲军霞	女	汉	河西学院
王军	男	汉	河西学院	苏小华	男	汉	河西学院
杨巧云	女	汉	河西学院	赵文菊	女	汉	河西学院
张莉莉	女	汉	河西学院	马继胜	男	汉	河西学院
王倩倩	女	汉	河西学院	杨小平	男	汉	河西学院
胡磊	男	汉	河西学院	杜天恩	男	汉	广西师范学院
穆永洁	女	汉	广西师范大学	李千千	女	汉	广西民族师范学院

续表

姓名	性别	民族	院校名称	姓名	性别	民族	院校名称
敏炭丽	女	保安	甘肃中医药大学	张月霞	女	汉	甘肃中医药大学
朱燕华	女	汉	甘肃中医药大学	王丽娟	女	汉	甘肃中医药大学
康鹏瑜	男	汉	甘肃医学院	兰小燕	女	汉	甘肃农业大学
马艳	女	回	甘肃农业大学	马国林	男	汉	遵义师范学院
刘少发	男	汉	甘肃民族师范学院	马丽珺	女	汉	甘肃民族师范学院
铁晓红	女	回	甘肃民族师范学院	陕秀秀	女	回	甘肃民族师范学院
何淑珍	女	汉	甘肃民族师范学院	刘学睿	女	汉	甘肃民族师范学院
马燕	女	回	甘肃民族师范学院	陈明鹏	男	汉	甘肃民族师范学院
赵永平	男	汉	甘肃民族师范学院	马玉红	女	汉	甘肃民族师范学院
柏青忠	男	汉	甘肃民族师范学院	牛文华	男	汉	甘肃民族师范学院
马占林	男	回	甘肃民族师范学院	马成俊	男	回	甘肃民族师范学院
马伟	男	回	甘肃民族师范学院	柏国伟	男	汉	甘肃民族师范学院
马梅兰	女	东乡	甘肃民族师范学院	惠海峰	男	汉	甘肃民族师范学院
马倩	女	东乡	甘肃民族师范学院	马龙	男	回	甘肃民族师范学院
罗茸茸	女	汉	甘肃民族师范学院	马兰花	女	回	甘肃民族师范学院
韩有博	男	回	甘肃民族师范学院	丁逸帆	女	回	甘肃民族师范学院
朱翠芬	女	汉	甘肃民族师范学院	马振华	男	回	甘肃民族师范学院
王卫霞	女	汉	甘肃民族师范学院	方会珍	女	汉	甘肃民族师范学院
王君君	女	回	甘肃民族师范学院	马明	男	回	甘肃民族师范学院
祁忠图	男	汉	甘肃民族师范学院	马玉玲	女	撒拉	甘肃民族师范学院
刘文霞	女	汉	甘肃民族师范学院	马文军	男	回	甘肃民族师范学院
邱晓娟	女	汉	甘肃民族师范学院	马伟	男	回	甘肃民族师范学院
张俊梅	女	汉	甘肃民族师范学院	宋佳丽	女	汉	甘肃民族师范学院
崔燕燕	女	汉	巢湖学院	王亚庆	女	汉	巢湖学院
卜金秀	女	汉	巢湖学院	石金同	男	汉	昌吉学院
王永栋	男	汉	安康学院	贾晨阳	男	汉	安康学院
朱杰	男	汉	西京学院	白东升	男	汉	安徽工程大学
徐娟娟	女	汉	兰州财经大学长青学院	封圆圆	女	汉	兰州财经大学长青学院
拦春燕	女	汉	兰州财经大学长青学院	周国瑞	女	汉	兰州财经大学长青学院
马忠	男	回	兰州财经大学长青学院	周进霞	女	汉	兰州财经大学陇桥学院

续表

姓名	性别	民族	院校名称	姓名	性别	民族	院校名称
薛旺伟	男	汉	兰州财经大学陇桥学院	杨爱荣	女	汉	兰州财经大学陇桥学院
王彩芳	女	汉	兰州财经大学陇桥学院	张雪琳	女	汉	兰州财经大学陇桥学院
王胜刚	男	汉	兰州财经大学陇桥学院	杜生辉	男	汉	兰州理工大学工程技术学院
杨永燕	女	汉	兰州理工大学工程技术学院	赵富兰	女	汉	兰州理工大学工程技术学院
王进平	男	汉	兰州理工大学工程技术学院	罗江雪	女	汉	兰州理工大学工程技术学院
孙冬燕	女	汉	甘肃中医药大学	吴英成	女	汉	甘肃中医药大学
王学林	男	汉	甘肃中医药大学	赵艳红	女	汉	甘肃中医药大学
朱海鹏	男	汉	甘肃中医药大学	王艳林	男	汉	西北师范大学知行学院
田丽娟	女	汉	西北师范大学知行学院	秦露露	女	汉	西北师范大学知行学院
李志明	男	汉	兰州交通大学博文学院	王娟霞	女	汉	兰州交通大学博文学院
綫文绞	男	汉	兰州交通大学博文学院	赵海琼	女	汉	兰州交通大学博文学院
侯彬霞	女	汉	宜春幼儿师范高等专科学校	崔新花	女	汉	宜春幼儿师范高等专科学校
张学红	女	汉	陇南师范高等专科学校	王学红	女	汉	陇南师范高等专科学校
罗英霞	女	汉	陇南师范高等专科学校	郭君红	女	汉	陇南师范高等专科学校
张永红	女	汉	陇南师范高等专科学校	王兵兵	男	汉	陇南师范高等专科学校
吴瑞瑞	女	汉	陇南师范高等专科学校	杜秀兰	女	汉	石家庄医学高等专科学校
李国珍	女	汉	湖北幼儿师范高等专科学校	罗江雪	女	汉	兰州理工大学工程技术学院
马龙	男	回	甘肃民族师范学院	赵海琼	女	汉	兰州交通大学博文学院
柳栋	男	汉	兰州航空职工大学	朱杰	男	汉	西京学院

2017年

姓名	性别	民族	院校名称	姓名	性别	民族	院校名称
田俊俏	女	汉	黑龙江中医药大学	王亭亭	女	汉	兰州大学
拜玉珍	女	东乡	西北师范大学	王倩倩	女	汉	甘肃中医药大学
马秀兰	女	回	西北师范大学	董英龙	男	汉	甘肃中医药大学
马珊珊	男	汉	青岛理工大学	铁永艳	女	回	河西学院
邱斌磊	男	汉	兰州理工大学	王书雅	女	汉	兰州城市学院
张国桢	男	汉	兰州交通大学	李洋洋	男	汉	河西学院
赵刚	男	汉	甘肃民族师范学院	朱姝琳	女	汉	甘肃民族师范学院

续表

姓名	性别	民族	院校名称	姓名	性别	民族	院校名称
汪自腾	女	汉	河西学院	魏俊霞	女	汉	甘肃民族师范学院
何淑兰	女	汉	甘肃民族师范学院	马云	男	回	兰州交通大学
张宁宁	女	汉	甘肃民族师范学院	罗娜	女	汉	甘肃民族师范学院
杨倩倩	女	汉	甘肃民族师范学院	马春兰	女	回	西北师范大学
马强	男	回	兰州交通大学	孙俊霞	女	汉	甘肃农业大学
马兰花	女	回	西北师范大学	李娟娟	女	汉	甘肃中医药大学
拜学海	男	回	甘肃民族师范学院	张学红	女	汉	甘肃中医药大学
马玲	女	回	甘肃民族师范学院	秦宁宁	女	汉	兰州财经大学陇桥学院
马倩龙	男	撒拉	兰州文理学院	尚梅英	女	回	河西学院
周冬云	男	汉	河西学院	杨琴	女	汉	兰州财经大学长青学院
王君兰	女	汉	兰州财经大学陇桥学院	马小平	女	汉	兰州财经大学陇桥学院
马忠明	男	东乡	西北民族大学	马俊	男	回	西北师范大学
马瑞	男	回	西北民族大学	马玉红	女	回	甘肃民族师范学院
马蕊	女	回	西北民族大学	尚健芬	女	回	甘肃民族师范学院
马索飞牙	女	回	甘肃民族师范学院	蒲光明	男	汉	河西学院
冯红红	女	汉	甘肃中医药大学	杨光明	男	汉	兰州城市学院
张俊霞	女	回	甘肃民族师范学院	马兰	女	回	陇南师范高等专科学校
马媛媛	女	保安	甘肃民族师范学院	怡带兄	女	汉	兰州财经大学长青学院
张真真	女	汉	兰州文理学院	刘慧玲	女	汉	陇东学院
秦虎伟	男	汉	陇南师范高等专科学校	马尕索	女	回	陇东学院
马永梅	女	回	甘肃农业大学	韩玉花	女	东乡	甘肃民族师范学院
穆占霞	女	汉	河西学院	杨纤纤	女	汉	甘肃民族师范学院
秦辉娟	女	汉	河西学院	他亚丽	女	汉	兰州财经大学长青学院
梁鹏	男	汉	甘肃民族师范学院	郭霞	女	汉	甘肃民族师范学院
杨俊霞	女	汉	兰州交通大学博文学院	吴雪静	女	汉	河西学院
何小明	男	汉	甘肃民族师范学院	辛婷婷	女	汉	甘肃民族师范学院
祁丹丹	女	汉	兰州财经大学长青学院	胡国红	女	汉	河西学院
谢小燕	女	藏	甘肃民族师范学院	李云霞	女	汉	兰州交通大学博文学院
周康文	女	汉	陇南师范高等专科学校	江旭萍	女	汉	甘肃民族师范学院
王光义	男	汉	甘肃医学院	王小平	男	汉	甘肃民族师范学院

续表

姓名	性别	民族	院校名称	姓名	性别	民族	院校名称
马娟娟	女	东乡	陇南师范高等专科学校	胡任庆才让	男	藏	甘肃民族师范学院
杨小花	女	汉	甘肃中医药大学	张慧芳	女	汉	陇南师范高等专科学校
孟琴琴	女	汉	江西中医药专科学校	朱萌俊	女	汉	陇南师范高等专科学校
李军合	男	汉	甘肃中医药大学	马秀清	女	回	陇南师范高等专科学校
冯永霞	女	汉	陇南师范高等专科学校	丁丽琼	女	回	甘肃民族师范学院
田振平	男	汉	兰州交通大学博文学院	蒲彩兰	女	汉	甘肃中医药大学
郭学青	女	汉	甘肃中医药大学	王学芳	女	汉	兰州航空职工大学
祁丽蓉	女	汉	甘肃中医药大学	马艳霞	女	汉	陇南师范高等专科学校
耿海旺	男	汉	兰州交通大学博文学院	刘彩红	女	汉	兰州交通大学博文学院
刘国辉	女	汉	甘肃中医药大学	李占云	男	汉	兰州交通大学博文学院
蒲娟娟	女	汉	甘肃医学院	黄小璐	女	汉	甘肃医学院
惠燕燕	女	汉	甘肃中医药大学	王晴晴	女	汉	陇南师范高等专科学校
炭维清	男	回	甘肃中医药大学	他天福	男	汉	石家庄医学高等专科学校
马雅龙	男	回	石家庄医学高等专科学校	刘学晶	女	汉	兰州理工大学工程技术学院
白朋安	男	汉	河西学院	王鑫	男	东乡	甘肃民族师范学院
贾玉霞	女	汉	甘肃中医药大学	张海秀	女	汉	河西学院
马英霞	女	回	甘肃民族师范学院	邓冬冬	男	汉	河西学院
姬珍霞	女	汉	陇南师范高等专科学校	马雪梅	女	东乡	甘肃民族师范学院
陶玉娇	女	汉	西北师范大学	赵换换	女	汉	陇南师范高等专科学校
马晓兰	女	回	甘肃民族师范学院	马利伟	男	汉	甘肃民族师范学院
周玉玉	女	回	湖南商学院	马逢青	男	回	兰州城市学院
杨崔虎	男	汉	山东协和学院	马东红	女	汉	陇南师范高等专科学校
马艳	女	汉	甘肃民族师范学院	訾小翠	女	汉	陇东学院
尹倩	女	汉	山东现代学院	陈玉伟	男	汉	甘肃中医药大学
马文俊	男	回	甘肃民族师范学院	马富强	男	东乡	烟台南山学院
邱新芳	女	汉	陇南师范高等专科学校	范玉文	男	汉	石家庄医学高等专科学校
康永芳	女	汉	陇东学院	李东芳	女	汉	长治学院
赵琴	女	汉	兰州工业学院	常玉玉	女	汉	甘肃中医药大学
陈亮亮	男	汉	兰州财经大学陇桥学院	丁萍	女	回	山东现代学院
侯易发	男	汉	甘肃民族师范学院	穆秀珍	女	汉	西北师范大学知行学院

续表

姓名	性别	民族	院校名称	姓名	性别	民族	院校名称
马永鑫	男	回	西安交通工程学院	康晶源	男	汉	西安交通工程学院
陈耀祖	男	汉	西北师范大学知行学院	代国强	男	汉	河西学院
常文文	女	汉	哈尔滨学院	王学明	男	汉	甘肃民族师范学院
马俊霞	女	汉	甘肃民族师范学院	杜艳丽	女	汉	西北师范大学知行学院
李居民	男	汉	太原师范学院	刘东旭	男	汉	西北师范大学知行学院
薛林鹏	男	汉	兰州交通大学博文学院	白晓礼	女	汉	兰州财经大学陇桥学院
刘延龙	男	汉	石家庄医学高等专科学校	白燕军	男	汉	石家庄医学高等专科学校
杜天文	男	汉	石家庄医学高等专科学校	何翠云	女	汉	石家庄医学高等专科学校

第五章 音、体、美、劳教育

第一节 体育

伟大领袖毛泽东说："我们的教育方针，应该使受教育者在德育、智育、体育几方面都得到发展，成为有社会主义觉悟的、有文化的劳动者。"1952年6月10日，毛泽东为中华全国体育总会成立大会题写了"发展体育运动，增强人民体质"十二个大字，为全国人民确立了体育思想。于是，全国各地认真贯彻这一思想，教育行政部门和学校教育对体育工作倍加重视。为打造活力校园，振奋学生精神，临夏县中学自创办以来就非常重视体育方面的教育工作。

一、学校体育教育发展情况

中华人民共和国成立前，私立云亭中小学时期，学校为了增强学生体质，弘扬国术，聘请了军训教官，对学生进行一定的军事训练，并在每学期进行多次军事化野营活动（野外大会操），在"勇敢周"进行童子军训练等。另外，每学期还安排有球类比赛等活动。20世纪六七十年代，学校组建了体育方面的各种业余训练队，如女子垒球队、男/女子篮球队、男/女子田径队等。这些业余训练队在当时专任体育教师的精心指导下进行了专业训练，并在各类比赛中取得了骄人的成绩。1960年1月，学校选拔一名高中男生到甘肃省滑翔机机务人员训练班培训学习；2月底，吴林、马积山、赵永祥、善待龙、杨继周、张玉、张进发、张怀贤、杜成清等9名学生被临夏市委选拔到州上参加了3月初的全州田径运动会，冶中林、王如伟于3月参加了甘肃省中国式摔跤比赛；是年暑假，本校450名学生参加了近一个月的军事野营卫生兵训练活动；9月，

1974、1975、1976年蝉联州、市级中学生环城赛冠军的本校学生解文兰于1978年赴天水参加甘肃省运动会时的留影。

1984年9月，学生陈全忠获甘肃省中学传统项目学校田径运动会全州3000米障碍赛男子组冠军。

学校成立了业余国防俱乐部。1974年1月，本校男子篮球代表队获全州中学生篮球比赛第一名，并代表临夏地区赴天水参加了甘肃省篮球比赛；4月本校女子垒球队获得临夏县垒球比赛第二名。1977年，本校田径队在张春在老师带领下代表韩集区参加临夏市学生运动会取得了骄人成绩：获六个奖项第一、第二名，甲组团体总分第一名。1974、1975、1976年学生解文兰蝉联全州中学生环城赛冠军。1976年，学生陈全忠参加全州"庆元旦"环城赛获第一名。1980年4月临夏回族自治州中学生篮球选拔赛中本校男篮获第一名，并代表临夏地区赴天水参加甘肃省篮球比赛，获第四名。1984年9月，甘肃省中学体育传统项目学校田径运动会全州3000米障碍赛中，本校选手陈全忠获男子组第一名。

1984年以来，学校对体育工作依然常抓不懈。这一时期，学校在早操、课间操中响应上级部门号召，推广第七套广播体操来强健学生体质，之后，为了极力推广"时代在召唤"韵律操，1989年县文教局、县体委在全县分片举行了初中生韵律操比赛，本校获得西南片第二名的好成绩。韵律操由此在本校得到普及。2007年10月全县教职工篮球总决

1977年，学生运动会韩集区代表队田径甲组队取得优异成绩。图为张春在老师与他的队员们合影。

赛中本校教工代表队获得冠军；2013年秋季起，取消了学生在上早操、课间操期间做韵律操的内容，将早操、课间操改为以班为单位在班主任的组织管理和体育委员带领下的激情跑操，声势浩大，振奋了学生精神。

近几年来，为了认真落实"三操两活动"工作，制定了《"三操两活动"量化考核细则》《早操及大课间激情跑操常规》，每年组织全体师生举行田径运动会，并对器材管理、场地设施作了一系列的规定，体育达标率逐年上升。学校11次获得体育方面的集体奖项。自1984年以来，有32人次创造了校运会不同项目的纪录。

1974年，本校篮球代表队获临夏州中学生篮球比赛第一名。

2015年全州中小学生足球比赛中，教师亢志强获"优秀裁判员"称号。2017年10月，临夏回族自治州各级体育传统项目学校通讯赛中本校获得高中组团体总分第一名，教师刘刚获得"优秀教练员"称号，学生马志强、李隆秀（女）被评为优秀运动员。

2007年10月，全县教职工篮球赛总决赛中本校教工队获冠军。

二、近年学校体育工作特点

首先，学校体育工作重点突出，做到了"四个有"：①有分管领导，学校安排有多年分管体育工作经验的副校长分管体育工作；②有工作计划，每学期学校工作计划中有体育工作计划，体育组根据学校的计划将之细化；③有时间保证，落实学生每天活动一小时及落实两课三操活动；④有特长生训练目标，每周训练有计划。

其次，学校进一步规范完善了体育方面的制度，如：《体育、集合常规》《"三操两活动"常规》《"三操两活动"量化考核细则》等，这些制度有力地促进了体育教学工作。

附：

临夏县中学"三操两活动"常规

一、"三操"常规

（一）早操。

早操上操时间为7:03集合，7:05准时上操，要求：

1. 体育委员必须在早操铃声响后整队迅速进入操场，按班级顺次跑操；

2. 跑步时队伍整齐，口号洪亮，不说话，体育委员口号清晰；

3. 班号有精神，抬头挺胸，听从口令，服从组织。

（二）课间操。

课间操上操时间为9:30集合，9:33上操，要求：

1. 站队集合快、静、齐；

2. 班主任按时到岗，认真组织督促；

3. 学生全员参加，准时到（请假等特殊情况补空位）；

4. 做操时动作整齐、规范；

5. 做操完毕后，迅速集合。

（三）眼保健操。

眼保健操时间为每天第七节课后16:05—16:10，要求：

1.做眼保健操时，本班科任教师负责组织认真做操；

2.音乐响起后，学生不能做其他事；

3.做操时，坐姿端正，轻闭双眼，找准穴位，根据节拍按揉穴位。

二、"两活动"常规

（一）课外活动。

课外活动是体育课的延伸，本校积极落实每天锻炼一小时的活动要求，制定了切实可行的实施方策。每天下午17:00—17:40，学校都会组织丰富多彩的课外活动，学校要求各班主任利用课外活动时间组织学生进行50米跑、100米跑、跳绳、踢毽子、立定跳远、拔河、打篮球、打排球、踢足球、打兵乓球等活动，进而达到增强体质的目的。

（二）体育课。

本校体育课教学活动根据国家教育部门的规定和学校体育工作条例，组织实施体育课教学活动，遵循学生身心发展规律，教学内容符合教学大纲和要求，符合学生年龄、性别、特点和所在地区的气候条件，按规定每周每班开设两节课。在课堂教学方面，学校坚持：

1.课堂教学计划先行，体育与健康课程教学计划、单元计划、课时计划齐全，严格按照计划组织体育教学活动，完成体育教学任务，并严格执行国家课程计划开设体育课程，体育开课率100%，教师不能让学生随意停课。

2.认真落实国家课程标准，教学结构优化，教学手段多样，教学方法科学合理。面向全体学生，激发学生的学习兴趣，实现课堂教学三维目标。学校全体教学效果良好，体育教师积极参与学校教育教学改革等多方面课程资源开发，因地制宜上好体育课，使学生素养得到不断提升。

3.积极开展校本研究活动及学校观摩活动，有教研活动计划和活动记录，每周一次的校内教研活动中要及时发现教学中存在的问题并及时改正，保证本校体育教学工作的高效开展。

4.学校根据教学目标，认真组织实施考核。考核结果作为学生综合素质评定内容记入学生档案。

三、器材管理制度

为保证学校体育教学训练和课外活动的有序进行，本着勤俭节约的办事精神，养成爱护公物的美德，为此制定以下几条管理制度。

1.健全保管制度，实行岗位责任制，保管员负责处理借用器材有关事宜，器材添置、遗失、报废等都需造册登记办理相关手续。

2. 凡上课需用的器材，任课教师应提前列清单，标明需要的器材品种、数量，交付保管员准备，并安排值日生领用，下课时清点归还。

3. 特长生领用器材，应经教练员签署意见方可借用，当日用毕立即归还。

2017 年 12 月，全州各级传统体育项目学校通讯赛中本校获高中组团体总分第一名。

4. 各班级课外活动中所用器材，应按体育组安排的轮流表在器材借用簿上写明借用品种、数量，经班主任签名后借用，下课时如数归还。

5. 借用的器材遗失一律按价赔偿，如有损坏视情节另做处理。

6. 凡是校外友好单位借用体育器材时，须经体育组长、总务主任同意后方可办理借用手续。

7. 保管员应做好日常工作，器材摆放要做到井然有序，并指导学生有序摆放。

8. 保管员每周清点器材一次，并呈报学校总务处。

9. 为确保安全，各班必须严格按照划分的教学区和课外活动地点有组织地开展活动。

10. 对某些设备，如篮球架、双杠、单杠、要力求牢固、安全，并经常检查维修，防止发生意外伤害事故。沙坑、跑道，要经常保持松软，无碎石和杂物，以免活动中发生伤害事故。

四、场地设施

学校现有200米塑胶跑道场地一块、篮球架5副、沙坑一块、铅球场地一块、排球场地一块、铅球10个、长跳绳20条、短跳绳20条、拔河绳1条、杠铃2副、垫子15个、打气筒2个、跳高架1副、跳高横杆2根、高双杠6副、单杠2副、接力棒10根、跨栏架10副、发令枪1支、助跳板一块、篮球25只、排球27只、足球23只、乒乓球拍60副、羽毛球30个、乒乓球3包（每包100个）、乒乓球台30个、健身器材18副、棋盘20副、吊梯2副、登梯2副。

附：临夏县中学体育运动集体获奖情况表

临夏县中学学生运动会个人获奖情况表

临夏县中学运动会创造纪录学生情况表

临夏县中学体育运动会集体获奖情况表

运动会名称	时间	获奖称号	授奖单位
州、县级中学篮球赛	1974.1.4	第一名	不详
学校女子垒球赛	1974.4.19	第二名	临夏市教文委
中学生篮球运动会	1974.12.20	男篮冠军、女篮冠军	不详
田径运动会	1977	临夏市中学生田径运动会甲组总分第一名	不详
中学生篮球比赛	1980.4	甘肃省天水篮球比赛全省第四名	州教育局、体委
中学生篮球比赛	1984.9	全县中学生篮球运动会亚军	县体委、文教局
中学生韵律操比赛	1989	中学生韵律操比赛(西南片)第二名	县文教局、体委
全县学校	1990.6.18	一九八九年度体育达标先进集体	州教育局、州体委
初中学生篮球赛	1990.10.17	第一名	县文教局、县体委
中学生韵律操比赛	1991.5.11	全县中学生"迎八运"田径运动会团体总分第一名	县文教局、县体委
全县中学生田径运动会	1992.5.15	全县中学生田径运动会团体总分第一名	县文教局、县体委
达标通讯赛	1993.5	"达标通讯赛先进单位"、"业余训练先进单位"	县文教局、县体委
全县教职工篮球赛	1996	全县教职工篮球比赛第一名	县文教局、县体委
县级中小学广播体操比赛	2000.11	优秀单位	县文教局、县体委
中小学田径运动会	2000.11	男女团体总分第二名	县文教体局
健身活动	2005.12	第五届全民健身活动先进单位	甘肃省体育局
甘肃省第五届全民健身月	2006.4	甘肃省第五届全民健身月活动先进单位	甘肃省体育局
全县教职工篮球赛	2007.10.26	全县教职工篮球总决赛冠军	县文教体局
元旦万人杯大夏河长跑公开赛	2013.1	"元旦万人杯大夏河长跑公开赛"青年组团体第六名	州体育局、市政府
全州各级体育传统项目学校通讯赛	2017	全州各级体育传统项目学校通讯赛（高中组）第一名	州体育局、州教育局

临夏县中学学生运动会个人获奖情况表

姓名	时间	获奖称号
解文兰	1974、1975、1976	州市级成人环城赛第一名
陈全忠	1976、1984.9	全州"庆元旦"环城赛第一名；全州传统项目学校田径运动会 3000 米障碍赛男子组第一名
马腾云	2008	州级三运会 800 米第二名、400 米第三名
马金龙	2008	州级三运会铅球赛第二名
王彦青、马冰玉(女)、韩学红(女) 李隆秀(女)、多艳霞(女 2 块)、 张丽丽(女)、黄海胜、汪胜明、何海云 李隆秀(女)、黄海胜、多艳霞(女)	2017	全州中小学传统项目通讯赛金牌 全州中小学传统项目通讯赛银牌 全州中小学传统项目通讯赛铜牌

临夏县中学运动会创造纪录学生情况表

少年组					青年组				
项目	性别	成绩	姓名及班级	时间(年)	项目	性别	成绩	姓名及班级	时间(年)
100米	男	11″69	张 龙	2015	100米	男	12″37	王伟龙	2015
	女	13″50	马俊霞	2015		女	15″04	马秀珍	1986
200米	男	25″19	杨 洁	2010	200米	男	25″60	张 平	1987
	女	30″52	马俊霞	2015		女	31″00	马继芳	1998
400米	男	56″67	卜严俊	2010	400米	男	1′03″60	马玉蛟	1999
	女	1′12″88	马赎升	1996		女	1′14″94	马继芳	1998
800米	男	2′15″05	赵玉科	1990	800米	男	2′18″78	蒲占海	1996
	女	3′01″91	守燕俊	1994		女	3′0″78	石晓娟	1999
1500米	男	4′52″29	佘文纬	1992	1500米	男	5′02″41	王进忠	1987
	女	6′18″46	秦文萍	1991		女	6′29″15	韩红霞	1991
3000米	男	10′47″34	汪文强	2015	3000米	男	10′54″30	佘文纬	1990
4×100	女	1′04″71	高二(1)	1996	4×100	女	1′06″35	高一(1)	1995
4×200	男	1′47″06	高二(9)	2015	4×200	男	1′53″69	高一(2)	1999
跳高	男	1.52米	武晓民	1988	跳高	男	1.51米	张林珠	1996
	女	1.22米	不详	1987		女	1.20米	尤俊俊	1997
跳远	男	5.57米	王国兴	1988	跳远	男	5.10米	苏晓斌	1993
	女	3.81米	陈学红	1990		女	4.15米	王廷梅	1994
铅球	男(7.26公斤)	9.95米	守玉泉	1985	铅球	男(5公斤)	11.81米	马 明	1991
	女(4公斤)	8.23米	赵春英	1984		女(4公斤)	8.93米	郭 淑	1884

(因档案遗失，部分学生创造的记录未能收录)

第二节　美术

2005年之前，学校没有美术室，专任教师少，美术特长生培养还没有形成规模。2005年之后，随着老校区教学东楼的竣工使用，便有了专门的美术室，专任教师也得到了补充，学校设立了美术特长班，特长生培养便步入了正轨。

一、美术欣赏课

（一）高中美术欣赏课现状。

本校根据教学总体计划，美术欣赏课一直以来只针对高一学生开设，音乐、美术间周开设。根据招生情况，本校高一年级一般设10个教学班，由一名美术教师担任高一所有班级的美术课程教学。

高中学生正处在思维活跃、求知欲强、接受能力强的时期，学科知识结构也相对比较完善。然而我们也应清醒地看到，一个人审美能力的提高，并不以年龄的增长、智力的发展和理解能力的增强而呈现上升趋势，在学生身上还存在着对美的感知和欣赏不到位的许多因素。所以，学校开设美术欣赏课程是相当有必要的，但在应试教育的大环境下，美术欣赏课就引不起学生的重视。究其原因，有以下几个方面：

1. 高中美术欣赏课侧重理论分析、思想共鸣、情感升华、审美提高及创新精神的培养。而以往教学侧重的是技法（绘画）的训练，虽说在其中也有一定量的欣赏课，但限于师资条件、思想观念，基本上是形同虚设。美术欣赏是要有一定的美术理论知识作基础的，可是由于应试教育大环境的影响，学生对相关的知识知之甚少，因此到了高中，学生连美术的门类都不知道，认为美术就是绘画，这样就使学生对美术欣赏一下适应不过来。

2. 美术欣赏课最容易上成美术史课。如果仅仅从教材出发，照本宣科，就事论事，就会使学生由好奇转而迷惘，进而枯燥，最终丧失对美术欣赏的兴趣。

3. 按现行《教学大纲》之规定：高中艺术欣赏课的周课时量为一节。本校的做法是音乐美术间周开，这样从时间延续性上无形中减弱了对美术的印象。

4. 虽说现行高中《艺术欣赏》注明为"必修"，但素质教育下的评价体系还没有完善，现在的教学环境基本上还是围绕高考指挥棒转，学生的急功近利性是很强的，他们把主要的精力都放在高考科目上，艺术欣赏只是一种调味品，如果感觉索然无味，那么必遭遗弃无疑。应试教育下的功利性学习是影响素质教育全面开展的主要原因之一。

面对如此严峻的形势，要想真正尽美术教育工作者之责，让美术课正常开设下去，让美育真正落到实处，那么教师的教学就应当不断突破旧的教学模式。不论是教学内容还是教学形式，教师都应该具有选择、变革、创新之责任，通过一系列手段让学生领会到美术欣赏中的乐趣。

（二）美术欣赏课学生兴趣培养对策。

1. 高中学生已经具备了一定的理性思维，因此适当的理论说教学生能接受。面对这门熟悉而又陌生的课程，可用具体事例阐明美术知识在人的整个知识结构中的作用。

2. 改变教学方式方法。首先要灵活选择侧重点，以点带面，切忌面面俱到。在以往的教学中，考虑到学生基础差，总希望能给学生传授较多的新知识，每讲从头到尾都讲完。这样一节课下来，有时教学任务都完不成，教师讲得口干舌燥，学生听得云山雾罩，本来怀着一点好奇心也在这样平淡无奇的"满堂灌"中消磨殆尽，转而教师、学生各行其是。教师应当每讲以一两幅作品为重点，努力争取以点带面，但每讲的重点不一定以教材编辑侧重点来定，更不是以教师喜好来定，而是根据学生实际喜好来定。

其次多以谈话方式来开展教学，营造轻松的环境。艺术欣赏课最容易流于空洞的说教及教师的"满堂灌"，这是扼杀学生学习兴趣的罪魁祸首，因此要在

教学过程中努力避免上述现象。我们可以让班上学生选取各自喜欢的作品去欣赏，教师到学生中，以谈话方式开展讨论，让每个学生畅所欲言，这样学生没有畏惧心理，都能谈出自己对作品的真实感受，还可能引发同学间的自由争论，无形中就集中了同学们的注意力，这时的教师只要适当引导补充即可。在这样活跃的课堂气氛中，学生的积极性调动了，教师也轻松了。比如我们在上《中国古代花鸟画》欣赏课中，有学生看了朱耷的《鹌鹑图》后感觉其中鹌鹑像瘟鸡，其他同学哄堂大笑，教师首先对这种准确的感受予以肯定，并因势导出朱耷的生活背景及其对自身作品内涵的影响，学生自然就会理解透彻深刻了。

3. 侧重学法的指导。诺贝尔奖获得者丁肇中教授曾说过，不要教死知识，要授之以方法，打开学生思路，培养他们的自学能力。在每一讲的教学欣赏中，要告诉学生从哪

几方面入手去欣赏对象。比如陶瓷要看造型、纹饰、做工等，学生明白了欣赏重点后基本上都能比较完整地谈出自己对作品的感受，自然也就提高了他们的审美及评价能力。

4. 拓展教材内容，增加学生动手操作的机会。学生创新能力的培养离不开活动，只有让学生主动参与，才能激发创新兴趣。课堂教学要开放，增进空间和时间上的灵活性。贪玩、爱动手操作是一般孩子的天性，为了丰富课堂内容，避免课堂形式呆板单一，可尽量利用周围可利用的材料来开展一些动手活动。

5. 找到音乐与美术的最佳切合点，把音乐与美术有机结合起来。优美的旋律能吸引人的注意，适合的音乐能创设情景交融的氛围。因此在课堂上，在适当的时候插入合适的音乐，不但能加深学生对美术作品的理解，使其产生共鸣，在自然而然中使感情得到升华。如在《宫殿建筑》欣赏一讲，把故宫建筑群结构布局与乐曲旋律中的跌宕起伏、文学作品的起止转承结合起来分析，领会美的共通性。又如在瓷器、青铜器欣赏中插入用瓷器、编钟演奏的音乐资料，在绘画欣赏中配上适当的民乐等。当然，要做到这一点，作为一名美术教师就得要有广泛的兴趣爱好、丰富的知识结构、灵活的思维方式和高度的事业心、责任感、合作精神及沟通能力。要上好如此一堂课，所花费的时间及精力是可想而知的。

6. 发挥现代教学多媒体功能，充分调动学生各方面感官。作为一名美术教育工作者，要学习掌握现代教育技术的有关知识，学会电脑操作及课件制作等，这样可以更灵活地组织课堂教学。如把图片的欣赏与电脑图片处理结合起来，大大提高了学生的学习

兴趣。

7.发挥地方资源优势，把课堂延伸至校外，尽量使课本内容与学生所熟悉的环境结合起来，从直观上加强学生对美的感受。如带学生参观本地的砖雕厂。学生在学校学到的东西只有与丰富的社会实践相结合，才能变得鲜活起来；只有经过自己的实践，知识才能变得深刻。

8.改变评价尺度，对学生及时充分肯定。光荣与梦想是人类进步的动力，每一个学生都希望自己是成功者，都期待着收获肯定和赞誉。我们不能只凭课本上的几个问题来考查学生，也不一定要按书上的侧重点来考查学生，只要学生有理有据，都应给予肯定。多一把衡量的尺子，就会多出一批好学生。因为每个学生都是一个思维主体，他们的经历、知识基础、爱好不同，那么对同一事物的看法也就不一样。我们要注意学生的共性，发展学生的个性。每个人都有这样的经历：当自己在某个方面被肯定时，就越有劲朝这方面努力。这样就会形成良性循环，使美术欣赏课越来越活跃，越来越深入人心。

利用上述的方法来丰富上课的模式，那么学生就会感到上课的乐趣，才能激起学生的学习兴趣。在现有条件下，能让学生在不知不觉中喜欢美术欣赏课，在轻松愉快中获取一定知识量，在潜移默化中完成教学任务、达到教学目的，使美术欣赏课能正常开设下去。

总之，要上好高中美术欣赏课，美术老师就必须在新课程标准的指导下，既树立以学生为主体的教学理念，又善于挖掘学科中的人文素养，努力探寻高效的教学方法和教学手段，激发学生对学习美术的兴趣，从而使学生能积极地参与进来，与教师一起畅游在璀璨的艺术殿堂中，共同欣赏、感受和探讨，使美术欣赏课成为教师与学生共同感受美、领悟美的艺术海洋。

二、美术特长生教学

2005年起学校开设了美术室，专任教师也得到了补充，学校便设立了美术特长班。年级美术特长生由之前的3至5人发展到现在的50至60人，考入二本院校的人数由零到现在的30至40人；在师资方面由以前的专任教师1名，到现在的6名，原来每级由1名专业教师带，现在每级配备有3名专业教师。硬件方面由以前的一个画室十几条凳子发展到现在的3个标准化美术室，教具也得到了补充，有35个几何形体、18个石膏像，2016年学校购置了价值15860元的交互一体机，使美术室的硬件达到州内一流水平。

（一）美术特长生教学及课程安排。

美术组专门制定了特长生训练计划及培训方法。专业课采取两部分，四个阶段。两部分为高一学年和高二学年，四个阶段为高一第一学期、第二学期、高二第一学期、第二学期。高一学年开设速写、素描两门课程，高二开设速写、素描、色彩三门课程。

（二）美术特长生的课时安排和管理方法。

1. 本校高一美术特长生训练为一周三个晚自习，每个晚自习上课时间必须保证4个小时，这样每周有12小时的专业训练时间，既保证了同学们白天正常上课，又利用晚自习加强了专业训练。高二美术特长生训练一般除一周保证3个晚自习之外每周还要利用4个下午的时间来进行专业训练，因为高二专业强度大，因此需要加大课时训练专业，文化课课时适当缩减。

2. 学校在美术特长生管理方面，采取特长班模式，从高一进校开始，利用前几周的时间成立一个美术特长班，由专业老师选拔，人数控制在60人左右，班主任由专业老师担任，由年级组统一管理。高一、高二期间除上专业课时间在美术室内，其他作息时间都跟年级组同步。但到高三第一学期学生都去兰州强化，虽然学生不在本校，但班主任（专业老师）适时跟踪学生动态，掌握强化情况，及时跟学生家长沟通协调，并向学校反馈学生信息。到高三第二学期学生专业考试一结束，即刻返校学习文化课准备参加高考，继续由专业老师担任班主任。此时，学校安排专业文化课教师，按艺术生实际情况授课，与高三其他班不同步。

3. 高一第一学期，因为本校特长生大多是零基础，专业教师以教学生握铅笔、削铅笔、拿画板、画单个的几何形体等为主要训练内容，目的在于让同学们养成良好的作画习惯。另外，熟练地应用线条，了解平行透视和成角透视也是这一阶段的教学内容。

4. 高一第二学期，以训练素描静物为主，加简单速写。素描静物前10周画结构素描，先从单个开始，再到四开复杂结构静物训练。速写，每周抽出三节课训练临摹。

5. 高二第一学期，以素描为主，辅以色彩和速写训练。素描前10周画四开调子静物，后10周画四开石膏像。先从简单的五官开始，并讲解五官透视和头部的结构；色彩讲解简单的色彩关系，以训练色稿为主；速写讲解人体比例结构，以写生临摹为主。

6. 高二第二学期，素描头像、色彩静物、速写人物组三科齐抓，进入高考应试模式。素描头像从真人五官结构开始，最后以临摹、画真人照片相结合，着重以打形、构图结合为主。色彩以临摹为主，主抓塑造深入程度；速写以临摹与默写相结合，让同学们强记坐、蹲、站三个姿势。总之，高二第二学期是一个关键的过渡期，因为学期末会考结束同学们都去兰州强化，因此在教学上一定要做好去兰州强化的过渡，在教学风格模式上向兰州强化风格模式靠拢。

（三）美术特长生高考录取情况。

学校经过这几年系统、正规的训练和管理，美术特长生培养取得了巨大成果，美术考生上线率居全州前列。每年考入二本以上院校由原来的无到现在的三四十人。还有一些考生考入了重点一本院校，如：2015年赵学峰考入中央民族大学，2015年沈建利考入宁夏大学，2014年余林芝考入山东师范大学，2014年孙博考入广西艺术学院，2013年郭林考入太原理工大学，2016年辛帆军考入宁夏大学，2016年李卫云考入太原理工大学等。近十年本校培养了两百多名美术本科专业人才。

附：美术特长生高考录取情况

毕业时间	姓名	考入院校	毕业时间	姓名	考入院校
2004 年	马文泽	兰州交通大学	2004 年	王国华	甘肃政法学院
2006 年	王　珊	甘肃政法学院	2006 年	张恒通	甘肃政法学院
2007 年	方小英	兰州交通大学	2007 年	邓海红	西北师范大学
2007 年	赵小芹	北方民族大学	2008 年	唐彩霞	西北师范大学
2008 年	李晓芳	西北民族大学	2009 年	杜和平	渭南师范学院
2009 年	徐　庆	景德镇陶瓷艺术学院	2009 年	韩永辉	内江师范学院
2009 年	祁秀秀	兰州城市学院	2009 年	马　慧	北方民族大学
2009 年	李　强	甘肃民族师范学院	2009 年	马　蕊	兰州交通大学
2009 年	邱慧娟	兰州交通大学	2009 年	黄金艳	甘肃民族师范学院
2010 年	董俊胜	西北师范大学	2010 年	秦俊强	石河子大学
2010 年	苗永明	西安石油大学	2010 年	马　旭	湘南学院
2010 年	丁占管	河西学院	2010 年	赵　胜	渭南师范学院
2010 年	高玉红	宝鸡文理学院	2010 年	王清玉	宝鸡文理学院
2010 年	赵永丽	宝鸡文理学院	2010 年	杨济花	西安工程大学
2010 年	赵伟清	咸阳师范学院	2010 年	余红红	兰州城市学院
2010 年	郭永胜	河西学院	2010 年	王利伟	内江师范学院
2010 年	姬彦龙	内江师范学院	2010 年	刘伟伟	邵阳学院
2010 年	李　魁	安康学院	2011 年	马义忠	西安工程大学
2011 年	马玉蕾	兰州交通大学	2012 年	李作文	西北师范大学
2012 年	他红霞	陇东学院	2012 年	崔学芹	西北师范大学知行学院

续表

毕业时间	姓名	考入院校	毕业时间	姓名	考入院校
2012 年	马晶千	兰州财经大学	2012 年	黄文平	河西学院
2012 年	李立斌	陇东学院	2012 年	王雷雷	陇东学院
2012 年	郭玲玲	甘肃民族师范学院	2012 年	马秀兰	甘肃民族师范学院
2012 年	李生梅	内江师范学院	2012 年	王孝婷	洛阳师范学院
2012 年	李建科	长江师范学院	2012 年	王红霞	西北师范大学知行学院
2012 年	黄小花	西北师范大学知行学院	2012 年	朱永平	西北师范大学知行学院
2012 年	郭翠翠	兰州财经大学	2012 年	宋祖莹	兰州财经大学
2012 年	赵 辉	兰州财经大学	2012 年	余 胜	渭南师范学院
2012 年	李金平	长江师范学院	2012 年	马俊林	长治师范学院
2012 年	李斯琴	新余学院	2012 年	王黎霞	兰州财经大学
2012 年	豆国兴	海南师范学院	2012 年	陶海林	四川师范大学绵阳学院
2012 年	他艳玲	兰州财经大学	2013 年	马秀兰	西北师范大学
2013 年	郭 林	太原理工大学	2013 年	马小燕	西北师范大学
2013 年	彭青霞	湘南学院	2013 年	马明忠	湘南学院
2013 年	谢永丽	甘肃民族师范学院	2013 年	王引兄	甘肃民族师范学院
2013 年	王霞霞	甘肃民族师范学院	2013 年	吴应明	甘肃民族师范学院
2013 年	李卫伟	河西学院	2013 年	魏晓霞	河西学院
2013 年	张威龙	河西学院	2013 年	孙学良	河南科技学院
2013 年	张林志	郑州轻工业学院	2013 年	王凤凤	安康学院
2013 年	江荣杰	洛阳理工学院	2013 年	贾珊珊	兰州工业学院
2013 年	杨鹏鹏	湖南理工学院	2013 年	马小龙	陇东学院
2013 年	丁英斌	天水师范学院	2013 年	马颜明	天水师范学院
2013 年	杨青霞	天水师范学院	2013 年	赵 宇	天水师范学院
2013 年	朱永平	天水师范学院	2013 年	周康英	兰州城市学院
2013 年	徐海林	兰州城市学院	2013 年	张静儿	兰州城市学院
2013 年	浦林发	重庆三峡学院	2014 年	孙 博	广西艺术学院
2014 年	卢东明	西安科技大学	2015 年	赵学峰	中央民族大学
2015 年	沈建利	宁夏大学	2015 年	余林芝	山东师范大学
2015 年	尹小娟	西北师范大学	2015 年	马慧丽	西北师范大学

毕业时间	姓名	考入院校	毕业时间	姓名	考入院校
2015 年	江荣光	海南师范大学	2015 年	马　斌	北方民族大学
2015 年	李生强	黄淮学院	2015 年	章彩红	黄淮学院
2015 年	江婷亮	巢湖学院	2015 年	冯娇娇	巢湖学院
2015 年	杨维忠	巢湖学院	2015 年	宋子红	广西师范学院
2015 年	郭俊伟	山东交通学院	2015 年	赵亮亮	遵义师范学院
2015 年	韩俊芳	遵义师范学院	2015 年	马彩霞	安康学院
2015 年	沈彦群	池州学院	2015 年	刘建荣	湖北文理学院
2015 年	李云泽	湘南学院	2015 年	陶玉红	上饶师范学院
2015 年	王菊芳	甘肃民族师范学院	2015 年	郭　晶	安庆师范学院
2015 年	王倩倩	天水师范学院	2015 年	苏俊发	天水师范学院
2015 年	马　强	天水师范学院	2015 年	敏　雪	陇东学院
2015 年	李明明	河西学院	2015 年	杨文娟	河西学院
2015 年	张小青	河西学院	2015 年	赵燕霞	河西学院
2015 年	马小霞	河西学院	2015 年	朱庆鹏	甘肃民族师范学院
2015 年	贾欣欣	甘肃民族师范学院	2015 年	郭春霞	甘肃民族师范学院
2015 年	浦维清	甘肃民族师范学院	2015 年	张俊龙	甘肃民族师范学院
2015 年	吴春生	甘肃民族师范学院	2015 年	赵海兵	长治学院
2016 年	辛帆军	宁夏大学	2016 年	李卫云	太原理工大学
2016 年	杨艳艳	天津商业大学	2016 年	穆永洁	广西师范大学
2016 年	尹生芳	兰州财经大学	2016 年	白东升	安徽工程大学
2016 年	赵小青	上饶师范学院	2016 年	马继胜	河西学院
2016 年	郭俊强	湖南科技学院	2016 年	马国林	遵义师范学院
2016 年	王燕强	长沙师范学院	2016 年	马安福	河西学院
2016 年	马东雄	长江师范学院	2016 年	王艳丽	河西学院
2016 年	李千千	广西民族师范学院	2016 年	杜天恩	广西师范学院
2016 年	祁忠图	甘肃民族师范学院	2016 年	陶旭红	丽水学院
2016 年	王亚庆	巢湖学院	2016 年	崔燕燕	巢湖学院
2016 年	卜金秀	巢湖学院	2016 年	贾晨阳	安康学院
2016 年	周雷正	湘南学院	2016 年	陈义龙	长治学院

续表

毕业时间	姓名	考入院校	毕业时间	姓名	考入院校
2016 年	石金同	昌吉学院	2016 年	常新兴	邵阳学院
2016 年	卢东丽	邵阳学院	2016 年	韩秀青	新余学院
2016 年	王永栋	安康学院	2017 年	李雅娟	天水师范学院
2017 年	代国强	河西学院			

三、师生书画展览

本校每年都举办一次学生书画展，把学生的绘画、书法作品一一展示出来，从而激发学生学习书画的积极性，培养他们的创造才能。学校的教学区悬挂着孩子们的书法、绘画等作品，一件件不失稚嫩却日臻成熟的书法作品，一幅幅充满张力的水墨丹青，一张张彰显个性的自创小报，均展示着学生们的成长。学生在美的熏陶中也体会着欣赏自己、欣赏他人带来的快乐，并在这种快乐中健康成长。

每年师生书画展的成功举办，给学校营造了一个良好的人文环境，在"美"的"润物细无声"的潜移默化中，激发起广大学生对传统文化的热爱，从而增强了他们的民族自豪感。

第三节　音乐

一、音乐欣赏课

本校开设音乐欣赏课已有十多年了。音乐欣赏课的开设，提高了学生的音乐欣赏水平和艺术品位。

本校音乐欣赏课的基本要求是这样的：

1. 理论与实践同步，深层了解艺术的内涵。

2. 集体培训逐个指导，提高学习效率。

3. 教师做示范，让学生理解音乐的艺术表现方法与技能。

4. 优秀学生范唱，创造增进彼此交流的艺术环境，提高学生的声乐技能水平。

5. 逐个点评，实践好的艺术理论和场乐技巧，发现并修正不足之处。

二、音乐训练课教学内容

1. 乐理基础。通过对学生的训练，让学生了解与音乐有关的原理。

2. 视唱练耳。提高学生的乐感和对音阶、音程、和弦、旋律等乐理的了解和掌握。

3. 舞蹈练习。大大提高学生身体的软度，加强学生对节奏的了解和掌握。

4. 钢琴练习。

5. 声乐练习。

三、音乐特长生教学

临夏县中学音乐特长班成立于2007年。最近这十年，本校音乐特长生培养工作呈现良好发展态势。特长生由原来的七八人发展到现在的73人：高一23人，高二34人，高三16人，共计73人。学校有专门的音乐室5个，室内配有3架数码钢琴、20架电子琴、3块电子白板、30张桌子、80条凳子，硬件条件非常优越。

为了抓好音乐特长生教学工作，学校有针对性地在各年级实行分层跟进教学。不同年级有不同的教学重点和训练内容。

高一年级：着重培养学生树立正确的音乐意识，掌握一系列音乐概念。对于农村的学生来说，音乐知识基本上都是空白的，所以对刚组建的高一音乐特长生而言，树立正确的音乐意识、认清一些音乐概念显得尤为重要。具体到教学上，要抓好以下工作：

1. 多欣赏作品，包括声乐（美声、民族、通俗、原生态等）、器乐（各种乐器，包括中国乐器，少数民族乐器，西洋乐器等），让学生懂得如何欣赏音乐、分辨音乐，提高自身审美能力。

2. 识谱，包括简谱和五线谱（高音谱号、中音谱号），具备正确、高效的识谱能力是学习音乐的基础。

3. 训练绝对准确的音准概念，要在学生的头脑中树立国际标准音高，强化训练自然大小调音阶以及简谱视唱与五线谱单声部视唱。

4. 学习最基本的乐理知识：音及音高、记谱方法。

5. 训练科学的歌唱，使学生掌握正确的基本发声方法，在高一一年里基本解决自然声区的问题。

高二年级：提高学生的专业能力，达到考试水平。教学侧重于以下方面：

1. 视唱：五线谱单声部视唱需要从第一条开始背唱，继续唱一升一降的视唱，掌握两种唱法，即首调唱法和固定调唱法。

2. 乐理：《李重光基本乐理》所有内容。

3. 听音：单音听记，音程听记，和弦听记（包括三和弦、七和弦、转位和弦），旋律听记，节奏听记。

4. 声乐：解决声音中存在的问题，力求做到完美，在唱很多作品的同时，每人至少要准备四首作品作为预备考试曲目，其中两首中国作品，两首外国作品——外国作品用原文演唱，提前为考试做好准备。

四、音乐特长生高考录取情况

最近十年来，本校音乐特长生培养工作取得了较好成绩，考入二本以上院校人数逐年增加。部分优秀音乐特长生被录取情况列举如下：

毕业时间	姓名	考入院校	毕业时间	姓名	考入院校
2005 年	张临生	兰州财经大学	2005 年	秦顺梅	新余学院
2006 年	彭少俊	兰州财经大学	2007 年	马吉林	兰州财经大学
2007 年	郭胜林	兰州财经大学	2008 年	余正霞	天水师范学院
2008 年	赵丽霞	兰州财经大学	2010 年	庞翠萍	兰州城市学院
2010 年	马永芳	兰州城市学院	2011 年	宋宗民	兰州城市学院
2011 年	他艳霞	兰州城市学院	2012 年	秦娟娟	兰州城市学院
2012 年	包延鹏	河西学院	2013 年	李学军	兰州城市学院
2013 年	周鹏鹏	兰州城市学院	2014 年	张圆圆	河南许昌学院
2014 年	赵庭英	新余学院	2016 年	陈帆	西北师范大学
2016 年	王新艳	兰州城市学院	2017 年	周金安	广西民族师范学院
2017 年	孙霞霞	新余学院			

五、文艺演出

生活需要七彩阳光。学校不仅是传授文化的摇篮，更是发展学生能力、培养学生全面发展的主阵地。为了全面推进素质教育、培养新世纪的合格人才，为了增加艺术影响

力，丰富校园文化生活，活跃校园艺术氛围，学校音乐艺术组每年协同学校共青团支部、学生会开展一次文艺演出活动。通过内容丰富、形式多样的艺术表演活动展示了本校学生的文化素质和艺术修养，体现了莘莘学子朝气蓬勃的精神风貌。文武之道，一张一弛。艺术表演活动既为学生提供了一个放松大脑，放飞心情的空间，也为他们提供了一个施展才华、张扬个性的舞台，同时一次次精彩纷呈的表演也让更多的学生受到了极好的艺术教育和美的熏陶。在活动中，学生既培养了兴趣，陶冶了情操，又锻炼了能力。此外，这种集体活动，培养了他们的团队精神，增强了集体荣誉感，同时也从艺术层面展现了本校蓬勃发展的强劲势头。

第四节　劳动

民国七年（1918年）私立云亭小学始建直至1949年前，学校有劳作课程，但具体内容不详。

学校劳动最为繁重时期当属20世纪50年代末至"文革"前夕。1958年夏，全国上下树起"三面红旗（总路线、大跃进、人民公社）"，在"一天等于二十年"的口号鼓励下，全校师生仅用两个月时间在麻尼寺沟康家开荒13.88亩。接着，学校又办起了14个校办工厂。1958年国庆节后，全校又开始全面停课，遵照临夏市委"大兵团作战大炼钢铁"的部署，一部分年龄较大的学生进太子山

学生在临夏县麻尼寺沟康家农场劳动的场景。

2001年师生清理街道、泄洪渠的场景。

搬运矿石到韩家集炼铁，每人肩背或挑15公斤到35公斤不等的矿石，每次往返用两天一夜，其余师生一律奔赴麻尼寺沟八里寺伐黑刺烧木炭，给大炼钢铁准备燃料，共烧得木炭一万多公斤。回来后在学校建平炉7个，高炉3个。1959年4月，学校贯彻执行省教育厅颁发的《关于中小学学生全年学习、劳动和休息时间安排的意见》精神，要求高中生全年参加生产劳动和义务劳动43至53天，初中生33至43天，学生的劳动任务很重。由于当时政治宣传方面鼓动势头强劲（当时在"人定胜天"思想鼓动下，提出了"无雨大增产，大旱大丰收"的口号），1960年3月18日前后，师生分批投入到了抗旱生产运动当中，奔赴乌龙沟水库工地参加生产劳动。当时提出了"路烂泥滑鞋底穿，英雄人民意志坚。勇战巧干三十天，保证蓄水灌良田"的战斗口号，师生一致表示要做到"一心"（一心跟着共产党）、"二不"（劳动不计报酬，工作不讲条件）、"三红"（思想解放、干劲永久、决心无敌）、"四见"（见困难就上、见荣誉就让、见先进就学、见后进就帮）（临市文教〔1960〕049号文），这正是当时"人定胜天"思想和学习红旗教师李景兰先进事迹以及掀起"学、赶、帮、超"竞赛活动在本校的体现。而在这一时期整个社会的困难状况日趋明显，学校破败，秩序混乱，学生为自保而偷馒头偷面粉偷粮票的事件时有发生，不少教师由于营养缺乏而病倒卧床（据1960年12月17日州委文件精神，家住农村的学生食油供应标准每人每月1.25两，口粮标准为每人每月20斤），甚至有教师全身浮肿仍坚持出工。如身患肠胃病的康乐籍教师石永贵，由于营养缺乏，劳累过度，从乌龙沟水库工地下来不久去世，时年仅30岁。

1969年工宣队、农宣队进驻学校，宣称"领导斗批改"。农宣队长高××（俗称高大爷）因是文盲，政治觉悟不高，闹了不少笑话。1971年起，学朝阳经验，走朝阳路，大办农场。学校又到麻尼寺沟康家去垦荒。第一年开出七八亩，经过两三年，耕地骤增至80亩。每年春耕、拔草、秋收三忙时节，学生轮流上山劳动，每次停课一周。

1975年，学校成为"五七"红专学校，学习贯彻"抗大精神"，走"共大"、"朝农"道路，一面学习，一面生产，半工半读，进行劳动建设，坚持自力更生、勤俭办校的方针。当时"农业学大寨，工业学大庆"的口号深入人心。

1990年、1991年3月中旬，全校师生奔赴双城龙首山共植松树7500株。如今树木葱茏的龙首山正是当年师生的劳动成果。之后，学校部分师生曾在麻尼寺沟三岔坪林场、烟洞山植树若干。

2001年，全校师生响应县政府号召，为净化县城（旧城即韩集镇镇政府所在地），解决街道泄洪渠（校外操场边）因垃圾堵塞、排水沟不畅、臭气熏天的问题，停课两个下午参加劳动。师生用架子车拉运污泥、生活垃圾等，疏通了渠道，为县政府解决了城市管理中的一大难题，受到当地群众的交口称赞。

后因县城建设所需，校外操场被县政府变卖，师生运动场地受限，为解决这一难题，2007年10月22日至11月23日，师生大干苦干，在校内平整扩修操场。为了不影响正常上课，保证按时完成任务，有序展开劳动任务，学校总务处统一部署，分班划分区域，落实任务，每天下午安排若干班级并10名无课教师及两名行政会领导参加劳动。一个月中，共安排班级62班次，教师360人次，完成了100米直跑道和300米四人跑道为标准的环形跑道的基础整平工作，解决了学校操场不规范问题。

2007 年 10 月，校长李瑞带领师生平整扩修学校操场的情景。

2013年8月，为整体搬迁学校，顶着烈日，全体师生奋战三天，圆满完成了学校从韩集老校区分别搬迁至原韩集初中（韩集镇姚川村）和新县城双城小学（借用）的任务。2014年8月，师生又以苦干实干的精神利用两天时间，从借用一年的双城部搬迁至姚川部。广大师生用他们吃苦耐劳的作风践行了学校倡导的"三苦"精神，传承了老一辈教师扎实肯干的劳动精神，为学校节约了数万元资金。是月19日，本校高一、高二年级另有高三年级三个班学生到快速通道栽植牡丹550株。2016年3月本校部分教师利用两天时间到烟洞山种植松树300多棵。2017年3月高一、高二年级另高三年级两个班学生在班主任带领下到尹集镇马九川栽植杏树、柳树800多棵。师生义务植树活动为绿化县域环境起到了积极作用，受到群众好评。

第五节　综合实践活动

一、活动目的

综合社会实践活动在注重素质教育的今天，是加强和改进中学生思想政治工作，引导学生健康成长的重要举措，是培养和提高学生实践、创新和创业能力的重要途径，一直以来深受学校的高度重视。因为中学生社会实践是引导学生走出校门、走向社会、接触社会、了解社会、投身社会的良好形式，是培养锻炼学生才干的好渠道。社会实践加深了学生与社会各阶层人的感情，拉近了学生与社会的距离，也让学生在社会实践中开阔了视野，增长了才干，进一步明确自己肩负的历史使命。通过活动的开展，能够提升学生的思想境界，达到修身养性之目的，树立服务社会的思想意识。这种实践活动也让学生进一步明白社会才是学习和受教育的大课堂，在那片广阔的天地里，自己的人生价值得到了体现，为将来立足于社会、参与更加激烈的竞争打下了更为坚实的基础。当然，社会实践活动更是学生服务社会、回报社会的一种良好形式。

二、组织形式

本校社会实践活动主要通过学校政教处、团委、学生会组织的学生集体活动来进行。有时因活动内容的需要，要通过学校总务处的协调配合进行。大多活动是以年级组为单位在学校相关对口处的组织带领下完成的。

三、活动内容

1. 爱国主义教育活动。每年清明节来临之际，学校团委组织学生到县烈士陵园祭扫烈士墓、向烈士敬献花圈并请学校领导在烈士纪念碑前宣讲烈士英雄事迹等，对学生进行生动的爱国主义教育。特别是2017年清明节前夕，学校团委组织高一、高二学生与县武警中队官兵一起到烈士陵园举行了一次别开生面的纪念活动，使每个学生振奋了精神，进一步加强了学生的爱国情怀，在激励学生树立起为国家繁荣富强而努力学习的坚强信念方面书写了难忘的一页。

2017年清明节前夕，本校学生与县武警中队官兵祭扫烈士陵园的情景。

2. 品德教育活动。2008年11月，团委组织一个班级的学生到敬老院慰问孤寡老人并打扫院落、房间卫生，让学生切身体会到敬老爱老教育的必要性和迫切性，生动鲜活地给学生上了一堂尊敬老人的传统教育课。2009年老人节前夕，学校政教处与团委曾倡议全体学生回家给自己的亲人洗一次脚（或衣服）的活动并将心得体会交给班主任，借此契机召开了一次"尊敬父母，尊重老人"的主题班会，促进了学生尊老、敬老、爱老、助老等优秀品格的养成。

3. 法制宣传教育活动。为了让学生增强法制观念，确立学法、懂法意识，学校团委于2006年11月、2009年积极开展了青少年模拟法庭演练活动，让学生在法院有关法官的指导下，依照法律程序模拟法庭庭审过程，使学生增强了法律意识。为认识毒品危害、加强防毒禁毒教育，让每一个学生成为防毒禁毒教育的义务宣传员，有效扩大社会宣传面，2015年9月15日，学校团委和高一年级政教处组织学生参观临夏回族自治州戒毒所，2016年12月2日，学校团委组织高一年级学生到临夏县法院现场旁听了法官对一起毒品交易案件的审理情

2008年11月，团委组织学生慰问西路军女红军并打扫其庭院的情景。

况。活动的一次次开展让学生学到了课堂上难以学到的法律法规知识，懂得了法律的公平与正义，深刻认识了毒品对人身心的戕害乃至于对社会的危害，增强了法制观念，为推动和普及全民学法、懂法作出了一定贡献。

2006年11月，团委组织学生到临夏县法院开展青少年模拟法庭演练活动。

5. 吃苦耐劳教育活动。"吃得苦中苦，方为人上人"，在学校，对学生开展一定的吃苦教育是非常有必要的。为此，学校在总务处和相关年级组的组织安排下，多次参加了社会公益劳动。1990年、1991年3月全校师生到龙首山共植树7500株。当时，在学校（旧校区即韩集校区）校门前因摊贩摆摊设点而遗弃的垃圾和当地群众遗弃的生活垃圾填塞河道，每至春夏季气温升高时河道臭气熏天，严

4. 纪律教育活动。为加强住宿生纪律教育，营造整洁卫生的住宿环境，强化住宿生美观整齐的内务，从而增强学生的组织纪律性，学校政教处于2009年4月、2017年3月组织学生到临夏县武警中队去参观武警官兵宿舍，现场观看武警官兵迅速地整理内务的情景，让学生切实感受到了纪律严明、训练有素的军营官兵风采。这种活动的开展，对学生触动很大，对增强学生的纪律性起到了不可低估的作用。

2017年3月，政教处组织学生到县武警总队参观武警官兵宿舍。

2017年3月,学生到尹集马九川植树时的情景。

重污染了县城环境。面对这一现象,2001年春季学期,初、高中师生全体动员,不怕脏、不怕累,用铁锨、架子车等简陋的劳动工具,大干了两个下午,彻底清理了河道,赢得了上级领导部门和社会群众的一致好评。为美化双城新区,学校于2014年8月19日,组织高一、高二年级和部分高三年级学生到快速通道栽植牡丹550株。2017年3月组织部分学生到尹集马九川后山栽植杏树、柳树800多棵。通过一次次的公益劳动,学生不仅接受了劳动教育,而且还强健了体魄,锤炼了意志。

通过一系列社会实践活动,使学生养成良好的劳动观念,掌握一定的劳动技能,同时,通过这样的实践活动,培养了学生人际交往能力、协作能力、组织能力和操作能力以及适应环境的能力。更重要的是,通过一次次社会实践活动,培养了学生的参与意识、创新意识和勤于实践、勇于探索、精诚合作的精神,提升了学生的精神境界、道德意识和动手能力,为培养"全面发展的中学生"注入了活力。

第六章　后勤管理

第一节　岗位设置与职责

一、岗位设置情况

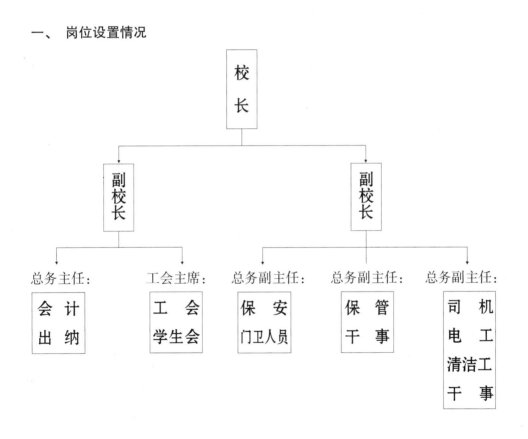

二、岗位职责

（一）总务主任工作职责。

1. 根据学校的要求，拟订后勤工作总体规划，制订每学期总务工作计划，搞好学校的基本建设，保证教学、办公及师生生活、工作、学习所具备的良好条件，确定学校总务主任工作职责。

2. 经常对后勤工作人员进行思想教育，提高他们为教学服务、为师生服务的思想认识，使之不断改善工作态度，提高服务质量。

3. 按时购买各种教学设备、仪器、教具、图书，购置体育、文艺、卫生医疗、办公、生活等方面的器材或用品，保证办公、教学、学习和生活的需要。

4. 管理好学校财产。经常对师生进行爱护公物的教育，将公物损坏减少到最低。建立必要的总务规章制度，使公物从购入到使用都清楚明白。组织好登记、检查、保管、维修等工作。

5. 协助校长管理好学校财务工作。严格执行国家财务制度和上级教育行政部门的有关财务工作的规定，健全财务管理账目。贯彻勤俭办学方针，反对和防止贪污浪费，使学校经费使用得当，能发挥最大效用。

6. 要以服务教学、服务教师、服务学生为宗旨，为学校的教育教学工作做好强有力的保障。

7. 组织勤工俭学工作，改善办学条件和教职工福利待遇。

8. 加强学校食堂管理，经常深入食堂督查，按制度、规程办事。

9. 贯彻勤俭办学的原则。负责管理和维修学校的校舍、场地和设备，不断改善办学条件，搞好校园绿化、美化工作，创建一流的校园环境，为师生提供舒适的学习工作环境。

10. 负责教职工和学生的平安保险、理赔等工作。

11. 完成校长和主管领导布置的其他工作。

（二）总务副主任工作职责。

1. 职务标准：有较强的组织管理能力，熟悉本职工作，工作认真负责，任劳任怨。

2. 工作标准：协助总务处主任，抓好所负责的工作，完成领导交办的各项工作，当好领导助手。

3. 岗位职责：

（1）在校领导及总务处主任领导下，协助总务处市场体系，搞好总务处内部管理工作。

（2）协助校领导及总务处主任搞好学校总体规划及基建管理并抓好房屋的修缮工作。

（3）负责学校用水、用电、用暖的管理，及时组织完成水、电、暖的维修工作。

（4）负责学校教室、办公室的公物管理及修缮工作。

（5）经常巡视校园，发现问题及时解决。

（6）搞好家属院的物业管理，解决教职工的后顾之忧。

（7）负责总务处的量化考核工作。

（8）负责教师服务车辆的调度、管理工作。

（9）负责校园卫生工作，保持校园整洁。

（10）完成领导交办的其他工作。

（三）总务处干事工作职责。

岗位职责：协助总务主任具体管理好学校事务。

1. 安排、检查门卫、修建、清洁等工作，为学校的环境卫生、保卫工作及教学设施的完备做好后勤保障工作。

2. 完成好力所能及的维修工作，对大的维修任务及时汇报总务主任，并及时组织力量维修。做好修建人员派工及结算工作。

3. 配合学校做好各项突击工作。

4. 做好绿化及消防安全，定期检查消防设备，协同做好防火、防盗、防暑、降温、防汛、防台以及防寒保暖等工作。

5. 对校区、教室、办公室早晚进行两次巡查，发现问题及时解决和汇报。

6. 服从学校调配。

（四）库房保管人员工作职责。

1. 认真执行学校财产保管和分发物品的各项制度、规定，坚持原则，保证供应，努力做好本职工作。

2. 物资购进要入库，认真验收数量、质量，并分别做好入库手续。做到账物相符，防止差错。

3. 添置各种物品要有计划，要精打细算，并注意节约使用。既要有一定数量的库存，又要防止积压浪费。

4. 保管好各类物品，做到分类存放，整齐干净。注意仓库的通风卫生，防止物品的霉变和散失。

5. 发放教师的必用物品也要按学校有关规定办好领用手续，做到账目清楚，有据可查。所有物品要经领导批准后方可领用。

6. 定期盘点，并及时向领导汇报盘点结果。

7. 完成学校领导交办的其他工作。

（五）校产管理人员工作职责。

1. 管理好学校的一切财产和设备，记录清晰，能随时提供数量、新旧程度以及分布使用等情况。

2. 按财产品种和使用部门分别建立财产分户账，随时登记财产的增减变化，每学期末清点一次。

3. 搞好校产的检查维修，防止意外事故的发生，对课桌、体育器材、文艺用品、房屋、门窗、自来水管等要经常检修，保证教学和生活上的需要。

4. 妥善保管维修物资、照明、水电等器材，进出库要登记，手续要完整，警防被盗和丢失，若因工作失职造成损失要追究赔偿责任。

5. 负责劳保用品、日常办公用品的保管和按有关规定发放工作。

6. 秉公办事，不徇私情，更不能贪占便宜，切实做好国家和集体的财产不受损失。

第二节　管理制度

1981年之前总务方面的制度不详，1981年以来总务方面陆续制定的制度有：《总务管理制度》（1981年）、《关于后勤工人管理的试行办法》（1984年）、《总务主任基本职责》（1988年）、《教学楼管理办法》（1990年）、《行政后勤人员服务育人量化考核细则》（1991年）、《防火工作宣传提纲》（1994年）、《花草树木管护办法》（1995年），2001年第3次、2003年第4次修订了《总务制度及财产管理制度》。另有《门卫制度》（2001年）、《消防安全制度》（2001年）、《通勤车管理暂行办法》（2001年）、《自行车存车须知》（2001年）、《食堂卫生常规》（2003年）、《火灾应急预案》（2004年）、《临夏县中学总务处管理机构》（2009年）、《消防制度汇编》（2012年）、《学校食堂食品安全管理与操作规范》（2012年）、《临夏县中学教室、宿舍财产损坏赔偿标准》（2012年）、《临夏县中学门卫工作补充规定》（2014年）、《临夏县中学行政、教辅、后勤工作量化考核实施方案》（2014年）、《消防安全领导机构》（2015年）、《后勤人员岗位职责》（2015年）。

第三节　勤工俭学

　　1970年由于"学朝阳经验，走朝阳道路，大办农场"，学校师生到麻尼寺沟公社康家村去垦荒，经过两三年，耕地骤增到八十多亩。每年春耕、拔草、秋收三次，学生轮流上山劳动，每次停课一周。1975年县农机局配了一台"东风28"拖拉机负责拉运。学生到农场劳动持续到1980年结束，劳动成果上交学校食堂及保管处，用来改善师生生活。1981年临时工马二洒负责耕种40亩农田，每年交粮食、食用油若干改善师生生活，如1988年承包农场交青禾2000斤，1989年至1997年承包农场交青禾3200斤。1983年12月拖拉机变价处理，变价款4845元。1998年无人承包农场，当地农民要求收回土地，学校与麻尼寺沟公社协商后，最终农场土地返还给康家二队农民。承包农场现金累计收入9865元。

　　1989年3月31日学校行政会研究准备办校空心砖厂，安排宋建林、李万忠两名同志考察论证。4月22日会议研究决定筹集资金开办空心砖厂，当时向县财政局申请支农贷款1万元。1989年10月贷款2.5万元，从四川省绵竹县订购一套空心砖机设备，计15480元，配套设施5400元，总投资20880元。砖厂实行承包责任制。1990年至1991年承包费每年6000元，但由于市场营销不景气，1992年至1994年承包费每年降为4500元。1994年4月3日行政会决定将空心砖机以8000元的价格出售给磨川村社员苏成贤。1995年至1997年场地租用费每年2000元，累计收入39500元，利润18620元。

　　为进一步增加勤工俭学收入，经行政会多次讨论，请示上级部门同意，1985年至1987年陆续在校园南面临街修建平房门市部33.5间（含旧门卫3间），截至1995年6月收房租80400元。1995年10月根据县城规划平房门市部改造成二层楼房，出租一层铺面29间，每间收押金6000元，用于修建款，房租每间每月定为70元，其中一半收现金，一半冲抵押金，至2010年4月押金冲抵完，收房租170520元，上交房产税17%计28988元。2010年5月每月每间房租为200元，截至2013年10月房租收入243600元，上交房产税17%计41412元。

　　勤工俭学收入主要用于弥补办公经费不足、改善办学条件、师生奖励等。

第四节　财会工作

学校财务工作坚决执行《会计法》《预算法》等法律法规及制度，自觉遵守财经纪律，认真按照县教育局发〔2013〕29号文件规定执行，会计出纳分设，做到"管账不管钱，管钱不管账"，形成相互制约机制。财务支出发票一律要经手人、校务监督委员会主任签字，校长审核后，由分管副校长签字报销。坚持购物先有计划、校长审查后安排相关处室负责人和校务监督委员会成员办理，给付现金至少有2人在场的程序，1000元以上以转账形式支付。学校经费坚持勤俭节约、公开透明原则，所有开支由校务监督委员会会议决定并专门记录，5000元以上开支报县教育局审批，做到资金有计划地使用。

1959年学校有16个教学班，学生人数达751人，给学生发放助学金127465.57元。

1960年学校有18个教学班，高中5个班189人，初中13个班630人，学生人数819人，给学生发放助学金138465.57元。

1961年给297名学生（高中生94人，初中生203人）发放助学金12550.96元（高中3824.55元，初中8726.41元）。

1962年发放助学金3184.68元（高中1027.59元，初中2157.09元）。

1966年给349名学生发放助学金2255元。

1967年给383名学生发放助学金2919元。

1969年学校有5个教学班，高中1个班，初中4个班，学生人数286人，给学生发放助学金2969.45元。

1970年学校有8个教学班，高中2个班，初中6个班，学生人数335人，给学生发放助学金2201元。

1972年学生人数506人，给427名学生（高中生257人，初中生170人）发放助学金2348元。

1973年学校有9个教学班，给424名学生发放助学金2086元。

1974年给438名学生发放助学金2007元。

1976年给456名学生发放助学金1848元。

1977年发放助学金1924元（高中1695元，初中229元）。

1978年给633名学生（高中生491人，初中生142人）发放助学金2205.55元。

1980年发放助学金1954元（高中1262元，初中692元）。给少数民族学生"三免"

（课本费、作业本费、学费）411.3元。

1981年给468名学生（高中生223人，初中生245人）发放助学金2106.5元。给少数民族学生"三免"933.53元。1981年制定了总务制度及财务管理制度。

1984年给854名学生（高中生316人，初中生488人，少数民族学生50人）发放助学金4523.9元。

1985年给918名学生（高中生268人，初中生550人，少数民族学生100人）发放助学金9826元。给少数民族学生"两免"（课本费、学费）2791.48元。

1986年发放助学金13732.5元（高中1759.5元，初中1653元，少数民族学生10320元）。给少数民族学生"两免"3350.48元。

1987年发放助学金15916.5元（高中2434.5元，初中1662元，少数民族学生11820元）。给少数民族学生"两免"3580.29元。

1989年发放助学金18481.5元（高中2371.5元，初中1710元，少数民族学生14400元）。给少数民族学生"两免"2000元。

1992年发放助学金28448.5元（高中1788.5元，初中1560元，少数民族学生25100元）。给少数民族学生"两免"6500元。

1993年发放助学金22484元（高中1200元，初中1484元，少数民族学生19800元）。给少数民族学生"两免"3000元。

1994年发放助学金18372元（高中1042元，初中1430元，少数民族学生15900元）。

1996年发放助学金13668元（高中612元，初中1556元，少数民族学生11500元）。给少数民族学生"两免"2000元。

1998年发放助学金13250元（高中576元，初中1674元，少数民族学生11000元）。

1999年发放助学金14012.5元（高中1298元，初中1714.5元，少数民族学生11000元）。给少数民族学生"两免"4000元。

2005年发放助学金34555元（高中6000元，初中3555元，少数民族学生25000元）。

2006年8月高中、初中分开。初中从老县城韩集前街12号搬到韩集镇姚川村的新建学校，也就是现在的本校校址。2006年开始，高一招生实行"一优"（给一等优生发放助学金，免学费、课本费、住宿费等）、"二优"（给二等优生发放助学金，免学费、课本费、住宿费等）等优惠政策，以鼓励中考高分学生到临夏县中学就读。

2008年世界宣明会发放助学金113120元。

2009年9月县财政拨供暖费10万元，临夏回族自治州财政局拨寄宿制项目建设费42万元。

2010年有28个教学班，发放国家助学金资助600人，金额45万元。

2013年有30个教学班，发放各类助学金共计81.35万元。

2014年发放国家助学金792000元，资助1056人。"滋蕙计划"资助24人，每人2000元。发放各类助学金共计84万元。

2015年发放国家助学金880500元，资助991人。OFS（我们的自由天空）机构资助17人，每人1500元。发放各类助学金共计90.6万元。

2016年有31个教学班，发放国家助学金1134000元，资助1134人；"滋蕙计划"资助30人，每人2000元；OFS（我们的自由天空）机构资助88人，每人1500元。发放各类助学金共计132.6万元。

2017年有30个教学班，发放国家助学金1060000元，资助1060人；"滋蕙计划"资助5人，每人2000元；OFS（我们的自由天空）机构资助52人，每人1500元。发放各类助学金共计114.8万元。

第五节　财产管理

1963年修缮礼堂时礼堂内设置长条椅80张。

1974年校内办红专学校，教发〔1975〕049号、临县革农发〔1975〕020号为韩集中学配发"东风28"拖拉机一台，投资2360元。

1981年制定了总务制度及财产管理制度，其中《水电制度》共有五条，倡导师生厉行节约，反对浪费。

1984年购弹簧椅40把共1338元，办公桌5张共425元，背靠椅10把共105元，购置20英寸电视机一台，价值1660元，从迭部林场拉床板94张共1974元。

1984年5月11日购卧式3吨茶水炉一台，价值4131元。

1986年购打字机一台、阅览桌18张、椅子30把、实验桌12张、实验凳150个。

1999年高考，教育局配发单人桌60套计3420元。

2000年高考，教育局配发单人桌60套计3420元。

2001年6月27日行政会决定，为了解决家住临夏市教工上班问题，稳定教师队伍，购县医院19座牡丹牌旧面包车一辆，买价31000元，学校负担16000元，乘车者预交油费15000元。同年文印室设备购置费共计31147元，包括计16000元多功能打印机一体机一台，8058元电脑一台，2680元打印机一台。

2001年12月6日向教工集资借款175000元，从甘肃华泰公司购买电脑35台，价值191800元，开辟了第一微机室。

2002年7月"贫三"项目配发电脑23台，价值152164元，开辟了第二微机室。

2002年购文件柜3个计1110元；用资金11680元修课桌150张，学生凳70条，购双人课桌40套，单人桌15套，学生凳110条，办公桌9套。

2003年高考，教育局配发单人桌60套，义教项目配发40套，总价值9000元。购篮球架一副3550元，办公桌5张、椅子16把共计2178元。用资金8720元制作双人桌50套、学生凳55条、床板10张、床凳10条，方凳15条，修课桌175张、学生凳151条。

2003年从陕西省武功天王锅炉厂订购4吨节能茶水炉一台，价值38000元。

2004年购办公桌11套计5500元，床板80张计4000元。2004年3月教工集资152000元，从甘肃华泰公司购多功能设备一套112000元。2004年5月9日行政会同意，更换通勤车，按规定办理各类手续，7月19日从甘肃宇润汽车贸易有限公司购24座宇通客车一辆，买价92500元，预收油费3万元，旧车变价5200元。

2005年购置床板床架176件计9690元，双人课桌80套计10850元，办公桌椅、书柜、沙发112件计36575元。打印设备一套计8360元，录音机17台计2670元，篮球架一副计3750元。修课桌142张、学生凳140条计3080元。2006年4月26日从临夏回族自治州大庆家具有限责任公司订购主席台桌3张，单价900元；前排会议桌4张，单价710元；普通会议桌24张，单价355。从临夏市伊光家具装潢公司订购硬背靠椅124把，总价值22120元。

2006年寄宿制项目配发高低床250副，价值70000元；课桌150套，价值22500元；宣民会捐赠高低床架50副计9000元；购置一体机一台计32000元，打印机两台计2600元，双人课桌50套计7500元，办公桌25套计10750元。2006年9月15日行政会研究决定以分期付款的方式从兰州得然电子科技有限公司购电脑31台，开辟了第三微机室，购办公电脑5台，总投资175322元，首付55322元，2007年3月底付7万元，9月底付5万元。

2007年购电脑一台计3900元，打印机一台计1150元。宣民会捐赠音响一套计3280元，数码相机一个计2305元。

2008年局配发高低床30副计11700元，宣民会捐赠高低床50副，学校负担15%资金，总价值19500元，赠录音机16台计2528元。购置电脑10台计45670元、打印机两台计4880元、健身器材8件计10542元、高低床40副计11700元、档案柜8件计5120元、仪器柜5件计3200元、文件柜4件计2600元、办公桌25张计10350元、弹簧椅65把计8450元、报栏3个计5670元。维修课桌192张、学生凳145条合计2645元。2008年6月县财政局调拨给学校桑塔纳小轿车一辆，车号甘N12669，价值126000元。

2009年实验室安装液晶电视三台计20208元，无实验课时上音乐课。购置红叶牌电子钢琴一架计3500元、2820型复印机一台计7500元、数码摄像机一台计4250元、高低床80副计25600元、圆形餐桌2套计2600元、办公桌23张计10350元。维修课桌椅费用4360元，包括改做床板293张、修课桌118张、学生凳106条、教室门15扇。

2010年随着本校教职工居住在临夏市的人数增多，24座通勤车不能满足乘车需求，经1月10日行政会研究同意更换通勤车，上报上级采购部门批准。3月1日通勤车上交县财政，调拨价5万元，3月27日财政拨购置费5万元。4月1日从甘肃天翔汽车贸易有限公司订购41座宇通客车一辆，价值313700元，预收乘车者油费111000元。同年安装报栏2个计2800元。

2010年购置美得理DP368钢琴一架计4400元、打印机一台计980元、办公桌椅15套计8700元、餐桌11套计3520元。维修课桌475张、学生凳133条、油漆课桌265张、凳子337条，费用合计17989元。2010年4月购移动多媒体3套，8月购移动多媒体3套，价值216000元。

2011年西楼安装监控设施一套计7530元、购置电脑10台计计34000元、电子琴20架计9600元、陈列柜2件计2540元、办公桌椅10套计5800元。维修课桌104张、学生凳98条，计1530元。

2012年分两次购置办公桌51张计24990元，购光标阅读机一台计31000元。2012年9月28日行政会讨论决定更换破旧课桌凳，从甘肃绿荫家具有限公司购单人桌椅1000套，价值195000元；购高低床100套，价值51250元。

2013年购置户外音响设备一套计19450元、文件柜10件计4800元。男生公寓楼安装摄像头10套计6940元，购置电脑两台计6200元、食堂刷卡机6个计4740元、复印机一台计4000元、一体机一台计30800元、办公桌14套计10360元、文件柜2件计800元、单人床2张1900元、电动割草机一台计5200元。

2014年7月从甘肃百川伟业工贸有限公司订购单人桌椅500套，价值97500元；单人床带垫子140套，价值33400元。9月6日购进临夏市海龙锅炉厂6吨茶水锅炉一台，价值47000元。2014年10月购高低床100套，价值37000元。10月5日从临夏市名品家具销售有限公司订购餐桌31套，价值13020元。从淮阳县一恒科教设备有限公司订购餐桌60套，价值28800元。

2015年为了录制教师课堂教学视频，购置索尼摄像机一台，价值11900元。5月为在校园里晨读的学生购买塑料小方凳500个，价值3790元。6月购买打印机三台、笔记本电脑一台、电钢琴一架，共计12570元。同时购买三人沙发带茶几14套、单人床带垫子5套，共计18980元。为了加强校园文化建设，购买校园广播设备一套，价值11660元。

2016年1月给会计室购买针式发票打印机一台和验钞机2台，共计2926元。随着教师辅导资料印刷量的增大，4月份给文印室购进荣大一体机一台，投资18000元。11月给校志办公室和总务处购买联想小型一体机2台，价值2840元；给美术室购买交互式智能白板一套，价值13800元。

为了提高阅卷效率，2017年1月行政会议研究决定购置网上阅卷系统，价值14万元。

3月购买30套餐桌共计13500元，10套办公桌椅共计7800元。为了丰富校园文化，4月从网上订购室外象棋桌20套，价值1176元。6月给文印室再次添置大型震旦一体机一台，价值3500元。

财产管理一直坚持收发有登记，教室、学生宿舍每学期验收一次，并按照损坏赔偿制度进行赔偿，反映的问题及时维修，缺少的办公用品及时补充，保证了教育教学工作的正常运行。

第六节　卫生管理

学校卫生工作的好坏直接体现学校管理水平，可以说，卫生工作是学校的窗口。本校自创办以来，历来的领导都很重视学校卫生工作。早在私立云亭小学校时期，学校就注重对学生"整齐清洁简单朴素"之习惯的培养。学校的卫生清洁工作主要由总务部和训导部协同管理。具体工作则由训导部下设的儿童自治会风纪部之卫生股负责管理，每学期开学第二周学校即举行清洁大检阅，第三周开始每日清洁检查。为了有针对性地培养学生良好的卫生习惯，训导部将第十三周定为清洁周，对各年级学生提出了具体要求，如：一年级——我身边要常常带手帕；二年级——我不用衣袖抹鼻脸；三年级——我的图书用具要安放得整齐；四年级——我不随地吐痰，不随意抛弃纸屑果壳；五年级——我要留心保持公共地方的清洁；六年级——我的服装常常要保持清洁雅观。

云亭中学时期，学校对卫生工作的具体检查则由学生自治会在训导部统一领导下进行。

1949年后，学校对卫生工作依然常抓不懈。20世纪80年代后，学校曾就卫生工作制定了一系列制度。1984年制定了《临夏县中学卫生常规》（此《常规》于1987年10月和2003年5月进行了两次修订），1999年6月制定了《临夏县中学环境卫生工作制度》，并成立了以分管副校长任组长，主管体育卫生的副教导主任任副组长，工会主席、总务主任、学生会辅导员为组员的环境卫生工作领导小组。

附：

临夏县中学卫生常规

一、"三洒一扫"。早上、中午值日生各洒一次水，放学前洒水打扫一次。由学生会检查。早操每宿舍留一人打扫卫生、整理内务。

二、大扫除。每周星期四课外活动及星期一早操时，全校卫生大扫除，全面搞好校园、教室、宿舍、办公室等处的卫生，由教导处、总务处、学生会等分别检查。

三、在节假日前及必要时，全校进行全面、彻底的爱国卫生大检查。由工会、教导处、总务处、学生会分工负责，分管领导参加检查。

四、班主任负责于每周或每两周调换座位；天黑就要开教室的灯，以预防近视或斜视。

五、每学期由校医负责搞一次体检；每周各场所消毒一次以上，由总务处负责并检查。

六、学校食堂、水房等要严格执行《食品卫生法》等有关规定，实行卫生岗位责任制，严防"病从口入"。

七、全体师生在双休日要彻底搞一次个人卫生。被褥要洗干净，星期一下午教导处、学生会负责检查。

八、微机室、实验室仪器室、图书阅览室及其他公共办公场所，每天上班前及下班后分别搞一次卫生，由教研室、教导处负责检查，分管教学及卫生的副校长抽查。

（1984年10月15日制定，1987年10月修订，2003年5月再次修订）

上述这种卫生管理办法持续了很长时间，对学校卫生管理工作促进很大，学校多次被县爱国卫生运动委员会办公室评为"卫生先进集体"。

2013年秋季学期起，学校为了进一步推进分层教学、分级管理的办学策略，将环境卫生、教室卫生的管理工作分解到各年级组，年级组分组设立学生会，并配备一名政教主任兼管本年级组卫生工作。各年级组分片包干环境区域，年级组再将所属区域以挂牌形式具体划分到各班级负责。至于教室卫生，实行"三洒两扫"要求。每天的卫生检查工作交由年级组学生会负责，政教主任督查。

学生个人卫生的督查，由年级组长并兼管年级卫生的政教主任负责不定期检查，对男生留长发、学生染发现象坚决予以杜绝。宿舍卫生具体由生活指导老师（舍管员）检查，年级组督查。

厨房卫生由工会督查，随时检查，及时处理。要求教工灶、各学生灶做到明厨亮灶、窗明几净，工作人员卫生清洁、身体健康。

2015年以来，学校为狠抓卫生工作，切实实现校园无垃圾，倡导全体师生自觉捡拾垃圾。学校团委组织志愿者大力开展"垃圾不落地，校园更美丽"宣传活动。全校从领导到每一位教师乃至每一位学生都自觉参与到捡拾垃圾的活动当中来，使得校园干净整洁，卫生整治工作上了一个崭新的台阶，为广大师生营造了一个良好的育人环境。

第七章　社会团体

第一节　工会、教代会

一、学校工会的职责

（一）根据党支部和上级工会的工作部署，制定工会工作计划，发挥工会全体委员的作用，布置、检查、指导各基层小组开展工作。

（二）贯彻《教师法》《教育法》和《工会法》，努力维护教职工合法权益，为群众说话办事，沟通领导与教职工的联系，做好上情下达、下情上传的工作。

（三）自觉履行教育职能，发挥工会的自身特点和优势，协助党支部做好教职工的思想政治教育工作，经常开展爱国主义、社会主义、集体主义和公共道德、职业道德、家庭道德的教育，积极开展有益于精神文明和校园文化建设的各类教育活动，全面提高教职工的综合素质。

（四）会同学校有关处室积极开展"教书育人、管理育人、服务育人"师表工程建设；做好有关先进个人和先进集体的推荐、评选和表彰工作。

（五）按期召开工会会员代表大会，组织筹备工会委员会的选举工作，主持起草工作报告，并向大会报告工作。

（六）切实履行民主参与职能，组织和代表教职工参与学校民主管理和民主监督，充分发挥工会在民主渠道和教代会工作机构的作用；认真落实教代会的职权及教代会筹备工作和会务工作的开展。

（七）着力履行维护职能，发挥工会桥梁纽带作用，不断促进教职工工作、生活条件的改善。重视从源头上维护教职工的正当权益，参与学校有关改革与发展的重大问题讨论。维护女职工的特殊权利，积极开展女教职工委员会工作。

（八）组织好群众性文体活动，充分利用教工之家等活动场所，搞好群众性的文化娱乐、体育活动，更好地丰富教职工的文化生活，使教职工在各项活动中陶冶情操，增长知识。

（九）配合有关部门做好教职工的岗前培训和继续教育工作，做好新会员的接收和工会基本知识的教育。

（十）关心群众生活，做好教职工集体福利工作。

（十一）加强工会组织的自身建设，努力提高工会干部的综合素质。

二、学校工会的作用

学校工会组织是教育行业中最基层的一级组织，是担负宣传、调和、联系学校上层和基层之间的桥梁与纽带。它直接关系到群体的实质利益的调整和积极性的调动，关系到基层教育发展的整个局面。学校工会应充分发挥其"教育"职能作用，积极开展宣传教育活动，加大源头参与力度，充分发挥民主监督，积极协调配合学校，依法维护教职员工的合法权益。

三、历届工会主席、副主席更迭表（1994年—2017年）

姓名	性别	职务	任职起止时间
李万忠	男	主　席	1994.2–1998.7
江富傲	男	副主席	1994.2–1998.7
江富傲	男	主　席	1998.8–2006.7
王正国	男	副主席	1998.8–2006.7
王正国	男	主　席	2006.8–2013.7
牛俊泽	男	副主席	2006.8–2013.7
江贵伟	男	主　席	2013.8–2017
孟宪芳	女	副主席	2013.8–2017

四、教职工代表大会

本校第一届教职工代表大会第一次会议于1985年1月2日召开，会上黎世亨作了一年来的学校工作报告，肯定了学校1984年以来各项工作取得的成绩，指出了不足，并对1985年的工作从五大方面提出了18条具体的设想。学校教代会现已召开了十一届。教代会在促进学校民主办学思想方面起到了积极的推进作用。

附：历届教代会主席团成员更迭表（1994年—2017年）

届次	姓名	职务	任职起止时间
第八届	牛俊泽、马明忠、马文成、王正国、张英海、李月桂	主席团成员	1994.2–1998.7
第九届	王正国、牛俊泽、李月桂、宋海云、马文成、张英海	主席团成员	1998.8–2006.9
第十届	牛俊泽、张英海、白仲霞、安群英、孙孝忠、邵开红	主席团成员	2006.10–2013.9
第十一届	孟宪芳、孙孝忠、钟浩、马小斌、李昌华、吕忠	主席团成员	2013.10–2017

附：

教工代表大会暂行条例（试行）

（1985年1月3日第一届第一次教代会通过）

第一章 总则

第一条 根据《中华人民共和国宪法》有关保障人民参加管理国家、管理各项经济事业和文化事业，监督国家机关工作人员的规定，参照中共中央、国务院批转的《国营工业企业职工代表大会暂行条例》以及教育部、全国教育工会批转的《教工代表大会试点汇报座谈会纪要》精神，学校在贯彻中共临夏县委〔1984〕98号文件精神，试行校长负责制的同时，必须建立和健全党支部领导下的教职工代表大会制，发扬教职工群众主人翁的责任感，保障教职工当家作主，管理学校的民主权利。

第二条 学校的教职工群众是学校的主人，是办好学校的主体。

第三条 教工代表大会是加强和改善党的领导，发扬民主，实行民主办学，调动领导和群众的积极性，更好地贯彻党的教育方针，加强教职工群众思想政治工作，提高教育质量的一种很好的形式和方法；是教职工群众参加决策和管理学校、监督干部的一种主要的组织形式。

第四条 教工代表大会遵照党的方针、政策和国家的法律和指令，在学校党支部领导下行使职权，正确处理学校各种关系和矛盾，保证学校的教学工作顺利进行。

第五条 教工代表大会要体现我们学校是社会主义性质，体现知识分子作为工人阶级的一部分和党的依靠力量的地位。

第六条 教工代表大会的组织原则是民主集中制。

第七条 在学校教职工总人数不足200人时，以全体教职工大会代替教工代表大会，与会的全体教职工享受代表权力，并履行代表义务。超过200人时，按三分之一比例选举代表。代表应有广泛性和各方面的代表性。

第二章 职权

第八条 教工代表大会根据国家的政策和法令行使下列权力：

（一）讨论审议学校的工作报告、发展方向、规划、财务预决算以及学校的重大改革和管理方面的问题，并作出相应的决议。

（二）讨论决定学校教职工的福利基金和奖励基金的使用以及教职工奖惩的办法、职工的住宅分配方案等有关教职工切身利益方面的重大问题。

（三）对学校工作提出批评和建议。

（四）监督学校的各级领导和工作人员。对工作一贯努力并卓有成绩的干部，提请上级机关予以表彰奖励；对有特殊贡献的干部，建议上级机关予以提职晋级；对不负责任、造成损失或违法乱纪的干部，建议上级或党的纪律检查机关和国家政法机关严肃处理。

（五）教代会有对领导干部的评议权，有对不正之风的监督检查权，对违反党的方针政策的批评反映权及督促完成各项任务权。

第九条 学校的校长要定期向教工代表大会报告工作，执行教工代表大会有关学校教学、行政方面的决议，并接受教代会的检查和监督。教工代表大会要支持学校校长行使职权，维护教育指挥系统的高度权威，教育职工群众不断提高主人翁的责任感，自觉遵守教学纪律，严格执行有关教学和其他工作方面的制度。

第十条 教代会对教育主管机关的指示和决定，有不同意见时可以提出建议。若经主管机关审议后仍维持原有指示和决定，教工代表大会必须贯彻执行。

第十一条 教工代表大会可定期或不定期地组织和检查教职工的民主生活开展情况，听取和如实反映教职工群众的意见，并及时给予明确的处理意见。

第三章 教工代表

第十二条 教工代表大会的代表，以学校教研组、后勤和其他方面为单位，由教职工群众直接选举产生，凡是本单位有公民权的教职工，均可当选为代表。

教工代表实行常任制，每三年改选一次，可连选连任两届，教工代表接受本单位职工的监督，原选举单位的教职工有权依照规定的程序撤换本单位的教工代表。

教工代表若有调动，可根据规定的程序，再民主选举产生所缺代表的名额。调离本单位的教工代表也可按规定的程序，经教工群众讨论，免去原代表资格。所补选和免去的教工代表都必须报教工代表大会备案。

教工代表应由教师、职工、领导干部和其他工作人员组成，其中教师代表一般不得少于教工代表总数的60%，青年教师和女同志代表应占一定比例。

教工代表按组组成代表小组，推选组长一人，代表不足三人以上的组，不再设小组。

第十三条 教工代表的权利

（一）在教工代表大会上，有选举权、被选举权和表决权。

（二）有权检查本单位在各方面执行教工代表大会决议和提案落实的情况。有权参加对学校领导人的质询。

（三）因行使正当民主权力而遭受打击报复时，有权向有关部门申诉控告。

（四）因参加教代会活动而不能上课时，有权享受正常出勤的待遇，所缺课时，要合理安排，给予补课的保证。

第十四条 教工代表的义务

（一）模范地遵守党的政策、方针和国家的法律、指令，严格遵守有关规章制度，做好本职工作。

（二）积极宣传和带头执行教工代表大会的决议，做好教工代表大会交给的各项任务。

（三）正确代表群众利益，密切联系群众，如实反映群众意见。

（四）努力学习，不断提高政治觉悟、教学业务水平和管理水平。

（五）模范遵守社会公德，为人师表，做社会主义精神文明的积极建设者。

（六）正确对待同志，对待自己，自觉地改正缺点和错误。

第四章 教代会主席团

第十五条 教工代表大会主席团，由教工代表大会民主选举产生。主席团是常设机构，实行常任制。一届任期三年。主席团成员应由教职员工（以教员为主）代表、党政工团主要负责人、各口主要负责人共九或十一人组成，设执行主席一人（工会主席兼）副主席一至二人，委员六至七人。

第十六条 教工代表大会主席团在教工代表大会于会期间行使代表大会的职权，监督学校行政部门认真贯彻教工代表大会的决议，落实教工代表大会提出的各种提案。

第十七条 主席团监督学校行政部门，认真地全面贯彻党的教育方针。协助行政部门，组织教工的业务进修，提高业务水平，搞好教育教学工作。

第十八条 主席团在学校党支部的领导下，认真地深入细致地做好教工的思想政治工作。

第十九条 主席团负责每学年召开一次代表大会，审议学校工作，任职期满后负责召开下届教工代表大会，报告本届的工作，民主选举产生下届教工代表大会主席团。

第五章 组织制度

第二十条 教工代表大会一般不设常设工作机构，而以学校工会委员会来承担学校教工代表大会工作机构的任务，会同有关部门进行大会的筹备工作、会务工作及大会闭会期间的日常组织工作，办理教工代表大会和主席团交办的事项。

第二十一条 教工代表大会每学期召开一次，每次会议必须要有三分之二以上的代表出席，遇有重大事项，经三分之一以上的代表提议，必须有全体代表的过半数通过方为有效。

第二十二条 教工代表大会可根据实际需要组织若干专门小组（不脱产），其主要任务是：对教工代表大会要讨论的重大问题进行调查研究，提出建议；搜集、核实有关提案，检查、督促有关方面贯彻执行教工代表会的决议。

（起草者 黎世亨）

第二节 民主党派

1938年建校至今，学校民主党派人士具体情况不详，且无从查证。目前，可查到的是：

陈冠玑，原名陈象璇，字冠玑。男，汉族，山东省淄博市临淄区齐陵镇人，中国民主同盟会会员。1959至1977年在学校任教。1978年调任临夏市第一中学校长，1984年任临夏市政协副主席。

徐敏天，男，汉族，甘谷人，中国国民党革命委员会会员。1953年任学校教育主任、代理校长。1954年1月调往临夏中学。

闫政平，男，汉族，兰州人，中国民主同盟会会员，1979至1988年在本校任教。1983年9月，临夏县、市分设，成立民盟临夏市支部委员会临夏县民盟小组——当时临夏县有盟员3名，闫政平任组长。

现美术教师娄晓通为中国民主同盟会会员。

第三节 共青团、学生会

一、组织情况

本校团委现有共青团员818名，其中男团员367名，女团员451名，下辖31个团支部，团委有四名兼职团干部（书记1名，副书记3名）。

在团县委和学校党支部的领导和支持下，本校团委紧紧围绕学校和上级团委的中心工作，以提高青年团员的政治思想素质为根本目标，紧扣青年团员思想发展的主脉络，加强团的自身建设，优化共青团干部队伍，积极开展各项活动，以活动促教育，以创新促发展，团结协作，务实进取。狠抓常规管理工作，各团员如期按规定交纳团费，及时完成团籍注册工作。如实填写团员花名册，对全校团员做到情况明、底子清。针对高三学生毕业离校和高一新生入学，及时进行团组织关系转接工作。发展新团员，并定期举行新团员"入团宣誓仪式"，加强对新团员的思想教育工作。积极开展学习团的知识活动，切实增强广大共青团员的政治意识、组织意识和模范意识。健全团的工作档案，对团的工作计划、工作总结、团委开展各种活动的材料、团员花名册、各类报表、统计表、上级文件等装订成册，进行科学化、规范化的管理。

团委具体分工及职责包括：

（一）学校团委工作职责。

1. 维护青年利益，表达青年愿望，真正成为党联系青年的桥梁。做好全校团员青年的思想政治教育工作，开展"争先创优"活动，做好评优、推优工作。

2. 根据上级团组织的工作要求，围绕学校中心工作，结合实际情况，制订团的工作计划，召开全委会、团委扩大会议，研究决定团内重大事宜。

3. 建立健全团的工作制度，负责审批新团员入团和超龄团员退团等工作，做好团费的收缴、管理、使用工作，管理团内文书和团籍档案。

萧村逸在全县"五讲四美三热爱"活动总结工作大会上所作经验报告摘引。

4. 健全和执行团的组织制度。利用业余党校、业余团校对广大团员青年及入团积极分子进行教育培训。配合党组织做好"推荐优秀团员作为党的发展对象"工作。

5. 组织开展学生社会实践活动、青年志愿者活动、第二课堂活动。

6. 开展丰富多彩的校园文化活动，并负责指导学生社团工作。

7. 积极做好团的宣传工作。负责学校广播站及校刊编辑工作，建立健全团的工作信息网。

8. 深入班级，了解情况，检查和指导团支部工作，掌握青年的思想动态，培训团的干部，交流团的工作经验。

9. 配合学生会和班主任做好学生的管理工作。

10. 指导并具体帮助学生会开展各项工作，充分发挥学生会的工作职能。

11. 认真完成上级团组织和校领导交办的其他工作。

（二）团委书记职责。

团委书记是团委工作的主要组织者，接受学校党政和校团委的领导，全面负责主持学校团委的各项工作。

1. 认真传达上级指示，贯彻上级决定。

2. 负责向校团委、校党政汇报情况，请示工作。

3. 负责主持制定团委工作计划、总结，并组织开展本校团组织的各项活动。

4. 督促团支部做好工作计划和总结工作，建立和健全团支部建制培养选拔团干部；负责指导各团支部开展团的活动。

5. 召开各种团的会议，对团员进行表扬奖励或批评处分及新团员入团、超龄团员退团的审批；负责处理团员违纪事件；组织开展各种团内评优及推优入党工作。

6. 同各委员保持密切的联系，掌握他们的思想、学习、工作业务情况，督促和帮助各委员完成自己的工作。

7. 带领委员们搞好团支部的管理，掌握团干部和团员的思想状况，进行深入细致的思想工作，保证团的各项工作任务落实到基层支部；经常深入团员青年中，分析团员青年思想情况，有针对性地开展工作。

8. 指导帮助校学生会开展工作，与其他兄弟单位团组织建立广泛友好的联系。

9. 完成上级团委和学校领导交办的工作任务。

（三）团委副书记职责。

1. 按照团章的要求，检查督促团员履行团员义务，检查各团支部组织生活、团费收缴、团内各类评比活动、违纪团员处理的情况；监督检查学校各类学生干部履行职责情况，对违规违纪学生干部进行提醒纠正并做好记录，上报相关部门进行处理。

2. 对青年进行团的基础知识教育，负责对要求入团的青年积极分子进行培养和考察，提出发展新团员的意见，办理接受新团员的手续。

3. 了解团员的思想、工作、学习情况，维护执行团的纪律，建议团委对团员进行表扬奖励或批评处分。

4. 积极开展和组织评选优秀团员、优秀团干部、先进团支部活动。

5. 搞好团员花名册，搞好统计工作，接转组织关系，按时收缴团费，办理超龄团员离团手续。

6. 完成领导交办的其他工作任务。

（四）团委宣传委员职责。

1. 了解团员和青年的思想情况，提出思想教育，宣传工作计划。

2. 运用多种形式组织团员和青年学习马列主义和时事政治，开展各项有利于社会主义精神文明建设的活动。

3. 针对团员青年的思想实际，组织开展好传统教育、形势教育活动。

4. 积极宣传党的路线、方针和政策，配合好团委各时期的中心工作，组织团课学习。

5. 负责团委各项活动的宣传策划工作，及时准确地报道学校各项活动，向学生传达信息。领导学校校刊编辑部工作。

6. 负责学校广播站工作，积极办好黑板报、墙报、校刊等团的宣传阵地。

7. 完成领导交办的其他工作任务。

（五）团委文体委员职责。

1. 负责团员青年的文娱体育活动，根据团委各时期的工作中心制定文娱体育活动实施计划。

2. 根据青年的不同爱好，组织健康的、丰富多彩的业余文化生活、体育活动和其他兴趣活动。

3. 配合学校有关部门组织各类大型文艺演出、联欢活动等。

4. 发现和培养文娱积极分子，协助学校加强对学生文艺能力的培训。

5. 搞好学校文娱性社团的建设。

6. 完成领导交办的其他工作任务。

（六）团委生活委员职责。

1. 负责同学的生活管理，并与学校的有关部门配合，解决同学在生活中遇到的实际问题。

2. 了解同学对学校生活设施的意见、要求，及时反馈给学校有关部门。

3. 组织团员积极参加义务劳动。

4. 协同组织委员做好团费的管理、使用工作。

5. 完成领导交办的其他工作任务。

（七）各班团支部书记职责。

1. 全面负责团支部的工作，争创优秀。

2. 传达党、团组织的决定和批示，经常汇报工作反映情况，并且和各有关方面取得具体联系。

3. 每月定期召开支委会和支部大会，研究、计划、布置团支部的工作；定期总结工作并向学校团委报告；监督和帮助团支部其他委员做好分管工作。

4. 注意掌握青年团员的思想、学习、工作等方面存在的问题，并及时研究处理。

5. 抓好支部建设，活跃团日活动，提高团员素质，努力增强支部的战斗力；协调和帮助班委会开展各种活动。

6. 负责党、团知识学习小组的建立和运行，搞好推荐优秀团员入党工作。

7. 认真完成上级团组织和班主任交办的其他工作。

（八）各班团支部宣传委员职责。

1. 及时向全班同学宣传党的路线、方针、政策以及上级团委的决定，协助书记开展宣传和思想教育工作。

2. 组织团员青年学习马列主义、党章、团章以各种形式开展理论研讨和思想交流，负责保管好团的文件、刊物。

3. 搞好支部活动的宣传报道工作，及时表扬团内好人好事，批评不良现象。

4. 根据青年的不同爱好，组织健康的、丰富多彩的业余文化生活、体育活动和其他娱乐活动。

5. 积极争取与校内外报刊联系，定期选送优秀稿件。

二、活动情况

（一）团委活动与学校教育相结合，培养了学生的创新精神和实践能力，提高了团员素质。

校团委以理想前途、爱国主义、集体主义、社会公德、优良传统和遵纪守法教育为主要内容，开展了形式多样的活动，以陶冶学生情操，挖掘学生潜能，培养学生良好的综合素质。

1981年，为使学生了解当前我国政治经济形势，鼓舞学生信心，学校团委邀请县委副书记妥永生给高中生作了形势报告，详细介绍了我县改革开放和经济发展的情况，让学生了解了家乡前进的步伐，提振了学习的信心。1981年春季学期起，学校团委响应上级号召，在全校深入开展"五讲（讲文明、讲礼貌、讲卫生、讲秩序、讲道德）、四美（心灵美、语言美、行为美、环境美）、三热爱（热爱共产党、热爱祖国、热爱社会主义）"活动，1985年，本校被团县委评为"五讲四美三热爱先进集体"，初二（2）班被评为县级先进班集体，并让萧村逸代表学校在团县委召开的全县"五讲四美三热爱"活动总结工作大会上作了经验报告。

1987年7月22日，《民族报》报道师生缅怀马福录将军英雄事迹的情况。

为了缅怀革命先烈，对学生进行革命传统教育和爱国主义教育，学校团委有目的地对学生开展基地教育活动。1987年在学校团委的筹备组织下，学校部分师生283人到韩集阳屲山马福录将军墓前倾听带队教师介绍将军血战正阳门抗击八国联军抵御外辱而壮烈牺牲的感人事迹，本次活动受到县上领导的特别重视，县政协、县委统战部、教育局有关干部一同参加。后来《民族报》《中国青年报》先后对此次缅怀活动进行了报道。每年清明节来临之际，学校团委带领高一、高二师生前往烈士陵园，开展以"革命英烈浩气长存"为主题的扫墓活动。学校领导在烈士墓前发表演讲，强调全体同学要学习革命先烈在战争中不畏困难、英勇献身的爱国主义精神，更要把这种精神转化成为学校的发展、家乡的强盛、祖国的繁荣富强而发奋学习的力量源泉，通过这种活动也表达了学校领导、老师对学生的殷切希望。在活动中，老师带领在场的同学庄严宣誓——"人民为先，祖国至上，诚实勇敢，自律自强；奋发有为，誓做栋梁，振兴中华，再造辉煌"。在坚定的誓言下，同学们以清扫墓园和碑塔结束了祭扫烈士陵园活动。通过祭扫烈士陵园活动，全体学生接受了一场生动的爱国主义教育洗礼，纷纷表示以革命先烈为楷模，在今后的工作、学习和生活中不怕困难、勇敢坚强；要继承传统，勤奋学习，刻苦锻炼；树立正确的世界观、人生观和价值观，争做一名合格的当代中学生。

在一些节日来临之际，学校团委协同工会也开展了一系列丰富多彩的活动。1985年元旦，举办了节日灯谜晚会，师生参与热情极高；1986年"五四"青年节之际，开展了"五四故事会"、"爱国主义教育书画展"等活动，师生积极参与，活动取得圆满成功。

1985年元旦，康廷栋老师为节日灯谜晚会题诗。

积极开展 "志愿者服务"活动。组织共青团员开展"学雷锋"主题团日活动。开展以"讲故事、做好事、寻榜样"为主要内容的主题团日及班会活动，对校园内外、同学身边的雷锋式先进人物及其感人事迹进行展示传播，组织召开"知雷锋、爱雷锋、找雷锋、做雷锋"等活动，引导共青团员讲雷锋故事、唱雷锋歌曲，谈心中感受，夸身边榜样，并就近组织开展了志愿服务活动：学校团委组织团员代表多次去韩集村慰问西路军女战士张绍清，帮助老人搞卫生，听她讲述西路军的战斗事迹，让团员们接受了爱国主义教育；校义工会通过自发筹集善款几次赴养老院，奉献师生的爱心；志愿者服务队也多次到社会福利院，帮助孤寡老人和孤残儿童，给他们送去爱心和快乐。

为培养学生自尊自爱的情感和发奋学习的精神，团委会同政教处于2007年春季举办了"今天我以学校为荣，明天学校以我为荣"的演讲活动，有力地激发了学生热爱学校、积极向上的情感，为后来学校多年开展的学生"三个习惯"（学习习惯、卫生习惯、行为习惯）培养活动拉开了序幕。同时，在毛泽东同志为雷锋题词纪念日来临之际，团委与政教处联合开展"文明美德伴我行"主题教育与学雷锋活动，为学生成为新时代雷锋精神与中华文明美德的传播者、弘扬者和践行者提供了学习和实践的平台。并且，在"文明美德伴我行"主题教育活动中广泛开展"六个一"（读一本好书——阅读

《文明美德伴我行》读本或其他体现雷锋精神的书籍；讲一个文明美德故事；开一次文明美德主题班会；写一篇心得体会；做一件好事；参加一次志愿者服务活动）活动。

为激发学生的使命感和责任感，本校每年6月份都会组织高三年级举行隆重的18岁成人宣誓仪式，帮助其树立正确的世界观、人生观、价值观，勉励青少年学会做人，学会感恩，积极进取，努力成长为新世纪有理想、有道德、有文化、有纪律的社会主义公民。响应上级号召，组织本校广大团员青年参加全省中小学生书信文化大赛。举办秋季田径运动会和"庆元旦"教职工排球赛。积极倡议本校师生为身患白血病的韩集小学学生捐款2793元，为三角中学学生蒋浩斌捐款2922.50元。组织本校500多名学生参加了"甘肃移动杯"全省青少年学党史暨党的十七届六中全会精神知识竞赛。

（二）抓好宣传阵地建设，活跃校园文化。

发挥好报刊、广播、黑板报、校刊等媒介的思想教育功能，通过志愿者活动和各种实践活动进行思想教育。抓好校园广播宣传阵地，加大宣传力度。校园广播工作力求规范，做好正确的舆论引导。制作大型学生活动宣传喷绘栏，弘扬积极向上、健康的精神风貌，展示各类教育活动成果。表彰奖励两批次优秀共青团员、共青团干部、校园广播优秀播音员及投稿员20人次。积极宣传优秀团员青年，发挥其辐射带动作用。本校2007级高三（1）班马玉红同学、2010级高二（1）班李永彪同学被共青团临夏回族自治州州委授予"临夏回族自治州优秀共青团员"称号，铁忠华等八名同学在第十一届全省青少年书信文化大赛中获奖。

为全面实施素质教育，丰富本校师生文化生活，本校团委每年以五一劳动节、五四青年节和国庆节等节日为契机，举行"庆五一、迎五四"或庆国庆文艺汇演，全面展示本校思想道德教育及素质教育成果，为进一步加强爱国主义教育，增进学生之间的友谊、提高其交流合作意识搭建了平台。每次活动的节目，主题突出、健康向上、风格新颖，充分反映学生热爱祖国、奋发向上的精神面貌和较高的审美追求，体现了校园文化生活和当代中学生的朝气与活力。同学们在舞台上尽情地展示着自我、张扬着个性、释放着活力，在带给全校师生一场精彩纷呈的节目的同时，也让广大同学接受了一次极好的艺术教育和美的熏陶。

（三）加强法制教育宣传力度，让学生懂法守法。

学校的法制教育和宣传也从未间断过，如带学生参观戒毒中心，认识毒品的危害，了解国家对禁毒的决心及戒毒所干警的爱心和艰辛，增强了"珍爱生命、远离毒品"的观念；配合学校政教处开展各项禁毒教育活动，如召开主题班会，以班为单位举办了不同形式的禁毒宣传专栏，并召开了"不让毒品进我家"的主题班会，营造了良好的教育氛围。对新入校的高一年级学生，班主任利用班会时间，采用专门的禁毒教材，每学期安排了四课时的授课时间进行教学。利用召开家长会之机，向学生家长大力宣讲了"毒品一日不禁，社会一日不宁"的深刻含义，使他们提高了"拒毒防毒"的意识，不仅自己做到不沾染毒品，而且还要经常教育子女一生不沾染毒品，让他们真正做一个健康的人、文明的人、高尚的人。

认真开展艾滋病预防知识教育活动，积极组织开展了主题演讲活动，使全体青少年学生对艾滋病的预防有了较为全面的认识。2005年4月，全县中学生"预防艾滋病"主题演讲比赛中本校代表队获一等奖，为学校赢得了一部数码相机。

用展板进行法律法规知识的宣传，并聘请校法制校长定期开展法律知识讲座和未成年人思想道德讲座，为青少年维权提供了法律专业知识保障。加强法制宣传教育，增强全体学生的法制观念和法律素质，形成扶正祛邪、惩恶扬善、遵法守纪、文明健康的校园氛围。举行"青少年模拟法庭"活动，该活动以自觉引导、互动演出为主，参与模拟法庭表演的青少年既是学习者——通过事先对剧本的预习，自觉学习理解剧本中的法律条款所包含的知识内容，同时他们又是传播者——通过生动地模拟法庭表演，让"法庭"外的青少年也能懂得用法律的武器维护自身的合法权益，该活动得到师生们的一致好评。"少年模拟法庭"不仅使同学们感受到了法律的威严，而且启发了对预防犯罪问题的思考，这对于进一步增强青少年社会主义法制观念，有效预防青少年违法犯罪，促进青少年的健康成长具有十分重要的意义。各班召开以遵纪守法为主题的班会来强化学生的法制观念，任课教师通过学科渗透和课堂教学的组织过程强化学生的纪律意识，督促养成良好的学习、行为习惯，培养勤奋好学、遵守纪律、尊老爱幼、团结向上的良好品质。

附：历届共青团主要负责人（1972年—2017年）

任期	团委书记	团委副书记
1972.1—6	马新民	李永昌
1976—1978	赵海伟	
1972.6—1978	任顺高	张玉英
1982—1994	宋明震	张振荣
1995—1996	张振荣	范生江
1997—2003	范生江	马建成
2004—2006	马建成	张昌海
2007—2013	张昌海	李昌华、李科华、赵永山
2014—2016	李昌华	陈玉成、马小斌
2016—至今	陈玉成	马小斌、娄晓通、马成龙

（1972年之前的负责人情况不详）

第四节 文化艺术团体

一、社团活动计划

（一）宗旨。

为深入推进素质教育，丰富学生学校生活，增强学生的自我管理能力，进一步锻炼学生，从而激发学生潜能，特制定本方案。

（二）实施措施。

1. 将学生社团活动作为学生第二课堂重要组成部分，纳入整体教学计划。

2. 加强学生社团工作的队伍建设。学校选派干部教师负责社团工作，规范社团组织建设、加强社团活动管理。

3. 为保证学生社团健康稳定的发展，学校为学生社团活动提供了必要的活动经费。

4. 学校进一步拓宽渠道、挖掘潜力、整合资源为学生社团活动创造条件。

5. 学校德育处牵头，教导处配合，承担对学生社团的指导和日常管理工作。学校给予学生社团开展活动的政策、场地、设备支持，在社团活动专业知识等方面提供必要的指导。

6. 加强学生社团制度建设。确保学生社团的日常活动按照相应制度规定有序进行。

7. 完善学生社团年度考核制度。进一步完善学生社团年度考核制度，综合评定学生社团的活动和建设。每学年举行学生社团评比表彰大会。对表现优秀的学生社团、成效显著的社团活动、工作出色的社团负责人、积极参与社团活动的学生、成绩突出的社团指导教师和工作人员给予表彰和奖励。

（三）社团种类。

1. 服务性社团：青年志愿者服务队、校园广播站等。

2. 体育社团：足球社团、篮球社团、乒乓球社团等。

3. 艺术性社团：书法兴趣小组、简笔画兴趣小组、街舞社、合唱团等。

4. 学术性社团：文学社、演讲与辩论社、戏剧表演社等。

5. 学科渗透社团：英语角等。

（四）社团成立程序。

1. 填写组织社团申请书，报政教处核准，团委备案后进行筹备。

2. 经核准后成立社团，公开招募社员。

3. 各社团成立后，应将社团活动章程、社团干部名单及社团社员名单交政教处、团委备案。

（五）社团职责及组织。

1. 每一社团应有一名指导老师，班级社团由班主任聘任具有一定专长及工作热情的教职员工担任，级部社团由级部主任负责协调级部学生会筹建，学校社团由艺体部协调筹建。

2. 指导老师负责指导社团活动，包括社团组织计划、执行及评估工作。

3. 指导老师应于每次社团活动到场指导，并负责点名及维持秩序。

4. 指导老师应指导社团干部拟订社团活动进度表，指导社团活动并评估社员表现及给出成绩。

5. 社团如需外聘指导老师，应到教导处申请再报校长核准后聘用。

（六）社员招募。

高一、高二各年级每学年以自愿登记方式选人一次，其中新社员需经社长同意，并报团委备案。

（七）社团活动管理。

1. 核准成立的社团，应按照社团性质开展有意义的活动。

2. 各社团统一活动时间为周二、周五下午第八节课，也可利用其他课余时间，但须指导老师同意，若利用节假日则须先向团委提出申请。

上级领导来本校参观社团活动开展情况。

3. 各社团举办大型活动或跨社团活动时，应送交活动计划，向政教处提出申请，团委备案，并写出活动报告和总结。

4. 举办各项活动未经同意不得邀请校外人士参加，如需邀请校外人士参加或聘用校外教练时，应经学校同意。

5. 社团各种公告、海报、文件、刊物等，事先经指导老师初阅，再呈政教处批准团委备案后公布，不得直接对外公布或行文。

6. 各社团活动以校内活动为原则，若欲到校外活动需经德育处核准并由指导老师带队。

（八）社团活动评估及奖惩。

根据社团活动表现，评出优、良、合格、不合格社团。评选依据为活动出勤率、活动计划方案、活动记录总结，对表现特别突出，为学校争得荣誉的社团评为优秀，给予适当奖励。不合格社团予以撤销。对参与社团指导的教师将社团指导活动次数及成效纳入教职工量化考核，对参与社团活动的同学将按参加社团的活动情况作为学生综合素质评价的重要指标。

（九）社团文档材料要求及格式。

社团文档材料包括：社团宗旨，社团成员，社团辅导教师，社团计划，社团活动记录表。

二、临夏县中学社团简介

（一）校园广播站。

广播站是学校进行宣传工作的一个重要窗口，是对学生进行德育教育的一块重要阵地，也是加强校园文化建设的重要内容。一个好的校园广播站就是一座联系学校和学生的桥梁，也是一条团结全体同学的纽带。2010年9月，在新课程改革大旗的号召下，在校领导的关怀和帮助下，在广大师生的大力支持下，临夏县中学"校园之声"广播站成立并开播。

1. 节目内容，共分四个版块。

第一版块：青春风铃。

第二版块：知识百宝箱。

第三版块：祝福。

第四版块：音乐欣赏。

2. 版块介绍。

青春风铃：主要播出青春散文、励志等美文。

知识百宝箱：传播生活方面的小知识。

祝福：传达同学们的心愿、祝福。

音乐欣赏：介绍推荐优美动听的校园歌曲。

3. 播音素材来源：

（1）由广播站成员主动向同学们收集；

（2）同学们的投稿。

4. 播出形式：

（1）每次播音都有固定的开场白和配套的音乐曲目；

（2）每个版块的播出，都有相应的背景音乐。

5. 记录存档工作：

（1）每期校园广播站播音都以四个版块播出，每期内容都有专门人员负责记录存档。

（2）记录内容包括：播出内容和播出期间的优点及存在的问题。

（二）生物兴趣小组。

临夏县生物兴趣小组组建于甘肃省推行新课程改革伊始，本着践行新课程改革对于提高学生生物学素养的要求，为了更好地巩固学生的生物基础知识，使之更加牢固地掌握最有用的与实际联系紧密的生物知识，进一步提高学生的实验操作技能，训练学生的动手能力、操作能力、观察能力和运用知识的能力，生物兴趣小组组织开展了各种类型的实验及实践活动。

每学年生物兴趣小组通过自愿报名，从年级中选取15至20名同学进入小组，由高二年级生物任课教师轮流指导，每两周组织一次内容多样的活动。自小组成立以来活动内容有科普讲座形式的《人类血型遗传的判定》《营养学知识普及》《传染病知识普及》《环境污染的主要类型》等；有动手实践型的DNA分子双螺旋结构模型的构建、植物标本的制作等；有实验操作型的显微观察动植物样本、染色固定操作练习等。内容丰富、形式多样，学生积极性很高。

通过活动使学生学会有效地运用生物学知识解决实际问题，拓宽、拓深学生的知识面和视野，培养了学生的创新意识和实践能力，同时也使学生的实验操作能力有了较大的提高。

（三）合唱队。

临夏县中学合唱队是临夏县中学团委、学生会下设的文艺部主管的学生社团之一。它是为了加强学校艺术教育，丰富校园文化生活，提高学生素质和艺术修养，进一步展示本校的艺术风采和文化底蕴，提高学生的音乐感受力和表现力，培养学生的合作意识和集体观念，开阔学生的音乐视野而建立的艺术类社团之一。

1. 合唱队的宗旨是：陶冶情操、净化心灵、培养自信、加强合作。

2. 合唱队的目标：

（1）通过参加合唱队的训练，使学生亲身体验合唱这种音乐形式的艺术魅力，喜欢此项活动。

（2）培养学生的自信心和对歌唱艺术的表现力，帮助学生积累音乐知识，培养学生的交际能力和合作能力。

（3）为校合唱队培养人才和后备力量，力争体现本校校本课程的特色。

（四）志愿者服务队。

志愿者服务队本着学生自愿参加、服务他人、不求物质报酬、以"奉献，友爱，互助，进步"为共同精神追求，凡是热爱社会公益事业、善于沟通、热爱生活、性格阳光、乐于助人，具备良好的独立生活能力的同学都可以参加，通过参与活动，提高学生服务他人、奉献社会的道德品质。志愿者可以得到一定的学分。

（五）篮球和乒乓球协会。

该协会以学生全面发展为宗旨，团结全校广大篮球、乒乓球爱好者，切磋技艺、共同提高，增强体魄，展示学校求实创新、励志图强的精神风貌，让更多的同学能够有一个施展自己才华的舞台。通过开展活动，培养学生对篮球和乒乓球运动的兴趣，丰富学校的课余生活，陶冶学生的情操，促进学生个性的全面发展，提高学生的篮球和乒乓球技能，增加学员相互学习的机会，努力提高学生的专业水平，为国家培养输送更多的专业人才。

（六）时政宣传小组。

"风声、雨声、读书声，声声入耳；家事、国事、天下事，事事关心。"身在校园的我们又怎能抛却一切是非，远离真实社会？心系祖国才是真栋梁，活学活用方为真学问。时政宣传小组为同学们搭建起一个可以迅速了解国内外大事的平台，为同学们积极创建一处相互交流的精神家园。这里，是每一个爱国热血青年的舞台，是每一个关注世界、心系祖国者的天地。在这里不但能使参与活动的每一位学生分析问题的能力得到提高，辩论的能力得到锻炼，更能提高他们的政治素养，进一步释放他们的爱国情怀。

（七）文学社团。

临夏县中学文学社团是临夏县中学团委、学生会主管的学生社团之一，它与学校创办的《蓓蕾》校刊有机结合。宗旨是：以人为本，丰富校园生活、提高学生写作水平、培育文学苗子，使学生的人、情、文、学、品全面发展。社团的主要目标是：通过开展活动，培养学生自我教育、自我管理、自我服务的意识和能力，发挥学生的文学特长，提高学生的人文素养，培养全面发展的人才。文学社的基本宗旨是：遵守国家法律、法规和学校有关规定，服从学校党政组织和共青团组织的领导；遵循和贯彻党的教育方针，促进学生德、智、体诸方面的全面发展，提高学生人文素养；开展健康有益、丰富多彩的课外活动，服务和凝聚学生；开展内容丰富、形式灵活的社团活动，充分挖掘学生潜能，培养学生兴趣，促进学生个性化的发展；编辑并出版校刊，以展示学生们创作成果。

（八）笛子协会。

笛子是中国民族乐器中最常见的一种吹管乐器，因其音色高亢明亮、清脆优美而被广大劳动人民所喜爱。它历史悠久，在群众中传播有一定的社会基础。

临夏县中学笛子协会是临夏县中学团委、学生会下设的文艺部主管的学生社团之一，其目的是为了积极响应新课程改革而创建的艺术类社团，是个别专业教师指导下的学生社团。协会旨在"以笛会友，笛韵传情"，团结音乐爱好者通过共同学习、相互交流，来丰富课余生活，提高他们的艺术品位，促进校园文化健康发展。

笛子协会的目标：

1. 通过参加笛子协会的活动，培养学生健康的审美情趣及与他人协作的精神。

2. 培养学生掌握基本的演奏技能。

3. 通过活动弘扬民族文化，培养学生的创新精神。

（九）化学兴趣小组。

化学兴趣小组旨在促进学

学生社团正在开展活动。

生全面发展，培养自觉主动的学习兴趣，加强综合能力的培养；着眼于学生的健康发展；为学生自身的学科倾向提供活动空间。

1. 训练化学实验技巧。由于化学课程的紧迫并不容许节节都是实验课，因此学生对实验的技巧、仪器运用等方面都较为生疏，化学课外兴趣小组就能给予他们很好的机会去练习、了解。

2. 培养对化学实验的兴趣。由于化学课外兴趣小组在实验中的自由度很大，促使学生去探索实验，提高了学生对化学课的学习兴趣。

3. 提高观察力及思考力。微型实验的过程、内容及仪器的配合都是由学生设计的，而设计之前，学生必须对实验有很好的认识，故需自发地参考其他书籍去了解，从而提高了学生的思考力，再加上有些化学实验与日常生活关系紧密，激发了学生对四周环境观察以及思考的兴趣。

4. 课堂理论的实践。由于课程紧张，并不能有太多时间给予学生们对所学的理论进行实验，故出现理论多而实践少的问题，而化学课外兴趣小组就能满足学生在课余时间去进行更多的实验。

5. 培养合作精神。除化学知识外，学生在兴趣小组里更能学习到怎样在群体中协作。因为每次实验均需要每个同学各自的构思，还需在组员之间的通力合作下，实验才能成功，因此培养了学生的合作精神。

6. 培养表达能力。在每次进行实验之前，学生都集中起来，各组报告工作进度，这样能提高学生的表达能力，为将来踏足社会奠定基础。

7. 提高组织能力。在每次实验之前学生都需要自己思考实验用的仪器、方法等，故亦能加强学生的思考及组织能力，加上每次实验成功或活动之后学生都要提交实验报告，交代实验的过程、讨论结果等，提高了学生对文字的组织能力。

三、近几年社团活动安排

（一）2014年社团活动安排。

1. 领导小组及其职责。

领导小组组长：宋明震。

副组长：李昌华、朱杰、陈玉成。

组员：朱顺英、徐国胜、李科华、祁黎炎、朱雪莲。

工作职责：

宋明震：负责社团活动的顶层设计，解决社团建设的方向性大问题，帮助解决社团面临的实际问题。

朱杰：广泛发动班主任力量，动员学生参加社团，并负责社团的考核、奖惩工作，经常性地指导社团工作。

李昌华、陈玉成：检查社团的开展情况，及时总结好的做法并进行推广，参与社团的考核奖惩。

各备课组长：在备课组内，把社团活动纳入备课组计划，并在组内进行创意设计，大型活动全体参加，社团由备课组长负责，指定专人指导，负责社团活动的展示，鼓励学生积极参加各种竞赛。

2. 2014年社团具体活动安排。

社团名称	管理人	负责人	指导老师	活动时间（单周）	活动地点
合唱队	李昌华	朱雪莲	朱雪莲	周二 16:10-16:50	音乐室
英语角		朱顺英	朱顺英	周二 16:10-16:50	多媒体室
文学社		徐国胜	庞彩芳	周二 16:10-16:50	
美术兴趣小组		朱雪莲	张 春	周二 16:10-16:50	
竖笛社团	陈玉成	朱雪莲	金碧蓉	周二 16:10-16:50	
播音与主持社团		朱雪莲	邵开红、金碧蓉	周二 16:10-16:50	广播室
乒乓球社团		吕 忠	吕 忠	周二 16:10-16:50	操场
志愿者服务队		祁黎炎	祁黎炎	周二 16:10-16:50	
信息技术兴趣小组		张 发	张斌文	周二 16:10-16:50	微机室
时政宣传小组		李昌华	罗丽霞	周二 16:10-16:50	

社团工作目标：在教师指导下，自我管理，自我发展，并有一定的成果。

社团工作方法：学生参加社团给予一定的学分，优秀的社团和个人给予奖励。

社团工作要求：

（1）各备课组长负责、教师指导，按规定的时间和地点开展内容丰富、充实的社团活动，并将每次活动记录报送团委（陈玉成老师处）。

（2）社团领导小组按照分工，指导、检查、督促各社团开展活动。

（3）团委根据检查、记载情况，对各社团指导老师给予每次10元的课时补助。

（二）2015年社团活动安排。

1. 领导小组及其职责。

领导小组组长：何通章。

副组长：江贵伟、朱杰、李昌华。

组员：祁黎炎、马小斌、陈玉成。

何通章：负责社团活动的顶层设计，解决社团建设的方向性大问题，帮助解决社团面临的实际问题。

朱杰、祁黎炎：广泛发动班主任力量，动员学生参加社团，并负责社团的考核、奖惩工作，经常性地指导社团工作。

江贵伟：组织艺术组成员全力协助和配合社团活动的开展。

团委成员：检查社团的开展情况，及时总结好的做法并进行推广，管理好社团活动相关器材、场地，为社团活动的正常开展做好全面服务工作。

2. 2015年社团具体活动安排。

社团名称	负责人	活动时间	活动地点
校园广播站	马小斌、陈玉成	周一、周四下午　5:00—5:30	广播室
志愿者服务队	祁黎炎	单周一、双周二下午　5:00—5:20	校　园
书法兴趣小组	何　龙	每周一至周五中午 12:15-13:10 下午 5:00-6:10	504室
演讲与辩论社	邵开红		电学实验室
乒乓球社团	吕　忠		操　场
街舞社	张丽娟		操　场
象棋社	张永华		教职工活动室
吉他弹奏社	马家元		六　楼

活动要求：

（1）各指导老师认真负责各社团的活动，主要是服务、指导、管理。

（2）各社团学生要相互团结，相互切磋，相互学习，不得产生矛盾。

（3）各社团在活动期间应遵守纪律，并与其他同学（观众）友好相处。

（4）象棋等棋类活动中，要注意提高道德水平，讲文明，讲道德，特别是注意语言文明。

（5）各社团活动中要爱护活动器材、保持场地卫生干净，结束后整理好器材，清扫场地。

（6）参加活动要守时，按时参加，按时结束离开场地，不得影响正常上课、休息。

（三）2016年社团活动安排。

1. 领导小组及其职责。

领导小组组长：何通章。

副组长：江贵伟、朱杰、陈玉成。

组员：祁黎炎、马小斌、娄小通、马成龙。

何通章：负责社团活动的顶层设计，解决社团建设的方向性大问题，帮助解决社团面临的实际问题。

江贵伟：组织艺术组成员全力协助和配合社团活动的开展。

朱杰、祁黎炎：广泛发动班主任力量，动员学生参加社团，并负责社团的考核、奖惩工作，经常性地指导社团工作。

团委成员：检查社团的开展情况，及时总结好的做法并进行推广，管理好社团活动相关器材、场地，对社团活动的正常开展做好全面服务工作。

2. 2016年社团具体活动安排。

社团名称	负责人	活动时间	活动地点
校园广播站	马小斌、马成龙	周一、周四下午 5:00—5:30	广播室
志愿者服务队	陈玉成、娄小通	单周一、双周二下午 5:00—5:20	校园
书法兴趣小组	何 龙	每周一至周五 中午 12:15—13:10 下午 5:00—6:10	504 室
演讲与辩论社	蒲伟民、王海芳、马宁宁		综合楼一楼 109
戏剧表演社	绽宏光、邵开红、徐国胜		综合楼六楼 601
街舞社	朱雪莲、张丽娟		校园
象棋社	张永华、戴文熹		五楼师生活动室
民乐演奏社	包旺虎、王永智、马家元		综合楼六楼 601

社团活动要求：

（1）各指导老师认真负责各社团的活动，主要是服务、指导、管理。

（2）各社团学生要相互切磋，相互学习，相互促进，共同提高。

（3）各社团学生在活动期间应遵守纪律，服从管理，提高自我管理、自我发展的能力。

（4）在各类活动中，时刻讲文明、讲礼貌、讲卫生、讲秩序、讲道德、讲团结；做到心灵美、语言美、行为美、环境美，始终贯穿"三个习惯"教育，全面提升自身素质。

（5）各社团活动中要爱护活动器材、保持场地卫生干净，结束后整理好器材，清扫场地。

（6）参加活动要守时，按时参加，按时结束离开场地，不得影响正常上课、休息，不得偏离学校教育这个主题。

（7）凡有自愿参加组建的各类社团，必须先向管理小组申请，予以登记，纳入统一管理，不得私下无组织无纪律地开展社团活动。

（四）2017年社团活动安排。

领导小组及其职责。

领导小组组长：郭旭强。

副组长：包旺虎、王正尧、陈玉成。

组员：陈强、马成龙及各社团辅导老师。

郭旭强：负责社团活动的顶层设计，解决社团建设的方向性大问题，帮助解决社团面临的实际问题。

包旺虎、王正尧、陈强：广泛发动班主任力量，动员学生参加社团，并负责社团的考核、奖惩工作，经常性地指导社团工作。

团委成员：检查社团的开展情况，及时总结好的做法并进行推广，管理好社团活动相关器材、场地，对社团活动的正常开展做好全面服务工作。

社团活动具体安排（略）

四、社团活动实施情况记载

1. 社团活动报名表样表。

社团	学生姓名
英语角	
合唱团	
美术兴趣小组	
文学社	
志愿者服务队	
乒乓球社团	
时政宣传小组	
播音主持社团	
竖笛社团	
信息技术兴趣小组	

2. 社团文档封面样表（略）。

3. 临夏县中学＿＿＿＿＿＿＿＿＿＿＿＿＿＿学生社团活动记录表（样表）。

	卫生	纪律	指导教师	器材损失情况
书法兴趣小组				
象棋社				

4. 学生情况表。

学生社团情况表			
社团名称	现有人数（名）	指导老师	辅导次数
校园广播站	7	马小斌	4
		马成龙	4
志愿者服务队	40	陈玉成	3
		娄小通	1
书法兴趣小组	6	何　龙	12
象棋社	56	戴文熹	2
民乐演奏社	10	包旺虎	4
演讲与辩论社	31	郑海燕	0
		蒲伟民	5
街舞社	16	金碧蓉	3
戏剧表演社	8	缐宏光	4
		徐国胜	2
物理兴趣小组	15	王苗苗	5
化学兴趣小组	9	祁黎炎	5
生物兴趣小组	30	王世荣	5
健美操队	50	陈　燕	0

第五节　家长委员会

目前，可查的是：1991年4月20日，根据临县中〔1991〕3号文，本校成立了家长委员会，每届委员会任期两年，由以下同志组成：祁仲华、曹树仁、拜玉良、杨培林、马占山、仙成云、马麻录、贾国仁、马进孝、马彦芳、张永瑱、陕成基、马名明、何成祥、王智山、姚万莲、马成海，其中祁仲华任主任委员。

李瑞校长与家长座谈。

附：

家长委员会职责

学校教育教学工作离不开社会和家长的各方面支持、关心和理解，学生道德品质的高低，学习成绩的优劣，身体素质的强弱，关系到千家万户，牵动着每个家庭。本着对祖国、对下一代负责的态度，我们成立了家长委员会。家长委员会，是家长和学校沟通的桥梁，是家长和老师交流的纽带。它使学校教育、家庭教育与社会教育相结合，形成网络化教育体系。为了充分发挥家长委员会的职能，提高家长委员会的工作效率，特制定家长委员会工作职责：

1. 参与并监督学校的管理和有关重大决策，收集家长对学校管理及教师教育教学等方面的意见或建议，并及时予以反馈。

2. 协调学校与家庭、教师与家长之间的关系，促进学校教育与家庭教育的有机结合。

3. 努力为学校教育营造良好的外部环境，呼吁社会、企业、单位对学校的工作给予关心和支持，积极配合本年级学生开展社会实践活动。

4. 收集家教方面的成功经验和案例，进行交流，协助学校办好家长学校，协助学校对学生进行政治思想教育。

5. 发现或知道学生在校外的不良或高尚行为，要及时告知学校，以便随时予以教育和表扬。

6. 积极学习和宣传教育法律法规，具备辅导青少年健康成长方面的法律常识，争做知法、守法、护法的好家长。

7. 每学期召开一至两次家长委员会工作会议，家长接通知后自行安排好本单位工作，准时到会。

8. 家长委员会产生办法：家长委员会成员由老师推荐、家长选举产生，委员会设主任一名，从非毕业年级家长委员会成员中推选副主任两名，每年级推选成员两名。委员会成员实行流动制，学生毕业，家长退出；新生入学，成员增添。

第八章　教师

第一节　现任教师队伍构成

一、现任教师情况统计表

单位：人

项目	总数	男	女	少数	中共党员	最高学历					年　龄								层次	
						研究生	本科	大专	中专	高中及以下	30岁以下	30岁至35岁	36岁至40岁	41岁至45岁	46岁至50岁	51岁至55岁	55岁至59岁	60岁以上	县直	乡镇
合计	153	91	62	29	55	5	128	18	2	1	37	56	20	7	18	13	2		153	
小计	2	2						1			1					1		1		2
县处正职(管理5级)																				
县处副职(管理6级)	1	1			1		1										1			1
乡科正职(管理7级)																				
乡科副职(管理8级)																				
科员(管理9级)	1	1									1					1				1
办事员(管理10级)																				
未定职																				

管理人员

续表

项目		总数	男	女	少数	中共党员	最高学历					年　龄								层次	
							研究生	本科	大专	中专	高中及以下	30岁以下	30岁至35岁	36岁至40岁	41岁至45岁	46岁至50岁	51岁至55岁	55岁至59岁	60岁以上	县直	乡镇
合计		153	91	62	29	55	5	128	18	2	1	37	56	20	7	18	13	2		153	
专业技术人员	小计	148	87	61	29	53	5	127	15	1		37	54	20	7	16	13	1			148
	正高级（专技4级）																				
	副高级（专技5~7级）	22	17	5	1	12		14	8				0	2	8	11	1				22
	中级（专技10级）	31	20	11	2	13	2	21	7	1			3	13	5	8	2				31
	助理级（专技12级）	82	45	37	21	24	2	80				25	50	7							82
	员级（专技13级）																				
	未评级	13	5	8	5	4	1	12				12	1								13
工勤技能人员	小计	3	2	1		1			3				2				1				3
	高级技师（技工1级）																				
	技师（技工2级）																				
	高级工（技工3级）	1	0	1	0				1								1				1
	中级工（技工4级）	2	2				1		2				2								2
	初级工（技工5级）																				

二、教师支教情况

2004年，张玉华到漫路学区支教；2009年，徐玺、辛永平到韩集初中支教；2010年，亢志强、周颜龙到麻尼寺沟学区支教；2013年，马文成、安群英、徐品升、牛俊泽、吕忠到刁祁学区支教；2017年，马学平分流到韩集初中支教，冯月梅分流到黄泥湾学区支教。

以上同志的支教，推动了党的教育事业的发展，得到了社会的好评。

第二节 教师素质

一、历年教职工结构情况

临夏县中学历年教职工结构表　　　　单位：人

时间	总数	男	女	少数	中共党员	高级	中级	初级	未评级	本科	大专	中专或高中	工人	备注
2017 年	153	91	62	29	55	22	31		10	128	18			
2016 年	151	91	60	30	55	22	31	82	10	125	19			
2015 年	150	90	60	28	39	16	35			122	18			
2014 年	151	91	60	28	39	16	35			122	18			
2013 年	148	88	60	28	38	14	35			122	15			
2012 年	138	88	50	24	32	14	34			103	17			
2011 年	143	86	54	27	32	14	29	50	45	116	16			
2010 年	129	83	46	20	32	11	23	56	35	98	20			
2009 年	115	92	35	12	31	11	31	47	26				3	
2008 年	116	74	42	18	32									
2007 年	117	83	34	14	32									
2006 年	128	85	43	26	33					50	78			
2005 年	129	89	40	23	32					39	69			
2004 年	109	71	38	19	35	1	20	80	8	32	54		10	
2003 年	92	61	31	14	33	1	22	44		16	50			
2002 年	83	55	28	15	29	2	23	42	16	16	48			
2001 年	80	56	24	15	29	3	21			16	48			

续表

时间	总数	男	女	少数	中共党员	高级	中级	初级	未评级	本科	大专	中专或高中	工人	备注
1999 年	70	52	18	21	25	3	12			17	32			
1998 年	69	52	17	15	24	3				14	35			
1997 年	75	56	19	18	20								14	
1996 年	62	52	10	14	20					10	33			
1995 年	61	51	10	12						11	35			
1994 年	67	57	10	13	15	3	12			13	32			
1993 年	67	59	8	13	15	3	11			10	29			
1992 年	64	57	7	10	15					11	28			
1991 年	66	57	9	7	18	4	9		29	10	36			
1989 年	66	56	10	12	15	3	10							
1988 年	68	63	5	11	16					7	32	8		
1987 年	56	52	4		16						30			
1986 年	69	61	8											
1985 年	59	52	7											
1984 年	55	48	7											
1982 年	54	45	9											
1981 年	47	39	8											
1980 年	51	43	8							7	13	6		
1979 年	49	42	7											
1978 年	33	29	4											
1977 年	30	26	4											
1976 年	33	28	5							6	13	6		
1975 年	32	28	4											
1974 年	32	29	3											
1973 年	30	27	3											
1972 年	53	46	7			2					12		8	
1971 年	28	26	2											
1970 年	25	24	1											

时间	总数	男	女	少数	中共党员	高级	中级	初级	未评级	本科	大专	中专或高中	工人	备注
1969 年	33	32	1											
1968 年	29	28	1											
1967 年	22	22	0											
1966 年	24	24	0											
1965 年	28	28	0											
1964 年	25	23	2							8	6			
1963 年	27	25	2											
1962 年	48	43	5											
1960 年	57	52	5											
1959 年	54	47	7											
1935 年	12													私立云亭小学校

二、职称评聘

临夏县中学职称年度考核评定办法

为客观评价本校专业技术人员的德才表现和工作业绩，激励广大教师认真履行岗位职责，完善考核制度，根据临县教发〔2008〕184号《关于印发〈甘肃省事业单位工作人员考核暂行办法〉的通知》，结合本校实际，制定本细则。

一、考核基本原则

坚持客观公正、民主公开、注重成绩、简便易行、宜于操作的原则。

二、分值及所占比例

职称考核总分值为100分，所占比例为：基本项100分，占总分值70％，政治思想100分，占总分值10％，民主测评100分，占总分值10％，加分项100分，占总分值10％。

三、成绩测算

（一）基本项。

1. 业绩效益与履行岗位职责能力20分，以一学年四次教学管理奖和后勤服务奖为依据进行直接核算，一次一等得满分，二等扣1分，三等扣2分，四等扣3分，算出总分。

2. 工作质量20分，高三以高考成绩，高二、高一以两次期末测试成绩平均值进行核算，同年级同一学科第一名得满分，第二名扣1分，第三名扣2分，第四名扣3分，以此类推。

3. 纪律性20分，此项考核与出勤挂钩（出勤按实有天数计算，取消值班值周抵消事假的规定）。事假一天扣1分（婚、丧、产假除外），病假按三分之一事假折算，扣完20

分为止，不另行扣分。

4. 事业心与责任感10分。出现一次教学事故扣2至5分；值班、值周、安全巡逻、舍管、门卫、图书及实验室管理、体育课等工作不认真或出现一次失误扣1分，以领导值班日志记载为准。发生重大安全事故相关责任人扣5至10分。

5. 职业道德10分。教学人员以两次期末学生问卷调查为依据进行核算，两次甲等得满分，一次甲负扣0.5分，乙正扣1分，严重体罚学生者扣2至5分。

6. 工作数量10分。以课程常量为参考，达到常量得满分，缺一课时扣0.5分。

7. 创新能力及总体评价10分，由职称考核领导小组定性考核打分。

（二）政治思想。

政治思想100分，占总分值10％，由职称考核领导小组成员打分确定。

（三）民主测评。

民主测评100分，占总分值10％，由全体教职工投画选票，甲不扣分，每一个乙扣0.5分，丙扣1分，丁扣1.5分，不合格扣2分。

（四）加分项。

加分项100分，占总分值10％。其中基础分为80分、论文5分、教研成果5分、荣誉5分、培养低职5分。

1. 论文：在国家级刊物发表一篇加5分，省级加4分，州级加3分，县级加2分，校级加1分。论文获奖：国家级加3分，省级加2分，州级加1分。教研成果主要指优质课竞赛和指导教师奖，国家级、省级、州级、县级、校级分别加5、4、3、2、1分。以最高奖项为主，不累计加分，最高分值不得突破5分（以教研室统计为准）。

2. 荣誉：州级及以上加5分，县级以上（含县级）加3分，校级加2分。以最高奖项为主，不累计加分，最高分值不得突破5分（以证书为准，县级以上交复印件）。

3. 培养低职：行政会成员、教研组长、班主任及老对子加5分，不重复加分（以教研室统计为准）。

四、有下列条件之一者，年度考核不得评定为优秀

1. 一学年事假超过15天，病假及婚、丧、产假超过30天者；

2. 违反《临夏县中学师德教育四条禁令》或在教学、安全等工作中出现重大失误造成严重后果者（以行政会决定为准）。

五、补充规定

1. 除高考成绩突出者外一般不连续评为优。

2. 考核以成绩为主，但对一些特殊情况的教职工可给予适当照顾。

3. 行政不兼课人员及后勤教辅专业技术人员按15％比例评优，成绩中的基本项分，按1、3、4、7项及考核小组打分（40分）计算。

注：2012年9月修订，从2013年1月开始执行。

2012年9月1日

第三节　工资改革、福利待遇、社会保障

1959年至1985年教职工工资一直没有改革，1959年最高工资110元左右，最低工资40元左右。

1984年10月25日学校制定了《关于教学（工作）质量奖罚的试行办法》。

1985年至1999年，教师宋建林、张辉、马占彪、王正国、陈志红、李生忠等15人次获教学质量特等奖，奖金由每人次65元逐年提高到150元；赵达、刘进荣、孙孝忠、安群英、郑维华、马文成等34人次获教学质量一等奖，奖金由每人次45元增至120元；萧村逸、方荣、侯尚新等145人次获教学质量二等奖，奖金由每人次35元增至90元；郑伟华、张英海、杨万福、冯俊礼、陈学等89人次获教学质量三等奖，奖金由每人次25元增至40元。累计发放质量奖11955元。

1986年普调了教职工工资，增幅约20元至60元，1986年最高工资170元左右，最低工资60元左右。

1990年至1993年普调了3次教职工工资，增长约130元至190元，1993年最高工资440元左右，最低工资190元左右。

1994年至1997年普调了2次教职工工资，增长约130元至320元，1997年最高工资860元左右，最低工资320元左右。

1997年之前，教职工住院医疗费用在学校里凭票限额报销。1997年教职工开始交纳医保，医保费由县财政局向学校专项拨款，学校再转交给县医保局，1997年转出教职工医保费32429.64元。

1998年转出教职工医保费39494.67元。

1999年转出教职工医保费54347.19元。

2004年5月学校修订了《关于教学（工作）质量奖罚的试行办法》。

2000年至2005年，教师宋明震、杨彦云、安群英、张永华、王智强、赵红原、白仲霞、李小吉、江贵伟、田伟平等19人次获教学质量特等奖，奖金由每人次300元逐年提高到350元；李瑞、张英海、郑维华、尹小龙、马文成、江富鹏、祁仲云、陶永霞等20人次获教学质量一等奖，奖金由每人次200元增至250元；王永智、李月桂、李文明、张发、马小宁等37人次获教学质量二等奖，奖金由每人次90元增至150元；江富傲、赵亚

平、张昌海等41人次获教学质量三等奖，奖金由每人次70元增至100元。累计发放质量奖27254元。

2001年6月27日行政会决定，为了解决家住临夏市教工上班问题，稳定教师队伍，购县医院19座牡丹牌旧面包车一辆，买价31000元，学校负担16000元，乘车者预交燃油费15000元。

2002年转出教职工医保费150474元。

2002年至2006年普调了教职工工资，增长约470元至1100元，2006年最高工资1960元左右，最低工资830元左右。

2003年转出教职工医保费163680元。

2004年5月9日行政会研究通过，更换通勤车。7月19日从甘肃宇润汽车贸易有限公司购24座宇通客车一辆，买价92500元，预收油费3万元，旧车变价5200元卖出。

2005年转出教职工医保费149362元。给职工发放奖金共计87672元。

2006年开始，教职工医保费不再向学校拨款后再转交，由财政局直接划拨给医保局。

2006年至2012年，教师张英海、马文成、赵红原、马学平、江贵伟、杨天祥等17人次获教学质量特等奖，2006年至2008年每人发放奖金500元，2009年每人发放600元，另发目标奖；江富傲、郭旭强、孟宪芳、陈志红、朱杰、王志学、王海芳、李昌华、王贤博、李科华、张玉华、王苗苗等67人次获教学质量一等奖，奖金由每人300元增至1000元；高占龙、朱正云、马建成、赵国英、彭艳平、马正霞、马家元、马丽等98人次获教学质量二等奖，奖金由每人次200元增至600元；杨春海、吴燕、胡俊玺、贾光旭、丁玉兰、焦玉梅、马小斌、铁永龙、杨文理、朱顺英等86人次获教学质量三等奖，奖金由每人次150元增至300元。累计发放质量奖145551元。

2008年6月，县财政局调拨给学校桑塔纳小轿车一辆，车号"甘N12669"，价值126000元。

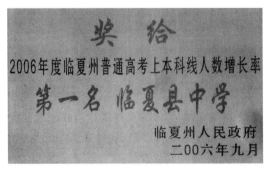

2006年9月，学校获州政府颁发的"2006年度高考上本科线人数增长率第一名"奖牌。

2010年，随着本校教职工居住临夏市的人数增多，24座通勤车不能满足乘车需求，1月10日，行政会研究同意更换通勤车，上报上级采购部门批准。3月1日通勤车上交县财政，调拨价5万元。3月27日，财政拨购置费5万元。4月1日，从甘肃天翔汽车贸易有限公司订购41座宇通客车一辆，价值313700元，预收乘车者燃油费111000元。

2010年至2016年普调了6次教职工工资，增长约1625元至3100元，2010年最高工资3454元左右，最低工资1634元左右，2016年最高工资6562元左右，最低工资3260元左右。

2013年临夏县委、县政府作出决定，对在高考中取得好成绩的班级教师在全县教师节表彰大会上进行重奖，本校取得高考质量奖1020675元，获得前十名质量奖的教师是：祁黎炎69442元、朱杰64560元、屠秀娟63660元、马小斌63634元、钟浩62834元、徐国胜49426元、杨文理46165元、铁永龙44640元、马家元43234元、赵文兰37748元，另有教师王永智、郭建霞、李多豪、庞彩芳、王海芳、焦玉梅、李科华、孙孝忠、王贤博、范祥红、刘玺、张昌海、苏彩莲、韩红梅、辛永平、何龙、李昌华、刘刚、朱雪莲、娄晓通共20名教师也得到了数目不同的高额奖金。2013年9月学校根据临夏县委、县政府、县教育局奖励精神，出台了《临夏县中学关于高考质量奖励办法》。

2014年高考中江富鹏、赵红原、万慧霞、杜发利、马学平、彭艳平、王志学、马家元、杨文理、周颜龙、黄维旭、田伟平、梁振国、高占龙、张玉华、路左伟、缐宏光、孟宪芳、魏珊、江贵伟、王斌共21人获县委、县政府"高中教育教学质量先进个人"的荣誉称号。

2015年高考，王永智、朱正云、宋玲玲、马彤、郑维华、马正霞、黄维旭、王智强、白仲霞、康永清、马小斌、马克南、梁钊凯、焦玉梅、马文成、路左伟、李多豪、何龙、何霞、马丽、马坚、张思芬、鲁秉娟、吴卫军、马磊共25名教师被县委、县政府授予"高中教育教学质量先进个人"荣誉称号。

2016年9月，根据临夏县委、县政府、县教育局奖励精神，学校第2次修订了《临夏县中学关于高考质量奖励办法》。2016年临夏县委、县政府在全县教师节表彰大会上再次对本校所取得的高考成果进行奖励，总奖金445000元，并授予本校高三30名教师"高中教育教学质量先进个人"荣誉称号。同时获得荣誉证书和奖金的教师为祁黎炎20517元，李科华17144元，朱杰15480元，杜发利15388元，徐国胜15249元，王苗苗14556元，范祥红14094元，缐宏光12292元，铁永龙12292元，张艳丽12292元，辛永平10467元，康永清10397元，韩红梅10397元，邵开红10062元，张丽娟10062元，李小吉7070元，路左伟6839元，王永智6377元，李昌华5730元，王海芳5360元，周彦龙5245元，张昌海4898元，罗丽霞4898元，赵霞4667元，何通章4390元，杨冰4274元，丁双宏4043元，马腾云4043元，庞彩芳3466元，周荣3466元。

2017年9月，县委、县政府对本校高三30名教师进行奖励，奖金33.5万元，并颁发"高中教育教学质量先进个人"荣誉证书。同时获得荣誉证书和奖金的教师为王永智6900元，王永明4400元，王斌5600元，邱志平5600元，郭旭强9100元，江富鹏2800元，黄伟旭4500元，彭艳平8400元，陈娜6400元，杨志忠6300元，吴卫军3800元，丁玉兰2800元，陕文娟5200元，赵倩6400元，高占龙6400元，刘玉琴5200元，马家元8400元，张玉华6900元，杨文理10500元，李昌华7200元，马丽3100元，钟浩8200元，张国强5500元，江贵伟11300元，黄晋升7000元，包旺虎1500元，马小斌8800元，马成龙4400元，毕秀琴3400元，刘刚1400元。

退休教职工，在2013年以前，在即将退休时学校赠送毛毯一条或发放其他纪念品，每逢教师节时工会组织人员前去慰问；2013年以后，在即将退休时在全体教职工大会上颁发"光荣退休"荣誉证，每逢教师节时学校工会组织人员进行慰问。

第四节　培训提高、学历提高、业务培训

临夏县中学校本培训研修计划

一、指导思想和目标

在职教师的培训与提高属于教师继续教育范畴，这不仅是当前教师管理的一件大事，也是建立和完善终身教育体系、不断提高教师队伍整体素质的一项战略性措施。本校教师继续教育实施校本培训，必须坚持理论和实践相结合的原则，在县教育局和业务部门的领导下，有序、高效的开展校本培训工作，全力造就一支思想领先、作风过硬、善于管理、富有开拓精神的生机勃勃的干部队伍和师德高尚、具有较高学术修养、富有创造力的教师队伍，以推进教育事业的改革与发展。

二、校本培训的实施

为切实抓好教师培训工作，成立临夏县中学校本培训工作领导小组，负责校本培训的工作。教研室主要是制订校本培训研修计划、组织学校教师培训和培训费用的预算以及教师培训、校本培训课程（科目化）的开发，校本培训师资队伍的聘请，校本培训科目的教学提纲的收集和整理。教导处主要是落实培训的时间、地点、参加培训教师的出勤、参加培训教师的考核和培训科目教学情况的反馈。教研组、备课组参与教师培训方案的设计，督促组员参与具体的培训活动，收集教师对培训的反映，了解学生需求，实现教师与学生的双向沟通。教师立足本职、本岗，全员参加。

三、教师培训的内容

（一）理论学习：教师每学期必须阅读一本名家教育教学理论著作，并摘记5000字理论摘记，研修10学时。

（二）师德教育：培训内容主要有《中小学教师职业道德规范》，校本研修5学时。

（三）新课程培训：培训主要内容有新课程标准与新教材培训，课程改革目标、内容，新课程与教学改革，新课程标准解读。重点开展新教材研究及新课程案例分析，校

本课程开发理论与实践等。研修50学时。

（四）中小学教师心理健康教育：培训主要内容为教师心理及心理健康，研修5学时。

（五）公开课：每个教研组每学期至少安排两名教师上公开课，研修8学时。

（六）听课记录：教师每学期至少要有10节以上听课记录，记录要规范，要有评课记录或评课稿。

（七）教学反思：每学期1篇以上，重点针对教学过程与结果进行反思。

（八）论文、教学总结：学校鼓励教师积极撰写论文、教学总结，制作课件等，在相关刊物上发表、参加有关部门组织的各类竞赛。在国家级、省级刊物发表或获奖，学校分别奖励100元、80元。

（九）师徒结对：为了尽快提高青年教师的教学能力，达到"三年站稳讲台，五年成为骨干"的目标。学校对青年教师开展"一学、二促、三带"的结对子活动。研修20学时。

（十）教研活动：教师要积极参加教研组和备课组的教学科研活动，每周研修1学时。

四、教师培训的管理、考核

教师参加校本培训学习实行签到制度，由教研室和教研组（学科备课组）负责对教师参加培训的情况进行考核，对教师的进步情况及时通报。加强对培训过程的检查和督促，及时总结经验，发现和研究问题，确保培训目标和任务的完成。学期结束时，由教导处负责汇总，并将教师的各种培训内容量化评分，作为教师教学管理奖、评优评先的重要依据。

五、校本培训的对象

学校教师培养对象为全体教职员工。其中管理层、专职教师是校本培训的主要对象。对教师的培训，也根据不同的对象，提出不同的培训目标。青年教师侧重于基本教育思想、基本教育理论、基本教学原则的培训；对中年教师，要求在已有教学经验的基础上学会提炼，即对经验加以去伪存真，将经验与理论加以对照，使经验有一定的理论指导，使之更具有实践价值；对年长的资深教师，他们的教学经验十分丰富，但还需要理论充实，对自己多年的教学实践进行分析、提高，还需要有所积累，写一些文章，比如从教回忆等，回顾和阐述自己的教学经验是十分有益和有价值的。

六、教师培训的奖励

根据教师参加培训的量化评分，由教导处评定教师的教学管理奖等级，作为教师评职评先的重要条件，并给予500元、400元、300元不等的奖励。

备注：以上研修计划在两年内完成。

临夏县中学

2014.3.3

临夏县中学教师学历提高人员花名册

姓名	出生年月	参加工作时间	职称	原有学历			现有学历				
				学历	毕业院校	专业	学历	毕业时间	毕业院校	专业	取得形式
李　瑞	1962.03	1982.08	高级教师	中专	甘肃省临夏师范学校	普通	本科	2006.12	中央电大	数学	函授
郭旭强	1977.09	1995.08	一级教师	中专	甘肃省临夏师范学校	普通	本科	2005.07	西北师范大学	数学	函授
郑维华	1966.03	1987.08	高级教师	大专	兰州高等师范专科学校	数学	本科	1993.07	西北师范大学	数学	函授
孙孝忠	1963.04	1981.07	高级教师	中专	甘肃省临夏师范学校	普通	本科	1991.06	甘肃省教育学院	数学	离职
赵亚平	1964.07	1982.08	高级教师	中专	甘肃省临夏师范学校	普通	本科	1990.06	甘肃省教育学院	英语	函授
张永华	1963.10	1982.07	高级教师	中专	甘肃省临夏师范学校	普通	大专	1986.09	西北师范大学	物理	离职
江富鹏	1966.07	1986.07	高级教师	中专	甘肃省临夏师范学校	普通	大专	1990.02	西北师范大学	数学	自考
孟宪芳	1963.08	1982.01	高级教师	中专	甘肃省临夏师范学校	英语	大专	1988.06	甘肃省教育学院	英语	函授
牛俊泽	1966.02	1982.07	高级教师	中专	甘肃省临夏师范学校	普通	大专	1997.03	甘肃省教育学院	历史	自考
吕　忠	1958.08	1976.06	高级教师	高中	振华中学	普通	大专	1996.06	甘肃省教育学院	体育	自考
徐品升	1968.03	1990.07	高级教师	大专	兰州高等师范专科学校	英语	本科	2003.06	西北师范大学	英语	自考
马文成	1970.11	1992.07	高级教师	大专	兰州高等师范专科学校	历史	本科	1996.07	西北师范大学	历史	函授
杨春海	1967.02	1989.07	一级教师	大专	兰州高等师范专科学校	物理	本科	2002.07	西北师范大学	物理	离职
王永智	1968.02	1989.08	高级教师	中专	甘肃省临夏师范学校	普通	本科	1999.07	甘肃省教育学院	汉语言	离职
李昌华	1973.07	1993.08	高级教师	中专	甘肃省临夏师范学校	普通	本科	1998.12	西北师范大学	党管	函授
朱　杰	1968.10	1992.07	高级教师	大专	兰州高等师范专科学校	数学	本科	2006.06	西北师范大学	数学	函授

续表

姓名	出生年月	参加工作时间	职称	原有学历			现有学历			
				学历	毕业院校	专业	学历	毕业时间	毕业院校	专业	取得形式
王海芳	1973.07	1993.08	高级教师	大专	甘肃省临夏州师范学校	汉语言	本科	2000.07	西北师范大学	汉语言	自考
王智强	1971.10	1995.08	一级教师	大专	张掖师范高等专科学校	物理	本科	2005.07	西北师范大学	物理	函授
朱正云	1972.01	1995.08	一级教师	大专	兰州师范高等专科学校	汉语言	本科	2005.07	西北师范大学	汉语言	函授
江贵伟	1968.01	1995.04	一级教师	大专	西北师范大学	美术	本科	2010.07	中央广播电视大学	教育管理	函授
张 发	1970.01	1991.08	一级教师	中专	甘肃省临夏州师范学校	普通	本科	2000.07	甘肃省教育学院	数学	离职
马学平	1976.02	1999.08	一级教师	大专	兰州师范高等专科学校	汉语言	本科	2001.12	兰州大学	汉语言	自考
王晓明	1968.07	1986.07	一级教师	中专	甘肃省临夏师范学校	普通	大专	2007.01	兰州教育学院	汉语	函授
宋 渊	1964.05	1985.04	一级教师	高中		普通	大专	1997.07	甘肃省教育学院	汉语	函授
车凤琴	1969.10	1990.08	一级教师	高中	临夏中学	普通	大专	2004.06	西北师范大学	数学	函授
白仲霞	1974.12	2000.08	一级教师	大专	兰州师范高等专科学校	化学	本科	2008.09	西北师范大学	化学	函授
包旺虎	1977.01	1996.08	一级教师	中专	甘肃省临夏师范学校	普通	本科	2006.12	西北师范大学	音乐	自考
张昌海	1977.06	2001.01	一级教师	大专	西北民族学院	英语	本科	2003.12	西北师范大学	英语	自考
李小吉	1978.05	2001.07	一级教师	大专	合作民族师范高等专科学校	数学	本科	2007.07	中央广播电视大学	数学	函授
张玉华	1979.10	2002.08	二级教师	大专	兰州师范高等专科学校	历史	本科	2010.01	中央广播电视大学	汉语言	函授
亢志强	1979.10	2002.08	二级教师	大专	合作民族师范高等专科学校	体育	本科	2008.03	西北师范大学	体育	函授
王贤博	1979.05	2005.08	二级教师	大专	兰州师范高等专科学校	数学	本科	2010.01	西北师范大学	数学	函授
李科华	1982.01	2004.07	二级教师	大专	兰州师范高等专科学校	数学	本科	2008.01	西北师范大学	数学	函授

续表

姓名	出生年月	参加工作时间	职称	原有学历			现有学历				
				学历	毕业院校	专业	学历	毕业时间	毕业院校	专业	取得形式
范祥红	1981.02	2004.07	二级教师	大专	天水电大	英语	本科	2010.01	西北师范大学	英语	脱产
张海胜	1982.08	2004.07	二级教师	大专	兰州外语职业学校	英语	本科	2010.01	兰州城市学院	汉语言	函授
马腾云	1980.04	2004.10	二级教师	大专	合作民族师范专科学校	体育	本科	2006.01	西北师范大学	体育	函授
康尚菊	1970.05	1985.09	一级教师	高中	临夏中学	普通	大专	2006.01	合作民族师范专科学校	体育	离职
绿宏光	1979.10	1998.08	一级教师	中专	甘肃省临夏师范学校	普通	本科	2005.06	兰州大学	汉语言	自考
丁玉兰	1980.09	2005.08	二级教师	大专	合作民族师范专科学校	英语	本科	2010.01	西北师范大学	汉语言	函授
马小宁	1976.02	1996.08	一级教师	中专	临夏师范	普通	本科	2003.06	宁夏大学	美术	离职
朱雪莲	1979.12	2006.08	二级教师	大专	甘肃省临夏师范专科学校	音乐	本科	2006.9	西北师范大学	音乐	自考
张思芬	1979.12	2005.08	二级教师	大专	兰州高等师范专科学校	历史	本科	2011.07	西北师范大学	汉语言文学	函授
陈志红	1962.06	1982.7	二级教师	中专	甘肃省临夏师范学校	普通	大专	1991.06	甘肃省教育学院	化学教育	离职
杨 冰	1982.11	2012.10	二级教师	大专	陇东学院	数学教育	本科	2014.01	中央广播电视大学	数学与应用数学	函授
郭素琴	1977.03	2003.07	一级教师	大专	兰州高等师范专科学校	英语	本科	2008.03	西北师范大学	英语	函授
蒲维民	1987.08	2011.09	二级教师	本科	河西学院	工商管理	硕士	2016.06	西北师范大学	哲学伦理学	脱产
陈 源	1956.07	1981.06	副县级	中专	甘肃省临夏师范学校	普通	大专	1996.07	甘肃政法学院	法律	函授

2011年—2017年参加各类培训人员名单

2011年暑假参加新课程网络远程培训人员名单

语文：赵红原　马学平　线宏光　朱正云　郭建霞　马国鹏　胡俊玺　王　斌
　　　王海芳　戴文喜　金发福

数学：彭艳平　江富鹏　贾光旭　杨天祥　李小吉　李科华　马正霞　周彦龙
　　　黄维旭　郭旭强

英语：徐品升　朱顺英　田伟平　安群英　丁玉兰　郭　芬　张昌海　吴卫军
　　　孟宪芳　张海胜

政治：吴　燕　铁永龙　王志学

历史：韩红梅　马家元　张玉华

地理：马　丽　杨文理　李昌华

物理：杨春海　丁双红　张国强　赵花姐　钟　浩　车风琴

化学：白仲霞　王正尧　唐仲莲　万慧霞

生物：杜发利　马小斌　马成龙　赵国英

体育：康尚菊　亢志强　马维华　何玲玲　刘　刚

美术：张　春　江贵伟

信息技术：张　发

音乐：朱雪莲

2012年参加各类培训人员名单

一、高中新课程教师远程培训人员名单

培训时间：2012.7.2—2012.9.7

培训人员：

李月桂　王永智　徐国胜　李多豪　庞彩芳　朱　杰　焦玉梅　王贤博　王如虎
孙孝忠　屠秀娟　刘　玺　康永清　范祥红　赵文兰　钟　浩　祁黎炎　马小斌
吴　燕　高占龙　王志学　李昌华　何　龙　马文成　辛永平　郭旭强

二、高中新课程学科骨干教师专项培训人员名单

培训时间：

语文、数学、英语、政治：2012.8.14—2012.8.17

物理、化学、生物、历史、地理：2012.8.17—2012.8.20

培训人员：

王永智　徐国胜　朱　杰　王贤博　屠秀娟　赵文兰　钟　浩　王苗苗　万慧霞

祁黎炎　马小斌　吴　燕　马家元　杨文理

三、临夏州干部职工在线培训人员名单

培训时间：2012.3.23—2012.8.31

培训人员：王晓明　张　发　马克南　金发福　魏显丁　戴文熹　白向春　杨天祥

　　　　　白雪莲　毛　博

四、教育技术能力建设培训人员名单

培训时间：2012.3.1—2012.3.5

培训人员：毕秀琴　陈　娜　杨丽萍　丁晓霞　马媛媛　冯月梅　刘玉琴　鲁秉娟

　　　　　孙玲玲　马　彤　康学芳　马晶灵　陕文娟　张丽娟　张　龙　王雄雄

　　　　　陈玉成　蔡晓兰

五、英特尔未来教育培训人员名单

培训人员：魏学仁　毛　博　张永华　张生燕

2013年参加各类培训人员名单

陕西师范大学"美丽园丁"骨干教师培训人员名单

培训时间：2013.9.9—2013.9.18

培训人员：郑维华　马正霞　王永智　马国鹏　王海芳　朱　杰

2014年9月—11月参加各类培训人员名单

一、2014年度北京师范大学骨干教师项目培训人员名单

培训时间：2014.10.13—2014.10.20

培训人员：绵宏光　郭旭强　徐品升　马家元　白仲霞　铁永龙　马小斌

二、赴陕西师范大学培训人员名单

培训时间：物理、化学：2014.9.21—2014.9.30

培训人员：物理：张永华　王雄雄　　　　　化学：唐仲莲　万慧霞　王永霞

　　　　　政治、历史：2014.10.12—2014.10.21

　　　　　政治：高占龙　金晓红　　　　　历史：张玉华　张思芬　罗丽霞

三、赴北京教育学院培训人员名单（数学3人）

培训时间：2014.10.12—2014.11.9

培训人员：江富鹏　李小吉　彭艳平

四、甘肃省民族地区物、化、生教师前往西北师范大学培训人员名单

培训时间：2014年11月

培训人员：杨春海 毕秀琴 马成龙

五、"金色种子联盟"骨干教师培训人员名单

培训人员：李 瑞 江富傲 杜发利 高占龙 何 霞 亢志强 梁振国 路左伟
马家元 孟宪芳 田伟平 万慧霞 王 斌 赵文兰 魏 珊 辛永平
徐品升 王志学 赵红原 周世宝

六、陕西师范大学"送教下州"项目培训人员名单

培训人员：徐国胜 张海胜 孙孝忠 庞彩芳 魏 珊 邱志平 马学平 杜发利
张永华 李多豪 张国强 马小宁 罗丽霞 周颜龙 何 霞 张思芬
彭艳平 唐仲莲 刘 刚 周世宝 马忠学 张艳丽 马玉姣 康尚菊
杨 冰 车凤琴 戴文熹 王永霞 徐 玺 陈志红 李小吉 杨天祥
王 斌 李科华 贾光旭

七、选派高三学科骨干教师赴厦门市参加高中学科培训人员名单

培训时间：2014.8.18—2014.8.26

培训人员：江富敖 朱正云 康永清 钟 浩 祁黎炎 韩红梅

八、上海宋庆龄基金会——东亚银行公益基金2014年教师培训人员名单

培训人员：缐宏光

2015年参加各类培训人员名单

一、赴陕西师范大学培训人员名单

培训时间：2015.10.14—2015.10.22

培训人员：马成龙（生物） 马小宁（地理）

二、选派高中英语、农村小学语文、数学、外语学科骨干教师参加2015年度陕西师范大学"送教下州"项目培训人员名单

培训时间：2015.8.2-2015.8.10

培训人员：陈 强（英语） 梁振国（英语） 陕文娟 （英语）
赵文兰（英语） 宋 渊（英语）

三、2015年度教育部——中国移动中小学校长培训（影子培训）人员名单

培训人员：江富敖

四、2015年临夏回族自治州高考备考专题辅导培训班人员名单

培训时间：2015.4.18—2015.4.19

培训人员：王永智　郑维华　郭旭强　李小吉　彭艳平　马正霞　黄维旭　李科华
　　　　　路左伟　李昌华　马小宁　张　龙　马成龙　丁玉兰　田伟平　吴卫军
　　　　　宋玲玲　邱志平　王　斌　徐国胜　马玉姣　缐宏光　范祥红　周　荣
　　　　　张昌海　陈　强　张英海　铁永龙　赵　霞　王雄雄　丁双宏　杨丽萍
　　　　　马　坚　马家元　马文成　白仲霞　马克南　王永霞

五、新教师岗前集训人员名单

培训时间：2015.5.8

培训人员：王晓飞　王　励

2016年参加各类培训人员名单

一、临夏州中学学科教师参加甘肃省民族地区教师跟岗培训班人员名单

培训时间：2016.5.16—2016.5.30

培训人员：郑维华

二、参加2016年临夏回族自治州高考备考专题辅导培训班人员名单

培训时间：2016.4.9

培训人员：徐国胜　王海芳　马学平　王　斌　韩红梅　李昌华　张艳丽　何　龙
　　　　　李多豪　宋玲玲　朱　杰　杨　冰　李科华　李小吉　焦玉梅　陈　娜
　　　　　朱顺英　梁振国　赵引霞　史恒通　陈　强　陕文娟　梁钊恺　钟　浩
　　　　　张国强　毕秀琴　白仲霞　马克南　杜发利　马成龙　张　龙　赵　霞
　　　　　鲁秉娟　王志学

三、参加"新花蕊"国培人员名单

培训时间：2016.10.11–2016.10.17

培训人员：马　磊

2017年参加各类培训人员名单

一、参加心理健康教育等级培训人员名单

培训时间：2017.8.1–2017.8.20

培训人员：鲁秉娟

二、赴厦门跟岗培训人员名单

培训时间：2017.10

培训人员：郭旭强　缐宏光

第五节　现任教工名单

序号	姓名	性别	民族	学历	职称	政治面貌	教龄
1	李　瑞	男	汉族	本科	高级教师	党员	35
2	陈　源	男	汉族	大专	副县级(行政)	党员	36
3	张英海	男	汉族	本科	高级教师	党员	27
4	吕　忠	男	汉族	大专	高级教师		41
5	孙孝忠	男	汉族	本科	高级教师		36
6	赵亚平	男	汉族	本科	高级教师	党员	35
7	张永华	男	汉族	大专	高级教师	党员	35
8	孟宪芳	女	汉族	大专	高级教师		35
9	牛俊泽	男	汉族	大专	高级教师	党员	35
10	陈志红	男	汉族	大专	高级教师	党员	35
11	安群英	女	汉族	大专	高级教师		33
12	江富鹏	男	汉族	大专	高级教师		31
13	郑维华	男	汉族	本科	高级教师	党员	30
14	尹小龙	男	汉族	大专	高级教师	党员	29
15	王永智	男	汉族	本科	高级教师	党员	28
16	徐品升	女	汉族	本科	高级教师		27
17	高占龙	男	回族	本科	高级教师	党员	26
18	马文成	男	汉族	本科	高级教师	党员	25
19	朱　杰	男	汉族	本科	高级教师		25
20	李昌华	男	汉族	本科	高级教师	党员	24
21	王海芳	女	汉族	本科	高级教师		24
22	王志学	女	汉族	本科	高级教师		22
23	朱正云	男	汉族	本科	高级教师		22
24	江贵伟	男	汉族	本科	高级教师		22
25	马应录	男	回族	中专	一级教师		33
26	康尚菊	女	汉族	大专	一级教师		32
27	王晓明	男	回族	大专	一级教师	党员	31
28	杨春海	男	汉族	本科	一级教师	党员	28
29	赵文兰	女	汉族	大专	一级教师		27

续表

序号	姓名	性别	民族	学历	职称	政治面貌	教龄
30	车风琴	女	回族	大专	一级教师		27
31	张 发	男	汉族	本科	一级教师	党员	26
32	金晓红	女	汉族	大专	一级教师		25
33	王智强	男	汉族	本科	一级教师		22
34	宋 渊	女	汉族	大专	一级教师		22
35	郭旭强	男	汉族	本科	一级教师	党员	22
36	赵红原	女	汉族	大专	一级教师		21
37	包旺虎	男	汉族	本科	一级教师	党员	21
38	马小宁	男	汉族	本科	一级教师	党员	21
39	杨天祥	男	汉族	本科	一级教师		19
40	缐宏光	男	汉族	本科	一级教师	党员	19
41	白仲霞	女	汉族	本科	一级教师		17
42	贾永强	男	汉族	本科	一级教师		17
43	张昌海	男	汉族	本科	一级教师	党员	16
44	张宏伟	男	汉族	研究生	一级教师		16
45	李小吉	男	汉族	本科	一级教师	党员	15
46	张玉华	男	汉族	本科	一级教师	党员	15
47	亢志强	男	汉族	本科	一级教师	党员	15
48	李科华	男	汉族	本科	一级教师	党员	13
49	范祥红	女	汉族	本科	一级教师		13
50	张海胜	男	汉族	本科	一级教师	党员	13
51	马腾云	男	回族	本科	一级教师	党员	13
52	王永霞	女	汉族	研究生	一级教师		13
53	戴文熹	男	汉族	本科	一级教师	党员	11
54	郭素琴	女	汉族	本科	一级教师		4
55	万慧霞	女	汉族	本科	二级教师		13
56	王贤博	男	汉族	本科	二级教师		12
57	丁玉兰	女	回族	本科	二级教师		12
58	张思芬	女	汉族	本科	二级教师		12
59	马正霞	女	汉族	本科	二级教师	党员	11
60	邵开红	女	汉族	本科	二级教师	党员	11
61	钟 浩	男	裕固	本科	二级教师	党员	11
62	朱雪莲	女	汉族	大专	二级教师	党员	11

序号	姓名	性别	民族	学历	职称	政治面貌	教龄
63	康永清	男	汉族	本科	二级教师		11
64	徐国胜	男	汉族	本科	二级教师		10
65	韩红梅	女	汉族	本科	二级教师	党员	10
66	杜发利	男	汉族	本科	二级教师	党员	10
67	焦玉梅	女	汉族	本科	二级教师		10
68	王正尧	男	汉族	本科	二级教师		10
69	彭艳平	男	汉族	本科	二级教师	党员	10
70	娄晓通	男	汉族	本科	二级教师		10
71	马小斌	男	回族	本科	二级教师		10
72	何 龙	男	汉族	本科	二级教师		10
73	屠秀娟	女	汉族	本科	二级教师		10
74	马家元	男	侗族	本科	二级教师		10
75	庞彩芳	女	回族	本科	二级教师		9
76	刘 刚	男	汉族	本科	二级教师		9
77	马 丽	女	回族	本科	二级教师		9
78	徐 玺	男	汉族	本科	二级教师		9
79	辛永平	男	汉族	本科	二级教师		9
80	王 斌	男	回族	本科	二级教师		9
81	何 霞	女	汉族	本科	二级教师		9
82	马红燕	女	回族	本科	二级教师		9
83	王永明	男	汉族	研究生	二级教师		9
84	王苗苗	女	汉族	本科	二级教师		8
85	马克南	男	东乡族	本科	二级教师		8
86	祁黎炎	男	汉族	本科	二级教师		8
87	周颜龙	男	汉族	本科	二级教师	党员	8
88	张艳丽	女	汉族	本科	二级教师		8
89	铁永龙	男	回族	本科	二级教师	党员	8
90	李多豪	男	汉族	本科	二级教师		8
91	魏 珊	女	汉族	本科	二级教师	党员	8
92	杨文理	男	汉族	本科	二级教师		8
93	罗丽霞	女	汉族	本科	二级教师	党员	8
94	邱志平	男	汉族	本科	二级教师		8
95	曾继芬	女	汉族	本科	二级教师		8

续表

序号	姓名	性别	民族	学历	职称	政治面貌	教龄
96	冯 晶	女	汉族	本科	二级教师		8
97	丁双宏	男	汉族	本科	二级教师		7
98	张 春	女	汉族	本科	二级教师		7
99	吴卫军	男	汉族	本科	二级教师		7
100	马成龙	男	回族	本科	二级教师	党员	7
101	张国强	男	汉族	本科	二级教师		7
102	黄维旭	男	汉族	本科	二级教师		7
103	梁振国	男	汉族	本科	二级教师		7
104	陈 强	男	汉族	本科	二级教师	党员	7
105	张 龙	男	汉族	本科	二级教师		6
106	梁钊恺	男	汉族	本科	二级教师		6
107	马 磊	男	回族	本科	二级教师	党员	6
108	马 坚	男	回族	本科	二级教师		6
109	张丽娟	女	汉族	本科	二级教师	党员	6
110	陕文娟	女	回族	本科	二级教师		6
111	毕秀琴	女	汉族	本科	二级教师		6
112	路左伟	男	汉族	本科	二级教师	党员	6
113	宋俊芳	女	汉族	本科	二级教师	党员	6
114	康学芳	女	汉族	本科	二级教师		6
115	蒲维民	男	汉族	研究生	二级教师	党员	6
116	杜 鑫	男	汉族	本科	二级教师		6
117	刘玉琴	女	回族	本科	二级教师		5
118	陈玉成	男	汉族	本科	二级教师	党员	5
119	杨丽萍	女	汉族	本科	二级教师		5
120	陈 娜	女	汉族	本科	二级教师		5
121	马媛媛	女	东乡族	本科	二级教师		5
122	马 彤	女	回族	本科	二级教师		5
123	鲁秉娟	女	汉族	本科	二级教师		5
124	马忠学	男	回族	本科	二级教师		5
125	杨 冰	男	汉族	本科	二级教师		5
126	金碧蓉	女	汉族	本科	二级教师		5
127	周 荣	男	汉族	本科	二级教师		5
128	唐彩霞	女	汉族	本科	二级教师		5

续表

序号	姓名	性别	民族	学历	职称	政治面貌	教龄
129	刘振云	男	汉族	本科	二级教师		4
130	马风贤	女	回族	本科	二级教师	党员	4
131	黄晋昇	男	汉族	本科	二级教师		3
132	张彦军	男	汉族	本科	二级教师		3
133	赵 霞	女	汉族	本科	未聘级		5
134	杨志忠	男	回族	本科	未聘级		4
135	赵 倩	女	汉族	本科	未聘级		4
136	王 励	男	汉族	本科	未聘级		3
137	马金龙	男	回族	本科	未聘级	党员	3
138	白敬浩	男	汉族	本科	未聘级		3
139	马文元	男	东乡族	本科	未聘级		3
140	陈 燕	女	汉族	本科	未聘级	党员	2
141	关小红	女	回族	本科	未聘级		2
142	白有妍	女	汉族	本科	未聘级		2
143	赵引霞	女	汉族	本科	未聘级		2
144	史恒通	男	汉族	本科	未聘级		2
145	王莉萍	女	汉族	研究生	未聘级	党员	2
146	郭珺琳	女	汉族	本科	未聘级		2
147	张红桃	女	汉族	本科	未聘级		2
148	马宁宁	女	回族	本科	未聘级		2
149	王世荣	男	回族	本科	未聘级	党员	2
150	马 芳	女	回族	本科	未聘级		1
151	鲁鸿翠	女	汉族	本科	未聘级		1
152	段媛媛	女	汉族	本科	未聘级		1
153	郝成卓	男	汉族	高中	科员		31
154	刘 霞	女	汉族	大专	高级工		25
155	张俊云	男	汉族	高中	中级工		16
156	毛 博	男	汉族	大专	中级工	党员	16
157	苏国英	男	汉族	高中	临时工		29
158	王尕满	男	回族	其他	临时工		31
159	李 莲	男	汉族	其他	临时工		4
160	张凤梅	女	汉族	其他	临时工		15
161	罗桂珍	女	汉族	其他	临时工		4

第六节　历任教工名单

1918年—1949年教职工名单（部分）

梁竹岗	马鸿逵	王国华	马毓贵	李恩华	王荫培	王继业	马忠汉	陈　俊
蒋玉如	何玉良	马学仁	买发尧	张　俊	白惠成	蒋少郁	赵　让	弭继常
白云祥	丁德普	马云山	马奉天	马效穆	马云龙	朱启寰	李荣培	李恩华
白鹏飞	白予石	丁世雄	马有信	白　铭				

1959年—1980年教职工名单

白文杰	白振明	柏德荣	柏发荣	拜文钰	曹德财	柴致忠	常惠民	陈宝全
陈冠玑	陈桂花	陈全录	陈泰南	陈　琬	陈　雄	高自荣	陈泽邦	陈泽民
陈中和	杜裕震	方　荣	方正魁	冯迁祥	何克文	冯玉海	高　涛	高文魁
高文祥	高　义	高玉英	高志荣	金　弘	苟美玉	顾合英	郭继元	郭　雄
郭志源	郭智远	哈淑珍	李公朴	侯得胜	胡光先	胡宏义	江怀宝	江怀达
蒋国元	焦玉润	刘安仁	景永寿	兰守廉	兰天月	黎世亨	李昌伦	李存琴
卢葆贞	李克让	李　稂	李　让	李彦春	李永良	李遇春	李占元	罗学仁
刘碧露	刘光祖	刘　钧	刘显文	娄　瑞	娄正华	娄正统	马金祥	卢建壁
卢兰芳	鲁逢政	鲁怀谦	鲁家宝	鲁永发	罗江动	马文俊	吕　檀	马　勋
马二洒	马福龙	马光明	马建祭	马建业	陕忠才	马景超	马菊芳	马口粮
马培仁	马培山	马维承	马文辉	沙占君	马新民	马蕴庄	马占元	马仲魁
孟福有	孟茂林	敏忠才	南海云	牛春华	潘接风	潘泰南	彭礼贤	乔风皋
乔锦芳	邱瑞秀	任顺高	任学义	任郅本	史纪禄	宋光旭	田正林	汪绍伦
石纪文	石廷原	石永贵	时如冰	王守祥	王万芬	王锡麟	王学芳	王得仪
王建璋	王克文	王曼苏木		王兆华	王正国	王正明	王治成	王学礼
王玉财	王占海	王章英	武元志	武正芳	席克勋	肖国英	王　忠	魏芝莲
乌智仁	吴致祥	杨德荣	杨发春	杨发荣	杨　莲	徐　苍	徐文礼	薛志修
闫政平	杨增兴	杨镇西	姚景凯	尹进科	杨生春	杨生奎	杨秀兰	杨育桎
张海宾	张江振	张进源	张井俭	雍述元	张春在	张定邦	张国振	张孝贞
张永华	张元仁	张重和	张克千	张润虎	张生文	张淑莲	赵　和	赵宏明
赵　伟	赵学文	张作义	长春秀	赵凤英	赵海伟	朱生平	朱守让	朱　熙

朱星镇　赵英甲　周聚忠　周文雄　朱德安　宗得奇　宗国华

1981年—2007年教职工名单

安群英	白向春	白学云	白玉云	白仲霞	拜文钰	包德伟	包旺虎	包维兵
卜国芬	车风琴	陈昭	陈景全	陈文立	陈学	陈岩海	陈玉林	陈源
陈泽雄	杜发利	陈志红	崔江龙	崔雅琴	邓平	丁国友	丁学龙	丁玉兰
冯尚暾	杜裕震	范生江	方荣	方正魁	费小兰	冯国进	冯俊礼	管风有
冯学强	伏周辽	高艳艳	高玉英	高占龙	苟东平	顾合英	刘莉	郭彩云
郭芬	郭平	郭雄	郭旭强	郭永昌	韩红梅	韩世忠	郝成卓	何克菊
何玲玲	何世义	侯尚新	侯尚元	胡俊玺	胡俊忠	黄万才	姬红霞	焦永霞
贾光旭	贾永林	江富傲	江富鹏	江贵伟	江怀达	焦俊华	孔学平	焦玉梅
金发福	金弘	康尚菊	康廷栋	康永清	亢志强	李海强	雷建荣	黎世亨
黎文婷	黎霞	黎昱	李昌华	李桂香	李瑞	李汉熙	李会芳	李建晖
李建政	李俊	李科华	李如贵	李召雄	李生忠	李万忠	李文明	李小吉
李晓霞	李学兴	李月桂	刘淑云	林有俊	刘建奇	刘进荣	娄仲蓉	卢建壁
卢金凤	刘世荣	罗世兰	刘玮	刘玺	娄晓通	吕忠	麻真妙	马彬
鲁国义	马成智	罗有志	吕佰信	吕檀	马海博	马海成	马海东	马成龙
马海龙	马二洒	马光明	马国鹏	马金祥	马进伟	马景超	马海莲	马俊礼
马海明	马建成	马建福	马美芳	马明忠	马培仁	马俊	马腾云	马丽
马丽君	马林	马维东	马维俊	马伟	马清文	马文光	马万良	马万忠
马维承	马小宁	马晓梅	马学平	马文成	马艳红	马文礼	马文元	马武龙
马有录	马玉海	马玉环	马学强	马占彪	马义	马英龙	马永安	马忠林
马忠明	马忠祥	马玉倩	马仲魁	马正霞	马志远	马忠海	孟宪芳	孟郁玲
敏仲才	南海云	祁仲云	马仲明	毛博	孟福有	彭性平	彭艳平	蒲晖明
祁铭	牛春华	牛俊泽	潘兴博	彭爱萍	秦文俊	秦正林	任顺高	沙占君
祁岩	祁仲华	乔锦芳	陕麻乃	陕忠才	石和璧	石纪文	石玉霞	宋得奇
宋复琴	宋光旭	宋海云	宋建林	宋明震	宋玉霞	宋渊	宋宗义	苏风琴
苏国英	苏霞梅	苏渊陆	孙宝珍	孙孝忠	炭举国	唐万云	唐占红	唐仲莲
陶永霞	邵国义	田伟平	田祥林	铁黑麦	万慧霞	王德瑞	王风琴	王峰
邵开红	王尕曼	王海芳	王建晖	王建璋	王满素	王攀向	王淑秀	王锡麟
王贤博	石敦秀	王晓莉	王晓明	王晓强	王晓文	王秀峰	王延平	王燕
王英忠	王永芬	王永智	王玉萍	王元涛	王月增	王正国	王正尧	魏显丁
王志学	王智强	王忠彦	王佐忠	魏国强	魏居贵	魏居森	蕙文锦	魏学仁

271

吴彩菊	吴雷	吴燕	武海淑	武元志	武正芳	徐苍	线宏光	肖正华
萧村逸	肖正华	徐桂芳	徐国胜	徐海涛	杨发辉	杨怀军	徐品升	徐顺林
闫政平	杨成荣	杨春海	杨得福	杨万福	尹国昭	杨怀珠	杨辉	杨晶萍
杨莲	杨生平	杨天祥	姚俊	张辉	杨万明	杨秀兰	杨彦云	杨玉红
杨占林	杨正芳	张风梅	张丽萍	尹小龙	雍述元	尤世伟	张步宗	张昌海
张发	张永桂	张永华	张江红	张俊红	张俊云	张锟明	张兰月	张黎明
长金龙	赵达	张林虎	张润虎	张少良	张生燕	张文学	张英海	赵理彦
赵文兰	张玉华	张占辉	张哲生	张振荣	张志益	张作义	赵周翠	郑维华
赵凤英	赵光旭	赵国英	赵海伟	赵红原	朱正云	朱杰	朱龙发	赵西庆
赵学华	赵学平	朱永海	赵亚平	赵永社	朱顺英	朱尹东	钟浩	周阿非牙
周进山	周聚忠	周万虎	周晓平	宗得奇	宗国华			

2008年—2017年教职工名单

安群英	白敬浩	白向春	白学云	白雪莲	白有妍	白仲霞	陈强	包旺虎
毕秀琴	卜丽峰	蔡小兰	曾继芬	车风琴	陈娜	丁双宏	陈绚	陈燕
陈玉成	陈源	陈志红	崔江龙	戴文熹	冯静	丁晓霞	丁玉兰	杜发利
杜鑫	段媛媛	范祥红	方荣	郭珺琳	冯月梅	高登莲	高占龙	关小红
郭彩云	郭芬	郭建霞	何通章	郭素琴	郭旭强	韩红梅	郝成卓	何丹丹
何玲玲	何龙	江富傲	何霞	胡俊玺	黄晋昇	黄维旭	贾光旭	金晓红
贾永强	康学芳	江富鹏	江贵伟	焦玉梅	金碧蓉	金发福	李桂香	康尚菊
李科华	康永清	亢志强	黎霞	李昌华	李多豪	梁钊恺	李俊家	刘刚
李莲	李瑞	李小吉	李永永	李月桂	娄晓通	梁振国	鲁鸿翠	刘建奇
刘玺	刘霞	刘玉琴	刘振云	马彬	鲁秉娟	马成智	路左伟	罗桂珍
罗丽霞	罗有智	吕忠	马家元	马成龙	朱雪莲	马发土麦		马芳
马风贤	马国鹏	马红燕	马磊	马坚	马美芳	马建成	马建功	马金龙
马晶灵	马克南	马维华	马丽	马文元	马宁宁	马腾云	马彤	马万忠
马维承	马媛媛	马文成	马忠学	马小斌	马小宁	马学平	马应录	马玉姣
彭艳平	马正霞	史恒通	毛博	孟海云	孟宪芳	牛俊泽	庞彩芳	陕文娟
蒲维民	唐彩霞	祁黎炎	乔锦芳	秦万祥	秦文俊	邱志平	苏国英	邵开红
万慧霞	宋俊芳	宋玲玲	宋明震	宋渊	苏彩莲	田伟平	孙孝忠	王永芬
唐仲莲	陶永霞	王海芳	王励	铁黑麦	铁永龙	屠秀娟	王志学	王斌
王尕满	王贤博	王晓飞	王莉萍	王林忠	王苗苗	肖正华	王如虎	王世荣
王永智	王玉萍	王晓明	王雄雄	王永芳	杨生平	王永明	王永霞	魏显丁

吴彩菊	王月增	王正国	王正尧	张　春	王智强	魏　珊	徐品升	徐　玺
吴卫军	吴　燕	线宏光	张明文	辛永平	徐国胜	杨秀兰	杨玉红	杨　冰
杨春海	杨丽萍	赵红原	杨天祥	杨文理	张风梅	张国强	杨志忠	尹小龙
张昌海	郑维华	张　发	张菲菲	张俊云	张锟明	张海胜	张丽娟	张　龙
朱永海	张红桃	张宏伟	张艳丽	张英海	张力犁	张玉华	赵国英	朱正云
张思芬	张彦军	赵文兰	赵　霞	张永华	赵引霞	赵永山	朱顺英	赵花姐
赵　倩	周　荣	钟　浩	赵亚平	周世宝	周颜龙	周阿非牙		宗得奇

（因学校档案遗失，个别教职工名单未能收录）

第九章 学生

第一节 学制设置

民国七年（1918年），始建导河县西区国民小学校时，学制依从南京临时政府1913年8月形成的壬子癸丑学制系统，即小学修学四年。民国八年（1919年），全国教育联合会发起讨论修改学制，至民国十一年（1922年），中华民国政府以大总统令公布了《学校系统改革案》，对学制进行了统一规定，开始实行壬戌学制。私立云亭小学校贯彻这一学制，只不过鉴于本地区文化落后，在学生入学年龄上则比较灵活，就以民国二十四年（1935年）刊印的《私立云亭小学校实施概况》之《各级学生年龄比较表》反映的情况看，就一年级学生而言，年龄最小者为6岁，而最大者竟15岁，二年级竟也有两名18岁的学生。

民国十四年（1925年），私立云亭小学校秋季始业，改学制为"四二"制，即初小四年，高小两年。

民国二十七年（1938年）秋，私立云亭中学招收第一届初中生。根据学生掌握知识的状况，招收的60名学生被分为初一班和预备班（也称简师班，一年后转为初中班）。初中仍实行三年修学制。民国三十年（1941年）秋，招收第一届高中生，学制为三年。

1949年后一段时期，学制仍实行"三三"学制，即初高中均需修学三年。从1953年起，将春季始业改为秋季始业。

20世纪60年代初，改行"五年一贯制"，即初中三年，高中两年。1962年，本校未招收高中学生，临夏一中录取本校8名应届初中毕业生，未录取8名。1962届高中毕业生吴丕忠考入甘肃师范大学俄文专业。1963年，本校高中毕业生仅7人。1966年秋又招收高一学生，学校又恢复为高中。

"文革"时期，为贯彻"适当缩短年限，适当提高程度，适当增加劳动"的原则以及劳逸结合的精神，将初高中学制变为"二二制"，即初中两年、高中两年。

1970年，改秋季始业为春季始业。

1975年，学校开办"五七"红专学校时，学制长短结合，长的不超过两年，短的十天半月或者几天。

1978年，将春季始业改为秋季始业。取消革委会，开始实行校长负责制。

1980年9月起，本校初中学制从两年变为三年，是年，无初中毕业生。

1985年8月起，高中学生修学年限从两年变为三年。1986年，本校无高中毕业生。

第二节　班级设置

班级作为学校行使教育教学的基本单位，随着学校规模的不断扩大，其数量和类别以及班委会的组成也会有所不同。

民国二十四年（1935年），私立云亭小学校设8个班（一至三年级分甲乙班），学生共计193人。校内分四个训导区管理学生，即中山区、少云区、瓦特区、杜威区。全校设立儿童自治会，下辖总务部、风纪部、学艺部，其中学艺部设图书股、体育股、讲演股和编辑股，风纪部设公安股和卫生股。每区由儿童自治会每日派纠察员两名，于下课时巡视本区，维持该区之秩序，排解儿童之纠纷。每月举行区民会议一次，每学期举行各区联欢大会一次。

民国二十七年（1938年）秋，招收第一届初中生共60名，分初一班和预备班。预备班起初称为简师班，一年后转为初中班。

民国三十年（1941年）秋，设立高中，初招一个班，共60余名学生。

私立云亭中学初中学段维持十年之久，高中学段仅存七年之多。班委会基本沿袭小学儿童自治会形式，依然成立学生自治会，由学生自主管理。

1949年8月22日，临夏解放，军管会接管学校，云亭中学撤销，与临夏中学、兴华中学合并，成立联合中学，将私立云亭中小学命名为"韩集完全小学校"。

1950年初，恢复中学建制，校名为"临夏初级中学"，共招收一百余名原私立云亭小学五、六年级学生。开学初因课桌椅破坏严重，师资缺乏，未开设文化课。是年秋，将新生按文化程度分为甲、乙两班，即快班和慢班，文化课也得以正常开设。

1958年，学生有四百多名，共设9个班。秋季，学校招收中华人民共和国成立后的第一届高中生。（招收数目不详）

1959年秋，全校学生计785名（初中659名，高中126名），设15个教学班，但在1960年4月突降为420名，至是年夏末秋初新粮接口时又上升至691名，而在1961年青黄不接时骤降为二百多人。鉴于这种突升骤降的异常状况，1961年4月4日，经临市教字

〔1961〕第023号文批复学校合并班级。于是学校将初三6个班211名学生合并为4个班，初二年级107名学生合并为两个班，高二年级两个班52名学生合并为一个班，是年春季学期，学校共有12个教学班（初一3个、初二2个、初三4个、高一2个、高二1个），其中包含从临夏市七中（现枹罕中学前身，校址在枹罕镇石头洼村）合并来的67名学生（初一34人、初二33人）。

1963年春，学生数降到了最低，报到注册的共有78名。实际每天上课人数在60人左右，高一仅剩3人。只好将剩余的3名学生并入到临夏中学，高中仅留即将毕业的7名学生。为此，1963年2月12日，学校向政府正式作了书面报告——临县一中字〔1963〕第06号文，临夏县政府临县会字〔1963〕第044号文，要求各公社管委会知照。但在严峻的自然及社会形势下，当地大多数家庭由于饥荒所迫，子女复学无从谈起。秋季，高中被迫停办。

1964—1965学年度，在校学生数为122人，其中初一61人、初二34人、初三27人。1964年实际入学55人，毕业9人。是时，全校共有3个教学班。

1970年6月,临夏第一中学二连二排合影

1966年秋，学校又招收高一学生，成为完全中学（具体招收数目不详）。

1967年5月，取消班级建制和班主任制，按班、排、连、营建制编队。

1972年，学校共有学生389人，10个教学班。

1975年，校内办起了"五七"红专学校，把当年招收的高一年级四个班办成了专业班，分别是民办教师班、红医班、体育班和拖拉机手培训班。这些所谓的专业班除了开设文化基础课外，还上一些专业课。

1978年，全校有学生633人，初中142人（初一72人、初二70人），高中491人（高一274人、高二217人），共有11个教学班。

1980—1981学年度，全校有学生459人，初中286人（初一70人、初二93人、初三123人）五个教学班，高中173人（高一未招收新生）四个教学班，共有九个教学班。

1982—1983学年度，初中308人，高中216人，学生共计524人，共有10个教学班（初中6个、高中4个）。

此后，学生数呈稳定上升态势，班级数也逐年增加。

2007年8月，初、高中剥离，学校成为独立高中。

随着学校形势的好转，学生数不断增长，至2017年底，共有学生1685名，30个教学班。每个年级均有实验班：高一年级两个，高二年级3个，高三年级两个。另外，高三年级响应学校培养特长生的发展思路，十多年来创设了艺体类特长班，取得了较好的成绩。

各年级以班为单位进行管理，班级组织系统为班委会。班委会设班长一名、学习委员一至两名、文艺委员一名、体育委员一名、生活委员一名。班委会在班主任领导下协助班主任管理班级内学生的纪律、学习、生活等事务。

附：

临夏县中学实验班管理办法

为了加强对实验班的管理，切实提高班级管理水平，突出实验班特点，根据本校实际，制定本办法。

一、学生部分

（一）班级组建：根据当年招收的学生数，按比例设1至2个实验班，人数控制在45人左右，严格按会考成绩从高到低筛选，少数民族学生降20分编入实验班（文理分科时，按学生意愿重新组建）；高三阶段补习生按当年高考成绩择优编入实验班（具体成绩由相关会议研究决定），班级人数控制在50人左右。

（二）班级管理：实行动态管理。原则上按每学期期中考试成绩实行流动，具体由年级组负责按成绩提出流动学生人数及名单，由有关会议研究决定，必要时也可以按期末成绩进行动态管理。过程中由年级组安排相关班主任做好流动学生的思想工作。

（三）课外资料：实验班除完成正常的课业负担外，还应征订一定数量的课外资料，加大训练量。具体资料由科任教师筛选，年级组征订，要求学生按教学进度保质保量完成。

（四）实行月考：高一、高二实验班除学校正常考试外，还应由年级组组织进行2至3次月考，月考成绩要及时统计，公布。

二、教师部分

（一）科任教师及班主任的选拔：根据学校实际，由包级领导和年级组长提出具有丰富教学经验、教学水平高、成绩突出的教师名单及具有丰富的班级管理经验、责任心强的班主任名单，经有关会议研究，确定为实验班学科教师和班主任。如果所带学科成绩平平，班主任工作一般化，学校将按情况进行调整。

（二）教学方面的要求：

1. 精心准备每一节课，教案要突出实验班学生的特点，注意知识的拓宽和延伸。

2. 适当增加课堂容量，在课堂教学中要适当补充一些经典例题和历届高考题，进行解题方法总结和解题技巧的指导，以适应高考要求。

3. 适当增加作业量和难度，及时处理配套练习中的难题。

（三）资料的筛选及使用：高一、高二年级的科任教师要结合学生实际情况精心筛选由年级组提供的资料样品，报年级组统一征订。科任教师按教学进度及时发放并督促检查学生完成情况，必要时还要进行分析讲解，保证资料的使用质量。高三年级复习资料的完成要与普通班有区别，80%以上的题目要求学生必须完成，教师要勤督促多检查，教学检查时重点检查学生的完成质量。

（四）通过每一次月考，做好总结反馈，同时给学生制定下一期奋斗目标。

（五）辅导要求：实验班晚自习辅导必须保证每晚有一位教师在岗，不得放任自流。教师对辅导内容要提前做好充分准备，辅导要有目的性和针对性。

（六）班主任要求：班主任要加强与学生家长的联系及沟通，做好实验班学生的思想工作，及时为他们排忧解难，以缓解学生的学习压力，营造良好的学习氛围。

临夏县中学

2008年12月11日

第三节　在校生数

学年度	年级	学生数（名）	其中女（名）	少数民族（名）	学年度	年级	学生数（名）	其中女（名）	少数民族（名）
1964—1965	初中	122	30	29	1984—1985	初中	488	167	132
	初一	61	13	16		高中	366	126	76
	初二	34	9	9		全校	854	293	208
	初三	27	8	4	1985—1986	初中	550		
1965—1966	初中	146	29	38		初一	216		
	初一	55	8	14		初二	210		
	初二	57	11	16		初三	124		
	初三	34	10	8		高中	368		
1972	一年级	96				高一年级	180		
	二年级	85				高二年级	188		
	三年级	212				全校	918		
	四年级	109			1989—1990	初中	574		339
	全校	502				初一	198		117
1975—1976	初中	225	59	92		初二	204		134
	初一	149	34	45		初三	172		88

续表

学年度	年级	学生数（名）	其中女（名）	少数民族（名）	学年度	年级	学生数（名）	其中女（名）	少数民族（名）
1975—1976	初二	76	25	47	1989—1990	高中	647		178
	高中	344	59	85		高一年级	204		65
	高一年级	135	38	44		高二年级	186		59
	高二年级	209	21	41		高三年级	257		54
	全校	569	118	177		全校	1221		517
1977—1978	初中	444	89		1990—1991	初中	526	164	
	初一	287	50			初一	171	51	
	初二	157	39			初二	177	55	
	高中	370	73			初三	178	58	
	高一年级	213	40			高中	516	256	
	高二年级	157	33			高一年级	195	55	
	全校	814	162			高二年级	172	98	
	县办"五七"红专学校招生 270 人，毕业 237 人					高三年级	149	103	
1978—1979	初中	142	50	42		全校	1042	420	
	初一	72	29	24	1991—1992	初中	540	130	328
	初二	70	21	18		高中	576	176	151
	高中	491	115	110		全校	1116	306	479
	高一年级	274	63	58	1992—1993	初中			
	高二年级	217	52	52		高中			
	全校	633	165	152		全校			
1980—1981	初中	286			1993—1994	初中	491	144	306
	初一	70				初一	202	54	128
	初二	93				初二	151	50	88
	初三	123				初三	138	40	90
	高中	173				高中	340	110	94
	高二年级	173				高一年级	84	37	21
	全校	459				高二年级	99	24	25
1982—1983	初中	308	111	63		高三年级	157	49	48
	高中	216	33	25		全校	831	254	400
	全校	524	144	88					

续表

学年度	年级	学生数（名）	其中女（名）	少数民族（名）	学年度	年级	学生数（名）	其中女（名）	少数民族（名）
1994—1995	初中	464	154	250	2002—2003	全校	1250	563	486
	初一	198	61	105	2003—2004	全校	1521	683	577
	初二	155	55	87	2004—2005	全校	1902	884	687
	初三	111	38	58	2005—2006	全校	2400	1125	825
	高中	238	81	53	2006—2007	初中	1297	603	542
	高一年级	68	22	14		高中	1290	524	341
	高二年级	59	30	17		全校	2587	1127	883
	高三年级	111	29	22	2007—2008	全校	1429	615	287
	全校	702	235	303	2008—2009	高一年级	443	212	73
1996—1997	初中	544	171	274		高二年级	432	211	86
	初一	228	57	110		高三年级	416	197	86
	初二	170	49	97		合计	1291	620	245
	初三	146	65	67	2009—2010	高一年级	462	219	87
	高中	252	89	63		高二年级	371	183	67
	高一年级	86	33	21		高三年级	443	212	99
	高二年级	80	30	17		合计	1276	614	253
	高三年级	86	26	25	2010—2011	高一年级	601	283	110
	全校	796	260	337		高二年级	445	204	80
1997—1998	初中	561	178	267		高三年级	436	216	74
	初一	248	78	114		合计	1482	703	264
	初二	182	49	85	2011—2012	高一年级	641	310	122
	初三	131	51	68		高二年级	474	231	82
	高中	266	178	67		高三年级	457	226	90
	高一年级	84	32	20		合计	1572	767	294
	高二年级	65	57	17	2012—2013	高一年级	555	283	122
	高三年级	117	89	30		高二年级	539	242	89
	全校	827	356	334		高三年级	468	231	74

第四节　历届毕业生名单

1944年毕业生（共51人）

祁克新　马效融　马　仪　管效儒　黄振海　周　奎　韦尚俊　杜儒堂　祁　发
李万鹏　王　明　蒋　清　侯承祖

1945年毕业生（共8人）

白廷弼　白光弼　卢　霈　吕国栋　张进仁　祁莨臣　马浴新　青海民和一学生
（姓名不详）

1954年毕业生（共51人）

马维承　王肇庆　蒲国礼　马　云　康振维　陈英基　马凌云　马纯孝　王　珍
曲得福　白文才　丁明昌　马如骥　雷文孝　赵叔玉　张延祥　祁文才　白　锐
马如骅　张吉生　马玉龙　张　焕　蒋怀玉　马振华　马忠德　马进保　王乃琳
马有明　陶学忠　马振文　马柏龄　徐效英　马登瀛　马文郁　祁学义　马永福
何维俊　蒋国光　马炳文　尹进德　杨盛达　马敦元　马星明　梁增祥　喇钦瑞
马天才　马成济　马　荣　何建功　炭如林　马瑛龙

1955年毕业生（共40人）

姬国才　范振邦　王文元　马成麟　崔毓祯　王宝元　马秉良　马兴国　马建业
陶世义　包应辉　马全孝　马世忠　张　勋　李国胜　杨正霖　马明礼　董国仁
范得良　马显仁　王维仁　赵廷祯　赵　珩　马名才　马源俊　魏光明　祁国权
马永祥　马锡钰　王国智　张文林　安福居　丁世英　王国礼　张永祯　王文鹤
马　义　马文辉　马云祥　石　昌　陈　镇　马国仁　王尚忠

1956年农业会计训练班（共43人）

马振义　马占海　杨志高　马福元　陈应科　马云德　马正明　王毓才　马进良
周志文　张振德　牟延林　马成功　喇正奎　马子俊　幸尚元　马友良　马文彪
王占祥　鲁世智　马英昌　马义隆　马建中　马清玉　王双成　邵吉安　徐世俊
张文正　韩正福　王廷秀　王庆选　张光才　马成祥　马振祥　马振禄　林正川

焦德昌　　仙成云　　马宗麟　　周成功　　刘廷禄　　张世杰　　胡正廷

1956年毕业生（共37人）

赵学凯　马成贤　王作中　马希哲　马文魁　何聚秀　陈世中　陈世英　马正华
邓廷霖　马英虎　王文义　张林昌　韩进业　薛起云　管效文　蒋元杰　马振华
唐振寰　杨新民　马惠文　杨发盛　陈金兰　江贵椿　陶世义　赵贤　常超俊
范文　梁国权　张文祥　张廷瑞　马世光　马世光　张明义　古学智　陈珩
李凤林　赵宏英　刘大鹏　马光明　傅文华　庆昇云　马福麟　马建业　唐国兴

1957年毕业生（共74人）

马腾云　张映南　朱明山　年占孝　张成龙　张朝雄　马得祥　赵永义　刘瑜
马天禄　赵学文　王湘　范国仁　杨辉　贾永寿　辛有运　江怀达　白文魁
韩德良　刘珊　沈振华　李克秀　白应孝　罗永华　张忠孝　曹树仁　何寿山
薛志忠　马俊良　党焕英　王绍文　贾国贤　梁森　赵万镒　焦玉豹　赵钰
王国云　王润　马志忠　马文义　王录　董国义　雷振庆　王志福　祁福昌
陶世信　解虎　贺耀祖　马好学　马廷芳　王应达　樊正仁　耿显宗　雷生福
李成恭　安永发　马世明　胡培良　韩生华　王辅忠　刘成绩　马成俊　马占良
冯学进　马明义　马明辉　鲁继新　王克勤　马振华　王敖　马月兰　马得祥
罗成章　马腾云

1958年毕业生（共75人）

王维祥　李权　马秉廉　马效仁　沈世民　张华文　周凤祥　马学仁　马德
马尚德　杨效时　祁昌荣　陈惠明　樊正生　马明腾　马子世　包礼智　赵文林
刘天祥　赵兆勇　徐忠　朱贵法　白明西　韩统祥　杨正福　王国梁　侯懋麟
李有才　杨过盛　丁华　杨国茂　谢顺廉　王兰英　蔡盛德　徐昌　李文辉
杜学君　周明时　闸玉兰　崔绍彦　董文晖　方国俊　马明信　张志义　罗永丰
戴占荣　苏进德　张启忠　王毓贵　杨延秀　张万福　马崇德　马文英　李胜辉
杨发林　高志功　刘志刚　赵淑英　杨皋云　蒋鸿达　何学礼　陶国仁　赵国森
魏世英　王淑绣　李文明　陈昌宗　王占森　陶学仁　杨正霓　王万义　张风奎
王文声　马承义　雷生录

1959毕业生（共69人）

高树义　赵国义　王郁明　马继翔　祁振亚　贺桂花　杨宗魁　林茂盛　方绍智

唐国栋	侯玉秀	何进明	江双德	江怀金	张文达	韩嘉麒	马　祥	马文雄
李昌刚	张新民	胡正元	贺文芳	善得龙	薛志良	雷生和	刘仲礼	慈梅芳
徐效杰	韩明俊	汪映波	何成栋	王仲元	他仿祖	王兆瑞	苏建信	曾　俊
宋宗义	赵宏芳	庞世清	马祥福	王生禄	马永清	龚茂珍	赵　钧	李占奎
宋　仁	郭天祥	雷辅鳌	徐世荣	吕　仁	芦世杰	马明贤	马远志	贾俊业
杨润沧	韩世忠	韩振西	尹天威	马继超	吴丕忠	江贵壁	潘得麟	冶忠麟
宝文海	马树德	陈世贤	鲁成轼	马进龙	贾国策	马　珍	赵学荣	陶世山
贺耀光	胡正奎	王　龙	武连良	侯辉祖	李生举	杜秀英	王菊清	崔效礼
杨占林	张延福	马效忠	马青云	善信友	何秀英	汪成杰	王玉明	张怀贤
冯作义	樊有良	马积善	何成栋	羊生孝	訾维忠	王香莲	赵学燕	马毅刚
郭进贤	陈生英	高树义	杨　奎	杨生荣	谭得信	朱敦礼	玉树仁	何忠学
马玉英	蒋学才	党玉玳	韩　润	他如玉	祁振亚			

1961初中毕业生（共35人）

秦怀奎	鲁霞敏	沈　琏	乔玉芳	王玉德	张如珠	陈昌达	祁有义	程毓文
马文荣	韩光宗	王　忠	苟有良	朱玉莲	郭正清	高尚德	李国义	熊育贤
张延龙	庞玉林	梁文瑞	冯文华	贾克荣	梁国芳	徐玉林	刘永梅	赵学馨
张芙蓉	𧿒文秀	拦昇明	何碧英	董文莲	贺　蕊	韩玉英	冯采莲	

1961年毕业生（高中共22人）

方国俊	陈惠明	马明信	何学玉	马明腾	杨小云	陈昌宗	朱登海	周明畴
杨发林	蒋鸿达	刘天祥	马平世	王兰英	赵淑英	韩　忠	包应智	炭学林
李生辉	代占林	张维祥	代占荣					

1962年毕业生（初中共24人）

马世忠	林　鹏	庞生信	杨九皋	张占年	王　俊	李莲英	顾春花	韩智林
吕建业	高声博	邓玉芬	杨奉云	杜生莲	王玉莲	王　兰	郭彩莲	邓佩莲
宋春芳	辛培芳	赵学良	李　润	秦应梅	张文华	何文昌	王国良	尹成珍
王德清								

1963年毕业生（共5人）

马远志	徐春梅	赵聚泰	贾春英	李凤英

1968年初中毕业生(共66人)

王寿昌　马胜德　张正兰　赵永海　李世萍　陈华贞　王玉明　马继良　白进才
王佐贤　辛得云　胡佐堂　张文礼　治秀兰　买勤学　安　平　何忠诚　包占良
马克清　蕙金祥　韩　琦　马占福　杨丽云　辛培孝　谢延明　谢延荣　张自敬
宋月霞　解秀兰　魏桂香　王临风　马正国　张龙生　王永安　田仲魁　王正德
牛成福　杨玉清　郭　平　宋伟祖　孔令茂　马育明　罗世雄　宋复俊　宋宪鸿
杨万福　马海成　马明清　马占平　张林虎　张　勤　张　澍　赵月梅　焦玉梅
马存娥　朱　伦　徐效和　马福成　李生林　马海英　王周福　康永祥　张仲华
宋志明　赵菊梅　孙永梅

1971年毕业生（39人）

唐永生　王克昌　徐春明　刘登云　马福祥　康有义　闫仲秀　杨玉芬　优生华
张林俊　张海英　宋光明　昌　华　徐效和　林　伟　祁仲华　赵海威　赵正其
妥有成　张林新　康建国　陈明元　谢秀兰　马继航　马万荣　宋光旭　宋正祖
王周福　王俊芳　乔锦芳　陶向阳　赵学国　王学仁　马　明　宋宗福

1972毕业生（共107人）

卜国荣　马升荣　吴丕臣　胡俊辉　张维国　赵海智　张　祯　王桂芬　王正才
马　利　陈昌龙　金　红　冯冬雪　刘世彦　王如林　宋建国　马福元　汪自强
蕙海发　马学林　王学龙　马小兰　宋建林　马登福　杨永和　胡占林　张永智
贺文义　王玉清　赵宏芹　陶占录　张学新　赵文达　张文元　马俊虎　付培林
马云泽　马新力　马　进　杨生发　张志刚　梁忠孝　梁得昌　段学志　乩天珍
张春兰　江生录　毛瑞英　王锦莉　李生茂　乔永昌　王坤云　杨振华　段有理
田振亚　马学礼　陶维录　张嘉瑄　何世录　马建荣　解　荣　周文林　赵海旺
谢淑云　王培芹　邓维良　赵文明　卢　洪　韩全祥　马景良　宋子平　杨万祥
张廷荣　马学荣　尤志华　徐　林　张　翼　马学莲　张明孝　穆明清　王联云
江怀田　长志良　王尚治　赵学和　马陪林　陈华林　李　斌　何海龙　王选智
何成祥　张明辉　马海山　韩雪玉　赵宏锋　王学良　马明德　赵忠明　董　胜
马海潮　杨佩霞　王淑珍　董文彪　赵忠国　李增科　黄成龙　冯宝林

1973毕业生（共205人）

庞永明　马义明　王进忠　苏玉林　赵学权　李万珍　苟小琴　张惠英　张凤美

刘玉环 何兰芳 徐维娥 王富良 马玉林 范明来 马真祥 王孝忠 辛逢岐
胡秉林 章 辉 车正麒 王正国 王国善 文朝云 陶生才 崔 华 孟照全
王振连 胡俊祖 唐海生 袁胜昌 白明珍 胡正良 齐占元 周自明 江富忠
马自伟 李俊智 李俊龙 赵 瑜 张化俊 周旺海 李 珍 王德瑞 邱登先
祁志明 王 朝 苏廷昌 郭华荣 王 旭 张学峰 朱文魁 魏占昌 常福新
韩继贤 宋凯林 吴国胜 何秀莲 马秀花 尤世龙 李 林 尚换德 康学忠
郭 海 祁成颜 侯矛徐 妥平海 邱永福 王佐才 苗雨如 王占郁 沈海源
赵学峰 陈 虎 包 珊 郭光辉 陶生明 朱光辉 管效文 韩逛义 王国胜
李永昌 买文霞 马玉清 马如山 王丽萍 宋新祖 窦文生 秦成绩 张维仁
宋复忠 田玉良 黄万俊 朱文章 安浩仁 侯世俊 李鸿福 王文礼 黄维明
宋海萍 刘继平 苟福祥 张自安 梁森荣 刘古祥 郭晓明 王 萍 艾生祖
杜瑞霞 周永德 沈占龙 宋宗亨 马永禄 罗文禄 林志明 秦光祖 李有杰
王 勇 万 瑛 李玲才 马文光 马德灵 马学文 马进德 王永新 薛 鳌
郭志龙 王国胜 卢明香 李兰珍 徐 兰 赵又清 方秀芬 马兵莲 王建章
裴正荣 马世俊 刘 琳 秦成云 杨建华 宋文华 王国贞 马国祥 罗秀珍
马 龙 尚文义 张芳录 赵兰芬 陶录红 周玉兰 张玉英 高曙明 拜文成
白旭东 范多财 赵文宴 贾国贵 宋云福 张福林 王学义 谢仲奎 马 伟
马飞清 沙维德 王新云 王忠华 郭光雷 杨 忠 陈泽庭 李万昌 康治雄
李俊霓 康志熊 王振文 贺文珍 贾国祥 赵春隆 李生清 郭光伟 卢世华
亢 芸 王万海 张福英 蕙文学 王福才 马忠云 马飞虎 马文明 拜志礼
马生光 马文德 王占忠 李 红 汪会荣 黄建军 沈小梅 刘学忠 周永林
蒲福林 王 红 马 林 王玉龙 王生有 陈佛林 庞世娟

1974年毕业生（共108人）

王福良 韩志龙 韩继贤 陶永红 杨建华 赵兰芬 马永录 周自民 王正莲
田玉良 万 英 张富林 李俊云 康志新 范立胜 周旺海 张华俊 刘 林
范多才 马正清 张风英 马子伟 薛 熬 马秀华 何秀莲 陈泽庭 孙云福
康志雄 陶先才 倪顺廉 拜忠仁 买文峡 丁明海 赵春隆 王过胜 袁生昌
庞世楣 秦成荣 赵肃林 祁 庆 尤世龙 赵 瑜 赵学峰 邰晓明 马小琴
王正文 谢忠奎 方秀芬 常福新 王得瑞 祁成彦 韩进义 康学忠 王建成
何文珍 罗文录 赵玉琴 张风英 宋礼林 李友杰 马香莲 王佐才 车正麒
蕙海云 李珍才 陈 云 李学军 刘世祥 安治仁 张永苹 孟兆忠 王建章
刘艳平 侯懋徐 侯世俊 周玉兰 赵国锋 曹明祥 李忠祖 张 衡 马秀芳

285

倪顺兰	何兰芳	辛培梅	沈学清	安玉兰	李江芸	江富珍	王国芬	马永芳
何世兰	陶维春	安琪	马云	王忠雄	马义成	马占福	金永清	赵学良
祁克福	李强	陈永林	王革新	王玉龙	田志坚	韩生华	李新民	张凤明
蒲福元	张学刚	邓文才	王治新	陶维海	张自平	徐懋胜	马成龙	马俊
何玉林	李正武	王俊辉	赵保林	朱文雄	李世泽	宋宗达	王锦耀	雷辅郁
张林杰	赵学霓	张卫东	拜惠明	卢海	张志强	高庆秀	马香梅	何海莲
刘玉兰	陶维娥	赵宗芳	梁桂英	江月花	吕建梅	江富娥	刘春英	赵梅香
周海祥	白学忠	马武云	拜维忠	王小平	张学华	王兰云	高仲平	徐占魁
李文俊	王克福	白学忠	辛培德	宋祥祖	杨黎明	王春明	杨正明	胡俊林
杨忠海	马进林	王作伟	刘文魁	安忠东	马明良	卜生忠	孙志海	邓小斌
杨晓林	林星光	杨文明	张志孝	赵正茂	姚忠	常忠云	吴国英	

1975年毕业生（共216人）

马明秀	马培华	马福兰	马学辉	马英明	马忠义	白立新	祁克明	赵永福
秦勇承	陈根	冯柏林	冯国俊	王益民	张永林	刘永良	何玉明	张信春
姜学智	赵文忠	王忠良	王文明	杨培才	李学军	石生兰	张国梅	赵忠礼
祁成林	王勇	付俊平	韩庆集	裴正兰	周尕龙	马玉云	王云	赵正芳
尤世秀	吴胜兰	曹麦莉	贺文海	宋明良	解文海	崔小平	吴玉奎	刘永忠
陶万林	李俊	陈国英	陈全忠	赵淑良	赵文卓	董胜英	韩小平	安建中
亢芸	冯炜莉	牛玉林	魏占华	马发云	王义成	陈俊	铁永福	张辉琴
薛花	张凤琴	张振礼	李怀宝	李俊辉	王占文	石天龙	王永红	陈有林
陈文玉	卢渊	唐占海	罗维忠	祁克笑	吕平	祁占才	马锦萍	马忠良
马文明	马正林	尹成盛	窦国强	赵华	杨茂田	马金山	铁正祥	马有明
王玉芳	秦小平	王彩云	王忠海	姬正龙	孙正忠	黄绍福	费建明	杨振福
孙殿龙	张自奎	马万傲	何成国	陈学仁	王永伟	秦永林	张灵文	陈占荣
李正芳	周聚忠	王占云	王云	拜忠林	马德良	马紫义	黄万里	马学良
蒋占元	王兰霞	张林瑞	包兰	何莲芳	尹秀珍	李孝昌	谷临远	王占海
解宝	祁世林	杨育沄	孟忠贤	白文明	王正卓	宋胜祖	王万杰	王玉明
董世荣	马希俊	王维良	杨桂芳	马永清	祁成礼	胡良智	拜小云	马进良
铁永忠	董秋存	石临群	宋宗兰	韩仲英	邵永明	罗志刚	安治华	鲁效才
周玉琢	梁玉	张永录	段应贤	尹国卫	线廷明	王克忠	宋秀芳	马进海
赵淑华	王志学	金少云	马庆云	王子祥	马占华	铁兴华	高占林	马凯朝
张英兰	张小芳	马永兰	宋玉兰	赵芬兰	石发兰	卢涛	王晓达	石文清

沈培荣	杜生义	胡万世	薛侦	韦忠国	张明华	徐玉娇	马文国	张彩芬
张文	郭雄	崔登科	买文华	张得义	周文礼	王兰	赵学莲	石永义
黄永红	焦思荣	李敏	张林生	宋海龙	陈学武	张珮	张国忠	祁占义
王琪	马永明	崔兰萍	张文志	王治祥	康志贤	唐永力	王勇武	陈洁

1976年毕业生名单（共129人）

拜维良	江怀仁	刘永霞	马全校	戚燕华	宋维祥	王佩武	赵国福	包忠
康志礼	刘占英	马如林	祁平花	宋秀祖	王玉祥	赵宏海	常青	李亚明
罗志国	马得荣	祁盛国	宋跃祖	王玉信	赵宏侠	陈国荣	李东平	马常林
马胜才	祁世芳	苏进华	肖振华	赵洪碧	陈万福	李尕明	马成明	马维俊
祁苗	孙红卫	辛春明	赵树平	代永忠	李俊	马国华	马文俊	秦成文
唐永福	徐桂芳	赵文林	邓维强	李俊虹	马国雄	马文胜	秦进林	唐仲财
杨得沄	赵文梅	丁锦秀	李权	马进山	马学良	冉正江	唐仲明	杨发青
赵文瑞	丁艳兰	李万隆	马克明	马义华	尚进录	陶万梅	杨建功	赵正举
苟学明	李学慧	马兰芳	马义仁	时仲录	铁成钢	杨生祥	赵学福	顾永生
李得明	马林	马玉祥	史俊诚	铁生良	余志祥	赵学胡	郭明	李银川
马明贤	马占海	宋复侠	王春英	张国荣	赵学雄	韩国福	李咏梅	马明雄
马占山	宋菊兰	王存芳	张华雷	赵学义	韩树珍	李正文	马培文	马忠云
宋明财	王国华	张生贵	朱建军	何正发	梁得福	马培正	闵学礼	宋明福
王国英	张淑萍	朱胜龙	贺文慧	刘继兰	刘学忠	蒲放有	刘继云	黄建军
张小红	张永忠	倪顺秀						

1977年毕业生名单（共135人）

焦俊芳	韩全义	陶玉海	白雪林	高华锋	梁凤义	铁占彪	冯宗英	秦春林
赵春海	赵忠强	赵正明	赵小红	陈英	杨德林	杨发明	杨玉萍	杨长录
妥英兰	妥玉录	周彩霞	朱红	张录明	张世兴	张永旭	张永良	宋光霞
祁盛荷	李秀丽	李成云	李进玉	李元荣	李忠	刘继恒	仲雁	邓小梅
王社会	王世贤	王永禄	王文英	张维文	李国福	王华	兀忠	马锋杰
马正惠	马福兰	马海元	马得良	马胜雄	马明得	马学清	马忠表	马忠荣
马忠海	马世英	马占林	马进明	马进才	马生明	马正忠	马万江	王树海
张佩	马忠	马利岗	李万录	赵国才	王忠	李秀珍	何文秀	丁文林
马伟	马玉林	马玉兰	马文义	马永福	马忠云	马忠祥	马学义	马学仁
马国仁	马有良	马成祥	马占英	马信福	马胜斌	马俊林	马福英	马瑞清

马培明	马维忠	马维民	马继武	王 旭	王文林	王文堂	王英忠	王克宏
王克兴	王学明	冯小忠	冯如林	秦瑞林	田玉林	刘继梅	何 奎	何海霞
李世精	祁文革	宋美芳	宋崇得	辛逢云	朱发云	周忠孝	尚忠山	尚文雄
杨志明	杨学录	杨春景	杨国华	代永芳	陈 源	拜进奎	段玉海	赵红霖
铁永明	徐 红	康玉芳	蕙国仁	曹玉秀	梁福海	郭建林	陶生林	韩伟东
张维玺	尹静忠	辛逢和						

1979年毕业生名单(共200人)

马建新	梁立农	徐维杰	徐 孝	闵 海	马忠英	马原立	陈泽雄	普高云
周玉学	马效林	田祥林	王国志	韩林云	宋明震	王国荣	金富全	卢金凤
牟青和	姜连梅	焦俊华	吴世明	胡 权	马世英	马胜忠	冯国进	张志忠
朱建权	赵发元	王文辉	尹国兵	田义祥	孙孝忠	高香梅	苏渊陆	韩文奎
陶万云	张 琪	郭 义	张啟华	韩 云	朱俊芳	姜永明	喇有学	杨文忠
何秀芳	朱培芳	王万龙	张风平	马万忠	汪玉山	王正录	马兰芳	徐春花
安卫东	杨 泽	马英良	赵树平	王效义	刘元明	马英兰	韩生华	王秀珍
丁香莲	张明盛	王 萍	邱风兰	王 军	王 鹰	赵正杰	杨志强	周居福
彭 涛	曹子英	李孝光	黄继新	马玉科	蒲彩花	穆明杰	李卫华	唐占平
马忠英	赵学荣	王永芳	江富丽	谭 芳	王学乾	朱登海	康学智	马秀兰
王占清	赵宏祯	杨贵成	张 林	吴玉林	张翠平	马桂兰	张 杰	赵新芳
曾俊贤	张文明	马忠义	尚文奎	张玉芳	杜莲梅	沈光荣	姚 林	铁胜奎
曾学军	刘应武	邱登福	李生智	马占彪	訾新明	王治平	马明德	沈连海
张英发	张效花	李万平	李 华	牟玉祥	王占兰	王录文	陈雪梅	冯镇虎
辛万杰	辛啟忠	赵文华	马有才	田秀兰	马全福	马 兰	马得良	徐进霞
刘应和	杨延辉	马金莲	康治义	秦顺全	马占才	马 敏	谷巧玲	张长清
赵文秀	陈全海	韩青云	谢彩莲	陈进忠	马玉英	马占海	李怀红	王秀娥
陈世芳	闵学智	唐万福	赵正宏	时仲寿	刘宏录	宋明智	王玉海	马英兰
陈建英	王海林	姚 玉	古永忠	刘文学	康国明	范丽花	李 云	王永忠
马永智	陈英换	赵 忠	王进光	张海龙	李学原	张少海	马明山	张海锋
马 琴	梁永平	马光明	李俊云	张永俊	马玉林	马维忠	冯得俊	李 瑛
康永清	李学平	马增云	梁学兰	何玉芳	马明成	赵玉梅	马吉良	范国雄
刘进文	罗延明							

1980年高中毕业生 （共194人）

韩洪元	张万良	顾效青	蒽海龙	蒲正芳	邓菊英	何玉清	鲁润夏	徐世英
马庆文	王延龙	马自龙	马 俊	江贵隆	段应海	张华东	王永昌	江富傲
王渭清	张菊芬	常小梅	何生荣	马怀忠	杨 俊	董玉琢	杨志林	赵正光
马忠文	张志林	李 俊	辛志平	张维忠	秦 忠	牛俊泽	朱盛虎	常忠辉
王 平	李西庆	李明强	徐世伟	张忠良	宋宗虎	杨秀红	刘宏青	蔡生录
侯世杰	马仲林	张国忠	李 忠	刘连胜	马文义	牟秀英	张 霞	李文华
谢彩红	马义忠	胡俊龙	张国才	田玉明	郭永祥	刘得成	丁文祥	朱盛彪
刘临平	郭玉芳	马玉成	汪国民	赵文忠	张华明	张昌忠	辛逢平	郭俊芳
李凤鸣	陈 旭	谢文举	张永清	张海龙	王金莲	张建霞	韩菊贤	马明玉
刘宏芳	马 斌	马文智	孙红明	何世萍	郭 信	唐永平	何成业	管玉霞
周玉芳	常新华	王 胜	侯子忠	张润成	祁正林	康维新	冯小焱	马继红
曹树雄	宋全英	王子良	李广胜	袁胜忠	窦明礼	何东胜	文育红	管效和
马学云	辛培仁	王志功	王 明	侯茂贵	王永奎	赵海梅	张少慧	王文梅
张 平	李维华	杨树珍	马国祖	辛万英	刘继彦	王国俊	王兆福	赵海芳
宋复梅	李生兰	江富兴	赵文浩	王 宝	马志远	张华伟	王彩霞	蒲彩芳
蒽正俊	王进奎	沈培玉	辛万雄	李永祥	宋海梅	宋学祖	吕延秀	马永祥
唐有忠	张和新	沈海莲	常 平	张正芳	刘青平	李爱华	徐海清	马永和
马 忠	张志林	杨英福	王学忠	王生华	周聚财	马 伟	庞世英	郭明华
王树军	李学林	马笑国	苏建华	侯正国	陈 志	崔正华	康小霞	李兰芳
贾胜芳	马国英	朱桂芳	常永全	铁俊明	马明忠	马明忠	李连芳	吕美文
马英俊	徐 鲲	刘应忠	祁进才	张海英	周永芳	王淑珍	马得胜	刘宏录
庆文彦	曹子英	吴蜀龙	王进军	赵 恒				

1981年毕业生名单 （共282人）

李生发	马效义	赵元俊	江贵良	马怀胜	赵彩鹤	王国才	赵永卓	周小荣
李昌胜	管效俊	兰永维	焦世辉	李国辉	杨永昌	刘 正	王志坚	杨增安
白敬兰	吴建民	胡艳莲	马继祥	白海生	王国瑞	武海新	张桂清	段应奎
铁成林	鲁得仓	侯国秀	他忠仁	何世勇	代成海	罗忠祥	王世培	孙文孝
周玉和	王联胜	陈 哲	黎生华	马驰腾	王克胜	赵玉兰	梁得华	赵 越
王志文	贺正华	苏建国	田存秀	穆玉科	兰春红	谢吉兰	黄进华	杨秀珍
黄绍杰	周永来	赵树奎	赵增英	李虎林	徐连福	贾玉霞	张 录	唐仲学

尹国苹	吕建明	祁更安	陈秀清	朱志刚	田英秀	马占清	蒲福明	文育华
张春荣	常生福	常小忠	马国忠	贺尕海	王国喜	王雪峰	王建成	郭凤刚
高 霞	谢文平	贺文芳	唐 兰	马巧云	韩 俊	苟光海	赵文忠	王国华
马忠良	陈文山	刘文孝	赵树林	李银环	李 维	祁占龙	赵文国	辛 茜
韩玉英	赵永珍	王文胜	马成龙	刘 秀	何世伟	郭永昌	勉海霞	马 珍
徐永福	耿炬光	王玉忠	张子英	陈万英	杜旭明	马少雄	冠光利	马文忠
王生录	张海珍	时仲平	白生祥	罗旭英	马正武	吴 刚	马玉明	祁盛崇
尤玉海	冯俊礼	马学礼	杨仲林	罗永平	王振林	马继彦	宋宗颖	康治胜
李学政	李正文	王德云	马明祥	马 龙	马建国	李生平	祁永安	马 奎
王卫东	郭华清	康志兰	吕建忠	冯国兰	马 玲	赵文义	赵永明	王占荣
赵树忠	马永忠	辛墙芬	韩得海	王学玲	宋光华	贾 虎	秦全喜	余红萍
王永强	张学胜	马凤云	王志敏	杨茂学	马秀珍	孔林忠	马永海	李志英
马志强	马英成	王润兰	马如林	赵乐平	张国栋	白风虎	康金星	豆福有
张村英	庞玉莲	马兆义	姚田华	铁有福	李万林	马生荣	张梅芬	肖风明
铁福良	赵学海	王 强	马维俊	王全龙	马伏兰	宋秀琴	刘继霄	李俊兰
银海珍	李有胜	马志明	张玉华	徐永奎	王丽萍	铁成云	毛宏伟	杨成虎
妥忠雄	妥秀珍	马占山	秦永兰	张 英	戴学军	赵玉声	曾 兰	刘士忠
王正平	宋成虎	秦小平	曹俊芳	徐 林	谢彩云	江怀礼	赵海英	马庆文
王几明	赵峰祥	张国东	李 秀	白学良	张 霞	杜忠孝	安胜利	陶敏荣
李翠英	郭 梅	王有志	赵正专	李 伟	郭光虎	王尕全	何成测	马武德
马淑英	张玉林	陈静淑	焦廷海	杨文明	马岩霞	马成忠	马 林	马学海
郭占忠	张秀芳	张和玉	刘应贤	康春英	赵 伟	唐仲梅	姬海珍	陈永海
王 丽	何通海	杨春荣	郭志山	长辉文	唐莲秀	柏胜朝	陈文学	田占海
李玲平	张占福	庞成忠	杨国旭	江贵林	赵 福	刘永兰	马 斌	马胜海
马 玉	陈馥盛	郭惠芳						

1983年毕业生名单（共67人）

窦尚贤	司徒国强	王永长	喇子忠	冯学强	何 青	陶维辉	孟有来	柏淑英
王志明	王 胜	余文赟	郭玉明	李永红	祁永田	卢永忠	邱俊国	王正华
赵正海	牟文强	陈 杰	周玉平	胡永忠	马明海	郭忠芳	李长莲	王永莲
陶万新	何世国	张维林	刘忠义	张平安	郭 淑	陶万义	毛新民	范永龙
王秀英	陶清平	江富荣	宋宗光	邓忠辉	王玉苹	杨玉秀	王永苹	马福英
马玉慧	马维正	马小瑛	马成环	邵艳霞	马 忠	杨学华	张志辉	王延年

他天民　马清晨　何聚清　魏文祥　张明显　赵光泽　王　纲　王靖寿　邓　魁
郭华兴　李正明　尹小龙

1984年毕业生名单（共83人）

雍慧玲　张登华　李俊杰　解　华　李昌盛　张文勇　何学文　刘丁龙　马文清
徐玉珍　刘培毓　祁淑芹　徐玉龙　杜学录　闫登科　黄　黎　赵春英　刘仲山
马永海　马海燕　王德忠　杨爱民　马晓明　刘永虎　刘　俊　袁胜华　王玉霞
芝茂云　卢长玉　王玲菊　赵学林　焦仲继　杨莲梅　张得学　宋小平　马德清
陈　熙　辛　录　张建科　赵正祥　苏渊隆　张玉芳　赵光磊　陶万艺　马元珠
马　成　邓小忠　祁永海　张维兰　郑维华　李生忠　杨占林　杨培平　耿小平
谢文孝　张学谦　宋复琴　杨俊才　宋旭祖　张振荣　张宏建　张　勤　赵国旺
冯小煜　白永华　马明玉　张菊芬　刘　政　马秀珍　郭占忠　贾胜芳　李生平
周旺国　王德志　黄国强　拦发云　张　辉　陈秀花　李学明　徐安明　徐　俊
文育明　杨成文　贺彩莲　马占科

1985年毕业生名单（共83人）

张玉龙　牟秀芳　马忠云　马彦平　张亚琴　王　华　刘善云　妥永忠　张小文
孙维龙　孙存录　陈秀云　李如俊　马国鹏　宋明盛　马文杰　何卫东　何万仓
陈海深　马占林　王学海　王万明　马文义　何正奎　张英海　马进良　王海明
何海平　王世雄　方　义　毛新文　宋宗光　李玉霞　周国萍　沈仲礼　苟巧英
马成云　佘文林　赵　萍　赵惠英　马玉琨　吴环祥　彭爱萍　李万红　白海峰
杨　卫　李永霞　张立新　李永秀　文朝胜　张力犁　贾国红　孙占友　吴建雄
王建林　杨继贤　王　霞　王润清　魏孝林　赵学玲　田金花　杨春海　胡建萍
陶　刚　苏建兰　孙维林　马文国　王永录　张玉明　高曙红　马明瑜　陈国霞
罗小林　张建云　白菊兰　宋秀芳　刘应春　郭明权　姬海舟　康治梅　张宗云
林学义　王春霞

1987年毕业生名单（共171人）

韩玉芳　韩玉秀　马文林　杨建明　马有信　高占龙　马福财　韩先忠　卢建江
徐品升　李翠莲　徐　霞　蕙海涛　徐　霞　马玉英　宋海云　马学龙　马文山
马维德　马维云　苏小文　马占龙　刘培玉　马峰瑛　马梅芳　刘玉姣　马明霞
何万仓　石玉霞　何成华　韩海深　马　林　韩定平　丁德云　赵光俊　王登云
马学仁　赵志华　贾玲芬　赵淑兰　朱彩红　何克虎　马春英　宋宗芳　铁永梅

孙晓霞	马正东	郭辉平	崇尚俊	马岩林	杨玉才	陈　萍	罗世兰	李佩兰
何万仓	孙维德	陈　静	张宝平	杨万忠	张少良	祁瑞芬	仲延平	秦正林
郭占胜	刘鸿斌	娄启芳	王志录	安显勇	关宗芳	杨志顺	尹璟国	李如梅
赵新生	杨继贤	仲全国	曾　辉	王国兰	赵树峰	徐　兰	李和平	沙　龙
梁森祖	赵文兰	张明荣	马海龙	张志文	何玉明	江富啸	张晓红	陈国芳
王玉萍	陶虽录	张俊昌	张树文	王彩晓	牛俊兰	马景萍	马秀芳	朱文光
仰占平	鲁玉成	祁文忠	李　萍	徐春钰	谢华芳	石秀玲	林学桂	张志红
杨桂兰	王晓红	李美丽	穆玉麟	张文霞	马国彦	沈光林	李俊华	张小芬
王文歧	赵文奎	袁东林	邵向明	马清林	朱　杰	陶万平	尚焕明	马占云
吕得林	敏万良	马文元	海金梅	吴国霞	冯国栋	马玉萍	陈　震	崔拥军
杨海龙	宋复强	江富荷	吴国红	吴霞云	马文华	长　玉	康翔云	刘海成
张政平	吕金芳	宋光兰	马胜英	赵秀莲	马玉良	马忠海	宋慧兰	梁彩英
庞国义	王国俊	马秀娟	马俊兰	马成芳	李承霞	马戈平	马　忠	李承义
李学温	武晓红	何迎芳	陈淑芳	刘　俊	贾玲霞	宋玉全	张生智	苏小文

1988年毕业生名单（共134人）

陈菊红	朱文荣	陶彩霞	杨正林	杨子清	杨玉芳	王国芳	杨善云	张居林
张德懿	陈春霞	杨小梅	孙前有	孙占友	马永升	马学秀	卢海兰	刘成辉
杨国栋	张明和	武海青	周国萍	卢海芬	田金花	庞继彪	杨兴萍	卜国芬
吴永刚	赵春昌	胡良儒	张锦霞	汪文秀	梁海燕	马秀珍	马　仁	张淑兰
王学华	马明瑜	康治梅	王　忠	陶玉英	田永忠	何学荣	李学明	王国鑫
李翠霞	路吉祥	王克泽	李　兰	张志华	陈国霞	拦发霞	张德华	李战胜
妥中华	马志宏	孙连山	何万霞	赵金芳	杨彩云	宋芬祖	白秀莲	潘胜红
王有鑫	张正光	尤世霞	周永宏	马　俊	杨天林	梁兆选	李学高	王俊发
张廷志	彭爱萍	庆　伟	宋明彦	马占良	马明良	包新民	包新文	何通江
马小义	张玉林	李性安	李金柱	宋永忠	宋国才	张孝清	雷长发	周占良
王永良	陶万学	马耀才	马维茂	马玉珍	杨卫红	马玉秀	李如俊	金秀梅
马玉兰	李克东	高有林	蔡义武	马远新	马国英	康卫国	王舜中	马钰华
张小娟	张玉霞	冯国芳	王海明	张文彦	宋海峰	王　辉	马秀英	陶万霞
马菊英	包春梅	邓小娥	刘岩艳	马秀莲	马春英	张振新	白金萍	王彩彤
马玉梅	李万红	解文霞	侯文林	王文辉	杨仲才	王玉华	赵　霞	

1989年毕业生名单（共194人）

马学忠	高志海	李振风	马秀珍	周玉至	刘　东	马玉林	张海芳	祁菊芳
张黎明	长金霞	王靖龙	马振华	罗维莲	杨永芳	丁　燕	陈永峰	张世宏
范菊儿	孙德俊	陕培芳	谢文平	徐海涛	马延梅	李振华	张秀芳	穆学智
张文平	董　平	张　红	妥芬莲	王国瑞	石力秀	马鸿兴	杨为云	王丽苹
王永高	周玉平	王国红	马军贵	李学云	马南龙	马文成	李　龙	刘振华
佘文忠	肖风成	马学英	祁正祥	马生学	宋光兰	白云科	王培云	赵玉屏
刘永辉	李兰英	苟林平	张胜利	李红霞	苏渊国	宋学祖	蒲志刚	杨正芳
陈　国	王春生	江怀录	杜旭芬	邱成霞	何生莲	罗　红	侯永莉	刘进宏
陈泽豪	白胜海	吴国梅	韩玉珍	马全良	王　平	马翠兰	马金录	王林忠
马晓云	马俊清	祁学林	王宗一	马世英	马金良	马玉华	苏振林	马玉花
马玉英	杨维国	马成钰	马月萍	张玉发	王金瓶	马玉兰	张海萍	辛培霞
马国宏	郭俊平	康金平	罗彩云	何世菊	马春梅	石小燕	白　华	王俊林
周聚平	赵淑梅	张海龙	王红霞	张小平	李如芳	马怀周	范云鸿	杜文奎
张自海	李学英	武育忠	刘绍华	马云清	李春苹	马旭霞	张永胜	赵生高
石天才	马文俊	朱学华	陈　旭	杨仲才	陈　鑫	邓志福	康志玉	王学忠
马学莲	李正霞	李万英	李进忠	郭　林	陈　良	江贵珂	张维彪	邓文良
庞海月	王国新	赵　龙	武晓明	杨文耀	赵学信	吕建功	文育辉	辛万霞
王春霞	李梅霞	李汉俊	王国忠	马　骥	马　伟	马正明	祁永忠	张林平
王林成	罗　灵	张振华	陈馥俊	李有鹏	梁立里	吴永强	赵增玉	王国鹏
雷文兰	魏永宏	赵光天	赵宏梅	魏学智	杨正花	罗彦福	韩玉福	郭风俊
刘文俊	刘俊杰	李玲宏	谢惠录	赵万千	程昌胜	石力行	张学海	魏小菊
马国伟	杨文俊	张玉平	焦仲瑜	王覆佑				

1990年毕业生名单（高中共174人）

吕菊霞	管风菊	雷国胜	马成俊	马玉英	宋秀芳	王永芳	张旭良	白旭东
管胜利	雷远祥	马根柱	马元文	苏宝元	王志忠	张永平	柏生林	郭　旻
李海红	马红梅	马忠良	苏占国	文育林	张振林	拜学莲	郭　鹏	李汉明
马建成	马忠明	孙菊萍	夏永芳	张振荣	陈比兰	韩风雨	李　辉	马进贤
买忠学	唐永国	徐茂珍	长学礼	陈　慧	韩继忠	李俊胜	马镜伟	穆克明
陶淑芬	徐品鹏	长志峰	陈静贞	韩克强	李　萍	马　烈	庞国海	陶万礼
徐万梅	赵春波	陈学红	郝永清	李晓莉	马明江	裴殿云	田国虎	杨成云

赵存有	董 红	何海娥	李旭东	马巧玲	祁文华	田新年	杨海云	赵 福
董文晖	何学平	李银红	马瑞俊	祁占奎	铁玉芳	杨秀珍	赵光元	杜文平
何振忠	李 瑛	马胜林	乔天才	妥永忠	杨旭鹏	赵 俊	杜旭红	胡万琼
李维霞	马胜荣	秦文萍	王 芬	姚田辉	赵 兰	杜学礼	黄 升	林学燕
马望梅	沈小红	王国杰	尹国旵	赵万平	段金国	江贵伟	刘宏农	马维新
沈小燕	王国莲	尹小刚	赵文澜	冯 智	江怀林	刘 婷	马孝清	石永林
王亨谦	尤志龙	赵晓兰	高嘉林	姜万平	刘志强	马学伶	石玉美	王进忠
张好霞	赵学红	高进红	康国义	罗维海	马学忠	司马明	王丽梅	张慧明
赵学龙	苟进德	康国贞	吕菊霞	马银红	宋芳祖	王丽霞	张少强	赵学胜
古继祖	康永红	吕美锋	马永明	宋复荣	王 林	张胜平	赵永成	周 海
亢 杰	吕美生	马永萍	宋慧林	王胜选	张 伟	赵玉科	宋霞祖	王 晟
赵玉兰	胡万琼	周 钦	马腾林	林俊国	赵国民	长 恒	张登霞	徐可敬
马兰花	秦文俊	张媛慧						

1991年毕业生名单（共137人）

王维平	徐永平	管风海	赵芬芳	王春芳	郭连平	赵元平	马驰宗	张 琴
唐莲萍	徐仲明	李新平	蒲万有	赵彩霞	李 静	王小燕	郭凤兰	赵玉忠
何克寰	牟青有	郭忠仓	朱晓涛	章英伟	周玉萍	张放荣	胡增光	徐念祖
杜林辉	刘丁兰	赵文忠	徐海强	张举宏	赵小忠	宋海山	贺惠珍	卢文平
杨 雪	贾琴芬	罗兴芳	王改红	马梅英	丁 萍	苏小琴	拜 红	周国俊
马庆国	周 华	马振宇	吴国玉	马雪梅	妥 龙	马正英	李晓红	马玉平
马永明	王 鹤	王小平	肖培红	马玉霞	王秀芳	马海莲	祁占莲	王渊滨
马成萍	张玉燕	马国礼	马继国	马小兰	王 鸿	丁来锋	李 虎	祁忠谦
张玉秀	白林忠	刘宏伟	徐秀儒	赵文礼	马腾林	张小红	王化梅	娄 胜
马建华	胡万红	马国宁	杨德良	马 虎	马 玲	陈彩云	李彩霞	吕建平
侯文平	马 红	王志红	马学琴	何占忠	沈换儿	张 军	胡万义	王建国
祁永梅	江贵玲	周康菊	柳金平	马文俊	马凤仙	冉振霞	王克良	祁占胜
马光荣	刘鸿隽	马小平	马永明	马彩霞	管学军	王 玲	何海玲	马永梅
马维新	杨金忠	善魏伟	胡俊玺	张维财	李承军	王永泽	徐翠芳	拜晓英
孙海红	马忠华	丁英兰	王永海	陈秀珊	杜祥玉	吕学智	陈海发	李更清
杨 青	陶玉录							

1992年毕业生名单（共134人）

马　萍	拜学忠	苏建慧	杨慧艳	陈　孝	张维富	马芸艳	徐玉红	马永前
赵光科	李秀兰	白学红	马腾祥	芦秀萍	尤世才	韩继源	杜仲林	马永秀
陈永光	沈学辉	苏建梅	杨东明	祁进忠	张晓东	江彩云	王　序	江怀俊
王国军	马月梅	包德义	吴国芳	张　娟	李学永	赵宗福	郭彩云	姬国兴
马玉良	韩洪英	张芬萍	徐品鳌	马海山	乩海珍	马秀霞	苏建礼	赵小勇
唐文辉	梁立文	马生发	杨维秀	吴国忠	祁小林	江富杰	尤国菊	胡永科
卢海春	王辉红	张兴科	吕学忠	马　俊	史学梅	宋锦霞	安玉珍	何生俊
张晓东	马占英	杨志强	田福林	王自平	陶万芳	牛俊东	冯喜忠	张海山
雷春庆	汪彩艳	张秀花	江怀义	李学义	张　萍	王正发	马维林	石敦秀
周文龙	庞生艳	庞国瑜	王德忠	韩国兴	赵永秀	侯世胜	杨小玲	高玉红
陈　兰	王玉花	马秀芳	李晓东	孙文义	马占明	冯尚莉	马玉萍	曹俊红
邓国伟	管世海	刘继星	梁立涛	冯德林	赵新霞	康治英	张玉红	何世蕙
谢贵清	贺海林	卢建辉	马秉兴	沈海忠	长辉俊	孙虎林	唐月平	马秀珍
曲　强	李生辉	何世兆	刘丁云	马生吉	杨国华	李会泉	张志龙	杨占华
卜明成	陶世兴	李承莲	张旭临	李万红	范多秀	朱　全	张建龙	

1993年毕业生名单（共175人）

李昌华	杨天祥	朱菊霞	马维国	胡永霞	马玉梅	王志华	杨占礼	张林云
杜文海	薛　刚	杨　浩	王国辉	马　奎	张旭明	张永明	马武林	王占云
马仲云	马旭东	陶永恒	杨昌俊	董　鹏	彭文彬	王进宝	马　云	邱正奎
马如云	马贵平	马胜军	张永山	张英胜	杨永发	赵光海	周少文	马　杰
周正义	芝光新	黄　斌	丁玉才	范多维	王海平	张　芳	何世燕	马玉清
炭举国	张永胜	王旭华	蒽正刚	杨德新	王渊德	金永忠	孙维文	刘占平
马文海	马永华	徐茂霞	沙万里	王　芳	孙辉祖	马兰香	赵正霞	段维国
王海云	张沛红	张新武	张文孝	马世清	马　忠	卢　潮	张渊鹏	雷建忠
李华俊	赵树杰	冯俊强	梁举伟	陶丽梅	赵　亮	孙雪梅	张玉龙	马月英
仲全秀	范丽萍	高　云	朱小东	包进忠	马维芳	何冬梅	马鸿才	赵光耀
罗彩萍	高华忠	周聚芳	马　秀	马永红	赵新耀	雷远海	马占录	仙银良
庞应兰	王金梅	马莉莉	吴宗贵	邓菊芳	马建斌	陈月萍	李昌恒	马国泽
马晓芳	穆海发	宋子祥	杨茂荣	马义先	张占彪	卢　澎	邓素琴	王海丽
王国萍	王廷军	马建平	马永霞	宋霞祖	魏学梅	管学林	张宗红	包全保

石全伟	李元梅	张　红	赵秉福	王国栋	刘　珍	耿炬红	窦银锁	马成贤
杨振红	赵春梅	徐海秀	杨翠花	郭学萍	马英明	王玉忠	李新平	李成德
韩小龙	董国才	白占华	李学伟	方玉清	戴占忠	杨念祖	王永忠	祁永强
余文祎	魏　磊	邱学云	拦学军	王平忠	刘学礼	卜国彦	马海军	秦永萍
卢建静	秦慧英	杨柳青	秦永胜	何建军	王发辉	高维龙	林爱军	张小玲
范多维	马占英	徐茂霞	张沛红	辛万鸿				

1994年毕业生名单（共137人）

张晨辉	周永发	谢永林	赵进学	赵树辉	宋小平	赵永霞	赵春芳	宋丽祖
孙玉霞	杨天荣	秦进霓	姬学科	辛正礼	常建平	何录云	缐宏亮	卜明云
郝正云	马占宾	刘　云	马学平	韩海云	武晓红	陈　瑜	张　霞	张　军
马培文	王建鸣	王青芸	马秀琴	丁学花	马学艳	马　兰	马　林	王永福
王　黎	杨昌隆	包国胜	朱志强	马世英	胡俊伟	韩学军	沈海红	陶玉花
王永奎	张玉湛	卢忠良	宋志平	马玉苹	管世彦	赵忠林	朱　涛	赵　霞
辛菊红	江荣忠	胡建仁	杨　盛	卜慧萍	辛菊霞	邓　礼	段文海	韩海云
张玉胜	马月芳	马玉兰	马明义	王渊义	喇黎明	李英儿	李春蕾	马正华
王连芳	史学刚	孙光祖	李辉光	赵文举	牟玉林	李小录	刘忠福	白明霞
康学华	杜学海	赵生荣	刘学礼	宋永红	张长命	郭玉苹	何正英	马元武
马学正	马忠华	马　玲	马风霞	王福录	马进芳	妥新明	江贵芳	徐茂雄
穆延芳	金　鑫	李三虎	郭玉秀	李　坚	杨桂兰	苟海英	祁平佑	张永平
赵千金	马维虎	蒽国俊	李小文	杨发才	张国红	田小林	肖　成	善春华
章英明	杨海龙	赵学强	韩宏平	赵永林	马学龙	马志梅	马庆忠	马立杰
马学莉	喇永祥	韩风梅	马　林	马永霞	韩进国	马金虎	仙世芳	王渊博
马旭忠	马　麒							

1995年毕业生名单(共72人)

蒽海录	宋光昱	马远彪	徐海平	刘海芳	马秀梅	赵成林	赵　沛	马学奎
卜明成	韩菊海	马学才	林海清	马怀芳	郭材栋	王玉龙	贺永昌	马　玉
王玉珍	梁占明	李永贵	马艳魁	苏国胜	周国伟	阮永虎	善忠博	亢辉煌
马怀彬	祁　岚	周玉秀	王占祥	郭海辉	何维兰	宋彩红	徐仲勋	杨艳平
张世伟	张斌承	林学伟	韩　彬	马　平	赵国华	马艳奎	张永志	徐志坚
祁占江	杜文辉	张佩玥	赵文朝	杨国岗	牟妍萍	何学玉	张玉平	武海芳
王姬慧	姬建平	韩文正	庞迎孝	杨景才	汪志静	马文胜	周远海	王克春

马学良　　何建章　　林学涛　　郭财栋　　拦学魁　　马　平　　赵生荣　　亢　辉　　张秉承

1996年毕业生名单（共49人）

祁彩军　　张　燕　　马永龙　　马玉海　　杨维玲　　陈小英　　王秀芬　　豆永来　　扈文达
王维平　　王　勇　　牛永强　　张玉萍　　张小红　　吴彩霞　　李　伟　　韩菊梅　　王　婷
赵永华　　宋才良　　宋月霞　　孙文霞　　龙永慧　　余小平　　马秀珍　　孙艳君　　安卫红
韩尚林　　蒋　俊　　陈文全　　胡彩萍　　马英龙　　何录全　　谭玉芬　　辛鲁燕　　戴文旭
马胜祥　　马明秀　　马灵忠　　杨承荣　　文育芳　　张春发　　张海平　　马玉莲　　马海涛
马继霞　　杨英全　　李维国　　马玉兰

1997年毕业生名单（共75人）

孙小龙　　白虎俊　　刘学珍　　赵　云　　王国伟　　张永虎　　马国毅　　万亚兰　　冯小强
王辉新　　秦万祥　　马建华　　李玲琴　　谭玉海　　王永新　　刘　芳　　何录泉　　余孝平
王　勇　　孙文霞　　蒋　俊　　马玉海　　吕学忠　　王秀峰　　马志国　　韩海俊　　刘红霞
赵学山　　蒲文虎　　陈岩海　　马继霞　　马文华　　马宏忠　　马学兰　　杨娟霞　　马　玉
安卫红　　张小红　　张春发　　林学清　　马永龙　　吴彩霞　　马福贤　　马伟清　　何丽萍
张维礼　　宋华平　　张忠佑　　马学义　　马　瑛　　王莲萍　　马学霞　　白学义　　张自刚
张永志　　孙光昱　　戴文旭　　李　伟　　王维平　　陈小英　　孙艳君　　马岩云　　宋玉清
马常俊　　董晓云　　穆占丽　　唐胜全　　何振全　　曹成莉　　张子通　　高永发　　马怀军
田伟平　　马　杰　　马国俊

1998年毕业生名单（共73人）

张林峰　　王渊鸿　　仲海平　　王正慧　　江荣康　　马占龙　　马英平　　马淑兰　　陈岩海
马建华　　高秀芳　　马春辉　　李玲琴　　刘红霞　　马文胜　　何进侠　　张永辉　　吴彩霞
杜文忠　　张维礼　　王月增　　王海云　　谭玉海　　马伟清　　马海霞　　马志忠　　王世英
庞玉红　　杨娟霞　　孙艳君　　赵雪梅　　蒋玉平　　杨进山　　王晓林　　马学兰　　江贵林
段小萍　　王永新　　张明新　　他　明　　马宏忠　　马海莲　　马志国　　韩海云　　张　磊
宋玉清　　张昌海　　唐兴华　　王武霞　　宋华平　　秦万祥　　董晓云　　马　玉　　马建勋
侯小珍　　何振全　　张　华　　何录泉　　孙文霞　　马　杰　　赵学山　　石　兰　　周维红
何丽萍　　孙平安　　杜俊峰　　王国红　　穆占丽　　李小吉　　张永芳　　张少春　　包岩亭
马岩霞　　王学强　　秦彩霞　　刘学珍　　袁光旭　　张海霞　　鲁辉强　　罗　云　　王学明
马旭升

1999年毕业生名单（共60人）

王洪海	李国辉	王挥南	袁胜义	赵月龙	何东旭	张延峰	谭玉光	马怀义
赵 云	王东菊	陶万彪	张彦龙	武海淑	马国正	李永明	马文霞	刘学平
王永平	肖旭丽	赵春云	王学志	周国栋	杨维萍	田伟宏	李 治	高清龙
马占林	何进侠	牟 平	张春发	王占明	罗 云	王春生	杨国俊	苟树才
魏学兰	窦国红	马国毅	黄万菊	马利国	马进明	王秀莲	马成华	王正军
王辉新	安卫红	马培录	康志强	刘志艳	朱永海	张玉华	卜成红	张志学
谭玉贵	马爱民	蔡文华	马瑞琼	周维宏	何秀霞			

2000年毕业生名单（共57人）

马雪梅	马 雄	白永清	侯孝虎	冯 毅	马忠杰	王雪贞	李海龙	林学光
赵学儿	罗世华	余玲霞	韩秀兰	刘丁元	王靖华	孙祖芳	马 琪	陶林平
赵秀珍	张巧霞	朱志刚	陶世忠	陶瑞花	郭永胜	邱英相	代成胜	赵子平
邓 卓	王成军	余学峰	王小云	沈忠海	孙光耀	陕小玲	侯孝静	邓秀丽
丁英俊	马海文	刘映霞	杨维平	潘秀芳	赵丽琦	马海渊	王春霞	李彩芳
王彩菊	郭晓霞	张兴盛	马维明	管世倩	贺国俊	长雅茹	王 娟	马 斌
尤军军	杨玉芳	马玉环						

2001年毕业生名单（共81人）

庞有红	黄兰芳	陈国伟	王瑞泽	杨柳泉	白保罗	张刘平	李国庆	周 荣
唐艳丽	线国强	王秀兰	李海明	王丽君	王鉴娥	马海博	亢志明	沈秀兰
江玉虎	方玉娉	何小玲	马海龙	王永平	赵学礼	辛万平	马林海	丁玉兰
马学礼	贺梅岭	白文清	杨秀萍	马正明	黎 霞	马腾云	张英霞	卢海平
马怀良	田瑞珍	马忠雄	马学萍	侯惠秀	崔玉国	包荣鑫	李 林	潘万忠
徐锋贤	赵自军	陶海霞	宋萍祖	祁喜平	朱文忠	张永龄	杨 涛	马学忠
尚永明	马增华	戴文熹	尚玉忠	周颜龙	韩 飞	马世雄	杨庆临	杨 阳
张玉辉	马晓军	马世雄	马清君	金耀平	徐品平	吕建文	宋卫祖	苏进军
鲁辉平	杨志刚	王 斌	高继云	杨彩霞	李 翠	彭艳平	宋海贤	赵进科

2002年毕业生名单（共118人）

祁永秀	芝灵霞	李俊滨	张国萍	沈秀芳	郭 强	王玉红	李廷鑫	赵学平
马军花	朱彩霞	韩瑞林	杜马玉	吴振华	余庭庭	张小义	马志魁	马海林
马世明	白延军	马黎明	宋光林	赵永强	陈永梅	马桂花	杨金杰	柏胜平

吴家瑞	王文辉	徐海东	常建珺	郭正俊	马　斌	马海龙	喇月梅	马彩霞
黄喜奎	田永旭	陶万军	牛小军	赵永恒	侯龙龙	黄金芳	吴卫红	王作信
沈丽萍	张　莉	喇惠玲	苟东平	陈继贤	马燕霞	赵小芳	沈光海	周玉庆
罗志强	张建铭	张庆娥	马永龙	马　明	杨国云	柳晓海	王延平	祁国云
窦明德	庞玉华	宋思鹏	马国华	王永翠	陶海华	李小红	沈永安	卢慧霞
李小俊	马学芳	宋海强	孔祥云	李　云	杨晓红	常晓岚	魏晓珠	赵春霞
宋胜平	黄维平	马宏强	张明轩	杜生渊	李星杰	吴　瑞	徐小华	赵学强
王顺生	张海强	李建栋	徐　旻	赵俊蕾	白翠红	李永科	常　荟	蒲彩青
拜文辉	吴永平	高林有	韩秀英	刘学梅	胡兴华	马玉蛟	何丽蓉	沈生有
王天平	李永浩	王　强	马丽梅	谢学军	章延军	徐成文	杨子和	王进忠
杨全智								

2003年毕业生名单（共106人）

王胜平	秦海霞	王玉霞	管晓胜	焦明海	孙海林	朱志学	孙维芳	马荣强
马成祥	张俊福	李斯强	张志荣	缐国胜	李俊芳	马怀龙	吴荣胜	马廷云
喇　俊	邓春发	孙庆俊	戴文杰	马怀俊	何海燕	汤月彪	马文祥	兰林平
何文玉	李永郁	白占奎	马永胜	杨宝磬	赵学志	韩忠奎	王海芳	胡淑芬
黄维娟	唐志梅	张维霞	张　琴	张明红	马永兰	马春兰	赵秀兰	祁淑霞
王永兰	康艳云	赵淑芳	赵红萍	彭艳艳	韩冬生	张冠平	常国伟	祁荣强
马俊云	韩淑兰	石吉红	侯茂斌	王顺天	杨玉明	卢仲虎	马学萍	马永霞
杨文杰	马海平	马海龙	杨玉梅	白晶梅	李小英	杨秀萍	王玉环	张慧娥
邓文兰	李世云	杨志红	马宝玉	张志龙	安春花	张延辉	杨永辉	赵学武
梁国强	马平平	铁玉锋	马学华	辛永平	买学忠	顾立芳	马怀艳	江贵棠
汪林忠	吕学鹏	马　俊	李晓渊	马　强	马仲华	杨　勇	陈吉光	马明山
刘翠艳	张玉海	马　钦	闵晓红	吕学辉	康文胜	陶海宏		

2004年毕业生名单（共134人）

方海龙	赵文菊	张　红	张　华	赵学军	王学文	韩子文	王　琳	康辉云
马永强	费秀成	何建霞	杨忠平	祁黎炎	章海平	杨青霞	周康艳	辛志倩
宋子红	石海清	陈海红	马荣玉	王　和	徐阆兰	时伟震	韩俊梅	马文泽
管孝雄	马永平	孙旭博	马瑞珍	朱海发	李忠林	刘彬彬	梁国娟	谢学智
黄小玲	李小龙	马晓燕	马英辉	郭冬荣	韦　俊	苏吉荣	何春明	马尚文
吕淑霞	陶海珍	王永清	王　真	苏彩莲	何志雪	白海云	段晓梅	庞彩芳

李延芳	宋彩云	汪晓霞	鲁辉丽	张永佩	张才明	孙维文	李思敏	辛志平
苏小虎	石小霞	拦学明	黄维刚	李文智	杨俊辉	邓　钰	马小兰	唐小明
张光辉	马元海	刘延平	马雪梅	罗学文	张俊尧	马　静	赵　芳	张旭涛
周彦彪	赵　云	买小文	马　明	张永倩	卜成海	陶　荣	郭　荣	李彦林
鲁辉浩	白喜俊	石　云	郭丽平	王永明	李学明	王世通	朱　魁	马　丽
王　麒	石红霞	张海红	苟文海	马彩莲	王国燕	张小龙	马海强	祁海云
李慧霞	邓　玺	应丽明	马志成	孔祥英	姜雪平	张文鑫	张晓俊	赵　丽
蒲玲志	徐永兰	马玉海	邓喜梅	赵国霞	赵鹏志	余兴志	侯晓娟	马永华
祁元园	陈　强	何志刚	铁万明	白增华	郭永红	韩东生	赵淑芳	

2005年毕业生名单（共204人）

王俊海	张东海	秦顺梅	李显婷	赵文翰	张学云	赵　景	张琳华	马光明
王国忠	戚小平	王　飞	郭胜强	马永杰	韩德华	杨雪芹	罗志胜	晏玉清
杨进平	唐盛春	韩雪芳	徐荣哲	王神海	张临盛	马国志	马振忠	关伟光
崔武山	白海莲	孙岩辉	吴树强	马文科	孙永辉	潘永福	张明慧	刘忠林
王玉忠	张国玉	卢秀芬	陈　云	杨美珠	白鹏志	陈永明	亢志福	胡珍珍
马如强	马菊红	邓春青	何俊杰	仰海鹏	马文俊	马晓忠	马春英	张晓清
马伟华	徐茂才	张卫红	邓　钊	王　蔚	江荣华	马正中	线小娟	马桂香
王　斌	李正龙	马明清	田秀山	郭慧宇	马金才	宋琳英	宋迎霞	杜旭盛
辛小军	赵新华	亢灵芝	余林芳	周艳丽	马兰花	陶海娟	王海军	王海平
姬国正	张玉忠	马元博	常丽平	马宏芳	杨忠辉	王文彦	宋宏伟	杨胜利
解永胜	马忠孝	宋玉梅	吴伟军	胡海花	徐登科	周　萍	何建平	唐俊海
黄维锋	马慧英	马　刚	钟进辉	朱光瑞	马玉林	李玉芬	沈学燕	辛丽霞
田国平	马秉杰	马晓霞	王金梅	赵　霞	康　辉	辛军萍	王国华	白振华
郭艳平	刘学明	马国良	周康忠	张菊芳	章玉龙	罗海珊	王佐文	唐文举
赵彦寿	赵彩云	刘文兰	祁　峰	胡万辉	金永海	赵佩良	武振华	张小强
张维平	蒋　伟	沈忠平	秦海忠	曾文济	马　兰	马怀庆	马俊明	沈学娟
马如海	韩民华	刘学芳	马　祥	拜文忠	曾宪宏	宋学红	祁俊霞	李得胜
张俊发	王国发	马兰花	苟云霞	訾永丽	李玉明	马成蛟	何志伟	王　霞
韩瑞花	宋晓军	马　琼	刘玮霞	李茂盛	白明珍	李　丽	马少芬	苏　强
马黎东	张文娟	韩晓玲	唐俊尧	卢建明	王换伟	杨旭红	马俊福	刘学莲
徐阔忠	王建明	薛世俊	陈秀霞	王　林	王玉科	王永胜	陶庆伟	周旺鹏
长海光	宋学俊	喇俊龙	江富波	马　林	他艳娥	喇慧明	马海明	韩　红

刘　伟　蒲炎龙　张学芳　尤世霞　马晓玲　马丰英

2006年毕业生名单（共191人）

刘文奇	朱秀青	马福晶	沈忠芹	邓海红	郭玉霞	马仲平	韩德鹏	贺　强
马永刚	王建军	陶鹏伟	蒋小贤	刘华萍	邓国俊	马学伟	王国平	孙维刚
马玉珍	江红霞	杨秀林	贺冬霞	梁　静	王开兰	马国才	李　俊	韩学智
丁永祥	马琳瑛	朱志平	张世琦	武冬玉	田彩霞	金　俊	马慧兰	马玉兰
卢灵芝	沈晓玉	马福刚	张海霞	马文光	赵树红	马玉良	包延华	宋永霞
白芬芬	方小英	陶艳丽	杨文明	郭丽丽	尤国涛	马成龙	秦巧英	闵旭霞
郭彩萍	马继林	马小风	王志奎	李海霞	张林同	赵海涛	李志霞	梦月萍
赵文霞	赵淑霞	王子芳	韦　新	江富涛	牛文孝	马小忠	江贵林	江胜利
沙小平	马占云	拜邵明	马玉平	张学梅	余海云	赵蓉蓉	王　珊	赵顺利
尚永红	徐敏明	马　忠	马月芳	陶世军	李彦辉	马韦霞	闵晓梅	陈志强
祁文彦	赵正杰	代振东	王　平	马文跃	李光耀	马玉杰	李　俊	祁忠鑫
杨维娟	余永辉	马辉俊	李秀芬	黄小环	林　丽	魏学军	关晓梅	王　芳
陕富学	江贵玺	杨兰兰	马晓玲	马学云	赵学谦	喇月明	李永胜	王文丽
陈键杰	陈胜明	王　霞	马　云	马占明	方俊红	何小梅	杨维珍	柳永吉
芝维华	马海军	马志雄	马立群	肖文平	王海生	李世恒	韩淑琴	李永芳
黄永海	吴子荣	何云燕	李艳霞	费小芸	赵树霞	徐　秀	顾　辉	马玉才
赵林杰	胡卫东	魏继忠	何将平	何　斌	马志晶	王菊红	王彩蕾	马进信
陶万娟	康文光	张海生	王红红	马玉华	刘学良	康国丽	王正军	郭小明
张岩鹤	陶　红	马海山	马文军	郭博红	卜明霞	马含宇	马海云	郭海军
王凌江	王凌河	李仲宏	马秉龙	马丽燕	王春瑛	尹淑娇	祁明明	张自芳
郭　渊	马晓华	刘军军	李彩菊	陈小龙	吕泽旭	张岩红	王永鹏	马怀文
张国强	宋子明							

2007届高中毕业生名单（共331人）

安珍珍	李冬发	苟文华	马国雄	马玉海	汤佐君	王远平	张居新	白翠霞
李芳芳	关晓霞	马国正	马志俊	唐彩霞	王月萍	张丽丽	白　龙	李飞燕
郭金金	马国忠	马志强	唐和云	王正敏	张生忠	白雪霞	李海平	郭　军
马海龙	马　智	陶海明	王志强	张文华	白永霞	李景林	郭胜辉	马海盛
毛国强	陶文强	王子光	张小红	包娟娟	李俊红	郭盛红	马海云	孟晖东
陶玉娇	王子荣	张晓忠	曹俊花	李俊江	郭喜梅	马怀宝	孟庆媛	田雄伟

吴国辉	张学良	曾娟娟	李　丽	海　翔	马辉霞	苗海平	铁永芳	夏海云
张学志	车启娟	李林虎	韩东平	马继霞	穆　俊	汪胜光	线小龙	张彦霞
陈　斌	李　强	韩庆芳	马建辉	聂　平	汪艳红	辛进忠	张艳庆	陈海花
李瑞庭	韩淑玲	马金龙	庞金霞	王成俊	徐丽丽	张艺愧	陈金平	李廷俊
韩艳芳	马　俊	彭少俊	王春法	徐伟伟	张永强	陈　俊	李廷勇	何翠兰
马俊杰	蒲　虹	王国红	杨国霞	章月霞	陈平霞	李小晨	何东青	马黎芬
蒲学忠	王　金	杨惠燕	长　林	全　兴	李学芳	何风强	马　琳	蒲正光
王金波	杨娟霞	长　青	陈少强	李永华	何国俊	马　龙	祁海旺	王　静
杨俊海	赵彩虹	陈晓芳	李玉霞	何建伟	马　萍	祁江红	王玲玲	杨美英
赵　辉	陈幸福	李玉祥	何俊成	马　琦	祁　凯	王陆红	杨　青	赵丽丽
陈永忠	李月明	何俊芳	马　蓉	祁卫恩	王　茜	杨维静	赵丽霞	仇晓晨
李珍兰	何学仁	马若云	祁学平	王瑞云	杨文辉	赵　林	戴文琳	梁国辉
何艳艳	马世雄	祁志明	王润新	杨文卓	赵　鹏	邓　福	梁佳华	何志远
马腾俊	乔　磊	王　珊	杨小波	赵生平	邓海红	梁兆风	侯信文	马文斌
乩承吉	王　胜	杨雄霞	赵　霜	邓继明	刘红霞	候发林	马文辉	秦东伟
王顺琪	杨修忠	赵文斌	邓　谦	刘生荣	姬武刚	马文军	秦芳梅	王　涛
杨雪平	赵小芹	邓世雄	刘　霞	江贵玉	马文俊	秦俊龙	王天华	杨长新
赵学斌	邓永平	刘小丽	江海霞	马小翠	秦文霞	王天元	杨正霞	赵学峰
邓志俊	卢才元	江月林	马小芳	秦西春	王　伟	杨志景	赵学霞	董丽霞
卢光辉	焦春晓	马小林	秦西龙	王文平	杨自星	赵彦奎	杜亮亮	卢学辉
焦琼英	马小平	秦秀珍	王　霞	仰金芳	赵永刚	杜文博	卢院霞	金　萍
马小青	秦玉龙	王小艳	姚永梅	赵章萍	段淑霞	鲁辉华	金学芳	马小伟
陕富学	王小勇	尹正龙	赵章志	段志龙	鲁辉涛	康平意	马晓玲	沈　阳
王晓芳	余成龙	芝伟祖	樊　蕾	罗瑞英	康生发	马晓龙	沈永国	王晓霞
余俊芳	周红梅	范红雪	吕文杰	康生平	马秀娟	宋俊芳	王秀珍	余正霞
周康娟	范小东	马　斌	康文忠	马旭海	宋永忠	王　艳	张彩红	周伟青
范晓玉	马春明	康学文	马学明	宋子宝	王英霞	张彩玲	朱连忠	范玉斌
马光录	康永霞	马学义	苏吉红	王永峰	张春霞	朱生龙	范玉刚	马光明
亢志燕	马永春	苏　强	王永红	张春英	朱小玲	范玉萍	马国虎	孔祥龙
马永海	苏晓梅	王永强	张亨通	朱小梅	高艳艳	马国兰	雷昌俊	马永霞
孙海旺	王玉明	张红霞	朱英霞	高玉龙	马国胜	雷小华	王永清	

2008届高中毕业生名单（共438人）

白　银	白　雪	白冬冬	白利亭	白玉倩	拜继成	拜学明	包成儿	卜小鹏
曹俊艳	曹玉霞	陈　云	陈　龙	陈冬花	陈馥华	陈国庆	陈海鹏	陈建俊
陈娟娟	陈小兰	陈晓燕	陈秀红	崔俏艳	代学娟	邓　伟	邓　勇	邓志强
丁达伟	丁晓霞	董青青	杜小婉	杜月萍	段生平	段文华	段秀娟	段秀霞
范玉波	范志强	冯海林	冯小强	高晶晶	高伟清	耿占平	苟海云	苟菊强
苟玉霞	顾芬琴	管学鹏	郭　胜	郭俊发	郭永虎	郭永胜	郭玉平	郭正盛
郭子义	韩国俊	韩海云	韩明旭	韩庆华	韩瑞智	韩尚龙	何冰融	何国伟
何进红	何平霞	何小艳	贺晨荣	侯胜林	侯世敬	胡彩平	胡春霞	胡万胜
胡小芳	黄海霞	黄学平	黄志刚	黄志勇	贾丽娜	贾婷婷	贾兴强	江贵琦
江林平	江文平	江月友	焦婷红	金树立	金小红	康国民	康玉忠	李　梅
李　莉	李　芳	李　刚	李　丽	李成俊	李发祥	李芬芬	李红栋	李俊霞
李俊霞	李廷霞	李伟栋	李小霞	李晓磊	李晓鹏	李彦霞	李彦彦	李永春
李永芳	李正明	李正平	梁　通	梁永红	林　博	林　明	刘　红	刘　涛
刘丁鹏	刘海军	刘健军	刘利明	刘生红	刘维华	刘延庆	刘毅冰	刘振云
柳金晶	柳秀琴	柳艳霞	娄俊明	卢　伟	卢彩红	卢军军	罗世庆	罗世霞
罗志梅	吕彩虹	马　慧	马　婧	马　俊	马　丽	马　婷	马　艳	马　艳
马　林	马　旻	马　琼	马　瑞	马　云	马彩娟	马成良	马春芳	马翠林
马德成	马登林	马登云	马福强	马福云	马海龙	马海霞	马海燕	马海云
马海忠	马慧艳	马继芳	马继仁	马继贤	马建国	马金龙	马敬贤	马娟娟
马君慧	马俊梅	马俊霞	马克俭	马兰英	马黎慧	马力强	马丽红	马利利
马利雄	马凌云	马明清	马明山	马荣芳	马少斌	马苏海	马腾祥	马腾云
马维良	马文杰	马小芳	马小红	马小辉	马小龙	马小强	马小强	马晓兰
马晓丽	马秀芳	马秀芳	马学红	马永芳	马永龙	马永山	马永忠	马玉芳
马玉兰	马玉龙	马玉明	马玉萍	马玉清	马玉霞	马元贞	马占红	马占龙
马占清	马占清	马占云	马正武	马志俊	马忠平	马忠武	马忠孝	马忠义
马忠英	马作英	孟情文	牟建明	牟月霞	穆海琴	穆金霞	潘延红	庞国正
庞金明	庞振华	彭艳红	齐鹏飞	祁龙霞	祁永红	祁永华	秦东东	秦海龙
秦旭明	秦彦云	庆彩菊	庆学鹏	邱会娟	曲珍珍	曲志霞	尚文芳	沈彩红
沈得平	沈海发	沈慧霞	沈娟娟	石　晶	石丽霞	石少云	石英全	宋　仁
宋金晶	宋龙龙	宋子祥	宋子艳	宋祖娟	苏芬芬	孙立民	孙伟坤	孙英巧
他登宇	他登云	唐辉霞	唐伟泽	陶秀月	陶占红	田国发	田国民	田国艳

田文平	田雪芬	铁福英	铁晓梅	铁玉林	铁玉梅	汪俊红	汪小斌	汪小云
汪玉皎	王 芳	王 娟	王 军	王 伟	王 义	王 健	王 婧	王 艳
王彩云	王春华	王海忠	王嘉俊	王进莲	王进霞	王进孝	王丽翠	王丽萍
王美琳	王强强	王胜胜	王太学	王伟伟	王卫霞	王文娟	王文平	王小龙
王新庆	王兴霞	王学庆	王永红	王永慧	王永梅	王永生	王玉霞	王珍珍
王正霞	王志杰	吴学林	蔇丽丽	蔇文文	肖 忠	谢 强	辛得胜	辛海龙
辛丽梅	辛启明	辛秀英	辛志俊	徐 庆	徐登文	徐海军	徐通海	徐永红
薛立平	薛占红	杨 杰	杨彩霞	杨翠珍	杨东强	杨东晓	杨芬羽	杨海林
杨海生	利 民	杨利平	杨林云	杨灵青	杨明军	杨树勋	杨文光	杨晓勇
杨秀玲	杨言文	杨永慧	杨永霞	杨正华	杨志强	尹德发	尹立光	尹忠华
尤婷婷	尤新芳	袁 洪	张 平	张 涛	张 霞	张 尧	张 云	张 云
张春林	张光於	张国俊	张红喜	张金卫	张进春	张进梅	张居明	张龙云
张明和	张双平	张廷俊	张文龙	张兴玉	张秀兰	张延良	张彦雷	张彦文
张艳华	张永红	张永强	张云霞	章学忠	章月胜	赵 芳	赵 娟	赵 安
赵彩梅	赵彩云	赵飞云	赵军红	赵俊霞	赵林栋	赵梦华	赵伟兰	赵伟平
赵文华	赵小平	赵学科	赵艳艳	赵永辉	赵永丽	赵永龙	赵永霞	赵永霞
赵章辉	周 丽	周 云	周彩虹	周彩霞	周红芳	周建军	周进梅	周俊杰
周延虎	朱小俊	朱小梅	朱孝霞	朱秀娟	朱秀良			

2009届高中毕业生名单（共505人）

安明华	白 云	白国平	白素贞	白文俊	白永康	柏青芳	拜文华	拜永杰
拜玉海	包玉红	陈 斌	陈春花	陈国强	陈海军	陈海林	陈林平	陈玲玲
陈少波	陈伟学	陈学燕	陈颖娥	陈永霞	邓 健	邓继红	邓继虎	邓新发
丁文娟	董俊胜	董利俊	董卫玮	豆俊芳	豆青青	杜 玮	杜和平	杜俊海
杜小军	樊利平	方芬芬	冯桂兰	冯国发	冯小兰	冯小强	冯学强	冯自强
高文霞	高燕平	高有祥	耿立杰	苟晶晶	管海兰	管世静	管世胜	郭居明
郭林芳	郭伟俊	郭兴春	郭永胜	郭正强	郭正盛	韩福海	韩国琴	韩黎明
韩瑞东	韩卫卫	韩永辉	何彩云	何风祥	何国林	何凌云	何胜凌	何小玲
何秀芳	何秀清	何学兰	何玉芳	何玉娟	何玉龙	贺 龙	贺金平	贺梅娟
贺志霞	贺祖云	侯孝蓉	侯学福	胡慧文	胡卫鹏	胡文文	黄金艳	黄婷婷
黄维义	江承帆	江贵菊	江贵强	江荣亭	江永刚	江永华	解海俊	金慧霞
康彩芳	康德明	康文胜	康文云	康志芳	喇月红	兰伟平	李 斌	李 波
李 靖	李 俊	李 丽	李 娜	李 强	李 忠	李兵亭	李彩云	李成龙

李承虎	李光霞	李国辉	李海军	李海兰	李海霞	李海霞	李海忠	李建波
李茂林	李世林	李甜甜	李万菊	李万旭	李卫霞	李小莉	李晓丽	李学龙
李学强	李艳红	李艳艳	李永强	李永廷	李玉红	李占秀	梁光霞	梁兴胜
林 芳	林 玲	林国强	林家鹏	林月红	刘爱华	刘宝康	刘春青	刘丁邦
刘丁燕	刘国俊	刘虎俊	刘化强	刘金海	刘文治	刘新霞	刘月平	卢冬翠
鲁明振	罗有娟	罗志锦	吕 鹏	吕彩虹	吕文杰	马 俊	马 蕾	马 明
马 强	马 琼	马爱兰	马昌杰	马成祥	马春卫	马存旭	马福才	马光俊
马贵清	马国霞	马海波	马海娟	马海君	马海兰	马海龙	马海龙	马海山
马海云	马辉芳	马辉萍	马建红	马建华	马建平	马建云	马金山	马锦春
马进彪	马俊东	马俊孝	马雷明	马黎明	马黎明	马黎珍	马利杰	马利平
马林林	马林霞	马林祥	马灵玲	马玲玲	马明伟	马南萍	马培仁	马若萍
马维云	马伟强	马文利	马文霞	马文玉	马文媛	马小华	马小林	马小霞
马小燕	马晓华	马秀英	马秀珍	马学兰	马学强	马学仁	马艳芳	马艳梅
马银平	马英霞	马永芳	马永芳	马永飞	马永红	马玉虎	马玉花	马玉华
马玉俊	马玉林	马玉霞	马玉霞	马玉云	马占华	马正平	马志宏	马志杰
马忠奎	马忠英	马仲华	马自龙	马自强	买文彬	勉延良	敏成玉	敏华云
牟子亮	穆小龙	聂俊胜	庞翠萍	庞文军	裴俊礼	裴俊霞	蒲光霞	蒲永平
祁冬冬	祁小玲	祁秀秀	秦东升	秦海军	秦俊强	秦卫平	秦旭明	秦玉花
庆海兰	邱海霞	邱佳丽	邱俊祥	邱文霞	仁青卓玛		尚录平	史学丽
宋春霞	宋风乐	宋金晶	宋菊红	宋梅霞	宋胜伟	宋文祖	宋玉林	宋子芳
苏元利	孙光军	孙伟明	他艳丽	谭占霞	唐莉娟	陶世娟	陶燕伟	陶永福
陶占侠	陶志伟	田宝堂	田国芳	田国俊	田双龙	田雪明	铁彦军	铁玉龙
铁忠华	王 发	王 娟	王 俊	王 岚	王 励	王 林	王 霞	王宝荣
王春霞	王国忠	王海红	王海娟	王亨强	王华中	王嘉俊	王建业	王进菊
王进喜	王俊霞	王立新	王六霞	王青青	王蓉蓉	王山军	王胜胜	王世婷
王卫武	王文华	王文慧	王小君	王小燕	王晓琴	王艳红	王永彬	王永新
王永兴	王玉海	王占海	王正光	魏国兰	魏星星	文 斌	文国平	吴东海
吴佛俊	吴巧玲	吴亚雄	武世焦	蕙小超	蕙小红	仙永梅	缐东亮	肖 红
谢 军	谢晓丽	辛冬青	辛文云	辛延平	辛延庆	辛玉珍	徐 斌	徐 庆
徐东霞	徐海山	徐尚斌	徐万海	徐英喜	徐志强	薛进强	薛黎明	薛莉莉
薛世明	杨 洁	杨 晶	杨 媛	杨国强	杨国云	杨焕通	杨俊红	杨俊艳
杨黎霞	杨日办	杨婷婷	杨伟军	杨卫卫	杨文秀	杨小林	杨孝军	杨兴龙
杨兴霞	杨秀红	杨学文	杨学志	杨艳芳	杨燕红	杨永奎	杨永忠	杨妤琼

杨玉红	杨志军	姚树青	姚文娟	尹立俊	尤冬伟	尤伟华	余　玲	余　鹏
余吉安	余金霞	余进芳	余晶晶	袁胜芳	袁亚军	张　宏	张　龙	张彩琳
张昌明	张成林	张国华	张国伟	张海风	张海燕	张虎军	张换明	张建斌
张军俊	张俊礼	张临君	张培强	张瑞娟	张文莲	张小菊	张小林	张小云
张晓霞	张兴昌	张兴俊	张兴兴	张旭林	张学琳	张学朋	张永娥	张月刚
张子敬	张子信	章海娟	章文华	长　旭	赵　芬	赵　华	赵　辉	赵　慧
赵　杰	赵　科	赵　萍	赵　燕	赵兵彬	赵彩玲	赵翠翠	赵大鹏	赵国辉
赵国俊	赵录云	赵如意	赵廷文	赵文东	赵文红	赵文录	赵文旭	赵学华
赵学娟	赵学文	赵学霞	赵学义	赵永志	赵玉秀	赵渊明	周　燕	周康杰
周康霞	周永芳	周玉林	朱翠红	朱豆豆	朱林俊	朱凌萍	朱庆宏	朱全忠
朱秀芬	訾雪莲							

2010届高中毕业生名单（共436人）

安利红	安瑞璞	白　琳	白　云	白　云	白斌胜	白东海	白国军	白小俊
白雪珍	白延平	白志林	拜正元	包瑞盼	卜彦俊	曹俊强	曹丽娟	曹玉芳
曾彦彦	陈海红	陈海燕	陈菊芳	陈娟娟	陈彦俊	崔逸龙	邓　平	邓　文
邓少雄	邓忠秀	丁明敏	丁学鹏	丁占云	董秀林	豆玲瑛	豆学智	窦　卉
杜　平	杜　雪	杜国强	杜过关	樊　颖	范秀珍	方平平	冯国霞	高学志
高玉红	苟平平	管世红	管晓俊	管秀兰	郭博明	郭东红	郭海鹏	郭金红
郭旭明	郭学红	郭延涛	郭振玉	韩翠霞	韩海军	韩俊良	韩青兄	韩拴红
韩文智	韩晓燕	韩延俊	何国栋	何国萍	何娟娟	何通理	何晓翠	何学兰
何玉珍	贺晨霞	侯世鹏	胡俊霞	胡淑芳	黄晶晶	黄永鹏	姬学红	姬彦龙
江贵悦	江荣恒	江岩红	姜学斌	焦财智	焦玉婷	焦志鹏	解艳梅	康得雄
康海云	康青芳	康青霞	康胜利	康晓霞	康兴红	尤志娟	喇海霞	喇云霞
拦翠霞	李　娟	李　魁	李　强	李　燕	李　云	李海红	李海霞	李俊华
李俊霞	李　娜	李　强	李强强	李瑞瑞	李树珍	李婷霞	李卫卫	李小军
李小明	李星星	李永刚	李永国	李永河	梁彩玲	林　洁	林　丽	刘丁昌
刘丁发	刘丁红	刘冬萍	刘海清	刘化庆	刘如君	刘绍艳	刘伟伟	刘小红
刘延庆	刘志学	娄庭燕	卢　璟	卢光明	卢军青	卢顺发	卢天启	罗海栋
罗俊霞	罗维刚	罗维红	马　华	马　晖	马　丽	马　林	马　林	马　文
马　雄	马　昱	马超奎	马成海	马成贤	马春霞	马冬平	马冬青	马福民
马国华	马国雄	马海兰	马海梅	马海明	马海霞	马海云	马寒琼	马红梅
马红霞	马晖亮	马荟雯	马继良	马建林	马建伟	马进林	马军海	马俊芳

马俊国　马俊军　马兰芳　马兰梅　马丽娟　马丽霞　马维义　马伟平　马文萍
马小康　马小兰　马小龙　马小明　马小琦　马晓辉　马晓辉　马晓娟　马晓娟
马晓兰　马晓霞　马晓云　马孝平　马兴民　马雄文　马秀文　马秀英　马学鹏
马学伟　马学秀　马学忠　马艳梅　马艳艳　马义忠　马英林　马玉博　马玉海
马玉蕾　马玉龙　马玉明　马占海　马占云　马占忠　马占忠　马兆林　马忠林
马忠英　苗永明　穆海强　聂兰　庞翠娟　庞慧芬　彭伟　蒲江　蒲春艳
蒲红红　蒲芹芹　齐霞　祁霞　祁娟娟　祁庆龚　祁文忠　祁学峰　祁义明
秦俊平　庆彩红　庆平平　庆胜利　邱国安　邱建海　邱云云　陕晶晶　沈东云
沈海林　石杨　石红苹　石彦芳　宋海霞　宋晖云　宋晓艳　宋艳霞　宋子慧
苏娜　苏进瑞　孙海云　孙旭如　孙学霞　索南扎西　唐国忠　唐贺喜　唐娟红
田娟娟　田维胜　田雪艳　田延云　铁占林　铁忠华　汪胜辉　王彪　王红
王洁　王君　王凯　王莉　王莲　王南　王琼　王才让　王存英
王国林　王国强　王国正　王国志　王海平　王海霞　王鉴雄　王金婷　王娟娟
王俊和　王利伟　王琳霞　王梦月　王琦霞　王清玉　王世娟　王婷婷　王万鹏
王卫平　王文斌　王晓鹏　王学勇　王艳萍　王艳艳　王英红　王永芬　王永杰
王永玲　王玉红　王玉全　王玉珍　王玉忠　王占云　王正青　王忠红　魏国兰
魏婷婷　魏秀青　吴彩艳　吴佳丽　吴随青　吴卫霞　武海琼　蔦国庆　辛国泰
辛卫发　徐兰　徐丽娟　徐丽娟　徐婷婷　徐忠孝　杨华　杨辉　杨洁
杨雷　杨涛　杨霞　杨洋　杨瑛　杨彩霞　杨德文　杨换平　杨济花
杨俊礼　杨俊丽　杨俊梅　杨满霞　杨维琼　杨伟平　杨文英　杨小林　杨晓春
杨学平　杨延霞　杨正通　姚延辉　尹立春　尤国政　余莹　余红红　余林玲
余学海　余学伟　袁胕　袁小芳　张兰　张婷　张玉　张春洁　张翠芬
张改新　张格草　张国霞　张海国　张海龙　张换明　张吉芳　张建华　张晶晶
张居才　张菊霞　张娟娟　张丽霞　张利强　张亮亮　张林海　张琳娟　张茜红
张青青　张文霞　张宵通　张小斌　张小兰　张兴艳　张学彦　张岩平　张艳秀
张燕青　张燕燕　张永丽　张媛媛　张自云　章辉蕊　赵俊　赵胜　赵登云
赵风霞　赵海山　赵静伟　赵伟清　赵秀红　赵学霞　赵艳芳　赵艳红　赵永花
赵永莉　赵正龙　赵志华　周红　周国秀　周威国　周维国　朱春花　朱明明
朱鹏明　朱彦霞　訾学科　宗海鸿

2011届高中毕业生名单（共366人）

安瑞琪　白伟　白力波　包艳　包岳霞　卜红红　常正红　陈婷　陈怀豪
陈丽萍　陈勇智　崔学芹　代君霞　代俊义　代占才　邓秀娟　董维林　杜鹃

杜俊花　杜亮亮　杜生玉　杜秀芳　段秀红　段学伟　范多兰　范伟平　方翠兰
费玲玲　高　辉　顾艳梅　管世奎　管晓虎　郭博鹏　郭博婷　郭海军　郭宏芳
郭小红　郭学林　郭永发　郭永杰　郭永俊　韩承萍　韩福霞　韩生云　韩文海
韩玉林　何翠萍　何达海　何国正　何俊文　何玲玲　何西云　何新俊　何永芳
何志辉　贺国东　贺伟艳　侯玉芳　侯忠伟　胡　婧　胡学强　黄俊贤　黄维红
贾旭云　贾永龙　江富红　江丽芳　江荣山　江艳芬　江玉珍　姜雪凤　康林云
康胜卫　康颜生　喇俊芳　喇月花　兰迟谣　拦海妹　雷华俊　雷华文　雷挺霄
李　静　李　强　李冬冬　李发萍　李国玲　李家星　李进霞　李萍萍　李青庆
李生梅　李世忠　李学兰　李学渊　梁天赐　梁兴利　林　润　刘丁婷　刘鹤慧
刘拉毛杰　　　　刘绍英　刘文华　刘学秀　刘彦红　刘永强　刘云云　卢　航
卢爱飞　吕学亮　罗海兰　罗海鹏　罗世强　马　芳　马　俊　马　林　马　强
马　伟　马　云　马　忠　马彩霞　马成华　马登奎　马枫霞　马福云　马国利
马国燕　马海东　马海明　马海珍　马红霞　马怀秀　马继君　马锦程　马瑾蓉
马　俊　马黎霞　马明成　马明东　马明杰　马培仁　马荣海　马瑞霞　马婷婷
马伟俊　马文芳　马文俊　马文霞　马文祥　马小红　马小兰　马小兰　马小云
马秀梅　马彦英　马义忠　马玉芳　马玉红　马玉虎　马玉珺　马玉林　马占俊
马占雄　马正雄　马志芳　马志俊　马志明　马忠华　马忠云　马自云　马自忠
牟锦培　穆平平　穆小霞　穆燕红　穆卓君　庞尔俊　蒲露露　蒲延云　祁　菁
祁国忠　祁小军　祁学梅　祁引弟　秦林青　庆　义　庆国伟　邱彩平　邱慧琴
邱慧艳　邱林林　邱小青　赏文胜　尚进龙　尚胜利　尚延俊　沈彩连　沈伟霞
沈永秀　石　磊　宋彩红　宋瑞花　宋学芳　宋延辉　宋祎博　宋旖菲　宋子娇
宋子平　宋宗敏　孙典会　孙燕红　他登霞　他艳玲　他艳霞　炭维民　唐俊霞
唐伟霞　陶　超　陶海林　陶婷婷　陶义红　田延霞　田智慧　妥晓燕　汪小红
汪旭东　王　斌　王　磊　王　霞　王彩霞　王海鹏　王海霞　王红平　王红霞
王菊红　王军辉　王俊红　王蕾蕾　王丽丽　王利红　王青霞　王青霞　王全忠
王维学　王文菊　王小艳　王学明　王学霞　王彦平　王彦彦　王艳秀　王英雄
王永莉　王玉萍　王占虎　王正兴　王子强　魏继芳　文振兴　吴宝童　吴冬冬
吴佳琼　武　斌　武国卫　武玉珍　蒽凤鸣　线明艳　辛灵巧　辛志鹏　徐　萍
徐君芳　徐小龙　薛占斌　杨　杰　杨　强　杨　瑞　杨俊芳　杨开芳　杨莲芳
杨林强　杨荣荣　杨小红　杨旭红　杨玉明　杨志龙　杨志霞　姚文霞　姚学莲
姚永胜　尹旺荣　尹旺燕　尤伟利　余　胜　余国霞　余琳霞　余亭芳　余文静
张　程　张　峰　张　浑　张　杰　张　鹏　张彩红　张大林　张冬冬　张官发
张国燕　张红霞　张进芳　张进龙　张黎明　张林春　张胜发　张卫娟　张小辉

张小兰	张小雯	张晓琦	张晓霞	张学胜	张学艳	张艳平	张紫燕	张宗和
章燕娥	章月华	赵芬	赵莉	赵鹏	赵强	赵馨	赵雪	赵彩云
赵东英	赵国胜	赵海湖	赵吉雷	赵俊霞	赵丽艳	赵青青	赵伟霞	赵文玉
赵文智	赵小强	赵小婷	赵晓州	赵兴文	赵秀娟	赵学奇	赵永生	郑莹
周东伟	周红霞	周康娣	周康俊	周小云	周颜鹏	周永峰	周玉龙	周玉强
周志云	朱娟娟	朱俊霞	朱永盛	朱志根	朱志军	訾占元		

2012届高中毕业生名单（共568人）

安学鹏	白胜	白文霞	拜成龙	拜正忠	包荣华	包学丽	包延鹏	包玉琴
卜翠霞	卜伟明	才让草	曹彩虹	曹玉林	长兴	常玉盼	常振国	陈浩
陈琳	陈忠	陈春梅	陈立明	陈丽丽	陈千千	陈如意	陈胜利	陈淑军
陈伟华	陈艳霞	陈永平	陈玉琨	陈元平	崔艳芳	邓俊苗	邓俊萍	丁文英
董明珠	董永龙	董志芳	董志强	豆国兴	杜辉	杜蓉	杜俊霞	杜青青
段春强	段小娟	樊东虎	范娟娟	费彩芳	费秀丽	费玉强	封伟	冯婷
冯登盛	冯国燕	冯龙龙	冯佩华	冯学良	高宏霞	高淑贞	高文俊	高学龙
顾文明	关学海	管彤	管月霞	郭翠翠	郭冬红	郭锦红	郭娟娟	郭丽丽
郭玲玲	郭平玉	郭小军	郭学强	郭永平	郭圆圆	韩海红	韩吉红	韩杰伟
韩静怡	韩凯明	韩卫东	韩新发	韩秀芬	韩玉清	郝才雄	何鹏	何彩虹
何昌曙	何换儿	何慧芳	何俊忠	何克冬	何丽虹	何丽娟	何强强	何文艳
何兴发	何秀萍	何玉成	何玉纯	何玉山	何占军	何志海	贺国民	侯学秀
胡海彪	胡玲霞	胡万霞	胡卫芬	胡文军	胡秀芳	胡永芬	黄文平	黄小花
黄永辉	姬顺红	贾国强	贾胜民	江长虹	江富强	江贵林	江贵胜	江腾飞
江婷婷	康晶君	康文星	康雪霞	亢文强	拦小娥	雷汗青	雷英龙	李芳
李鹏	李祥	李波霞	李春晖	李东刚	李光耀	李国庆	李海斌	李海发
李海霞	李红红	李宏伟	李辉清	李慧霞	李建科	李金平	李俊卫	李立斌
李培培	李倩倩	李如东	李尚兰	李世梅	李斯琴	李万梅	李伟龙	李霞霞
李小娟	李学良	李延孝	李永萍	李永青	李永琼	李永志	李增寿	李占忠
李自成	李佐文	梁居英	林东	林芳	林艳杰	刘伟	刘丁鹏	刘光耀
刘俊华	刘俊龙	刘利珺	刘巧霞	刘琴琴	刘绍恒	刘绍雄	刘雯文	刘夏娟
刘夏林	刘小军	刘小燕	刘秀利	刘宜琪	刘正发	龙尔云	龙军军	卢维姮
卢晓梅	吕青萍	罗鹏	罗旦旦	罗斤斤	罗琴琴	罗世玲	罗世强	罗筱梅
马慧	马林	马林	马明	马明	马骐	马前	马睿	马昕
马垠	马云	马云	马成辉	马成俊	马成文	马春青	马登发	马丁国

马福才	马广志	马国明	马国庆	马国兴	马国云	马哈力录	马海成
马海龙	马海妹	马红丽	马虎山	马怀华	马怀兰	马怀琼	马慧娟	马继红
马嘉奇	马建平	马晶千	马俊林	马俊强	马俊泽	马莉莉	马丽丽	马利军
马利英	马莲芳	马平安	马庆祥	马蓉蓉	马胜利	马万成	马威成	马伟东
马卫军	马文斌	马文强	马小菊	马小龙	马小梅	马小伟	马晓栋	马晓玲
马晓平	马晓燕	马笑龙	马秀花	马秀兰	马秀兰	马秀梅	马学中	马艳红
马燕燕	马永海	马永花	马永良	马玉财	马玉龙	马占清	马占云	马正清
马子云	买学华	孟葵	牟玉霞	蒲小红	蒲洋洋	蒲玉伟	戚兰芳	戚兰霞
戚林生	祁小青	祁学忠	祁永辉	祁忠霞	祁忠霄	祁忠英	祁龚红	乔永花
秦东平	秦会萍	秦娟娟	秦永鹏	邱娟莉	邱雪静	邱玉明	邱云亭	赏海梅
尚海芬	佘艳艳	沈吉龙	沈进忠	沈文文	石红伟	石小芬	石星娣	石永祥
宋海江	宋小青	宋晓晖	宋祖莹	苏梅	苏秀娟	苏振强	苏志军	孙光红
孙国强	孙红岩	孙利云	孙伟军	孙学红	孙学娇	孙亚军	孙月红	孙志鹏
孙志先	他红霞	他小娟	唐东东	唐媛圆	陶冬冬	陶俊红	陶万光	陶小忠
陶彦平	铁永祥	妥晓庆	妥新龙	王成	王杰	王磊	王玲	王青
王勇	王访弟	王佛梅	王国强	王国强	王国庆	王国云	王国志	王海迪
王海皎	王红霞	王虎军	王继贤	王建辉	王鉴云	王进民	王俊强	王俊霞
王俊义	王黎霞	王利利	王林秀	王青青	王青青	王生红	王胜明	王胜伟
王顺利	王思维灵		王伟雄	王文静	王鲜和	王小红	王小龙	王小平
王孝婷	王新明	王学霞	王延军	王艳红	王艳霞	王燕燕	王永红	王玉龙
王玉梅	王玉珍	王月娥	王珍珍	王振华	魏白蓉	魏春霞	吴保贵	吴红红
吴吉平	吴家霞	吴艳华	吴艳霞	吴玉儿	吴扎兰	缐翠珍	肖安	谢朝霞
谢玲玲	谢志芳	辛军	辛国胜	辛利明	辛灵童	辛万霞	辛振霞	辛志海
徐和平	徐伟林	徐文君	杨刚	杨亮	杨鹏	杨伟	杨兴	杨博文
杨长林	杨东和	杨海花	杨海卫	杨家荣	杨立强	杨利刚	杨连海	杨林霞
杨凌燕	杨盼通	杨鹏鹏	杨腾飞	杨腾翔	杨婷	杨挺苗	杨伟明	杨枭龙
杨小强	杨学龙	杨亚灵	杨岩芳	杨玉琴	尹忠平	余帆	余彩云	余国俊
余恒同	余早发	张坤	张蕾	张立	张胜	张爱红	张彩霞	张栋良
张国红	张海斌	张海龙	张海霞	张海云	张海忠	张进红	张进涛	张娟霞
张娟霞	张俊发	张俊秀	张丽丽	张玲红	张强俊	张巧艳	张巧玉	张青临
张文燕	张小平	张晓鹏	张兴辉	张旭新	张延军	张岩辉	张艳红	张燕子
张永娟	张永良	张玉萍	张志霞	张自茳	章胜利	章西平	章月珍	章志俊
赵红	赵辉	赵娟	赵蕊	赵昕	赵钰	赵彩青	赵春阳	赵春云

赵灯宝	赵尕霞	赵光辉	赵国俊	赵国云	赵海蓉	赵惠民	赵积弘	赵积辉
赵静芳	赵灵雄	赵青青	赵树丽	赵卫平	赵文强	赵斌鹏	赵小云	赵晓东
赵新华	赵学婷	赵燕林	赵永红	赵永兰	赵永明	赵永秀	赵云霞	郑 杰
芝伟红	周竞争	周俊俊	周伟军	周小林	周玉海	朱彩娟	朱高强	朱国鹏
朱红梅	朱俊芳	朱尚林	朱文芳	朱新华	朱旭东	朱旭明	朱学兰	朱学志
朱永平	朱志华	訾翠翠						

2013届高中毕业生名单（共453人）

安春芳	白 雪	白金堂	白文丽	白雪莲	包江宁	包岳利	卜俊兰	卜俊亮
长俊军	常栋琴	常艳俊	陈 刚	陈 磊	陈 伟	陈财霞	陈冬平	陈尕鹏
陈海忠	陈江琳	陈俊丽	陈力晓	陈平霞	陈倩倩	陈淑娟	陈文斌	崔学刚
戴成赟	丁英斌	董效礼	董志忠	杜 珍	杜菊霞	段春旭	范金雄	费成俊
冯军娥	冯丽芳	冯艳艳	高 俊	高 纤	高文强	高学海	高志峰	高志林
苟海俊	顾庆华	管世文	郭 林	郭 勇	郭小霞	郭雄芳	郭延光	韩 冰
韩承俊	韩东平	韩海龙	韩军霞	韩倩倩	韩文瑞	韩秀雯	韩志红	何 敏
何达辉	何冬冬	何立宏	何山花	何世恒	何伟伟	何小七	何晓强	何雪雪
贺昭君	侯国胜	侯学萍	侯英儿	胡俊芳	贾芬芬	贾光俊	贾禄娟	贾姗姗
贾伟国	贾震玉	江贵冬	江贵林	江荣光	江荣杰	江荣璐	江雯雯	姜国财
康 娟	康彩艳	康海军	康吉耿	康巧芬	康卫卫	康永华	喇晓霞	雷晶红
李 斌	李 莲	李 倩	李得庆	李海俊	李海良	李红红	李红伟	李红霞
李建发	李建文	李建霞	李俊泽	李生燕	李伟俊	李卫红	李卫伟	李旭东
李旭红	李学军	李永彤	李勇博	李振霞	刘 娴	刘成斌	刘国俊	刘国霞
刘华兴	刘金辉	刘明霞	刘绍红	刘绍强	柳冬冬	柳艳发	卢青云	吕 剑
吕永伟	罗海旺	罗建伟	罗江龙	罗志军	马 斌	马 芳	马 璟	马 婧
马 军	马 林	马 龙	马 萍	马 庆	马 涛	马 鑫	马 燕	马 勇
马 云	马 云	马才华	马成华	马成云	马成云	马春晶	马春艳	马国红
马国平	马海红	马海胜	马海棠	马海文	马浩翔	马宏亮	马怀霞	马继芳
马继芳	马建华	马晶雯	马俊华	马俊华	马丽莉	马俐娜	马伶娜	马明海
马培礼	马奇楠	马荣明	马胜华	马霞霞	马小东	马小虎	马小兰	马小倩
马小燕	马小正	马晓阳	马秀芳	马秀兰	马学文	马学义	马延生	马颜明
马艳芳	马燕杰	马颖杰	马玉龙	马玉梅	马玉强	马玉莹	马远麒	马媛媛
马占明	马志海	马志强	米雪梅	苗艳芬	牟冰艳	牟海娟	牟玉芳	牛海龙
庞进虎	庞淑娟	庞星星	彭青霞	蒲斌燕	蒲景文	蒲林发	蒲馨茹	蒲媛媛

祁　梅	祁卷霞	祁婷婷	祁文虎	祁文莉	祁小婷	祁学龙	祁引鹏	齐学伟
秦娟红	秦姗姗	秦顺斌	庆国强	邱俊合	邱莲莲	邱胜强	尚引弟	沈小娟
石芳秀	石小花	石艳红	石永先	史子云	宋娟秀	宋军霞	宋明敏	宋小龙
宋玉萍	宋宗斌	宋祖晖	苏进旺	苏娟娟	苏林霞	孙国红	孙国胜	孙国正
孙丽丽	孙伟娟	孙学良	孙学平	孙彦平	孙勇强	他玉霞	唐若兰	唐婷婷
唐志扬	陶海月	陶世波	陶永杰	田芬芬	田月霞	铁永梅	汪山玉	汪升发
汪胜林	汪小俊	王　杰	王　宁	王　凝	王　鹏	王　强	王　新	王　燕
王彩霞	王殿强	王冬萍	王风风	王国辉	王国霞	王海山	王红艳	王焕平
王会芳	王建辉	王剑峰	王鉴明	王金平	王菊芳	王娟娟	王娟娟	王俊芳
王立强	王丽丽	王林和	王临临	王玲翠	王玲玲	王龙龙	王茂盛	王梦星
王青青	王如霞	王胜海	王素娜	王维兰	王伟国	王文慧	王文艳	王霞霞
王小林	王晓兰	王晓莉	王晓鹏	王秀秀	王彦利	王引兄	王英明	王永珍
王圆圆	王占海	王正学	王忠文	王子霞	魏立国	魏清华	魏小霞	文学芳
吴晓东	吴艳荷	吴应明	吴增强	武耕墨	肖进云	肖玉红	谢晓婷	谢永丽
辛春苗	辛春霞	徐　丽	徐海林	徐维鹏	徐英红	徐志扬	杨　阳	杨彩萍
杨成孝	杨春霞	杨桂芳	杨国俊	杨海清	杨海霞	杨海燕	杨俊国	杨青霞
杨荣江	杨文举	杨小成	杨小华	杨小娟	杨小林	杨小岩	杨旭霞	杨学伟
杨振轩	杨志杰	姚永华	尹忠林	尤文利	余更安	余国雄	余英霞	袁凤霞
张　辉	张　俊	张　欣	张　佐	张爱红	张冬平	张海花	张慧娟	张建明
张金红	张晶晶	张静儿	张林芳	张林志	张龙龙	张鲁红	张鹏飞	张倩倩
张青青	张威龙	张文婷	张晓露	张艳娥	张永科	张玉春	章　明	章里平
章林平	章玉环	章志海	赵　芳	赵　晗	赵　强	赵　宇	赵风清	赵俊霞
赵雷鸣	赵路迎	赵珮珮	赵生龙	赵廷英	赵卫红	赵卫华	赵文杰	赵文平
赵文琴	赵文席	赵雯仙	赵香玉	赵延林	赵永杰	赵志强	芝伟淑	周晶晶
周康英	周丽丽	周彭彭	周永霞	朱俊俊	朱俊利	朱俊文	朱林华	朱妙英
朱庆鹏	朱学仁	朱学伟						

2014届高中毕业生名单（共518人）

白　亮	白斌利	白海月	白丽丽	柏俊伟	拜玉忠	包　雯	包玲玲	卜俊义
才让当知		曹俊霞	柴生平	长婷婷	常安安	车建建	车敬贤	陈翠霞
陈国昌	陈娟娟	陈平虎	陈学丽	陈元虎	陈园园	陈志清	崔文才	崔永花
崔玉雯	代海平	代莉萍	邓军霞	邓　楠	董卫国	董志辉	豆旭光	杜成龙
杜东升	杜卫平	杜鑫涛	杜兴哲	杜秀梅	杜玉红	杜渊博	杜渊鑫	方军霞

冯娇娇	冯倩倩	冯小红	高伟	高登芬	高珍珍	耿小艳	苟冬萍	管娟娟
管小芳	管云云	郭晶	郭霞	郭彩霞	郭建华	郭俊伟	郭莲平	郭明民
郭婷婷	郭永林	韩冬雄	韩军强	韩林芳	韩倩倩	韩巧红	韩文强	韩增林
韩正梅	韩子红	郝婧	何鹏	何达艳	何光华	何国良	何国明	何举辉
何世慧	何树强	何旭虹	何延明	何中虎	贺丽丽	贺燕燕	侯杰莲	侯晶晶
侯俊婷	侯孝栋	侯月平	侯正云	胡旭霞	黄虹	黄佛林	黄娟娟	黄俊秀
黄青霞	黄志云	贾埂拥	贾怀凤	贾永礼	贾震兄	江发	江进红	江平平
江润发	江婷亮	姜海军	解艳霞	卡梅霞	康俊芳	康武红	兰娜	雷春基
雷红霞	雷明霞	雷朴生	雷亚婷	李娜	李彩红	李成芳	李成兰	李多智
李海明	李红霞	李红霞	李进鹏	李军军	李俊红	李乐强	李明明	李盼盼
李青恒	李生强	李婷婷	李伟正	李文强	李西平	李香香	李星星	李延光
李艳林	李艳霞	李阳阳	李迎晖	李雨涵	李云泽	李正丽	李正艳	李志明
李志鹏	李志强	李自强	梁立鹏	梁胜平	林芳	林彩燕	林玉娟	刘斌
刘彩芳	刘成龙	刘奋娟	刘风教	刘化伟	刘建荣	刘俊红	刘利琼	刘绍俊
刘生明	刘小红	刘新福	刘燕志	刘振华	柳明全	卢东明	卢建梅	鲁辉艳
吕学红	罗斌	罗启	罗林通	罗明忠	罗胜霞	罗世华	罗志婷	马彪
马斌	马蛟	马杰	马兰	马玲	马强	马伟	马伟	马鑫
马英	马秉良	马彩军	马彩霞	马成俊	马冬梅	马冬梅	马福霞	马福云
马富忠	马国风	马国云	马海成	马海发	马海良	马海涛	马鹤云	马红萍
马宏海	马宏兴	马洪涛	马怀明	马怀强	马纪年	马建民	马金龙	马晶晶
马俊卫	马兰平	马莉雅	马丽丽	马丽娜	马明明	马木哈麦		马培燕
马瑞霞	马舍有	马胜利	马维明	马维霞	马文博	马文博	马文靖	马文科
马文涛	马文文	马小俊	马小雷	马小梅	马晓瑜	马孝明	马新华	马秀莲
马学海	马学明	马学英	马学智	马学忠	马艳芳	马艳红	马艳霞	马英财
马英明	马永财	马永海	马玉花	马玉军	马玉良	马玉龙	马玉明	马玉明
马玉霞	马圆圆	马增芳	马占龙	马志国	马志辉	马志强	马忠良	马忠祥
马忠英	马子云	苗胜云	穆晓俊	潘延霞	庞进鹏	庞倩倩	庞正正	庞作云
蒲光胜	蒲维清	祁苗苗	齐圆圆	乩承平	秦丽丽	庆龙龙	邱娟娟	尚根龙
沈平	石文华	史军喜	宋海华	宋俊霞	宋婷婷	宋永强	宋云强	宋振达
宋振兴	宋子峰	宋子强	宋子蔚	苏平	苏海霞	苏军发	苏秀珍	孙博
孙碧云	孙海俊	孙吉安	孙金霞	孙文燕	孙学芳	孙艳苹	孙志娟	唐利利
唐延会	田丰霞	铁蕊	铁玉强	汪东奎	汪来玉	王彪	王斌	王丽
王强	王真	王彩萍	王东霞	王国栋	王国平	王国婷	王海芳	王海雷

王海梅	王海鹏	王海燕	王红红	王慧芳	王健新	王金燕	王进霞	王晶晶
王娟娟	王俊霞	王俊秀	王俊云	王兰俊	王丽丽	王丽强	王玲辉	王路路
王迁迁	王倩倩	王青辉	王胜俊	王胜霞	王维兄	王文春	王文平	王小芳
王小俊	王小兰	王小平	王孝兰	王学丽	王雪霞	王彦霞	王彦兄	王益祖
王永娥	王玉霞	王占海	王志明	王忠慧	王忠民	王洲平	王子颖	魏得强
魏秀秀	文斌斌	吴 涛	吴春升	吴东升	吴娟娟	吴娟霞	吴莉莉	吴姗姗
吴珊珊	仙国强	缐燕燕	缐永华	辛林儿	辛龙龙	辛姗姗	辛五虎	徐海英
薛娟娟	薛世红	薛世霞	杨 花	杨翠娥	杨翠红	杨芬芬	杨国红	杨国仪
杨海霞	杨红霞	杨红艳	杨红艳	杨菊梅	杨俊红	杨丽霞	杨玲玲	杨苗苗
杨萍萍	杨倩宏	杨倩倩	杨倩倩	杨伟忠	杨小飞	杨晓东	杨新月	杨秀文
杨旭林	杨彦义	杨艳丽	杨媛媛	姚金发	姚延明	姚延珍	尤伟霞	余冬冬
余国红	袁 辉	曾国红	曾文亮	曾文霞	张 磊	张 勇	张斌斌	张彩霞
张登国	张栋明	张海梅	张海霞	张海燕	张宏玉	张换梅	张敬伟	张俊发
张俊卫	张莉莉	张林鹏	张林学	张明录	张瑞雪	张亭亭	张威鹏	张小和
张小红	张小明	张小青	张欣欣	张旭儿	张学贵	张艳花	张永杰	张煜星
张圆圆	张占明	张珍珍	章彩红	章健兄	章清花	赵彩丽	赵彩云	赵佛鹏
赵更生	赵国鹏	赵海发	赵红艳	赵丽华	赵亮亮	赵明明	赵盘云	赵萍萍
赵双龙	赵廷秀	赵星星	赵秀玉	赵学峰	赵学林	赵艳霞	赵燕霞	赵永辉
赵永梅	赵永平	仲星星	周 玲	周国华	周康辉	周倩倩	周万龙	周伟霞
朱俊鹏	朱盛茂	朱艳霞	朱玉鹏	朱元元	朱园圆			

2015届高中毕业生名单（共512人）

白海霞	白蓉芳	白志强	包岳宁	卜辉龙	卜良云	陈 帆	陈佛平	陈景红
陈立婷	陈小红	陈晓花	陈月娇	崔董伟	代爱霞	戴文君	邓丽丽	邓丽霞
邓学政	邓忠艳	丁玉红	董阳阳	斗格措	豆金明	豆学红	窦逸群	杜海强
杜廷红	段志强	范海云	范伟俊	范祥生	范晓奎	费成云	高 麟	高林杰
高么乃	高文梁	苟进芳	古小栋	古小娟	管强军	管青娥	管青青	管学琴
管云龙	郭贝贝	郭春霞	郭海强	郭君红	郭莉莉	郭林强	郭明霞	郭文斌
郭小红	韩 杰	韩 伟	韩 霞	韩 云	韩得芳	韩佛光	韩国林	韩娟娟
韩俊芳	韩敏钊	韩明强	韩文俊	韩英英	何彩红	何彩萍	何佛云	何光明
何海燕	何海忠	何秀莲	何学忠	何艳艳	何英芳	何志华	何志燕	侯胜发
胡贵喜	胡海燕	胡俊君	胡万麟	胡小文	胡旭升	黄成俊	黄小军	黄许辉
蕙国秀	蕙海峰	姬春明	贾晨阳	贾欣欣	江福娟	江金涛	江盼盼	江旭红

江正红	朱志强	姜忠生	焦兴霞	金学萍	金永俊	久西草	卡海腾	康彩芳
康进安	康进强	康俊俊	康文杰	康兴明	亢灵芝	孔应霞	喇慧芳	拦冰林
拦海强	拦娟娟	拦俊俊	拦小丽	雷丽丽	李　芳	李　霞	李　秀	李　艳
李宝霞	李斌霞	李兵兵	李彩平	李成奇	李春平	李国东	李海林	李建国
李明辉	李倩倩	李青青	李生强	李世友	李斯勇	李维明	李小平	李秀秀
李彦如	李艳梅	李永鹏	李永芝	李永智	李玉红	李元林	李月娥	李正洋
李重阳	梁彩霞	梁国宁	林　云	刘丁玲	刘金银	刘利强	刘平梅	刘倩倩
刘少发	刘文智	刘银芝	刘永龙	刘择民	柳居霞	柳彦红	卢东莉	罗　胜
罗平霞	罗茸茸	罗文霞	罗学福	马　兰	马　鹏	马　琼	马　蓉	马　瑞
马　艳	马　艳	马　瑛	马　钰	马　岳	马彩霞	马彩霞	马春芳	马尕萍
马光月	马国胜	马国霞	马海龙	马海生	马海霞	马红艳	马宏伟	马惠娟
马慧丽	马建伟	马晶晶	马俊虎	马俊元	马俊云	马丽平	马灵燕	马明辉
马明清	马明心	马培礼	马琦香	马钱钱	马倩玲	马赛的	马胜强	马腾云
马婷雯	马威俊	马伟国	马卫霞	马文才	马小虎	马小娟	马小丽	马小龙
马小霞	马小艳	马晓斌	马晓峰	马晓晴	马晓庆	马晓霞	马旭婷	马延林
马艳梅	马艳霞	马燕艳	马英强	马永凤	马宇帆	马羽晨	马玉红	马玉良
马玉玲	马玉明	马玉琼	马远强	马月红	马占海	马振博	马正龙	马正祥
马志红	马忠林	马自强	孟　霞	米秀兰	勉占胜	敏　雪	敏占虎	牟彩红
牟子阳	穆丽娟	穆小青	牛菊芬	蒲俊霞	蒲忠明	祁　伟	祁立伟	祁玲玲
祁倩倩	祁巧娟	祁政国	祁忠强	祁忠图	乜承安	秦斌斌	秦丹丹	秦光明
秦林霞	秦露露	秦倩倩	秦筱薇	邱凌捷	邱玉芳	陕秀花	尚维军	沈彩霞
沈国冬	沈建利	沈曙明	沈彦琼	石倩倩	宋国军	宋慧娟	宋佳丽	宋林林
宋艳霞	宋永和	宋永平	宋子红	宋子顺	苏海娟	苏贺涛	苏秀珍	孙大燕
孙慧强	孙慧霞	孙小燕	孙英迪	孙卓霞	索南卓玛		他登林	他芬萍
他广朋	唐利霞	唐生全	陶　琴	陶国俊	陶雨红	田春庆	田国芳	田丽娟
田利鹏	田燕丽	田月平	铁玉轩	妥小虎	万燕俊	王　成	王　菊	王　娟
王　蓉	王　涛	王　婷	王春辉	王春燕	王东强	王东升	王冬霞	王光荣
王光霞	王国鸿	王海旭	王海彦	王红红	王华林	王辉珍	王建东	王建平
王菊芳	王菊霞	王娟娟	王军辉	王君君	王丽娟	王宁宁	王倩倩	王强真
王天强	王伟龙	王伟民	王喜明	王鲜珍	王小龙	王晓俊	王孝娟	王新岳
王学义	王彦朵	王艳丽	王艳霞	王燕强	王永栋	王永芳	王永合	王永兄
王永正	王玉红	魏利俊	魏文斌	魏永科	吴海勋	吴强强	吴胜利	吴彦平
吴洋洋	武霞霞	缐青青	肖玉芳	谢丽莉	辛　岚	辛金金	徐　阳	徐慧慧

徐娟娟	徐俊霞	徐林林	徐秀娟	薛 刚	杨 萍	杨宝童	杨翠翠	杨芬丽
杨国利	杨金梅	杨俊发	杨灵芝	杨瑞琦	杨珊珊	杨天衡	杨文娟	杨文秀
杨鲜鲜	杨永祥	杨玉明	杨玉霞	姚文文	尹海霞	尹生芳	尹小娟	尹珍珍
尤光琼	余国忠	余林芝	余鹏鹏	余早芳	袁 鹏	袁 婷	曾兵兵	张 军
张 鹏	张 雪	张彩文	张翠珠	张冬军	张冬平	张冬霞	张芬芬	张海燕
张宏红	张菊霞	张军军	张俊龙	张俊强	张利霞	张亭亭	张卫霞	张文君
张文霞	张信文	张学利	张延忠	张艳平	张艳元	张引弟	张永红	张永霞
张永霞	张元元	张月霞	张云云	张正涛	章辉红	章进中	赵 红	赵 荣
赵 艳	赵翠静	赵桂芳	赵国红	赵国平	赵海兵	赵海云	赵红霞	赵景景
赵林会	赵庆彦	赵伟玉	赵文海	赵文文	赵新胜	赵学强	赵学霞	赵学彦
赵颜苹	赵艳红	赵永兰	赵永雷	赵永琼	赵玉忠	赵元元	赵正华	赵宗辉
郑小平	芝伟国	周东苹	周贵喜	周国瑞	周俊俊	周康静	周丽俊	周颜霞
周瑜连	朱海鹏	朱丽丽	朱玲玲	朱明发	朱瑞蓓	朱晓毓	朱秀花	

2016届高中毕业生名单（共514人）

白东升	白小霞	白正文	柏国伟	柏俊强	柏青忠	拜文雯	包江龙	包正华
卜金秀	长丽霞	常兴新	陈 芳	陈 娟	陈 鹏	陈海红	陈俊霞	陈莉莉
陈明芳	陈明鹏	陈婷婷	陈文慧	陈延彪	陈义龙	陈永平	陈玉伟	崔晶晶
崔武忠	崔新花	崔燕燕	代永兰	德青昂毛		邓燕燕	丁逸帆	董效义
董永双	豆巧丽	豆淑娟	豆天灵	杜生辉	杜天恩	杜秀兰	段秀芳	段学霞
段月芳	樊东慧	范春旭	范晓娟	范玉姣	范玉文	方会珍	封圆圆	冯军云
高玉霞	高占强	高自旭	耿海旺	耿丽芸	苟进禄	管仁杰	管引兄	管忠红
郭博青	郭芬芬	郭军军	郭俊俊	郭俊强	郭延清	郭延珍	海 祥	韩 强
韩锦辉	韩俊杰	韩俊俊	韩伟辉	韩秀青	韩彦智	韩艳丽	韩有博	韩正良
何 勇	何彬倩	何菊艳	何倩倩	何仁霞	何淑珍	何小倩	何延伟	何艳芳
何玉娟	何志强	贺蓉蓉	侯彬霞	胡 磊	胡俊生	胡凌云	胡强胜	黄倩倩
黄小霞	黄志辉	黄志杰	姬玉平	贾怀仪	江贵发	江顺强	江旭萍	姜国龙
久西道吉		康鹏瑜	康永花	康永忠	兰小燕	拦春燕	雷永福	雷志乾
李 雪	李豆豆	李国华	李国珍	李海发	李红红	李红红	李辉芳	李建伟
李晶晶	李俊伟	李千千	李伟霞	李卫云	李小帆	李学艳	李雪枫	李燕花
李燕燕	李永强	李云刚	李占云	李珍正	李志明	梁艳艳	林 娜	林国庆
林志昊	刘冰霞	刘丁秀	刘庆红	刘文霞	刘小红	刘雪峰	刘艳红	刘志伟
柳 栋	罗江雪	罗英霞	罗圆圆	马 方	马 婕	马 兰	马 林	马 林

马龙	马明	马倩	马涛	马涛	马伟	马伟	马伟	马霞
马欣	马烟	马艳	马燕	马忠	马安福	马彩霞	马彩霞	马成俊
马成俊	马春花	马春林	马春林	马东雄	马冬冬	马冬梅	马斗雄	马芳芳
马根兄	马国林	马海明	马海明	马红梅	马红霞	马红霞	马怀霞	马怀智
马晖芳	马回珍	马继胜	马建国	马金秀	马俊锋	马兰花	马兰花	马丽珺
马丽丽	马玲洁	马龙强	马梅兰	马蓉俊	马润霞	马少明	马苏女	马伟萍
马文军	马文军	马文林	马小梅	马小雁	马晓峰	马晓天	马孝霞	马新虎
马雪红	马雪梅	马雅晴	马燕燕	马永忠	马宇龙	马玉红	马玉明	马玉明
马占林	马振华	马正华	马志杰	马忠林	马忠山	马子文	孟永发	敏炭丽
莫文博	牟永霞	穆国伟	穆永洁	牛文华	庞国强	庞红娟	庞院霞	彭明霞
蒲军霞	蒲永霞	蒲月花	祁凡主	祁国胜	祁俊俊	祁丽蓉	祁桃桃	祁文娟
祁小媛	祁秀芬	祁园旺	祁志明	齐海旺	齐学良	秦换伟	秦晶晶	秦兴华
秦永鹏	秦占仁	庆彩红	庆冬冬	庆利平	庆天楠	邱敏慧	邱晓娟	邱徐进
陕秀秀	尚翠玉	沈文军	沈旭文	沈志伟	石晨光	石金同	石永虎	史文菊
宋梅玲	宋庆华	宋学珍	宋燕娥	宋永春	宋子蓉	苏鹏	苏创伟	苏蕾蕾
苏小华	苏永学	苏志谦	孙冬燕	孙国英	孙嘉尧	孙琳琳	孙倩霞	孙永霞
孙玉玲	他红红	他信忠	唐栋强	唐君民	唐燕芳	唐玉青	陶芳	陶军军
陶旭红	陶玉娇	陶占芬	田吉庆	田月红	铁国福	铁晓红		铁扎来牙
土兵	汪春雷	汪江龙	汪兴隆	汪亚运	汪玉霞	汪自腾	王浩	王军
王鹏	王强	王童	王雪	王斌斌	王彩芳	王春燕	王栋仪	王国俊
王国霞	王国媛	王慧珍	王建国	王进平	王娟霞	王丽丽	王盼霞	王欠欠
王倩倩	王倩倩	王青平	王珊珊	王胜刚	王维发	王伟峰	王伟俊	王伟霞
王卫霞	王文海	王文娟	王文文	王孝俊	王新艳	王秀红	王旭斌	王学红
王学林	王亚庆	王艳林	王艳林	王艳霞	王艳艳	王燕芬	王燕明	王永福
王永江	王永明	王永强	王玉海	王志兴	王自立	文彦忠	吴家林	吴进红
吴俊俊	吴宁宁	吴瑞瑞	吴小红	吴英成	武琳	武慧芳	线文绞	肖风仁
肖建军	肖桃儿	谢贵珍	谢红宏	谢江红	谢玲玲	辛斌斌	辛帆军	辛芬芬
辛亚宁	辛引兄	徐环	徐海楠	徐君霞	徐明明	薛旺伟	薛小俊	杨辉
杨阳	杨爱荣	杨春霞	杨福霞	杨国庆	杨国珍	杨海鹏	杨俊霞	杨巧云
杨泰芬	杨伟军	杨小平	杨彦娇	杨艳艳	杨燕明	杨永燕	杨玉亮	杨圆圆
杨占龙	杨占忠	杨正明	尤振华	余兴明	余学龙	袁伟	曾引弟	张明
张伟	张忠	张爱明	张宝才	张春光	张冬冬	张国强	张国祥	张海红
张海萍	张海哲	张红红	张建国	张俊伟	张莉莉	张丽丽	张亮亮	张明翠

张明明	张明霞	张盼霞	张庆霞	张拴录	张文慧	张雯霞	张小丽	张小青
张秀兰	张学红	张学忠	张雪琳	张颜红	张圆圆	张月霞	张忠卫	章维霞
章月光	赵 珊	赵春兰	赵冬伟	赵凤珍	赵富兰	赵海琼	赵吉生	赵俊杰
赵林强	赵廷桃	赵婷婷	赵婷婷	赵文华	赵文菊	赵文涛	赵小青	赵晓燕
赵艳娥	赵艳红	赵艳丽	赵永平	赵永霞	赵元元	赵志龙	赵志平	赵志平
周东东	周海鹏	周进南	周进霞	周雷正	朱 杰	朱翠芬	朱秀红	朱旭东
朱学智	朱燕华	朱永杰	訾占文					

2017届高中毕业生名单（共480人）

白斌志	白朋安	白晓礼	白秀秀	白燕军	白永华	白永林	柏俊丽	柏庆辉
柏全生	拜学海	拜玉珍	才让草	常海霞	常文文	常玉玉	陈 佛	陈兵兵
陈东旭	陈亮亮	陈如新	陈天赐	陈雅翠	陈耀祖	代国强	代伟俊	代小红
戴文花	邓冬冬	邓利斌	邓英奋	丁 萍	丁东拉黑		丁丽琼	董英龙
豆光灵	杜倩倩	杜天文	杜艳丽	杜元元	杜志芳	段乐乐	法晓芳	范宝兰
范彩发	范永哲	方永兵	冯红红	冯兴茂	冯永霞	孕藏吉	高艾力	高莉莉
高乃莉	高强云	高小霞	高志忠	苟文强	管冬霞	管辉强	管神龙	管世伟
管晓丽	郭 霞	郭海伟	郭明明	韩承志	韩冬冬	韩海云	韩红平	韩胜伟
韩玉花	郝 磊	郝月芳	何翠云	何淑兰	何文斗	何学莲	何艳霞	何中秀
侯艳丽	侯易发	胡东云	胡国红	胡建利	胡盼红	胡青青	胡忠霞	蕙燕燕
姬珍霞	贾玉霞	江贵倩	江孝兰	江玉珍	姜雪云	卡海忠	康奋发	康晶源
康晴红	康永芳	李 斌	李 婧	李 莉	李 丽	李 明	李兵强	李存存
李东芳	李居民	李娟娟	李军合	李兰兰	李明珠	李鹏鹏	李倩倩	李如霞
李维安	李小红	李雅娟	李艳红	李洋洋	李云霞	连一如	梁 鹏	梁婷婷
林 江	林 平	林兰新	林伟强	刘彩红	刘东旭	刘国辉	刘慧玲	刘吉鹏
刘建国	刘青青	刘善霖	刘信发	刘学晶	刘延龙	刘月琴	刘正和	卢春云
卢永伟	鲁光胜	鲁 雯	吕俊俊	罗 娜	罗鹏鹏	罗小龙	罗兴旺	罗宇强
马 坚	马 健	马 娇	马 杰	马 兰	马 丽	马 林	马 玲	马 龙
马 龙	马 明	马 强	马 蕊	马 瑞	马 鑫	马 艳	马 云	马 展
马春兰	马旦阳	马东红	马发土麦		马芳芳	马富强	马尕索	马桂兰
马国福	马国兰	马黑麦	马红霞	马洪丽	马虎山	马虎雄	马怀福	马金玉
马娟娟	马娟娟	马娟娟	马俊杰	马俊霞	马利伟	马林霞	马明文	马培培
马倩龙	马少云	马索菲牙		马田楠	马婷婷	马万勋	马伟俊	马伟云
马文虎	马文俊	马文兰	马文龙	马文轩	马小刚	马小平	马晓兰	马秀兰

马秀兰	马秀清	马秀妍	马学丽	马雪荷	马雪梅	马雅龙	马艳霞	马义清
马奕麟	马英霞	马英霞	马永龙	马永梅	马永鑫	马玉红	马玉花	马玉龙
马媛媛	马云霞	马占云	马志强	马忠明	马自强	孟琴琴	孟青青	苗顺福
牟海兰	穆秀珍	穆占霞	牛文新	潘永孝	庞伟伟	蒲彩兰	蒲光明	蒲娟娟
蒲小芳	蒲延礼	祁慧	祁春阳	祁丹丹	祁国强	祁莉莉	祁巧岩	祁燕霞
祁燕燕	齐明瑜	齐伟生	秦红红	秦虎伟	秦辉娟	秦宁宁	秦生强	庆双霞
邱斌磊	邱文彪	邱新芳	邱园园	山俊霞	陕文斌	尚东云	尚健芬	尚梅英
尚平平	沈小娟	沈旭东	沈亚丽	石东伟	宋国红	宋慧龙	宋俊秀	宋奇伟
宋学平	宋正正	宋宗磊	苏倩倩	苏洒力海		苏胜福	苏中昱	孙春明
孙俊霞	孙力强	孙丽娟	孙顺顺	孙霞霞	孙永平	孙志和	他鹏博	他天福
他亚丽	炭维清	唐东强	陶宁宁	田国庄	田俊俏	田婷婷	田振平	铁海俊
铁继明	铁永华	铁永艳	汪文强	王刚	王进	王晶	王鑫	王艳
王颖	王臻	王爱华	王彩霞	王彩云	王翠平	王东明	王光义	王国强
王海伟	王海霞	王红霞	王交交	王进忠	王军军	王君兰	王君霞	王克娟
王立辉	王丽丽	王玲霞	王欠欠	王倩倩	王倩倩	王青青	王晴晴	王胜发
王胜红	王书雅	王顺顺	王亭亭	王文杰	王文涛	王小红	王小华	王小平
王旭东	王旭娇	王学芳	王学良	王学明	王学强	王彦青	王一凡	王永海
王原原	王珍珍	王珍珍	王振丽	王子平	王自宠	魏海霞	魏俊霞	魏小鹏
魏扬扬	吴国军	吴俊杰	吴雪静	武海霞	线志强	肖华	谢绍杰	谢小燕
辛林志	辛婷婷	徐国龙	徐娇娇	徐志鹏	薛亮	薛林鹏	杨云	杨崔虎
杨光明	杨红霞	杨俊霞	杨倩倩	杨琴琴	杨双龙	杨文文	杨纤纤	杨小花
杨小莉	杨艳霞	杨志彪	叶彦青	尹倩	尹俊华	尹丽丽	尤洁	余珊珊
袁卷卷	张健	张龙	张伟	张冬冬	张凤娇	张凤秀	张福福	张国桢
张海俊	张海秀	张慧芳	张计生	张俊霞	张黎光	张龙龙	张宁宁	张倩倩
张荣荣	张文文	张文秀	张兴倩	张旭艳	张学红	张彦顺	张艳霞	张园园
张云云	张真真	章利彦	章维菊	赵刚	赵琴	赵兵兵	赵彩英	赵东伟
赵福新	赵国霞	赵换换	赵吉林	赵佳佳	赵茜茜	赵琴琴	赵庆霞	赵瑞新
赵士伟	赵廷月	赵文玉	赵文智	赵小云	赵学楠	赵学彦	赵艳莉	赵永霞
周东东	周冬云	周红丽	周菊红	周康文	周兰兰	周倩倩	周睿莉	周玉玉
朱萌俊	朱姝琳	朱伟明	朱彦会	訾尕发	訾俊礼	訾小翠		

（因档案遗失，部分毕业生名单未收录）

319

第十章 校园文化

第一节 校园文化基础设施建设

民国二十五年（1936年）五月，私立云亭小学刊印出版了《私立云亭小学校实施概况》一书。该书由中华印书局印刷，以天干地支为各章节排序，共有十章，另有附录。全书系统介绍了学校各部职责以及民国二十四年（1935年）第一学期行事历。据记载，小学本部除正常的教学建筑之外，另开辟有2间学生成绩展览室（第一成绩室和第二成绩室）、一座音乐室、一座图书馆、一座小商店。图书馆内有图书1295册（教育类82册，哲学类39册，儿童读物类三百二十余种839册，辞书类84册，文学类101册，杂志类150册），另有教师用书二十余种，教学仪器十余种，挂图二十余种。此外还有小号4支，公告牌2个。学校行政部每学期办壁报二十期，每学期末出版学校概况一期。学校训导部有训导标语和公训德目并负责及时漆新校训。

私立云亭中学（临夏县中学前身）时期，学校占地2.6万平方米，有教室8座，礼堂、图书楼、董事楼各1座。

学校礼堂曾是临夏县县城内较为著名的建筑物之一，于民国二十七

临夏县中学大礼堂

年（1938年）前后由当时宁夏省政府主席马鸿逵投资10万银圆修建，坐北向南，坐落在校园中央，占地面积700平方米，长35米，宽20米，高9米，是由当时的第十七集团军驻兰办事处处长马麟阁设计、监工、一手经办的。礼堂除地基用大石，廊沿用五百五十余根长条石砌就外，整个建筑都是砖木结构，造型美观大方，别具风格，既保留了传统大屋顶形式，又借鉴了西洋风格，雄伟、典雅。十四根红漆大柱将七根巨梁及庞大房顶高高擎起，内部主席台对面又造有马蹄形楼台。楼上楼下共可容纳一千五百名观众。精美的木雕祥云、牡丹等花卉镶嵌于梁柱之间。面对阴洼山，正面顶部正中嵌一直径约1米的时钟，每刻钟、每半小时、每小时响一次，全镇人均可听见，只可惜在1949年前被一军阀之子拆去钟摆等主件，一直未修复。门口顶部又设一花墙阳台，可俯视前院。门前花坛间用五彩鹅卵石铺成数条鱼脊形甬道。门前古槐参天，翠柏挺拔。龙爪柳如虬龙游空，刺玫、丁香、探春等灌木花丛掩映其间，牡丹、芍药等花卉高低错落，次第开放。每至春夏仲秋，红花碧树，绿影婆娑，花香醉人。其境幽静清雅，沁心爽身，好学之士，吟咏其间，陶然忘归。

每周朝会时中小学师生须到大礼堂集会，先唱中华民国国歌，再面对总理（孙中山）遗像默哀三分钟，之后集体诵读总理遗训，最后由校长讲话。

礼堂作为召开大型师生会议、文艺演出的场所，一直发挥着重要的作用。1949年后，将礼堂主席台改为舞台，成为全县机关、学校师生经常性演出的场所。1964年，因舞台太小，不能演出大型文艺节目，逐进行了扩建。"文革"期间，文艺表演热情空前高涨，在舞台上先后演出了大型歌剧《红色娘子军》《白毛女》《抗大的道路》等。

20世纪80年代以后，由于礼堂木质结构松动等原因，演出活动减少。1987年，封闭楼梯。后因楼廊地板、楼栏腐烂，有坍塌危险，遂拆除二层楼廊。1990年礼堂被县政府列为县级文物保护单位，1991年底到1992年对礼堂

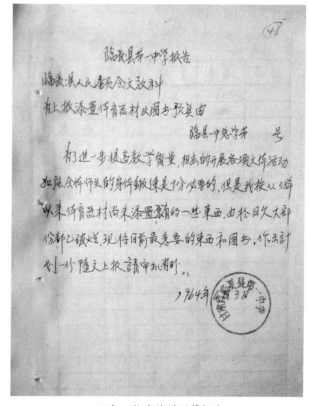

1964年，礼堂修缮预算报告。

进行了加固维修，礼堂门面保持原貌，两侧门窗换为钢门钢窗。随着时间的推移，礼堂墙体出现裂缝，地基下陷，成为危房，无法修复，危及师生安全，经临夏回族自治州州委州政府、临夏县委县政府批准并征得马鸿逵曾孙马国昌（时任兰州民族中学校长）同意，于2004年6月拆除。

礼堂西侧为董事楼，供校长办公和董事议事。学校有图书楼名曰"少云楼"（马鸿逵，字少云），藏书两万余册，内有古籍《四库提要》《资治通鉴》《万有文库》《中学生文库》以及其他现代文学、科技参考书、大型工具书等。

1938年至1962年的文化基础设施建设不清。

1963年图书楼被拆除改造成11间平房。学校有图书室3间，阅览室3间，仪器室4间，实验室3间。

1989年学校利用勤工俭学收入投资3.6万元，修门市部30间，改造危房5间，添置了打字机、誊印机、速印机等教学设备。

1990年9月，于1989年动工修建的水暖配套、总建筑面积2100多平方米的教学楼通过验收并开始使用（即后来的教学西楼）。楼道内贴挂名人画像，门厅墙壁上镶有整冠镜。

1992年6月—1992年8月在校园西南侧新建一栋合作民族师范专科学校学生教育实习基地楼，上下共10间。

1995年春，教职工踊跃参加了义务劳动，开辟了500多平方米的花坛，种植风景树400多株，栽植了牡丹、芍药、丁香等花卉50多丛，美化了部分校园。10月，全校师生员工齐动员，捐款1800多元，学校筹措资金3000多元，制作高50厘米的钢管花园围栏3处，铺红砖甬路三条，约300多平方米。每至晨昏，学生在花坛甬路间朗读吟诵，怡然生趣。

1996年春，在花坛内设置了温馨警示牌，加强了对花草树木的管护。

1997年12月、1998年11月，学校自筹资金，维修了桌凳，维修了后厕所及教工灶，并粉刷了教学楼墙壁，书写了励志标语。

1999年12月，总建筑面积1000平方米的教学北楼动工并完成了基础工程，2000年12月基本竣工；是年，改造重修了清真灶；改造维修了10间学生宿舍、5间教工宿舍，并自筹资金修理了50张课桌、56条凳子，购置了110条实验凳，硬化了部分路面，维修了暖气。

2001年12月，所有教室安装了英语听力设备；通过自筹资金，用3万多元购置了办公微机和印刷一体机；安装了水银路灯，种植了名贵树木；按照消防部门的要求在全校范围内进行了安全隐患大检查，更新了电路，购置了10具干粉灭火器，设置了应急安全隐患疏散标志，成立了学校义务消防队；用教工集资方式安装了35台电脑，建立了教学微机室。微机室建设实际支出25542元（共计支出197524元，其中35台电脑买价191800元，微机室改造费5742元，教工集资172000元）。是年改造门房、购置体育器材、增设报栏、宣传栏、岗位台支出7186.22元，文印设备购置费共计32108元。

2002年11月，用6万元回收了校门西侧二楼上的9间教职工住房，缓解了教职工宿舍紧张问题，添置了架子鼓等3件乐器和部分体育器材，购置了一台教学扫描仪，新安装了23台微机，开辟了第二微机室。2600平方米的教工集资住宅楼竣工交付住户使用。

2003年至2005年，经过全力整修，校容校貌发生了很大变化：

一是通过自筹和争取二期"义教"项目，投资额达263.95万元新建的4258平方米综合教学楼投入使用，即将建设二期工程；投资10万元的4个标准实验室等设施已安装完毕。

二是投资3万多元将部分西楼教室改造为学生宿舍，改善了学生的住宿条件，缓解了宿舍紧缺问题。

三是重视校园"四化"（即绿化、美化、硬化、净化），自筹资金20多万元修建厕所、硬化路面、铺设彩砖、绘制大型壁画、种植草坪和树木等，优化了育人环境。

四是筹资近30万元建成供暖系统，解决了教学东楼供暖问题。

五是投资3万多元扩建了学生食堂，并严格承包管理，服务质量有了提高。

六是支出8万多元资金，给两年以上教龄的大部分教师配发了较高档次的办公桌椅共152件（套），购买教学用录音机17台，购置双人学生课桌凳80套，床板176张以及添置打印设备等，有效地改善了教师办公条件和学生学习条件。

七是投资4万元扩大了后操场，拓展了活动场地。

2010年后，学校又在校园文化建设方面迈出了新的步伐：

1. 学校在教室墙面、楼梯口悬挂具有警示、鞭策、激励意义的标语、书画作品、温馨提示牌等，加强对学生的日常教育力度。同时，学校制作了优秀教师风采录和三好学生光荣榜，校门口及时制作张贴以高考上二本线学生名单为主要内容的大型喷绘等，极力宣传本校的教育教学工作成绩。学校投资6600元在每个教室悬挂标语6条，每层楼道制作标语5幅，校园内制作宣传标语14条、大型喷绘30幅，在东教学楼门厅中制作了以"弟子规"为内容的文化长廊，丰富了校园文化内容，增添了校园文化氛围。购置了1.9万元的体育器材和健身器材，开展了丰富多彩的由学生、教职工参加的篮球比赛、羽毛球比赛、田径运动会、文艺汇演、书画展览等活动。学校先后投资9000元维修课桌凳，使得课桌凳统一，桌面平整，凳子牢固。

2. 购置教学办公设施，加大教学服务力度。针对教学手段落后，教法单一的现状，学校积极争取经费约60万元，在6个实验班教室装备了电子白板设备，购置了6台移动多媒体电子白板，安装了3台47英寸液晶电视及配套的EVD播放器，极大地改善了教学和办公条件，使本校多媒体教学设施处于本县领先地位。

2013年8月学校从韩集旧校区搬出，分成两部，高一年级在姚川原韩集初中校区内，高二、高三年级搬入双城新建的双城实验小学（双城实验小学当时未曾投入使用）。2014年初，学校在姚川和双城分部办学，学校硬件建设和日常管理存在很大困难。学生、教职工和社会群众在党的群众路线教育实践活动中提出意见建议，在县委县政府的关心支持下，在原韩集初中即现在的新校区，投资3000万元修建了1.1万平方米的教学楼、1200平方米的学生餐厅和塑胶操场，并安装了锅炉，扩建了教工灶，添置了体育器材、象棋桌、硬化了停车场地等。2014年秋季开学前，学校双城部搬入姚川部，实现了两个校区的合并，方便了学校管理，彻底解决了诸如旧校区校舍危房多、学生住宿条件差等困难，使硬件设施得到加强，极大地改善了办学条件。

2015年夏，学校在校园东侧墙壁上制作了50米文化墙，在男生宿舍楼背面墙壁上制作了永久性标语。

近年，学校筹资45万元安装了22台超短焦电子白板，接通了"班班通"。学校采取制度管理和文化熏陶相结合的策略，在大力营造校园文化氛围方面迈出了更大的步子。

第二节 文艺活动

为全面实施素质教育，加强爱国主义教育，丰富师生文化生活，全面展示本校思想道德教育成果，提高学生合作意识，本校每年以庆祝五一劳动节、五四青年节和国庆节等为契机，举行形式多样、内容丰富的文艺汇演。校内的每次汇演从训练到演出，都经过政教处、艺术组、团委、学生会的精心组织与安排，获得了圆满成功。

一、参加人员

高一、高二年级全体师生，并邀请校内外有关领导、部分家长参加。

二、节目要求

（一）内容方面：突出时代主题，充分反映学生热爱祖国、奋发向上的精神风貌，体现多姿多彩的校园文化生活和当代中学生的朝气与活力。

（二）演出形式：合唱、表演唱、配乐诗朗诵、舞蹈、器乐、小品、相声、武术、英语情景剧等。力求风格独特，水准上乘。

三、活动要求

（一）各班组要高度重视文艺演出活动，要发动学生，挖掘人才，精心设计，认真排练，高质量地完成一台精彩纷呈的文艺节目。

（二）学校根据各班的参与表现和节目质量作出综合评定，对优秀节目予以奖励并在班级量化考核中适当加分。

（三）为保证节目质量，各班聘请本校音乐老师和有专业特长的学生给予支持和指导。

（四）各班推选一个节目参与彩排，经过两次彩排验收合格后方可在汇演时演出。

（五）各班自行解决服装、化妆、道具、器乐及配乐光碟。

五、过程

文艺演出活动分三个阶段进行：第一

文艺汇演

阶段，校长致开幕词；第二阶段，文艺汇演及评委评分与现场亮分；第三阶段，领导颁奖。

一次次的文艺演出活动让多才多艺的学生在舞台上尽情地展示着自我，张扬着个性，释放着活力，同时也带给了全校师生一场场精彩、炫目的节目。台上演得用心，台下看得投入，整个演出过程掌声、笑声不断。师生们始终为演员们的才艺自豪着，被激情感染着，被感动包围着。

附表：近十年文艺汇演主题和时间

序号	活动名称	活动时间
1	"庆五一·知荣辱、树新风、构建和谐新临夏"文艺汇演	2007.4
2	"庆国庆、迎奥运"文艺汇演	2007.9.30
3	"庆祝中华人民共和国成立60周年"文艺汇演	2009.9.2
4	"庆五一、讲习惯、促文明"文艺汇演	2010.4.26
5	"庆五一暨建党90周年"文艺汇演	2011.4.30
6	"庆五一暨民族团结进步"文艺汇演	2012.4.30
7	临夏县"信合杯"青年歌手大赛颁奖暨"迎五四"文艺汇演	2013.4.30
8	临夏县中学"舞动的青春"文艺汇演	2014.4.30
9	"放飞梦想、青春飞扬"文艺汇演	2015.4.30
10	"践行价值观、共圆中国梦"文艺汇演	2016.4.30
11	"践行价值观、共圆中国梦"文艺汇演	2017.4.30

第三节 学校刊物

学校创办伊始，对校园文化建设比较重视。私立云亭小学校时期，每学期出版两期级刊（名称不详）。至"文革"前，学校刊物情况不明，"文革"中正常教学秩序被破坏，大字报为当时宣传揭批的所谓文化主阵地之一。1987年春季学期，萧村逸创办了"本校新闻"黑板报，曾发布过七期。自1987年9月7日起，由康廷栋续办至一百二十四期，于2005年5月29日止，历时13年从未间断。期间，发布新闻596条，共15804字，适时适度地为广大师生宣传了校园动态。

《蓓蕾》

《蓓蕾》第一期出版于1987年，祁仲华命名，石纪文题字，由康廷栋之子康永红在四寸见方的果木上镌刻"蓓蕾"二字，作为2005年之前的刊物封面用字。第一期主编为语文教师康廷栋（已故），后由语文教研组承办至今。刊物内容最初为蜡板刻印，直到2005年后，变为铅字印刷，出版期数也由之前的每学期两期变为每学年一期。目前总共出版97期。最新一期出版时间为2017年4月。它的创办，为学生提供了一个展示个人精神文化世界的平台，让怀有文学梦想的莘莘学子收获了一份惊喜，点亮了属于他们的一片纯净的文学星空。

文学校刊——《蓓蕾》

《县中教研》

《县中教研》第一期出版于2008年6月，目前出版了总共三期，第二期出版时间为2010年5月，第三期出版时间为2015年5月，已更名为《教苑》。本刊收集了学校教育教学研讨会获奖论文，这些文章，或畅谈学校管理方略，描绘学校发展蓝图；或点睛高考，指导学生备考复习；或略论学术研究，发表个人见解；或介绍班务经验，凸显班级建设成效；或详析教学环节

学校教研刊物——《县中教研》

处理，分析个中得失；或简述备课组活动，规范研究学习行为等。本刊为教师注重日常积累与思考，撰写优秀教案、说课案、读书心得、教学心得、课后反思等文章提供了交流的平台，大大推进了本校教研工作的有效开展。

《县中教研》的创办，填补了学校教研成果的空白，提高了广大教师"教而不研则浅，研而不教则空"的认识，推进了教研兴校的建设构想。

学校教研刊物——《新课程实验校本教材》

《临夏县中学新课程实验校本教材》

随着新课程的不断实施，国家教材、地方教材和校本教材的有机统一实施是课程改革的必然趋势和要求，为此，学校于2007年出版了《临夏县中学新课程实验校本教材》一书。本书收集文章20篇，文章选自各个备课组优秀教师关于本学科知识点所做的研究。这些文章从本校实际出发，从学生实际出发，探索新课程实施的有效方式和途径，力争为新课程方案在全州其他学校的推广探索新路子，并在新课程改革实验中作出本校应有的贡献。

《深化课程改革 创建高效课堂——"学讲练思"有效课堂建设的思考与做法》

为尽快适应国家高中教育新课程改革，本校教研室开展了"学讲练思"课堂比武活动，该活动旨在凸显学生的主体性和教师的主导性。新的高中课程改革，对课堂教学模式提出了更高要求，如何寻找到一套适合自己的教学模式，从而有力地促进学校教育教学质量的提高，是学校管理者和广大教师不可回避的问题。自新课改开展以来，学校进行了苦苦的探索，坚持"请进来、走出去"的做法，先后邀请了北京师范大学吴效峰博士、西北师范大学靳健教授等作报告，学校领导带领部分中层领导、各学科骨干教师到宁夏银川一中、六盘山中学、兰炼一中、榆中一中、榆中恩玲中学、武威二中、甘谷一中、会宁一中、临夏中学、临夏回中等中学实地考察学习，且通过网络学习，参加各级各类培训、课改论坛等，主动适应新课改发展的要求，不断更新观念，努力探索符合学校实际的教学

学校教研刊物——《深化课程改革创建高效课堂——"学讲练思"有效课堂建设的思考与做法》

思路和教学模式。2006年出台了新课程改革方案，2009年提出了《临夏县中学课堂教学十项要求》。在此基础上，通过三年的课堂教学实践，2012年总结出台了《临夏县中学关于'学讲练思'教学法的要求》，旨在适应新课改理念，规范教学行为，打造高效课堂。主张课堂的主角是学生而不再是教师，突出学生的主体地位，使教师与学生的课堂角色发生了根本性转变，为师生之间共同探讨、共同学习，建立民主、平等、和谐的师生关系输入了新鲜血液。该"要求"注重会学、精讲、多练、反思的教学环节，引导学生探究，调动学生思维，组织学生参与，解决学生疑惑，旨地提高课堂效率，使三尺讲台更多地成为学生展示的舞台。实践证明，"学、讲、练、思"教学模式是适合本校教学实际的。在新课程改革的进程中，本校牢记"坚苦卓绝"的校训，秉承"科学育人，和谐发展"的办学理念，不断完善并积极推进"学、讲、练、思"的教学模式，促进学生全面发展，积极打造高效课堂，使本校教育教学质量再上新台阶。

附：临夏县中学出版刊物一览表

刊物名称	出版时间	期数	主要内容	备注
蓓蕾	1987.5	第一期	各年级学生优秀作文、课外练笔、时评、教师教学心得等。	2017.4出版第97期
县中教研	2008.6	第一期	学校管理、青年教师培养、研究和提升、第七届教育教学研讨会获奖论文、教研动态、班主任工作。	
县中教研	2010.5	第二期	教育管理、各学科优秀论文、优秀教案展示、教研动态。	
教苑(县中教研)	2015.5	第三期	教育管理、各学科优秀论文、优秀教案展示、教研动态、研究性学习。	
临夏县中学新课程实验校本教材	2008		各备课组教师代表发表的关于本学科的优秀文章。	
深化课程改革 创建高效课堂——"学讲练思"有效课堂建设的思考与做法	2015年		"学讲练思"教学法的要求、评分标准、反思、备课组开展情况汇报、总结。	

第四节 图书馆（室）建设

私立云亭中学时期，学校有一图书楼，名为"少云图书楼"，藏书约两万册，内有《四库提要》《资治通鉴》《汉书》等古代典籍和《万有文库》《中学生文库》等现代文学、科技参考书、大型工具书等，资料丰富。这些书籍在"文革"中被焚烧殆尽。

1974年，学校图书室设在旧校区（韩集中学）的三间平房教室，由赵凤英担任第一任图书管理员。1985年，由乔锦芳担任图书管理员，图书室由平房搬至旧校区教学楼二

楼 。2012年，由王永芬担任第三任图书管理员，仍设在旧校区教学楼二楼。

目前，学校有图书室、阅览室，设在学校综合楼五楼，由赵亚平担任图书管理员。现有图书37888册，价值253718元，人均22.4册；电子图书132张，价值1320元。阅览室面向全体师生开放，学生每周一、三、五可分班借阅图书。

本校图书室的变迁及历任图书管理员

任期	姓名	时间	地点
第一任	赵凤英	1974 年—1985 年	旧校区三间平房
第二任	乔锦芳	1985 年—2012 年	旧校区教学楼二楼
第三任	王永芬	2012 年—2015 年	旧校区教学楼二楼
第四任	赵亚平	2015 年至今	综合教学楼五楼

第五节　校徽

为加强校园文化建设，丰富学校文化历史底蕴，2008年，学校要求美术组设计校徽。9月，美术教研组组长江贵伟设计了学校第一枚校徽。

该校徽图案以"县中"汉语拼音首字母"X""Z"为主要元素构成的一只正在翱翔于天空的大雁为中心图案，寓意团结勤奋、求实创新、志向远大。大雁的翅膀分别由四本书构成，代表学生探求知识的欲望，其底色为蓝色，象征着蓝天。大雁主体为红色，象征学生的求知热情。白色象征着对未知领域的探索。"1938"年为建校时间，其字体颜色为黑色，彰显着学校厚重的历史。

后因第一枚校徽在设计上过于形象，缺乏更多让人想象的空间，学校决定进一步加以修改。2014年春季学期，副校长宋明震到西北师大培训学习期间，偶遇师大硕士研究生伏应科，让其构思，初具雏形。宋明震回校后与多名老师反复商榷推求确定了如右校徽。

校徽主体图案是以学校名称"县中"汉语拼音的首字母"X""Z"为主要元素构成的两个同心圆，其寓意是团结和谐。

画面的中心图案似一个正在向前奔跑的人。其红色象征着拼搏向上的斗志，人体轮廓似"X"形，又似"Z"形。主图案"X"均貌似临夏县中学的汉语拼音首字母"L""X""X""Z""X"，又似一把燃烧的火炬，象征点燃希望，又似数字"1"——"NO.1"，寓意学校各项工作追求一流。数字"1938"为建校时间，其颜色为绿色，象征县中蓬勃的发展势头和青春气息。

校徽寓意：不断向前，顽强拼搏，力争上游，追逐梦想。

第二枚校徽以其抽象的多重含意，被广大师生接受，为学校沿用至今。

2018年7月，在校志编纂中，我们发现校徽还有待改进之处，经征请校长同意，对学校第二枚校徽的文字内容和形式作了稍许改动，学校名称上冠以"甘肃省"三字，学校英文名称中也加注了"GANSU　PROVINCE"并将原来右起名称修正为左起，使得校徽上文字标识合乎规范。其他设计乃至寓意仍保持不变。

第六节　校歌

临夏县中学校歌

临夏县中学校歌创作于2009年9月，由原任校长黎世亨、音乐教师方荣作词；韩锷全、方荣作曲并经本校音乐组集体定稿完成。歌曲体现了临夏县中学的地域风貌、文化环境、办学理念。曲谱采用了F大调，2/4拍，进行曲速度。旋律坚定、豪迈，歌词富有感染力、凝聚力，体现了全体师生"三苦""三会"的顽强品格和积极进取的精神风貌。

第十一章　荣誉奖励

第一节　集体

1989年之前，学校获得的荣誉无从查考。1989年以来，学校集体（包括党支部、工会、共青团支部等）获上级单位的奖励与荣誉分陈如下：

1989年荣获临夏县教育系统"先进集体"称号，被临夏回族自治州教育局、临夏回族自治州体委授予"八九年度体育达标先进集体"称号。

1990年被甘肃省委、甘肃省政府树立为"全省教育系统先进集体"，1994年被编入《中国地方名校》一书。

1996年被甘肃省招生委员会评为"高考优秀考点"。

2000年州级督导评估中被认为"同级同类学校中多年来得分最高的一所学校"，被临夏县委、临夏县政府评为"全县第三次民族团结进步先进集体"。

2001年3月学校被临夏县委、临夏县政府评为"文明单位"和"全县三五法制宣传教育先进单位"。

2001年被甘肃省委、省政府评为全省"'三五'法制宣传教育先进单位"。

2004年9月被临夏回族自治州教育局授予"2004年向高校输送人才二等奖"；2004年9月被评为"2004—2005学年度教育工作先进集体"；2004年学校获临夏县委、临夏县政府"社会治安综合治理责任制考核三等奖"；被临夏县县直机关工委评为"2004年机关党建工作目标管理责任先进党支部"；2004年被临夏县县文教体局评为"教学质量先进集体"。

2007年1月，被临夏县文教体局评为"2005—2006学年度教学质量二等奖"。

2007年1月，被临夏县文教体局评为"2006年度校园文化建设先进单位"。

2007年4月，被临夏回族自治州教育局评为"2006年度中学教学质量考核二等奖"。

2007年5月，获得临夏县"庆五一"教职工篮球运动会（西片赛区）亚军。7月，获

2007年临夏回族自治州青少年科技夏令营知识竞赛（中学组）三等奖（临夏回族自治州科协、临夏回族自治州教育局）。

2007年9月，被临夏县委、县政府评为"2006—2007学年度教育工作先进集体"。

2007年10月，获得临夏县教职工篮球运动会（总决赛）第一名。

2008年3月，被临夏县文教体局评为"2006—2007学年度教学质量一等奖"。

2008年4月，临夏县中学团委被共青团临夏县委评为"2007年先进团委"。

2008年9月，被临夏县委、县政府评为"2007—2008学年度教育工作先进集体"。

2009年5月学校被临夏县地震局、教育局、科协授予首批"临夏县防震减灾科普示范学校"称号。

2009年5月，学校分获"临夏县中小学学生实验技能高中生物组一等奖"、"临夏县中小学学生实验技能高中物理组一等奖"。

2009年9月在临夏县委宣传部、县教育局组织的临夏县教育系统庆祝建国六十周年文艺汇演活动中，学校获合唱类一等奖。

2009年9月，学校被临夏县委、县政府评为"2008—2009学年度教育工作先进集体"。

2010年4月，临夏县委、县政府授予学校"临夏县2009年度文明单位标兵"称号。

2010年5月学校被临夏回族自治州教育局、临夏回族自治州语言文字工作委员会评为"州级语言文字规范化示范学校"。

2010年7月学校党支部被中共临夏县委评为"先进基层党组织"。

2010年11月学校被临夏回族自治州教育局、州政府教育督导室评为"综合督导合格学校"。

2011年9月学校被临夏县委、县政府评为"2010—2011年度教育工作先进集体"。

2011年1月、2012年1月在领导班子年度考核中，学校领导班子两次被临夏县委、县政府评为"好班子"。

2012年9月学校由临夏县委、县政府授予"2012年高考学生上线奖"。

2013年1月学校获临夏回族自治州体育局、临夏市人民政府组织的"临夏州、市庆元旦万人环大夏河长跑公开赛"青年组团体第六名。

2013年9月学校被临夏回族自治州州委、州政府评为"教育工作先进集体"称号，被临夏县委、县政府评为"全县教育系统先进集体"。

2013年7月学校党支部被临夏回族自治州教育党工委评为"全州教育系统先进基层党组织"。

2014年学校被授予县级"教育教学质量先进集体"称号。2014年10月学校被评为"甘肃省中小学德育示范学校"。

2015年2月，学校被中共临夏回族自治州州委、州人民政府评为"临夏州民族团结进步示范学校"，并颁发奖牌一面。

2015年9月，学校被中共临夏县委、临夏县人民政府授予"临夏县教育教学质量先进集体"并颁发奖牌一面。

2015年9月，学校被中共临夏县委、临夏县人民政府授予"临夏县教育督导工作先进集体"并颁发奖牌一面。

第二节　教师个人

1938年建校至今，学校教师个人获奖，未做记载，且无从查证。目前可知的如下：

被中共临夏回族自治州州委、州政府授予"优秀校长"称号的有：李瑞。

被中共临夏县委、县政府授予"优秀校长"称号的有：黎世亨、李瑞。

被中共临夏回族自治州州委、州政府授予"优秀教师"称号的有：吕忠、宋宗义（临夏州园丁奖）、高占龙、朱杰、郑维华、江贵伟、马家元、郭旭强、张英海、王智强、王贤博、缐宏光、王志学、陈强。

被中共临夏县委、县政府授予"优秀教师"称号的有：李万忠（1990年被临夏县文教工会评为"教书育人，为人师表"先进个人）、张辉、马占彪、江富傲、宋明震、田祥林、郑维华、孙孝忠、张英海、马文成、王永智、刘建奇、李瑞、杨彦云、范生江、牛俊泽、江贵伟、张永华、张兰月、赵亚平、王智强、丁学龙、尹小龙、孟宪芳、安群英、郭旭强、朱正云、马学平。

被中共临夏县委、县政府评为"德育工作先进个人"的有：马维东、宋明震、王永智。

被中共临夏县县直机关工委评为"优秀党务工作者"的有：李瑞、江富傲、张永华、牛俊泽。

被中共临夏县县直机关工委评为"优秀党员"的有：朱雪莲、马小宁、李科华、郑维华、韩红梅。

被授予甘肃省园丁奖的教师有：石纪文、康廷栋、方荣、吕忠、李瑞。

被评为甘肃省骨干教师的有：李瑞。

被评为中共临夏回族自治州骨干教师的有：郑维华、张英海、马文成、王智强。

被评为中共临夏回族自治州青年教学能手的有：杨彦云、郑维华、宋明震、郭旭强。

被评为中共临夏回族自治州优秀班主任的有：王智强、朱杰、王正尧。

第三节　学生个人

表一：部分"三好学生"、"优秀学生干部"名单

学生姓名	时间	获奖称号	授奖单位
唐月萍、幸小东、王云海	1988.9.13	三好学生	县级
郭源俊、张文展	1990.9.24	三好学生	州级
侯文平、刘丁兰、杨占华	1990.9.20	三好学生	县级
赵芬芳、马占英	1990.9.24	三好学生	县级
张志文、崇尚君	1987.5.14	三好学生	省级
马福祥、黄升、陶玉录、田福林、秦正林、杨玉芳、范菊儿、李承义	1987.5.14	三好学生	县级
胡万义、马飞忠、吴志才、朱永忠、徐念祖	1990.9.24	优秀学生干部	州级
牟青友、何克寰、秦永胜、宋来祖	1990.9.24	优秀学生干部	县级
马文林	1987.5.14	优秀学生干部	省级
马文平、尚换明、邵向明	1987.5.14	优秀学生干部	县级

表二：部分"优秀团员"名单

学生姓名	时间	获奖称号	授奖单位或级别
马胜林(高三2班)	1990	优秀共青团员	州级
马永梅(初一2班)	1991	全国学习赖宁标兵	全国少先队工作委员会
马玉霞(初三4班)	1992	甘肃省学习赖宁标兵	团省委、少先队甘肃工作委员会

第十二章　教育与社会

第一节　政治运动

一、私立云亭中学学潮

云亭中学存在的11年中，发生过两次有较大影响的学潮。

第一次是1941年9月。这年9月18日，该校学生自治会组织"九一八"纪念活动，会上请地理老师马国春介绍"九一八"事变情况，马老师绘制了东北形势图，然后介绍事变情况。当他讲到张学良不抗日是受蒋介石阻挠，忍看东北国土沦陷，华北又被蚕食，民众流亡时，不禁痛哭起来，学生也随之动情，抹泪哭啼，同时唱起《松花江上》等爱国歌曲，同仇敌忾，义愤填膺，会场场面十分感人。事过三四天，反动政府派4名警察来抓捕马老师。由于马老师爱国热情高，教育有方，热爱学生，很受学生拥戴，尤其是敢于在军阀统治的学校中利用讲台宣传爱国思想，揭露蒋介石的卖国政策，更使许多爱国青年积极靠拢和拥护，所以当他将捕之际，进步青年挺身而出，群起保护。学生自治会主席马效融便带领几个同学，率先迎敌，口喊"打死黑狗！打死黑狗！"（当时警察穿黑制服，群众叫他们是"黑狗"）。学生一呼而起，痛打警察，警察连忙解释，说是奉命行事，请求宽恕。一阵痛打之后，马效融等人怕打死人后闹出大乱子不好收场，就劝大家住手，遂招呼警察去饭馆吃饭，并开导了一番，打发他们回去。当晚学生自治会雇佣脚夫将马老师送走，马老师得以脱险。

第二次大约是1946年，当时的军训教官（是第二任）王某某，刻薄狠毒，对学生实行法西斯教育。军棍不离手，斥骂不离口，动辄殴打学生。有一天检查卫生，初三班（只一个班）在校内十字路上拔草，拔得不干净，王教官就将该班班长马某某（该生品学兼优，在同学中很有威信）打了几个耳光，脸被打肿，两眼充血，引起同学们极大的愤慨，当晚痛打了王教官，并叫他承认错误。当时由于校长李恩华去宁夏，不在学校，王教官鉴于此事棘手，处境又困难，几日后借故离校。

二、反右运动

1957年暑假，学校遵照中共中央《关于整风运动的指示》《关于在中等学校和小学的教职员中开展整风和反右派斗争的通知》精神，集中开展整风和反右斗争。全国上下为期四五十天的整风运动开始，后期进入整风反右派斗争。学校延长放假时间，教学秩序被破坏，教学工作受到严重影响。在1958年，学校遵照中央《关于开展反浪费及反保守运动的指示》，开展"三反"（反官僚主义、反主观主义、反宗派主义）"五反"（反官气、反暮气、反阔气、反骄气、反娇气）运动，掀起思想批斗运动的高潮。

斗争浪潮波及校园后，学校党支部按照市委的安排开展运动。被批判的主要有胡光先、石永贵、潘洁风、王治成等教师，而后来则集中于王治成一人。由于王治成在动员学生走访家长的过程中，亲眼看到了农村的一些真实情况，讲了些老实话，却以"散布右倾言论"等理由，经11月26日由临夏市委上报到临夏回族自治州州委批准定为"反党分子"，给予"清除出党，撤销代副校长、人大代表职务，降两级"的处分。1960年5月13日临夏回族自治州州委又经过复查，改定为"右倾机会主义反党分子"，并"鉴于本人以往工作表现尚好，检讨态度较诚恳，尚能认识错误，故将开除党籍处分改为留党察看一年处分"，撤职降级同前。1960年10月15日，其调往六中（在中庄）去当教员。1962年彻底平反。同时，潘洁风同志也被定为"右倾机会主义分子"，1962年11月27日也得以平反。

1959年—1960年，学校党支部曾致力于对右派分子的监督、改造和教育工作。据文件（〔1959〕213号文件《转发三中关于对右派分子监督、改造、教育工作的报告》）记载："本校有右派分子三名，其中两名是从西北师院毕业来的，学校对他们实行全面孤立。开会、学习、吃饭时，另安'右派席'。有次学校打铃紧急集合学生时，他们怕被逮捕而惊慌失措。"

当时，另有赵穆欣、何士科、杨德荣等被错划为右派。马竟存是为完成指标而被划为右派的，石永贵作为中右被批判，鲁家杰也挨了批判。这场思想批斗运动，使长期以来形成的真诚的同志关系遭到了严重破坏，是对教师积极性的一次致命摧残。

1958年初，学校党组织尚未建立，由代副校长王治成主持工作，胡光先为教导主任，肖国英为总务主任。全校有教职员工36名，学生400多名，设有9个班。经过1949年后7年的修缮与配备，学校的房舍器材已较周全。教学人员与后勤人员也较齐备，形成了稳定的教学秩序，树立了较好的学习风气。教学质量也在全地区6个初中中名列前茅。

三年困难时期由于社会秩序混乱，加上学校的撤并分合，学生管教不严（学生砸坏桌椅，烧水煮糖萝卜吃是常见现象）。学校财产损失严重，东西乱丢的现象相当普遍。"据六三年秋季统计，光丢失东西价值八千元以上"。（1962年6月7日《蒋国元校长在初三有关升学就业问题座谈会上的讲话》）

关于教学质量，由于师生忙于紧张的政治运动和繁重的生产劳动，教学工作已退居非常次要的地位，师生无暇细琢细磨，学生无力复习巩固，质量是很低的，尽管在当年的许多资料中可以看到某某班"红色成绩五九年比五七年提高了百分之二十""实现全班红，向国庆十周年献礼""有×个班消灭了不及格现象"等，都是报喜不报忧，虚报浮夸。1958年也搞过教育革命，主要是搞勤工俭学，搞"教育为无产阶级政治服务"、"教育与生产劳动相结合"，虽然起初劲头足，但无科学的求实精神，尤其当时及后来将"共产风""浮夸风"搅在一起，葬送了起初的正确动机，没有得到积极的结果，收到的只是许多反面经验以及传之很久的后遗症。

1958年到1963年这几年间，本校经历了激烈的斗争与严峻的困难，三十多名同志为争取本校的荣誉，为促进本校的发展贡献了才智，付出了心血，也因来自上级的政治失误，损耗了很多精力。许多同志也受了委屈，蒙了冤。胡光先、马维成同志为本校的前勤和后勤尽职尽责，做了大量建设性的工作。石永贵、潘洁风、赵穆欣、杨德荣、鲁家杰、陈泰南、朱德安、兰天月、张定邦等同志忠诚于人民教育事业、热爱学生、精通业务。教学和教育上大量艰苦细致的工作都是由他们完成的，他们在学生中有着很高的威信。他们任劳任怨，勤恳，谨慎，团结一致，忍着饥饿，展望未来，和学校一起度过了艰苦的年代。正由于他们的尽心竭力、辛勤工作，1961年，1949年后的首届高中毕业生尽管受劳动和运动的严重干扰，影响了学习，但仍有陈惠民、徐忠等十多名学生考上了大学。

这期间，特别要提到的是以身作则的好教师石永贵。石永贵（康乐人，汉族，临洮师范毕业），开朗爽快、积极乐观、治学严谨、教法灵活，教学效果很好，深受学生欢迎，因历史问题和"右派言论"问题，受过尖锐的批判，但他会上受批判，会后照样干，劲头十足，朝气蓬勃。石永贵老师素有肠胃病和精神衰弱症，又加上在那个特定的历史年代里由于营养缺乏，劳累过度，1960年从乌龙沟水库回来不久，便因患肠梗塞去世，是时年仅36岁，他用短短的一生为本校教育教学留下了厚重的一笔。1982年11月19日，中共临夏县委始给石永贵同志平反昭雪。

1963年到1965年这一时期，张定邦、汪绍伦、雍述元、陈冠玑、杨德荣、鲁家宝、吴志祥、杜裕震等同志，克勤克俭、任劳任怨，埋头钻研业务，全力辅导学生，改善食宿条件，做了大量平凡艰苦的工作，把刚刚从极度困难中摆脱出来的学校引向教学的正轨，使学校书声又起，重现生机。

三、"文化大革命"

1966年夏，教学上突出政治色彩，增加政治课的教学时数，学习报纸上有关批判"三家村"的文章和社论，随后《五一六通知》下达，"文化大革命"正式开始。

暑假中教师集训，普遍挨整。开学后红卫兵组织纷纷建立。紧接着停课闹革命，教师中凡家庭出身高的（富农、中农）、有辫子可揪的、有海外关系的、以前犯过错误的、社会关系复杂的、以前管教学生严厉的……都被揪无遗。张永华、杨德荣、陈冠玑、张定邦、鲁家宝、杜裕震等多名教师受到揪斗，其中被揪斗时间最长、受折磨最严重的当属张永华、陈冠玑、杜裕震三位。

1967年5月，取消班级建制和班主任制，按班、排、连、营建制编队。学校这时期大力推行"忠"字化，跳"忠字舞"，进行"早请示，晚汇报""天天读""讲用会"，学校正常教学秩序被严重破坏。

1968年下半年校革委会成立。县革委会派的主任是李公朴，但没过三天，县革委会的造反派便写了几张大字报把李公朴揪去，再也没来。后任命李克让为主任，梁万仓（学生）为副主任，当时口头上喊的是"复课闹革命"，但文化课还是没有认真上过。主要是学习毛主席语录，学习"两报一刊"（《人民日报》《甘肃日报》《红旗》）的文章，上串下联搞大批判。长期形成的规章制度都被视为"清规戒律"而被砸烂，优良传统和学风也荡然无存。1968年10月，将一批教师下放到农村，接受贫下中农再教育。其中，教师杜裕震一家被下放到临夏县漫路公社唐家外村劳动数年，直至"文革"结束才回到原校任教。是年，中小学"复课闹革命"后，均以"老三篇"（《为人民服务》《纪念白求恩》《愚公移山》）、"老五篇"、《毛主席语录》和"两报一刊"有关文章进行教学。

1969年，为了彻底改造"资产阶级知识分子的一统天下和世袭领地"，工宣队、农宣队浩浩荡荡地开进学校，横眉怒目地要"领导斗批改"，着重是要改造知识分子。工宣队队长是刘××，农宣队队长是高××（俗称高大爷）。高是文盲，当时因为没有文化，闹了不少笑话。

为了认真贯彻1969年3月5日至14日临夏州革委会召开的全州教育革命座谈会精神——要求各县重点学校要开办红专学校，1974年学校在校内办起了红专学校。把当年新招的高一四个班办成了专业班：民办教师班、红医班、体育班、拖拉机手培训班。除开设基础课外，也上一些专业课。是年，全州中小学迅速掀起群众性的研究儒法斗争和历史经验的高潮，要求学生和贫下中农一起狠批《三字经》《弟子规》《神童诗》《千字文》《朱子治家格言》等书。

1975年农机局配了一台教练专用拖拉机，聘请了几位兼职教师，还修建了许多校舍，建立了校队（学校、生产队）挂勾的关系。教师经常到这些社队去宣传和劳动。1975年1月29日，娄正统调任县文教局局长，由赵英甲任校革委会主任，提任教改组长尹进科为校革委会副主任。1976年2月，免去尹进科革委会副主任职务，调任四中革委会主任。由于多年来赶潮流跟形势，学朝阳和学张铁生，致使教学不扎实，学生基础知识薄弱。"文革"以来初高中招生按30%推荐为主，考试为辅，由校革委会负责，以

"有成分论，不唯成分论，重在政治表现"为原则，优先招收工人、贫下中农以及革命烈士军属子女入学并兼顾少数民族学生和女学生入学。以致在1977年、1978年的两次高考中竟无一人被录取。

1976年9月曹家坡大队徐世荣、上阴屲大队马启新为韩集中学贫管小组成员。徐世荣任党支部副书记、贫管小组组长，马启新任党支部委员，学校党支部由赵英甲任书记，徐世荣、王玉财任副书记，马启新、曹德财任委员，校革委会由11人组成。

这一时期，虽然整个形势是左倾路线盛行之时，但大多数教职工出于对人民教育事业的高度负责态度，对教学工作还是很认真的，吴致祥、杨德荣、鲁家宝、汪绍伦、石纪文、金弘、黎世亨等教师堪称表率，他们热心教育，精心教学，很受学生欢迎。

第二节　基本建设

学校在麻尼寺沟乡康家后山有大片耕地，并在康家村庄东面修建了农场校舍，供参加农场劳动的师生住宿。

1960年前后学校创办农场，之后到"文革"结束，每年都有师生在农场定期、不定期的参加劳动。

1987年将学校农场土地承包给韩集磨川村马二洒。

1989年3月13日，合同工宗得奇和校方代表李万忠签订了农场土地承包和新办养殖场的三年合同并进行了公证。

2005年以后，康家后山大片耕地被当地村民分占耕用。其占用现状被学校正式承认。

第十三章　优秀人物

第一节　教师

一、往届部分著名教师介绍

　　陈象璇　字冠玑（1910年—1998年），汉族，山东省淄博市临淄区齐陵镇人。中国民主同盟会会员。民国二十一年（1933年）山东第四师范（即益都师范学院）毕业，在淄博县立闻韶小学任教。1937年日本入侵山东，临淄地区沦陷，他流亡西安，参加由教育部组织的中小学教师甘肃服务团，从事宣传抗日编辑工作。1939年他被派往甘肃武威，开展战时民众教育，边教文化，边宣传抗日。1940年调任武威师范训导主任兼附小校长。1947年3月受原临夏中学校长赵涤性聘请到临夏中学工作，任训导主任。1949年临夏解放，升任副校长，辅佐校长曹福寿整顿恢复学务，曹福寿调离后任校长。1956年因治校成绩显著，被评为优秀教师，出席省优秀教师代表大会。1957年被错划为右派，1959年—1977年在韩集中学任教。"文革"中惨遭迫害，被关进"牛棚"遭到批斗，受尽折磨。平反后于1978年调任临夏市第一中学校长。1993年离职休养，1998年1月21日去世。陈象璇致力教育事业长达60年，办学执教，尽职尽责。

　　徐敏天　生于1921年，甘肃省甘谷县人。1947年从西北师范学院教育系本科毕业，到兰州师范任教。1948年，调临夏师范后任教育主任。1950年9月，经组织选派到西北人民革命大学学习，结业后调永靖县中学任教育主任。1953年，调任临夏县韩集中学（现临夏县中学）教育主任、代理校长。1954年，调临夏中学任教。1955年，调东乡师范任教。徐敏天以工作认真、勤恳、教学有方而被大家称道。1957年，被错划为"右派"，遣送至甘肃酒泉夹边沟劳动教育。1962年，被解除劳教，在家接受监督。1966年，又被揪斗关押。1967年，被强制迁往临夏县漫路乡老虎湾大队落户，接受劳动教育。1979年得以平反，调东乡县一中任教，1981年退休。

曾任民革临夏市支部主任委员，退休后受聘在临夏中学、各民主党派创办的民族联合中学任教，发挥余热。

马有信　生于1922年，回族，甘肃省临夏市城关镇祁家庄村人。少时入前河沿小学、云亭中学（今临夏县中学）读书。1937年，转宁夏省立中学就读，抗战爆发后又转至青海省西宁中学读书。1941年毕业，考入重庆国立边疆学校五年制师专，后又转成都西北中学学习，1944年毕业回乡，应聘在韩集私立云亭中学任教。1945年考入复旦大学外文系，获英文学士学位，1949年临夏解放后回临夏，任临夏师范学校副校长。1952年入西安革命大学专修理论，结业后调任临夏初级中学（现临夏县中学）校长。1956年6月，任临夏市二中（现市一中）校长。1957年错划为"右派"，降三级留用，撤去校长职务。1958年，摘掉"右派"帽子，调临夏中学任英语教员。"文革"中被揪斗。1979年得以平反，恢复名誉。1980年任临夏回民中学校长，经他多方奔走呼吁，临夏回民中学被列入甘肃省重点中学。1981年调任临夏中学副校长。1982年任临夏民族学校（中专）校长。在任校长期间，他加强校风建设，提高办学质量。1986年任临夏回族自治州政府督学，退休后仍为教育事业贡献余热。2013年9月7日至9日中国西部发展高峰论坛暨复旦大学第十三届世界校友联谊会在兰州隆重举行，时值92岁高龄的他应邀出席，受到中科院院士、复旦大学杨玉良校长的亲切接见。

白　铭　生于1922年，回族，甘肃省临夏县韩集镇人。初中文化程度。1949年前在私立云亭中学教导处任教务员、教务组长，临夏市私立德馨一校任教员。解放初期，在韩集小学任教员、教育主任，1952年任临夏县文教科代科长、科长。1953年到北京中央民族学院政治研究班学习半年。1954年当选为临夏县人民代表，县人委会委员。1958年下放回家，1980年得以平反，同年退休。

尹进科　生于1929年，汉族，甘肃省临夏县人。中共党员，大专学历。1949年参加工作，先后在永靖中学、韩集中学（现临夏县中学）、临夏师范、临夏中学、临夏回族自治州工业学校、临夏市第四中学、土桥中学任教，历任教导主任、校长。从事教育教学36年，成绩显著，在临夏地区教育界享有较高的威望。1985年退休。

胡宏义 生于1932年，汉族，陕西城固县人。中共党员。现任临夏回族自治州教育管理研究会秘书长。1956年毕业于西北师范学院中文专科，在韩集中学任教导主任、代理校长等职，后到康乐一中、临夏师范任教。1978年调临夏回族自治州教育局工作，曾任教育科科长。1993年退休。

莅文锦 生于1934年，汉族，甘肃省临夏县人。中共党员，中学高级教师，县政协委员。1964年自甘肃师范大学毕业分配到新疆和田二中任教。1981年调入临夏县中学任教。1990年、1991年被评为校级优秀党员，多次被评为学校先进工作者、先进工作者标兵，年年荣获学校教学质量奖。1986年被评为县民族团结进步先进个人，1991年被评为县级优秀教师。1995年退休。2010年2月去世。

娄正统 生于1934年，汉族，甘肃省临夏市人。中共党员。1955年7月自临夏师范中师毕业，先后在永靖中学、临夏市八中、四中、三中（临夏县中学）任教师、副校长、革委会主任等职，1974年调任临夏市文教局局长，1984年4月调任中共临夏市委党校校长。从事中学教育教学工作31年，忠于职守，工作认真负责，事业心强，管理从严，方法稳妥，作风正派，教学严谨，在临夏教育界享有一定的威望，受到师生们的好评。

汪绍伦 生于1937年，汉族，甘肃省临夏市人。中学高级教师，临夏回族自治州第七届人大代表。1955年自临夏师范学校毕业后到康乐县马集小学任教。1960年自西北师范学院数学系毕业，先后在临夏回族自治州农校、临夏县韩集中学（临夏县中学）、临夏市四中（现市二中）等校任教。1978年调往临夏市一中任教。1984年任该校教导主任，曾任年级主任、教研组长。1996年退休。从教37年。

石纪文 生于1940年，汉族，甘肃省临夏县人。中共党员，中学高级教师。1963年自平凉师专毕业后在平凉一中任教。1968年调临夏县韩集中学任教。曾任两届中学高级教师职称评委。1983年被评为甘肃省优秀教师，同年被评为甘肃省少数民族地区先进科技工作者，1988年获甘肃省"园丁奖"。2000年退休。

　　萧村逸　生于1942年，回族，甘肃省临夏市人。中共党员，中学一级教师。1962年毕业于临夏师范中师部。先后在临夏市花园阁、前河沿、八坊女校、临夏县漠泥沟等小学任教，担任过教研组长、教导主任、校长、学区区长。1979年在西北师范学院进修一年后，在临夏县尹集中学、临夏县中学等学校任教。曾任临夏县中学副校长、临夏回族自治州教育局教育科科长，州政府教育督导组督学。

　　黎世亨　生于1946年，汉族，甘肃省康乐县人。中共党员，高级教师。1966年甘肃教育学院英语专业毕业。先后在漫路附设初中、尹集中学、临夏县中学任教。在临夏县中学任教期间，他面对学生基础差、高考升学率几乎为零的现状，结合语文课实际，突出重点，编写了三万多字的高考辅导材料，推广"短效教学法"，收到很好的效果。他带的班年年被评为全校的先进班。1983年—2006年任临夏县中学校长期间，完善学校各项规章制度，使学校管理步入正轨。他狠抓教学质量，实行定量定性考核制、目标管理责任制、年级组与教研组分工负责制，使学校管理制度化、科学化，治校经验曾在全州总结推广。临夏县中学先后多次被甘肃省、临夏回族自治州、临夏县有关部门评为先进单位。曾任临夏回族自治州第九、十届人大代表，临夏县第十、十一届人大代表，临夏回族自治州政府兼职督学，临夏回族自治州教育局兼职教研员。撰写的教育教学论文《谈谈命题作文的审题》《谈学校管理效能的提高》《从本校实践谈充分调动教师积极性问题》（该文收入《全国中小学优秀论文选集》）等发表在省级以上刊物上。自1978年以来个人17次受到县级以上奖励（优秀教师、优秀教育工作者、优秀校长、优秀领导干部等）。1989年9月被国家教委、人事劳动部、全国教育总工会评为"全国优秀教师"。1997年被评为临夏回族自治州"专业技术拔尖人才"。2004年9月被临夏回族自治州州委、州政府授予"全州园丁奖·先进教育工作者"称号。2005年12月被甘肃省教育厅、人事厅、财政厅评为特级教师。2007年5月退休。

　　任顺高　生于1946年，汉族，大学文化程度，中专高级讲师。1968年7月于甘肃师大外语系毕业后，分配到临夏县韩集中学（临夏县中学）任教，工作积极热情、兢兢业业。1988年调至临夏回族自治州教师培训中心任教，1992年任该中心办公室副主任。撰写了多篇论文，并在省级以上刊物上发表2篇。

　　祁仲华　生于1952年，回族，甘肃省临夏市人。中共党员，中学高级教师。1974年7月毕业于甘肃省临夏师范学校，先后在临夏县漫路中学、马集附设初中班小学、临夏县中学任教。1984年入甘肃教育学院中文本科班进修，1986年8月到临夏县中学任教。1988年任教导处副主任，1990年任副校长。1996年任临夏回族自治州中学高级教师职务任职资格评委会评委，后调入临夏回族自治州教育局工作。

杜裕震 生于1936年，汉族，四川省绵竹市广济乡人。曾为临夏县中学高级教师。

1953年入四川绵竹孝泉师范学校学习。1956年又考入西北师范学院历史系。1958年9月，分配到现临夏县中学工作。因其自幼受良好的家庭教育熏陶，在音、体、美、书法、中国古代文学等方面有一定的造诣。在当时教师严重缺员的状况下，曾担任历史、地理、语文、音乐、美术等科目的教学工作，每周课时量一度超过了30节。

"文革"中，起初被打成"漏网右派"，发配到现积石山某水利工程工地劳动改造一年，之后，全家被下放到临夏县漫路乡接受贫下中农再教育，历时十年。

"文革"结束后，他全身心投入到了教育事业中，1978年至1988年，连续10年担任高中毕业班班主任工作，数年来为学生整理、蜡版刻印了百万字的复习资料。1987年高考，他所带班级41名学生中有38人被大中专以上院校录取，学生崇尚俊以467分的成绩摘得了临夏回族自治州高考文科状元，创造了临夏县解放以来直至现在历届高考最好成绩。为此，临夏回族自治州教育局专门为他召开了历史教学专题研讨会，肯定了他的教学方法和教学经验，表彰了他的执教精神。

1992年因病退休，2002年10月20日他怀着对临夏教育事业的无限牵挂、怀着对故土的无限思念、怀着对亲人的依依不舍与世长辞。去世后临夏县全体师生为他开了追悼会，以寄托哀思。

马 祎 生于1954年，回族，中共党员。1982年至1990年在临夏县中学学生食堂和教职工食堂担任食堂管理员，1990年起担任临夏县掌子沟乡达沙村委会主任、党支部书记。2016年被中共甘肃省委评为"陇原先锋岗"；2017年被评为"感动甘肃2016十大陇人骄子"；先后17次被临夏县委、掌子沟乡党委授予"优秀党员"和"优秀党务工作者"等荣誉称号；达沙村党支部先后8次被临夏县委、掌子沟乡党委评为先进基层党组织。28年来，他用满腔的热情和全部精力，倾注于党的基层建设，带领群众脱贫致富，发展壮大村级产业，化解村民矛盾纠纷，用真情和行动塑造了新时期基层党员干部的光辉形象。

三、现任部分优秀教师简介

李　瑞　生于1962年3月，汉族，甘肃省临夏县人。中共党员，本科学历，高级教师，现任临夏县中学校长。

1982年7月参加工作。1987起在临夏县土桥中学工作，曾任教导主任、副校长等职务；2001年12月到临夏县中学工作，任党支部书记兼副校长，2006年8月至今担任校长职务。

曾多次被评为学校先进工作者和州、县级优秀教师。1989年8月被临夏回族自治州州委、州政府授予"优秀园丁"荣誉称号；2001年被评为州级骨干教师，同年7月被评为省级骨干教师；2007年至2016年先后五次被临夏县委、县政府评为"优秀教师"或"优秀校长"，2013年被评为"临夏县专业技术拔尖人才"；2015年9月，被临夏回族自治州州委、州政府评为全州教育系统优秀校长；2017年9月，被甘肃省人民政府评为优秀教师，授予甘肃省"园丁奖"。目前，在省级以上期刊发表教育教学论文6篇。

张英海　生于1967年11月，汉族，甘肃省临夏县人。中共党员，高级教师，本科学历，州级骨干教师，现任临夏县中学副校长。

1990年8月起在临夏县中学参加工作至今，任教政治学科。曾担任班主任、年级组长、教研组长、教导副主任、教研室主任等工作。参加工作以来，发表论文多篇，多次获得不同层级教育教学质量奖；2001年、2006年被评为"优秀教师"；2012年被评为全州教育系统优秀共产党员；2015年被临夏回族自治州州委、州政府评为"优秀教师"；2015年被评为甘肃省普通高中新课程实验工作先进个人，甘肃省中小学教师资格考试面试考官。

郭旭强　生于1977年9月，汉族，甘肃省临夏县人。中共党员，本科学历，一级教师，现任临夏县中学副校长。

1995年8月参加工作，先后在临夏县尹集小学、尹集中学任教。2004年8月到县中学任教数学学科，曾担任班主任、教研组长、教导主任等工作。多次获临夏县委、县政府"教育教学质量先进个人"，被评为临夏县首批骨干教师、州级青年教学能手、县州级优秀教师。课件及论文3次受到州级奖励。在国家级刊物上发表论文两篇。课堂教学竞赛中多次获奖，特别是课例《第四章 圆与方程——小结》被评为部级"优课"。

吕　忠　生于1958年8月，汉族，甘肃省临夏县人。大专学历，高级教师。

1976年12月参加工作。1994年、2013年被临夏县委、县政府评为"优秀教师"；1995年9月被中共临夏回族自治州州委、州政府评为"优秀教师"；1998年被中共甘肃省委、省政府授予"园丁奖"；2007年至2010年8月被甘肃省体育局评为"体育先进个人"；2008年11月西北师范大学部分学生在临夏县中学实习中被西北师范大学评为"优秀指导教师"；2013年，教学课件获州级一等奖。在省级以上刊物发表论文两篇。

牛俊泽　生于1962年1月，汉族，甘肃省临夏县人。中共党员，大专学历，高级教师。

1982年7月参加工作后曾任教于临夏县新集乡夹塘小学。1984年9月起至今在临夏县中学工作，任总务主任。1997年6月取得大专学历。有两篇教育教学论文在省级以上刊物发表。2005年、2013年获得临夏县委、县政府"优秀教师"荣誉称号。

孙孝忠　生于1963年4月，汉族，甘肃省临夏县人。本科学历，高级教师。

1981年8月参加工作，工作期间取得本科学历。多次获学校"模范班主任"称号，1997年被评为校级"教学骨干"，2000年9月被临夏县委、县政府评为"优秀教师"，在州级、省级刊物发表论文3篇。

安群英　生于1963年8月，女，汉族，陕西省周至县人。大专学历，高级教师。

1984年1月至今在临夏县中学任教，多次获"模范班主任"称号；2002年被评为校级"骨干教师"；1996年、2009年被临夏县委、县政府授予"优秀教师"。2005年4月获临夏回族自治州教育局"超省均分"奖。2009年9月获县级教学质量一等奖。在国家级、省级刊物上发表论文3篇。

赵亚平　生于1963年7月，汉族，甘肃省临夏县人。中共党员，本科学历，高级教师。

1982年7月参加工作。工作期间先后取得甘肃教育学院大专、中央电大本科学历。曾在临夏县新集中学任教，1990年8月至今在临夏县中学任教，曾任教导主任。长期担任班主任工作，1997年被学校评为"教学骨干"，多次被评为校级"先进工作者"。在省级刊物发表论文一篇。2007年9月被临夏县委、县政府评为"优秀教师"。

张永华　生于1963年10月，汉族，甘肃省临夏市人。中共党员，大专学历，高级教师。

1982年7月参加工作，1986年7月毕业于西北师范学院，8月分配到临夏县中学任教至今。曾任学校教研室主任、党支部统战委员。长期担任班主任及年级组长工作，校级"教学骨干"。多次被评为校级"先进工作者"和"先进班主任"。多次担任县、州级优质课评委。先后在省级杂志发表论文6篇。2006年9月被临夏县委、县政府评为"优秀教师"；2012年7月被评为"先进党务工作者"。

陈志红　生于1964年9月，汉族，甘肃省临夏市人。中共党员，大专学历，高级教师。

1982年8月参加工作，1991年6月起在临夏县中学任教，曾被评为校级"教学骨干"。长期担任化学课教学及班主任工作，多次被评为学校"先进工作者"及"模范班主任"；2006年5月获得"天元杯"全国化学竞赛省级辅导奖；2010年9月被评为县级"优秀教师"。在省级及以上刊物发表论文两篇。

孟宪芳　生于1964年10月，女，汉族，甘肃省东乡县人。大专学历，高级教师。

1982年10月参加工作，曾在江川中学、土桥中学任教。1995年8月起至今在临夏县中学任教。1994年、2008年、2011年先后三次被临夏县委、县政府评为"优秀教师"；1998年9月获临夏回族自治州教学质量三等奖；曾指导学生获国家级英语能力竞赛高二年级组三等奖。有两篇教育教学论文在省级以上刊物发表。

江富鹏 生于1966年2月，汉族，甘肃省临夏县人。大专学历，高级教师。

1986年8月参加工作。曾在临夏县尹集中学任教，2000年3月起至今在临夏县中学任教。多次被评为学校"模范班主任"、"先进工作者"；1996年9月被临夏县委、县政府授予"优秀园丁奖"；2002年、2004年先后指导学生两人次获全国初中数学竞赛三等奖；2008年11月因指导西北师范大学实习生工作成绩突出被西北师范大学评为"优秀指导教师"；2008年、2017年因高考成绩良好获临夏县委、县政府"教学质量先进个人"；2017年被临夏回族自治州教育局评为"优秀教师"。在省级以上刊物发表教育教学论文3篇。

郑维华 生于1966年3月，汉族，甘肃省临夏县人。本科学历，高级教师，现任学校教研室主任。

1987年8月至今在临夏县中学工作，多次获学校"教学质量奖"；2004年高考后临夏回族自治州教育局为其颁发了"超省均分"荣誉证书；2005年被临夏回族自治州教育局授予"青年教学能手"称号；2006年指导学生一人次在"全国高中数学联合竞赛"中获得三等奖；2010年被评为州级"教学骨干"；2012年度被评为"全州教育系统优秀教师"；2009年、2014年、2015年三次被评为县级"教育教学质量先进个人"。撰写的3篇教学论文在省级及以上刊物发表。

尹小龙 生于1966年7月，汉族，甘肃省临夏县人。中共党员，大专学历，高级教师。

1988年7月自兰州师专化学系毕业后分配到临夏县中学任教至今。曾担任班主任、教研组长、教研室副主任工作。2006年、2007年先后指导学生两人次获中国化学奥林匹克竞赛甘肃赛区一、二等奖；2008年被临夏县委、县政府评为"先进工作者"。在省级刊物发表1篇教学论文。

高占龙 生于1966年12月，回族，甘肃省临夏县人。中共党员，本科学历，高级教师。

1991年7月西北师大毕业后分配至临夏县尹集中学工作，2005年8月至今在临夏县中学任教。1993年被临夏县委、县政府评为"优秀教师"；2010年被中共临夏回族自治州州委、州政府授予"'园丁奖'优秀教师"荣誉称号；2013年、2014年、2017年被临夏县委、县政府授予"高考教学质量奖先进个人";2017年被临夏回族自治州教育局评为"优秀教师"。在省级刊物发表教学论文1篇。

杨春海　生于1967年2月,汉族,甘肃省临夏县人。中共党员,本科学历,高级教师。

1989年7月自兰州师专毕业后分配至土桥中学工作,1994年8月起至今在临夏县中学任教,2002年6月取得西北师范大学物理教育专业本科学历。2017年在全州高中教师教学技能大赛中获优质课二等奖;《学案导学教学模式》荣获2017年甘肃省第二届中小学优秀教学方法二等奖;2017年临夏回族自治州优秀课件评比中其制作的教学课件分别获一、二等奖。在省级及以上刊物发表论文5篇。

赵文兰　生于1967年6月,女,汉族,甘肃省临夏县人。大专学历,高级教师。

1990年8月参加工作。曾在临夏县新集中学任教,2005年9月起至今任教于临夏县中学。2011年9月在临夏回族自治州高中新课程英语优质课竞赛中获二等奖;2013年被临夏县委、县政府授予"高考教学质量奖";2015年指导学生一人次在全国中学生英语竞赛中获高一年级组三等奖;1个教学课件获州级二等奖。在省级刊物发表教育教学论文1篇。

王永智　生于1968年2月,汉族,甘肃省临夏县尹集镇咀头村人。本科学历,高级教师,中共党员。

1989年8月参加工作。在临夏县铁寨乡大滩涧小学工作期间成绩突出,1993年被临夏县委宣传部、团县委、文教局评为"优秀少先队辅导员";1995年被临夏县委、县政府评为"优秀园丁"。1999年至今在临夏县中学从事语文教学工作,曾担任班主任、年级组长、教研组长、政教处主任等工作。2003年被临夏县委、县政府评为"优秀教师"。其任教的高三年级高考语文平均分多次居全县第一,多次被临夏县委、县政府授予"高考教学质量奖";2016年、2017年连续两年因高考成绩良好被临夏回族自治州教育局评为"优秀教师"。有5篇教育教学论文在省级及以上刊物发表。1个教学课件获州级一等奖。

徐品升 生于1968年3月，女，汉族，甘肃省临夏县人。本科学历，高级教师。

1990年8月至1999年8月在临夏县土桥中学工作，1999年9月起至今在临夏县中学工作，任教英语课。2014年被县委、县政府评为"教育教学质量先进个人"，并授予"先进工作者"荣誉称号。在省级以上刊物发表论文两篇。

朱　杰 生于1968年10月，汉族，甘肃省临夏县人。高级教师。1992年7月参加工作。在临夏县尹集初级中学任教七年后于1999年10月调入临夏县中学任教至今。曾担任班主任、年级组长工作，现任学校教研室副主任。2012年11月被临夏回族自治州教育局授予"全州教育系统模范班主任"称号；2012年9月，被临夏县委、县政府评为"优秀教师"；2013年、2016年两次获全县教学质量奖；2016年9月，被临夏回族自治州教育局评为"优秀教师"。在省级以上刊物发表论文两篇。

王海芳 生于1969年7月，女，汉族，甘肃省临夏县人。本科学历，高级教师。

1989年8月至1995年7月在江川中学任教，1995年8月起至今在临夏县中学从事语文教学工作。2012年、2013年、2016年获临夏县委、县政府教育教学质量奖。在省级以上刊物发表3篇教育教学论文。

江贵伟 生于1970年2月，汉族，甘肃省临夏县人。本科学历，高级教师，现任校务监督委员会主任、工会主席。

1995年8月分配到临夏县中学任教。多年担任艺术教研组组长、艺术特长班班主任工作。多次获得省、州、县级荣誉；2011年被评为临夏回族自治州"优秀教育工作者"；2017年被临夏回族自治州教育局评为"优秀班主任"。发表论文多篇。

马文成 生于1970年11月，汉族，甘肃省临夏县人。本科学历，中共党员，高级教师。现任学校办公室主任。

1992年8月至今在临夏县中学工作。多次被学校评为"先进工作者"；1995年被评为

校级"第四批教学新秀"；2000年被评为校级"第二批教学骨干"；
2001年、2004年、2011年被临夏县委、县政府授予"优秀教师"称
号；2010年被评为州级"骨干教师"；2013年—2016年连续四年被评
为县级"教育教学质量先进个人"；获州、县级教学质量奖各一次。
有7篇论文在省级以上刊物上发表或获奖；1个教学课件获州级奖；
优质课获州级奖。

王志学　生于1970年11月，女，汉族，甘肃省临夏县人。本科
学历，高级教师。

1995年6月于西北师范大学毕业后分配至甘肃省临夏县中学任
教。多次获得学校教学质量奖；曾被学校评为"模范班主任"；2014
年、2015年、2016学年度连续三次被临夏县委、县政府评为"教育
教学质量先进个人"。在省级以上期刊发表5篇教育教学论文；论文
曾获省、州级奖各1次；1个教学课件获州级奖；曾在"说课竞赛"
中获州级奖。

王智强　生于1971年，汉族，甘肃省临夏县人。本科学历，高
级教师。现任学校政教处主任。

1995年8月从甘肃省张掖师范专科学校毕业后分配到临夏县中学
任教至今。2005年6月通过函授取得西北师范大学本科学历。工作期
间多次被学校评为"优秀班主任"、"先进工作者"；2010年被临夏
回族自治州教育局评为"优秀班主任"；2012年获得甘肃省高中物理
课堂教学比赛三等奖；2014年10月指导学生一人次获得第三十一届
全国中学生物理竞赛甘肃赛区三等奖；2015年9月被临夏回族自治州州委、州政府评为
"优秀教师"；2015年、2016年两次获得县级"教育教学质量奖"。在省级以上刊物发表
教育教学论文8篇。

李昌华　生于1972年，汉族，甘肃省临夏县人。中共党员，本
科学历，高级教师，现任政教处副主任。

1993年8月参加工作。2005年调入临夏县中学工作至今，曾担任
教研组长、学生会辅导员、团委副书记及书记工作。多次获临夏县
委、县政府"教学质量奖"，2017年被评为临夏回族自治州"优秀教
育工作者"。

缐宏光 生于1979年，汉族，甘肃省临夏县人。中共党员，本科学历，一级教师。

1998年8月至2005年7月在临夏县漫路学区任教。2005年8月至今，任教于甘肃省临夏县中学。2014年、2015年、2016年连续三次获得临夏县委、县政府颁发的"教育教学质量先进个人奖"；2004年、2013年两次被县委、县政府评为"优秀教师"；2015年9月，获"全州中小学教师教学技能大赛高中语文优质课"一等奖；2016年9月，被临夏回族自治州州委、州政府评为"优秀园丁"。在省级以上刊物发表论文两篇；制作的教学课件两次获州级三等奖，一次获州级一等奖；2016年5月在第十八届"语文报杯"全国中学生作文大赛中，指导的学生中有5人获奖。

王贤博 生于1980年5月，汉族，甘肃省临夏县人。中共党员，一级教师，现任临夏县中学教导处主任，高三年级主任。

2004年6月毕业于兰州师范高等专科学校数学教育专业，2005年8月至今在临夏县中学工作，任教数学课，并担任班主任工作。工作期间通过函授于2010年1月取得西北师范大学数学教育专业本科学历。多次被评为校级"先进工作者"、"模范班主任"；2016年、2017年两次被临夏县委、县政府评为"教育教学质量先进个人"；2014年9月被临夏县委、县政府评为"优秀教师"；2015年9月被临夏回族自治州州委、州政府评为"优秀教师"。

王正尧 生于1982年5月，汉族，甘肃省临夏县人。本科学历，一级教师，中共党员，现任临夏县中学教导处副主任、高一年级主任。

2006年6月于青海民族学院化学系毕业，2007年5月至今在临夏县中学工作，任教化学课，并担任班主任工作。任教期间多次被评为学校"先进工作者"、"模范班主任"；2016年9月，被临夏县委、县政府授予"教育教学质量先进个人"；2017年9月被临夏回族自治州州委、州政府授予"优秀班主任"称号。

马家元　生于1982年，侗族，贵州省黔东南州施秉县人。本科学历，二级教师。

2007年6月于西北民族大学历史文化学院毕业后分配至甘肃省临夏县中学任教至今，现担任班主任、备课组长等工作。2010年、2011年连续两年被临夏县委、县政府评为"优秀教师"；2011年，获临夏回族自治州高中新课程优质课竞赛二等奖；2012年9月获临夏回族自治州州委、州政府"园丁奖"；2012年至2017年连续五次获临夏县委、县政府"高考质量奖"；2015年获临夏县"一课一名师"教学能手奖；2017年因教育教学工作成绩突出被临夏回族自治州教育局评为"优秀教师"。

陈　强　生于1984年2月，汉族，甘肃省临夏市人。中共党员，本科学历，二级教师。

2010年9月参加工作后曾在临夏县河西中学任教，2014年9月至今任教于临夏县中学。两次被评为校级"模范班主任"；2013年、2016年获县级"教学质量奖"；2015年指导学生一人次获全国中学生英语能力竞赛三等奖；2015年、2016年、2017年三次获州、县级"一师一优课，一课一名师"活动二等奖；2017年高考中所带班级有4名学生跻身全县文科前四名，被临夏回族自治州州委、州政府授予"优秀教师"荣誉称号。

第二节　学生

祁克新　生于1920年，甘肃省东乡县红崖乡扎木池村人。少时就读于永靖县大寨高级小学，1936年，入临夏县私立云亭中学（现临夏县中学）读书，后考入兰州中学。1942年，考入北京师范大学化学系，在校期间，学习刻苦，成绩优异。1946年7月，大学毕业后感到家乡教育落后，师资缺乏，毅然返乡，应聘在临夏中学执教。1949年9月，随中国人民解放军六十二军干校到青海，任西宁军管会军代表。1950年回乡，在永靖县初级中学任教。1952年，任永靖县初级中学副校长，同年受组织派遣入西北民族大学学习。1955年，调任临夏师范学校教育主任。1966年，调任临夏中学教导处副主任。"文革"中被揪斗，仍坚持教学。1979年，被选举为甘肃省第五届人民代表大会代表，1982年4月离休（享受副县级待遇）。在家休养期间，关心本村教育，义务授课，为学校建设奔波出力，赢得村民高度评价。1988年4月病逝，享年68岁。

马效融　生于1922年，回族，甘肃省临夏市城关镇陈方村人。幼年因家中在韩集开"仁和堂"药铺，随家住韩集，入私立云亭小学、云亭中学（现临夏县中学）读书，毕业后考入兰州大学政治经济系，在校期间积极参加宣传抗日救国活动，曾带领同学保护过宣传革命进步思想的老师免受当局迫害，入兰州大学后联络在兰临夏籍同学，积极参加"夏光学会"活动，为该会领导成员之一，并编辑出版《大夏月刊》。1948年6月毕业回乡后在临夏田粮处任征稽科长，年底赴宁夏投马鸿宾部81军司令部，任少校秘书，1949年9月19日随部队起义，该部改编为中国人民解放军西北独立第二军，他任司令部连级参谋，1950年申请复员回家。

回乡后被分配到临夏中学任教，1956年调临夏师范任教研组长等职。1959年因"右派"言论被"拔白旗"，开除公职，回老家城关乡陈方村劳动。1979年平反复职，被分配到临夏回民中学任教，翌年任校长。1984年，他被民革中央和民革甘肃省委员会授予"四化服务先进个人"荣誉称号，1986年，被甘肃省委、省政府评为"甘肃省各界人士为统一祖国振兴中华作出贡献先进个人"。1990年被国家民委授予"全国民族团结进步先进个人"荣誉称号。1992年被甘肃省政府授予"甘肃省民族团结进步先进个人"荣誉称号，同年还被授予"甘肃省老有所为先进个人"荣誉称号。他一家三代从事教育工作，被甘肃省人民政府授予"教育世家"称号，其事迹记入《甘肃教育人名录》《中国少数民族专家辞典》等。

1986年调任临夏回族自治州教育局督学，1987年离休，被州政府继续聘任兼职督学，并任民革甘肃省委委员、常委，民革临夏市委员会主任委员，临夏回族自治州政协委员、常委、副主席，民革第六届、第八届全国代表大会代表等职。离休后，积极参加各项社会公益事业，致力于地方文化教育事业，在政协提案中多次对临夏教育中存在的问题建言献计。撰写关于临夏地区少数民族教育方面的论文多篇，对地方文史研究颇深，其《河州史话》全书约20万字，详细介绍了临夏的人文、历史、地理。晚年在报刊上发表了很多介绍临夏民族风情、地方历史的文章，仅2002年在《民族报》上发表《八坊的来历》《榆巴巴寺的建筑艺术》《常遇春及其在临夏的传说》《八坊人的衣、食、住、行》《王箴和他的"龙蛇泪痕"》等文章十多篇。2003年1月病逝家中，享年81岁。

海　澜　生于1923年，汉族，原名侯承祖，甘肃省和政县买家集乡苏家川村人。中共党员，研究员。少入买家集礼让小学读书，毕业后到距家35公里的临夏县韩集云亭中学（今临夏县中学）读书，后转入兰州中学，1945年考入西北大学，先后在外文系、边疆政治系学习。读书期间，思想进步，积极参加中国共产党领导的抗日救亡运动。1949

年后在甘肃省公安厅、省公安学校、青海省政府工作。1951年选调随军进藏，在中共西藏工委统战部、西藏军区联络部工作。1955年调北京中国社会科学院现代国际关系研究所工作。一生著述颇丰，为现代国际关系研究作出了贡献。

　　白廷弼　生于1925年，汉族，和政县买家集乡大族村人。少年时入买家集礼让小学读书，毕业后考入抗战时搬迁到临洮辛店的兰州中学，初二时和兄弟白光弼一同转入临夏县韩集云亭中学（今临夏县中学），毕业后考入西北农专（1949年后并入西北农学院）水利科，后又参加统考，考入国立西北师范学院理化科。1948年毕业时留校任教，不久调临洮农校。他自编《植物生物化学》教材，1958年设计的"风力发电机"收录入《甘肃科技史》，著有《化学图表教学》《十说集》《新型家用水压式沼气池》等著作。结合教学，进行胡敏酸、氟硅酸钠、"九二〇"制造分析。尤其在沼气利用方面颇有建树，发表有《论沼气池发酵的酸抑现象》《水压式沼气池池型结构与沼气池内沼气压力的关系》《水压式沼气池基本原理》等论文。设计的"沼气发酵实验器"经国家农业部鉴定，评为"国内首创"，并获专利。曾任中国沼气协会会员、理事。1980年被聘为化学副教授，1984年加入中国共产党，1991年获国家教委、劳动人事部等5部委联合授予的"全国职业技术教育先进工作者"称号。

　　1997年患病卧床，在病床上坚持科研写作，完成《生态细胞图》《沼气池设置及工作的五条线原理》《沼气发酵的5~7天周期及沼气发酵规律》等，著有《新型家用水压式沼气池》一书，在全国出版发行。住院期间，设计体温计消毒器及附有消毒盒的体温计复位器，于1997年获两项专利。在病床上还完成了《寥寥集》《说家庭大事》《白廷弼沼气文稿选》三本著作。其事迹编入《和政县志》《甘肃专家画册》。

　　白光弼　生于1926年12月，汉族，甘肃省和政县买家集乡大族村人。1945年自私立云亭中学（现临夏县中学）毕业后考入西北师范学院化学系。1949年6月毕业，因成绩优异，留校任教。1956年加入中国共产党，同年8月学校选派赴前苏联列宁格勒大学化学系进修稀有元素分析化学，除听专业课和做专门试验外，在导师E·O·B·马拉切夫斯基教授的指导下，开展U（IV）与钍试剂和茜素红S的色反应及红色测定矿石中铀的课题。1958年8月学成回国，任西北师范学院化学系主任，长期从事分析化学及稀有元素化学的教学与研究。

　　20世纪70年代末，组建了镧系元素分析化学研究室，任室主任。1983年他升任西北师范大学校长，并任化学系及化学研究所教授、中国化学学会会员、甘肃化学学会执行理事长（1988—1989年度）、中国稀土学会会员，并享受国务院特殊津贴。1984年1月，白光弼领导的分析化学学科，经国务院学位委员会批准具有硕士学位授予权。

在主持西北师范大学工作期间，他十分清楚科学研究对提高教师业务水平和提高教学质量的重要性，鼓励教师提出课题、争取资金，为科学研究提供物质条件。

白光弼独立或与同事合作发表论文达50余篇。1986年春，在加拿大召开的第17届国际稀土会议上，他有5篇论文入选。1987年4月他应邀参加在葡萄牙里斯本召开的国际镧、锕系学术会议时，发表2篇论文。1990年9月，在比利时布鲁塞尔召开的第十一届f—元素学术会议上，他入选论文2篇，因签证延误，未能参加会议而未被正式刊出。1991年9月，在北京举行的第四届亚洲化学大会上入选论文3篇。所发表的论文大部分被美国化学文摘（CA）、苏联化学文摘、英国皇家学会分析化学文摘、日本科技速报等摘引，仅1983年—1987年间，美国C、A摘引的论文就有30余篇。

白光弼自1949年夏毕业留校，1991年退休，一生从事化学教育和科研40余年，为我国化学科研事业作出了贡献。

王　鎰　生于1928年12月，汉族，甘肃省临夏县新集镇古城村人。中共党员。曾任西藏人民出版社党委书记、社长、总编辑，职称为编审，全国出版协会第二届理事会理事。

在韩集私立云亭小学、云亭中学（现临夏县中学）读完小学、初中后，1948年入临夏中学高中部，1949年考入西北师范学院英语系，参加反对省主席郭寄峤在甘肃发行建设公债的学生运动，后参加了党的外围组织"西北青年民主同盟"。1951年参加中国人民解放军，随部队进驻西藏，分配到西藏新闻简讯社（西藏日报社前身），努力学习藏文，主编藏文《西藏日报》，历任记者、编辑、副总编辑。1983年6月任西藏人民出版社党委书记、社长、总编辑，1994年退休。在长期的办报过程中，遵循党的办报方针，为办好《西藏日报》作出了贡献。

用真名或"子照""米拉"等笔名撰写的作品散见于《中国藏学》《中国西藏》《百万农奴站起来》《高原报人》《西藏散文选》《西藏论文选》等报刊书籍上，部分作品曾获西藏文艺二等奖、西藏论文奖等。1987年参加编写国家科研项目《当代中国的西藏》《中国文化大观·藏族篇》《辉煌的二十世纪新中国大记录》（西藏卷）等著作，担任副主编和编写组长。2006年西藏人民出版社出版其纪实作品《雪域足迹》。

王国礼　生于1932年，汉族，甘肃省临夏县新集乡寺湾村人。中共党员，高级经济师。1943年至1947年在当地私塾和私立云亭第三及第十小学读书。1947年至1948年在私立云亭中学（今临夏县中学）上学，因家境贫困而辍学，而后被国民党强征到县自卫队当了五个月兵。1949年8月当地解放后即参加工作，先后在临夏县刁祁乡龙泉村小学和今积石山县吹麻滩小学任教。1952年8月到甘肃省行政干部学校学习后留校工作。1956年，甘肃省行政干部学校合并于甘肃省委党校，任校党委秘书。1970年调入甘肃省轻纺工业厅工作，先后任办公室主任、调研室主任、副厅长、党组成员等职。还曾兼任甘肃省轻纺工业企业管理协会会长、甘肃省轻工业协会会长、甘肃省酿酒协会理事长、甘肃省包装协会常务副会长、甘肃省林业协会副会长、中国纺织工业管理协会理事和兰州市政府经济顾问。

著有《探索与思考》《政经问题杂谈》《九州情怀》和《忆往抒怀集》。书中辑录的10多篇文章，曾登载在《甘肃日报》《甘肃经济报》和甘肃省委主办的《调查与研究》等报刊上。他还参与编写了约40万字的《甘肃老字号》一书。

李凤林 生于1932年8月，汉族，甘肃省临夏县韩集镇双城村人。1944年入云亭中学，1947年考入临夏中学高中部，1950年考入西北师范大学数学系，因病休学一年，1955年毕业后考入北京师范大学研究生班，1957年毕业后分配到青海师范大学数学系任助教，1983年评聘为副教授，1985年评聘为教授，历任系主任、党支部书记等职，1992年退休。

唐振寰 生于1938年，汉族，甘肃省临夏县韩集镇双城村人。1956年毕业于临夏第一初级中学（今临夏县中学）后入临夏中学就读，考入西北师范大学中文系，毕业后历任临夏中学语文教师及副校长、中共临夏回族自治州州委宣传部部长、中共康乐县委书记。在主持康乐县工作时提出"康乐要致富，少生孩子多读书，牛豆林油做支柱，系列开发靠服务"的发展思路。后任中共临夏回族自治州州委副书记、兰州高等师范专科学校党委书记、校长、甘肃广播电视大学党委书记、校长，并兼任中央广播电视大学咨询委员、全国电化教育协会常务理事、甘肃成人教育协会常务理事、甘肃省现代远程教育中心副主任、研究员。曾被评为甘肃省优秀教师、先进工作者，被中共中央组织部评为全国百名优秀县委书记。发表《现代远程教育》等多篇研究论文。

秦顺亭 生于1943年5月，汉族，临夏县新集镇秦家庄人。中共党员。高级工程师。曾任中共石化集团总公司西部新区勘探指挥部专家组组长（正厅级）、中国石油学会常务理事、中国地球物理学会副理事长、中国石油学会勘探委员会高级顾问、标准化委员会委员、江苏省矿业协会副理事长、石油大学和上海同济大学兼职教授、国际SEG和SPE学会会员、中国石油化工集团公司科技委员会委员、第九届全国人大代表。

1950年至1958年在临夏县双城小学、韩集中学读书，1958年转学至兰州市一中高中部，1962年考入北京石油学院，1967年分配到华北地区石油部646厂工作。1969年任技术员，参加江汉油田会战。1971年受调参加长庆油田会战，先后任技术员、技术队长、研究队计算机室主任等职。1975年，调江苏油田工作，任研究队计算机站站长，1978年升任工程师，1979年赴美国学习半年，回国后任地调处计算机站站长，1984年任江苏油田副总工程师，1987年兼任石油勘探开发部副主任，1988年被评聘为高级工程师，1990年任江苏油田副总工程师兼地质科学研究院院长。1992年11月至1996年12月任江苏油田局长兼油田总地质师，1997年1月任江苏油田局长兼党委副书记，2002年1月任中国石油化工西部指挥部专家组组长。

在长期的石油勘探开发、生产技术工作中完成了多项科技研究成果，著有《岩石地球物理性质研究》一书。获得省部级科技成果的项目有《江苏下扬子地区综合地球物理应用研究》《复杂小断块群油气的综合勘探开发配套技术系列》《苏北盆地低熟—未熟油形成机理及其勘探配套技术研究》。完成的国家级科技攻关项目有《苏皖地区海相油气地质规律及勘探目标研究》。获得油田科技成果十多项。曾先后获得由中国石油天然气总公司颁发的"有突出贡献的科技管理专家"、"铁人科技成就奖"、"中国石化集团公司劳动模范"等荣誉，其业绩收入《中国管理专家人才库》。

江双德 生于1942年，汉族，中共党员，甘肃省临夏县刁祁乡友好村人。1959年毕业于临夏市第三中学（临夏县中学）。大专文化程度，编辑职称。曾先后担任积石山保安族东乡族撒拉族自治县吹麻滩中学校长、临夏县尹集中学校长、临夏县委党校副校长、铁寨乡乡长、临夏县志编辑部主编、临夏县政协文史资料委员会主任等职。2002年退休。

1995年主编完成近70万字的《临夏县志》，被甘肃省志编委授予"全省地方志工作先进个人"称号。2004年始，应临夏县人民武装部聘请，历时两年，主编了近30万字的《临夏县军事志》。

方国俊 生于1940年11月，汉族，甘肃省临夏县新集镇古城村人。笔名伯风、伯周、雪严、西部伯周。2016年9月去世，享年76岁。生前系甘肃民族师范学院政史系党总支书记、副教授、中国史教研室主任，甘肃省历史学会理事，中国国家一级著作家。

1949年就读于甘南藏族自治州夏河县拉卜楞小学，1955年以优异成绩考入临夏县韩集中学，1961年自韩集中学高中毕业后考入甘肃师范大学历史系，1965年大学毕业后被组织按优秀共青团员大学生派遣支援边疆建设，到新疆生产建设兵团工交部汽独三营子女学校（后更名为农三师中学）任教，多次获得先进工作者荣誉称号。1977年从新疆调回甘南畜牧学校任教，并担任文科教研组组长。1986年调入甘肃合作高等民族师范专科学校任教，获得"教书育人奖"。

曾在国内外各类报刊发表大量诗歌、散文、中短篇小说，并长期向临夏回族自治州《民族报》投稿，是国内数家报刊特聘副主编，本土知名作家。1987年在《散文》杂志发表《屋顶上的连枷声》，1994年，《共产党把路给修好了》荣获中央人民广播电台国庆征文一等奖。曾出版发行的主要诗文著作有《草原温情》《土皇帝》《药草花》《穿越灵魂》《端庄一棵树》《初春雪如桃》等，遗作有2018年新出版的长篇纪实散文体小说《那时节》。

江富元 生于1943年，汉族，甘肃省临夏县刁祁乡人。别号太子山人、雪山散人。1962年曾就读于韩集中学，因家境贫困而辍学。后因酷爱美术，通过勤奋努力，刻苦钻研，绘画技艺大有长进，被临夏县文化馆吸收为合同工，1987年破格批转为国家正式干部。

曾任临夏县文化馆馆长、甘肃省美术家协会会员、甘肃书画研究院画师。作品多次参加北京、新疆、兰州等地展览，并发表于省级以上刊物。1992年被收入《中国美术家人名录》；1998年完成州县爱国主义教育基地"王震大军抢渡黄河纪念"雕塑；2007年完成嘉峪关公园"于谦"和"海瑞"两座雕塑。2009年《务歼入侵之敌》年画由北京国际保利拍卖公司以16万元拍出。2017年出版《江富元画集》并举行个人画展和首发仪式。

郭正清 生于1945年10月，汉族，甘肃临夏县人。1965年于甘肃省临夏县第一中学（临夏县中学）高中毕业后考入甘肃师范大学，1969年9月参加工作，1972年3月加入中国共产党。

曾为甘肃省民族事务委员会（甘肃省宗教局）副巡视员，中国民间文艺家协会花儿文化专业委员会副主任，中国民间文艺家协会会员，中国传统音乐学会会员。

出版著作17部，发表论文9篇，制作音乐作品14部，其中剧本《桑摩尔》于1990年12月获"兰州民族文学会首届评奖"优秀奖；《花儿轻音乐·花儿韵》获"甘肃省第三届敦煌文艺奖"三等奖；《花儿与花儿轻音乐》于2002年获第二届"甘肃民间文艺十年奖"优秀奖；《河州花儿》于2009年被评选为"第九届中国民间文艺山花奖·民间文艺学术著作奖"入围作品；《中国花儿轻音乐》系列获"2015年第五届中华优秀出版物奖音像出

版物"提名奖。

李如盛 生于1948年8月19日,汉族,甘肃省临夏县人。字茂源,号太子山人,别号木子钟书。临夏回族自治州书法家协会会员。高中学历。1970年参加工作,同年参军。1976年回地方,曾在临夏回族自治州邮电局、乡镇企业局从事文秘工作多年,2009年退休。喜爱文学、诗词、书法。散文曾在《甘肃日报》《重庆日报》《民族日报》等发表;部分诗歌、花儿、通讯曾被甘肃人民广播电台、重庆人民广播电台、福建前线广播电台采播。诗歌曾入选20世纪70年代人民文学出版社出版的《铁道兵诗选》一书。书法作品曾入展2008年国资委举办的"首届中央企业文化书画大赛",并多次入选临夏县书画展。

马继良 生于1952年7月1日,汉族,甘肃省临夏县新集镇古城村人。中共党员,大学本科学历。1965年9月考入临夏县第一中学(临夏县中学),1970年12月入伍,2008年退休。曾服役于原铁道兵部队、兰州军区,担任过教导员、营长、政治处主任、科长、原兰州军区兰州老战士大学书画研究会秘书长等职(技术五级、副军职待遇)。在部队服役期间,曾参加并完成了1975年7月河南省驻马店抗洪抢险、1976年8月唐山抗震救灾、1979年2月对越反击战、1981年8月重庆抗洪抢险、1992年全军西部大演习等军、地重大任务。1981年所在连队被评为全军"十佳红旗车标兵连",本人受到原铁道兵总部的表彰;在部队曾荣立三等功3次。多次被评为优秀报道员、新闻工作者、优秀军事教练员、部队管理先进个人、优秀政工干部、基层好主管、优秀党委书记。曾就读于铁道兵长沙汽车管理学校、解放军第三军医大学、解放军西安政治学院。先后在全军、省级乃至国家级各类报刊发表新闻稿件213篇,论述文章56篇。专著《医学伦理学》被全国近20所医学院作为教材,另有《医学生礼仪》《汽车安全驾驶100问》等著作。发表摄影作品165幅,其中获军级以上一等奖6幅,二等奖17幅。

穆明清 生于1953年,回族,甘肃省临夏县人。1973年3月于韩集中学(现临夏县中学)毕业,1973年4月至1976年8月在麻尼寺沟扎麻小学任教。1976年8月至1978年8月在甘肃武威黄洋镇农机化学校学习。1978年10月至2014年在临夏县农机局工作,后任农机局局长。1994年3月至2013年任临夏县人大常委会副主任,2014年退休。曾三次获州级农机科技奖。

王联云 生于1954年，汉族，甘肃省临夏县刁祁乡友好村人。中共党员，大专学历。1972年毕业于临夏县中学，1973年5月至2014年12月，曾在甘肃白银公司、临夏县人事局、临夏回族自治州石油公司工作，曾担任白银公司汽运公司团委书记、临夏回族自治州石油公司办公室主任等职。多次获白银公司标兵、劳模、优秀共产党员等称号。

李生发 生于1964年9月，汉族，甘肃省临夏县人。研究生学历，中共党员。1981年7月毕业于临夏县韩集中学，现任甘肃省白银市委常委、组织部部长。

1983年7月自临夏师范毕业后在临夏县新发小学任教一年，之后相继在临夏县委宣传部、统战部工作；1988年12月起至1995年12月，在临夏县委办公室、临夏回族自治州卫生局、临夏回族自治州州委秘书处任秘书；1995年12月起历任临夏回族自治州州委秘书处秘书一科副科长、科长，临夏回族自治州州委秘书处副处长、州委副秘书长等职。2002年11月—2005年6月担任广河县委副书记，期间取得省委党校研究生学历；2005年7月—2006年10月，任永靖县委副书记、县长；2006年11月—2009年10月任永靖县委书记；2009年11月—2010年9月调任康乐县委书记；2010年10月任甘肃省平凉市人民政府副市长；2016年11月至今任甘肃省白银市委常委、组织部部长。

马有信 生于1968年12月，回族，甘肃省临夏县人。1987年7月毕业于临夏县中学，后被西北师范大学政治系政治专业录取。1991年7月参加工作，1996年6月加入中国共产党，现任临夏回族自治州人民政府副州长。

西北师范大学毕业后长期在临夏回族自治州教育局工作，曾任职业技术教育科副科长、科长、基础教育科科长、人秘科科长；2005年12月至2007年3月在甘肃省临夏回族自治州州委组织部工作，任临夏回族自治州州委副县级组织员，后相继担任康乐县委常委、组织部长，临夏回族自治州州委组织部副部长、州委人才办主任，和政县委副书记（正县级），临夏回族自治州州委副秘书长、州委办公室主任，临夏回族自治州食品药品监督管理局局长、党组书记，临夏回族自治州州政府党组成员、秘书长、办公室党组书记。

　　张　琪　生于1962年4月12日，汉族，甘肃省临夏县新集镇人。1979年7月于韩集中学（临夏县中学）毕业后考入临洮农校（农学专业）学习，1982年7月毕业。工作后曾在甘肃农业大学园艺专业自考本科班学习。

　　曾任积石山保安族东乡族撒拉族自治县农技推广站会计、副站长、站长，农业局副局长、局长，农办（扶贫办）主任，积石山保安族东乡族撒拉族自治县县委常委、县委宣传部部长、县委副书记，中共临夏回族自治州州委副秘书长、州委办公室副主任、接待办主任。现任东乡族自治县政协主席、党组书记。

　　在积石山保安族东乡族撒拉族自治县农技站任技术员、助理农艺师、农艺师期间，参与和主持了11项科技推广课题，其中两项荣获农业部全国农牧渔业丰收一、二等奖，一项荣获甘肃省农业厅农业科学技术进步二等奖。五次被评为全州科教兴农先进个人，1994年获得临夏回族自治州第二批"专业技术拔尖人才"称号。

　　王志录　生于1968年9月，汉族，甘肃省临夏县尹集镇咀头村人。中共党员，研究生学历。1987年7月自临夏县中学毕业，1990年8月参加工作，现任临夏回族自治州人民政府副秘书长、办公室主任。

　　曾任临夏县掌子沟乡党委副书记、纪委书记，甘肃省白银市平川区宝积乡党委副书记（挂职），临夏县刁祁乡党委副书记、乡长，临夏县红台乡党委书记，临夏县土桥镇党委书记，临夏县审计局局长，临夏回族自治州农业局党组成员、副局长，临夏回族自治州和政县政府副县长、县委常委、常务副县长，临夏回族自治州州政府副秘书长、州政府政务中心主任。

　　2006年6月被中组部授予"全国优秀党务工作者"荣誉称号；2012年6月经中组部、中华全国总工会发文批准，享受全国劳模待遇。

　　闵　海　生于1960年12月，回族，甘肃省临夏县人。1979年7月毕业于韩集中学，1979年至1984年就读于西北民族大学临床医学专业。1984年至今在临夏回族自治州医院工作。现任临夏回族自治州医院党委委员、副院长、心血管科主任。

贾胜芳 生于1962年3月，女，甘肃省临夏县人。1980年7月韩集中学毕业，1985年8月参加工作，中共党员，甘肃省委党校大学学历。现任政协甘肃省永靖县委员会党组成员、副主席。

工作期间，曾任马集乡团委书记，永靖县文明办副主任、主任，永靖县妇联主席兼党支部书记等。2006年被甘肃省委、省政府评为"精神文明建设先进工作者"；2009年被甘肃省妇联评为"巾帼致富小额信贷"工作先进个人；2010年荣获全州妇联系统优秀妇女干部称号。

辛培仁 生于1961年11月，汉族，甘肃临夏人。人民警察。1980年7月毕业于韩集中学，1987年9月至1989年7月于乌鲁木齐陆军学院指挥专业中专毕业；1997年9月至2000年7月于乌鲁木齐陆军学院政工专业大专毕业。1981年10月至2002年1月在原兰州军区服役；2002年1月至今在乌鲁木齐市公安局工作。荣立个人三等功6次，战功1次；在服役期间任班长时所带的班获兰州军区"爱民模范班"荣誉称号，事迹收藏于中国军事博物馆；1985年12月—1987年6月参加对越反击战，获兰州军区47集团军"战地优秀共产党员"荣誉称号并得以提干；2000年被兰州军区表彰为"全区优秀带兵干部"；2009年被新疆维吾尔自治区公安厅评为"三基工程建设先进个人"，被乌鲁木齐市水区人大常委会评为"优秀人民代表"；2014年被新疆维吾尔自治区公安厅授予"全疆优秀人民警察"荣誉称号。现任乌鲁木齐市公安局人口管理支队主任科员。

王国俊 生于1962年6月，回族，甘肃省临夏县人。临夏回族自治州民政局副调研员，甘肃省作家协会会员。

1980年6月毕业于韩集中学。先后就读于临夏师范、中央党校经济管理专业。曾在临夏县掌子沟乡、漠泥沟乡、新集乡等所属学校任教。1990年2月调入临夏回族自治州民政局工作。在工作期间获得甘肃省、临夏回族自治州先进教师、优秀共产党员，临夏回族自治州十大先进工作者等荣誉称号。喜爱文学创作，先后在国家、省、州级报刊发表文学作品70余篇，并多次获奖。编撰出版近160万字的《青春战歌》《黄河不会忘记》《热血军魂》等军休文化系列丛书，其中纪实性报告文学《黄河不会忘记》荣获甘肃省黄河文学优秀奖。

牟青和 生于1962年12月，汉族，四川省宜宾人。大专学历。1979年7月毕业于韩集中学，1982年7月于临夏师范毕业后参加工作。工作期间取得甘肃省委党校行政管理

专业大专学历。在教育战线工作二十年之久，后转入地方行政事业单位，曾任临夏县先锋乡副乡长，临夏回族自治州东乡南阳渠工程管理局人秘科科长、党组成员、纪检组长。现为中共临夏回族自治州纪监委第三派驻纪检监察组副组长。2006年7月被中共临夏回族自治州州委授予"优秀党务工作者"称号。

张维忠 生于1963年3月，汉族，临夏县刁祁乡龙泉村人。中共党员，本科学历，具备高级会计师、中国注册会计师、中国注册评估师执业资格。现任临夏回族自治州金融办党组书记、主任。

1980年毕业于韩集中学，1982年7月从临夏师范毕业后分配到临夏县尹集中学任教；1985年12月，调动到临夏市财政局工作；1995年12月，调入临夏回族自治州财政局工作，曾任甘肃公信会计师事务所、资产评估所副所长、所长，先后调任临夏回族自治州财政局预算科科长、州国资办主任（副县级）、财政局党组成员及副局长；2013年调任州金融办党组书记、主任（正县级）至今。

在临夏回族自治州金融办工作期间，临夏回族自治州金融工作连续两年被省政府授予省长金融奖（2014年—2015年），并被临夏回族自治州州委、州政府多次授予年度考核优秀班子，个人也被评为先进工作者。他任临夏回族自治州州委党校客座教授多年，专授财务管理课程。

马玉成 生于1963年8月，回族，甘肃省临夏县人。教师。1980年6月毕业于临夏县韩集中学。大学毕业于西北师范大学政治系，获法学学士学位，在职研究生毕业于西南政法大学民商法学院，获民商法学硕士。现为甘肃行政学院法学副教授，陇南市、永昌市、阿克塞自治县、康乐县等地政府专家委员会委员。

先后在临夏回民中学、临夏县司法局、临夏回族自治州州委党校、甘肃行政学院任教，曾担任甘肃行政学院法学部副主任、法律咨询服务中心负责人。中国法学会会员、中国管理协会会员、中华全国律师协会会员、兰州黄河律师事务所兼职律师、甘肃省政府法律专家库成员。近二十年来主要从事政府依法行政工作研究。多篇研究性论文在省部级以上刊物发表。荣获《管理观察》第五期甘肃省第一届法治论坛二等奖。

司徒国强　汉族，中共党员，副教授职称。1983年毕业于临夏县中学，毕业后考入兰州铁道学院（现兰州交通大学）电信系自动控制专业，获工学学士学位，毕业后留校任教。1990年9月至1992年7月在清华大学社会科学系学习获得法学学士学位；1995年1月至1999年12月担任铁道学院电信系副主任；2000年1月至2003年7月在兰州铁道学院信息中心从事计算机教学工作；2003年7月至2007年7月在兰州交通大学数理学院从事计算机教学工作；2007年8月至今在兰州交通大学电信学院从事教学工作。

李　俊　生于1964年4月，汉族，甘肃省临夏县人。1980年7月毕业于临夏县韩集中学，1982年7月毕业于临夏师范学校，1988年7月毕业于西北师范大学美术系，2001年至2002年结业于中央美术学院中国画系材料与技法工作室研究生课程班，2011年至2012年清华大学美术学院访问学者，2018年俄罗斯陶里亚蒂国立大学美术学院访问学者。曾经工作于甘肃省临夏县姚川小学、甘肃省临夏县中学、甘肃省临夏师范学校、青海师范大学艺术系。现为中国美术家协会会员、浙江省美术家协会会员，绍兴文理学院艺术学院教授、硕士生导师。

　　长期从事中国画教学与创作工作，曾出版著作、作品集5部，发表论文、作品50余篇，在国内外举办个人作品展览20余次，作品多次参加省部级展览。

陶万艺　生于1966年4月，汉族，甘肃省临夏县人。1983年6月毕业于临夏县中学。1984年8月至1986年8月在西北建筑工程学院（现长安大学）建筑工程系城建专业学习；1986年8月至2008年10月在临夏回族自治州建筑设计院工作，历任副院长、院长；2008年10月至今在临夏回族自治州规划局工作，任总规划师，高级工程师。取得中华人民共和国一级注册结构工程师、国家注册监理工程师、国家注册城市规划师执业资格。

马文林　生于1966年9月，回族，临夏县韩集阳洼山人。1987年6月毕业于临夏县中学，同年考入中央民族学院（中央民族大学）历史系民族史班学习。曾任班级团支部书记。

　　1991年8月分配到临夏人民广播电台新闻部，1995年被任命为该部副主任；2002年8月被任命为临夏回族自治州广播电视台专题文艺

部临时负责人，2006年被任命为该部主任；2015年1月被任命为临夏回族自治州广播电视台总编辑；2016年5月至11月到厦门广电集团挂职，任总裁助理；2018年2月被任命为临夏回族自治州广播电视台党组成员。

长期从事新闻记者工作，多次参与报道了一年一度的全州"两会"、州庆庆典、花儿艺术节等大型社会、政治活动；参与策划（导演）的《文化临夏》等多篇次作品（晚会）获国家、省、州级一、二等奖；多次担任临夏回族自治州电视台大型活动电视导播、州春节文艺晚会的导演。

2012年获全州"第二届道德模范"称号；2013年获全州"专业技术拔尖人才"称号；多次获全州"优秀新闻工作者"或"先进工作者"等称号。

王万明　生于1966年11月，汉族，1985年7月自临夏县中学毕业。1987年7月从甘肃省商业学校毕业后分配到临夏县供销社工作，2008年被国家劳动部和中华供销总社授予"全国供销社系统劳动模范"称号，2012年6月因企业改制从临夏县供销社主任岗位退休，现任临夏县供销社有限公司监事会主席。

崇尚俊　生于1967年12月，汉族，甘肃省临夏县人。1987年7月毕业于临夏县中学，同年9月考入西北师范大学历史系。1991年6月毕业于西北师范大学，7月分配到临夏中学任教至今。2005年，取得中学历史高级教师资格，2010年荣获"甘肃省省级园丁奖优秀教师"称号，2011年获甘肃省"省级骨干教师"称号。在国家级、省级刊物发表论文十余篇。

宋国才　生于1968年4月，汉族，甘肃省临夏县人。本科学历，中共党员。1988年6月毕业于临夏县中学，1990年于甘肃省物资学校财会专业毕业，同年参加工作。1990年8月至1995年12月在临夏县新集乡担任会计工作；1995年12月至2011年11月在临夏县财政局工作，期间于2008年7月任副局长；2011年11月至今任临夏县城乡发展投资中心党支部书记、主任，兼任临夏县城乡发展投资有限公司总经理。

任职期间为临夏县开发建设了住宅及商铺1万套，面积约为110万平方米，为临夏县争取融资贷款20亿元。2009年荣获甘肃省财政厅颁发的"全省财政国库管理工作先进个人"荣誉称号。

　　张居林　汉族，1988年6月自临夏县中学毕业后就读于甘肃省交通学校学习汽车应用工程专业，毕业后分配到临夏回族自治州运输公司工作。1993年调动到临夏回族自治州汽车修配经销公司，从事技术检验工作；2014年因企业改制下岗。经过多年打拼，2018年成立临夏市隆鑫源汽车商贸有限公司，拥有固定资产500多万，任董事长。

　　李承军　生于1972年6月，汉族，甘肃省临夏县人。法学教授，中国法学会会员，临夏回族自治州普法宣讲团成员。1991年6月毕业于临夏县中学，1994年9月至1998年6月，在西北师范大学政治法律系学习思想政治教育专业，大学本科学历，法学学士学位。1998年9月至今，在中共临夏回族自治州州委党校任教，现任管理学教研室主任。独立编著《甘肃省临夏回族自治州自治条例释义》（临夏回族自治州"六五"普法教材），获第四届全省行政学院系统优秀科研一等奖；合著《中共临夏州委党校史》（任副主编）；参与全国党校系统重点课题《绿色发展理念实践性的调研与思考》（排名第二），参与2014年甘肃省哲学社会科学规划一般资助项目《马克思主义的发展理论与中国话语体系创新研究》（排名第二）；在《学习时报》发表论文2篇，主持或者参与省委党校、省行政学院课题4项，在《发展》《党校教育和研究》等省级期刊发表论文8篇，在《民族日报》发表文章7篇。

　　陶世信　生于1974年，汉族，甘肃省临夏县红台乡人。现为美国堪萨斯大学医学中心医学院病理系生理学博士、资深研究员，美国肾脏学会会员、资深研究员，美国生理学学会会员。下列杂志特邀审稿员：Reproductive Biology and Endocrinology（《生殖生物学与内分泌学》）；Diagnostic Pathology（《诊断病理学》）；Journal of Endocrinology（《内分泌学杂志》）；European Journal of Medical Research（《欧洲医学研究杂志》）；Orphanet Journal of Rare Diseases（《Orphanet孤儿病杂志》）；American Journal of Biomedical Research（《美国生物医学研究》）。

　　1992年于临夏县中学毕业后考入甘肃农业大学学习，1997年于甘肃农业大学本科毕业；1997年9月至1998年8月在甘肃省临夏县营滩乡政府工作，任青年干事；2001年于甘肃农业大学硕士毕业；2006年获得中国科学院动物研究所博士学位；2011年分别获得清华大学医学院博士后、美国堪萨斯大学医学中心生理系博士后学位；2015年获得美国堪萨斯大学医学中心医学院内科肾脏研究所博士后学位。

　　陶世信的研究主要围绕临床疾病展开，通过研究疾病的病理机制，以探索有效的治疗途径为目的。其主要研究领域有三个方面：生殖生物学，肾脏病理和临床肿瘤的实验室基因诊断。曾以唯一作者或共同作者发表SCI研究论文20篇。近期发表专业论文16篇。执行或参与国际科研项目10项。2006年，获中国国家博士后基金资助；2011年，获"十一五"中国国家计划生育科技进步二等奖。

戴占忠 生于1974年7月，汉族，甘肃省临夏县红台乡人。中共党员，大专学历。1993年7月毕业于临夏县中学，大专学历。1993年10月至2008年9月在临夏县河州酒业有限责任公司工作，担任灌装车间主任、销售科长、副经理等职务。2008年10月创办临夏县戴宗坊酒业有限责任公司，一直担任公司总经理。公司先后安置30多名农民、下岗职工和大学生。2010年4月被评为甘肃省首届创业明星，并多次被评为优秀共产党员。

马忠华 生于1975年1月，回族，甘肃省临夏县韩集镇人。共产党员。1995年6月自临夏县中学毕业后考入西北民族学院历史系，期间曾获"优秀三好学生"、"优秀班干部"等荣誉称号。2001年至今在临夏回族自治州教育局工作，获全州"优秀共产党员"、全州"优秀教育工作者"等称号。现为临夏回族自治州教育局自考办主任，全国中小学教师资格考试临夏考区CTO，被临夏回族自治州州政府聘任为临夏回族自治州教育督政专家。

马 玉 生于1978年7月，汉族，甘肃省临夏县人。甘肃民族师范学院副教授。1998年7月毕业于临夏县中学；2002年6月毕业于西北师范大学英语专业；2002年7月至今任教于甘肃民族师范学院。任教期间，曾在辽宁师范大学脱产攻读英语语言文学专业硕士研究生（2010年9月—2013年6月），获得硕士学位。主持甘肃省教育厅科研项目1项，完成校级科研基金项目1项，获得校级教学成果二等奖1项，完成著作1部，公开发表学术论文十余篇，指导的学生在省级专业知识竞赛中获奖4人次。

侯小珍 生于1978年11月，女，汉族，甘肃省临夏县人。甘肃民族师范学院副教授。1998年7月毕业于临夏县中学；2002年6月毕业于西北民族学院英语专业；2002年7月至今在甘肃民族师范学院任教。任教期间，曾在兰州大学攻读高等教育学硕士（2009年9月—

2012年6月），获得教育学硕士学位。主持甘肃省教科所科研项目1项，完成校级科研基金项目1项，公开发表学术论文十余篇，指导的学生在省级专业知识竞赛中获奖两人次。

秦万祥 生于1978年12月，汉族，甘肃省临夏县人。中共党员，教育学硕士。1998年7月毕业于临夏县中学；1998年8月至2001年6月就读于兰州师范高等专科学校外语系。曾在临夏县土桥中学（田家炳中学）、临夏县中学从事高中英语教学工作。2007年8月至2010年7月，在西北师范大学外国语学院攻读"课程与教学论"（英语教学论）研究生，获教育学硕士学位。现于甘肃民族师范学院工作，任甘肃民族师范学院教务处实践科科长、外语系讲师。近年来，在国家级、省级刊物上发表论文十余篇，出版《中小学英语教学法教程》教材一部。2013年获甘肃省教科所论文征集和评选一等奖；2015年获甘肃省教育教学成果厅级奖；2016年获甘肃省高等教育教学成果二等奖；2017年获甘肃省教育教学成果厅级奖。

马怀义 生于1980年2月，汉族，甘肃省临夏县尹集镇人。1999年6月毕业于临夏县中学；2005年6月本科毕业于甘肃农业大学农学院农学专业；2009年6月硕士研究生毕业于甘肃农业大学农学院作物遗传育种专业；2009年7月至今在甘肃民族师范学院化学与生命科学系任教。

黄兰芳 生于1981年4月，女，汉族，甘肃省临夏县人。2002年6月自临夏县中学毕业后考入西北师范大学，学习教育技术学专业。2006年6月完成本科学业，同年9月在西北师范大学攻读教育技术学硕士学位。

2009年7月至2011年7月，在甘肃民族师范学院（原合作师专）工作；2011年7月至今，在宁夏大学任教。研究方向为教育信息化。曾发表学术论文13篇，其中在国家级核心期刊上以第一作者发表论文7篇；主持完成校级课题3项；参与完成教育部人文社科项目1项，省级课题两项。获宁夏回族自治区科研二等奖1项、教育厅科研三等奖1项。

冯　毅 生于1981年6月，汉族，甘肃省临夏县尹集镇新寨村人。兰州工业学院教师。2000年7月毕业于临夏县中学。2001年9月至2005年6月在甘肃农业大学工学院学习，获工学学士学位；2005年7月至2009年7月在郑州交通职业学院任教；2009年9月至2012年

6月在兰州理工大学材料科学与工程学院学习，获工学硕士学位；2013年1月至今在兰州工业学院任教，主要从事焊接及其智能控制方面的教学科研工作。工作以来主持并完成校内青年基金项目1项，参与各类科研项目4项，发表论文8篇；先后获"优秀共产党员"、"先进工作者"、"第五届全国大学生金相技能大赛优秀指导教师"等称号。2017年9月至2018年6月赴天津大学参加教育部组织的"中西部高等学校青年骨干教师国内访问学者"研修项目。

孙光耀　生于1981年，汉族，甘肃省临夏人。中共党员，硕士，现任甘肃农业大学外语学院讲师。2000年毕业于临夏县中学，2004年毕业于西北师范大学，获得英语语言文学学士学位，2012年获得硕士学位。任教以来，主持盛彤笙科技创新基金1项；参与编写辅导教材1册；发表论文数篇；参与省级科研项目3项。曾获省级英语教学大赛优胜奖；多次获"外研社杯"英语演讲大赛、英语写作大赛"优秀指导教师奖"。2018年以校派访问学者身份到美国北卡罗来纳州立大学访学。

马　雄　生于1981年，回族，甘肃省临夏县人。现为甘肃民族师范学院生物科学专业副教授，教学质量监控与评估处副处长，学校第七届教学督导委员会委员。2000年6月毕业于甘肃省临夏县中学，2004年6月毕业于西北师范大学生命科学学院生物科学专业，获本科学位；2011年5月毕业于兰州大学生命科学学院生态学专业，获硕士学位。近几年在国家核心期刊发表论文三十余篇，主编教材1部，参编著作1部，发明实用新型专利4项。现被学校聘任为第六批学术带头人，第六届、第七届优秀中青年教学科研骨干。曾获甘肃省高等教育教学成果厅级奖，第八、九和十一届甘肃省大学生"挑战杯"课外科技作品竞赛"优秀指导教师奖"，学校"教学优秀奖"、"教学成果一、二等奖"、"优秀班主任"、"优秀政治辅导员"、"标志性科研成果奖"等奖项或荣誉称号。

白保罗　生于1984年3月，汉族，甘肃省临夏县双城村人。2001年6月毕业于临夏县中学，2005年7月毕业于西北师范大学地理环境学院环境科学系，2005年12月参加工作，2011年1月加入中国共产党，2009年9月至2012年7月入西南民族大学政治学院哲学系伦理学

专业全日制脱产学习，获哲学硕士学位。2005年12月至2008年6月在临夏县建设环保局工作，2008年6月至2010年12月在临夏县政府办公室工作，2010年12月至今在临夏回族自治州州政府办公室秘书科工作。现为临夏回族自治州州政府办公室研究室科长。

侯孝国 生于1986年12月，汉族，甘肃省临夏县尹集镇人。2006年毕业于临夏县中学。2011年毕业于兰州财经大学，获得文学学士学位。

2011年9月起在临夏县尹集中学工作。2013年6月至2013年8月在临夏县韩集初级中学工作。2013年9月至今在临夏县电视台做记者工作。

第三节　教师世家

教师姓名	世家成员与本人关系	世家成员	世家成员曾任教学校
江富傲	父　亲	江怀达	韩集中学　红台学区
	儿　子	江贵林	刁祁兰乱小学
娄晓通	曾祖父	娄文和	不详
	曾叔父	娄文程	不详
	堂祖父	娄正统	韩集中学革委会主任、县教育局长
	祖　父	娄正纶	中岭小学　漫路中学
	父　亲	娄仲平	尹集中学　卢马中学
	叔　父	娄仲安	桥寺中学　江川中学
	堂　兄	娄大录	莲花中学
	堂　姐	娄高华	临夏回民中学

附录一　部分校友通讯录

（排名不分先后）

姓　名	性别	民族	毕业时间	工作单位和职务
白光弼	男	汉	1945	西北师范大学校长（退休）
王　鑑	男	汉	1948	西藏人民出版社党委书记、社长、总编辑（退休）
王国礼	男	汉	1948	甘肃省轻纺工业厅副厅长、党组成员（退休）
李凤林	男	汉	1947	青海师范大学数学系教师（退休）
唐振寰	男	汉	1956	甘肃省现代远程教育中心副主任、研究员（退休）
马天禄	男	汉	1957	临夏县尹集中学退休教师
江怀达	男	汉	1957	临夏县红台学区退休教师
秦顺亭	男	汉	1958	中国石油化工西部指挥部专家组组长 （正厅级，退休）
江双德	男	汉	1959	临夏县政协文史资料委员会
王兆瑞	男	汉	1959	临夏回族自治州医院医师（退休）
宋宗义	男	汉	1959	临夏县中学教师（退休）
王玉德	男	汉	1961	夏河县运输公司干部（退休）
郭正清	男	汉	1961	甘肃省民族事务委员会（甘肃省宗教局）副巡视员，中国民间文艺家协会花儿文化专业委员会副主任，中国民间文艺家协会会员，中国传统音乐学会会员
江富元	男	汉	1962	临夏县文化馆馆长（退休）
王　俊	男	汉	1962	临夏县人大干部（退休）
李如盛	男	汉	1969	临夏回族自治州乡镇企业局干部（退休）
马继良	男	汉	1968	军队退休干部（大校军衔退休）
王克昌	男	汉	1971	临夏县粮食局干部（退休）

姓　名	性别	民族	毕业时间	工作单位和职务
宋光明	男	汉	1971	临夏县尹集中学教师（退休）
徐效和	男	汉	1971	临夏县刁祁学区教师（退休）
乔锦芳	女	汉	1971	临夏县中学教师（退休）
吴丕臣	男	汉	1972	临夏县教育局干部（退休）
刘世彦	男	汉	1972	临夏县新集学区教师（退休）
宋建林	男	汉	1972	临夏回族自治州教育局干部（退休）
梁忠效	男	汉	1972	临夏县麻尼寺沟学区教师（退休）
卢　洪	男	汉	1972	临夏县教育局干部（退休）
黄成龙	男	汉	1972	临夏县尹集学区教师（退休）
穆明清	男	回	1973	临夏县人大常委会副主任（退休）
王联云	男	汉	1972	临夏回族自治州石油公司干部（退休）
王佐才	男	汉	1973	临夏县法院纪检委书记
王正国	男	汉	1973	临夏县中学教师（退休）
田玉良	男	汉	1973	临夏回族自治州田丰物业管理有限责任公司总经理
马德灵	男	汉	1973	临夏县人大干部（退休）
王国正	男	汉	1973	临夏县新集中学教师（退休）
白旭东	男	汉	1973	临夏县政协干部（退休）
贺文珍	男	汉	1973	临夏县振华中学教师（退休）
尹成盛	男	汉	1973	临夏县尹集学区教师（退休）
王玉芳	女	汉	1973	临夏县刁祁学区教师（退休）
肖振华	男	回	1973	临夏县中学职工（退休）
朱文海	男	汉	1974	临夏回族自治州国税局工会主席
陈全忠	男	汉	1975	临夏县新集中学教师（退休）
宋维祥	男	汉	1976	临夏县新集中学教师（退休）
丁文林	男	回	1977	临夏县韩集小学教师（退休）
辛逢和	男	汉	1977	临夏县教育局干部（退休）
徐维杰	男	汉	1979	兰州交通大学教授
闵　海	男	回	1979	临夏回族自治州医院副院长
牟青和	男	汉	1979	临夏回族自治州纪监委第三派驻纪检监察组副组长
卢金凤	女	汉	1979	临夏中学高级教师
徐　孝	男	汉	1979	临夏县新集学区教师（退休）

续表

姓名	性别	民族	毕业时间	工作单位和职务
陈泽雄	男	汉	1979	临夏县法院干部
王国志	男	汉	1979	甘肃省委统战部副部长(兼),省宗教局局长、党组书记
王国荣	男	回	1979	临夏县交通局干部
张志忠	男	汉	1980	临夏回族自治州环保局
马世英	男	回	1979	临夏县教育局干部
田义祥	男	汉	1979	临夏县新集学区退休教师
苏渊陆	男	汉	1979	临夏县教育局干部
陶万云	男	汉	1979	临夏县政府督学
张琪	男	汉	1979	东乡族自治县政协主席
马万忠	男	回	1979	临夏县韩集小学教师
徐春花	女	汉	1979	临夏县韩集小学教师
韩生华	男	汉	1979	临夏县文化局干部
宋明震	男	汉	1979	临夏县新集高中副校长
安卫东	男	汉	1979	和政县人民检察院检察长
焦俊华	男	汉	1979	临夏县新集高中校长
田祥林	男	汉	1979	临夏县政府督学
辛培仁	男	汉	1980	乌鲁木齐市公安局人口管理支队主任
王国俊	男	回	1980	临夏回族自治州民政局副调研员
张维忠	男	汉	1980	临夏回族自治州金融办党组书记、主任
马玉成	男	回	1980	甘肃行政学院法学副教授
邓菊英	女	汉	1980	临夏县教育局干部(退休)
王延龙	男	回	1980	临夏县韩集初级中学教师
马自龙	男	回	1980	临夏县政协干部
马俊	男	回	1980	临夏县农委干部(退休)
江贵隆	男	汉	1980	临夏县刁祁学区退休教师(退休)
江富傲	男	汉	1980	临夏县政府督学
王渭清	男	汉	1980	临夏县刁祁学区教师(退休)
董玉琢	男	汉	1980	临夏县马集学区教师

续表

姓　名	性别	民族	毕业时间	工作单位和职务
牛俊泽	男	汉	1980	临夏县中学教师
张万良	男	汉	1980	甘肃永安工程建设咨询有限公司
刘宏青	女	汉	1980	临夏县韩集学区教师(退休)
丁文祥	男	回	1980	临夏县韩集初级中学教师
冯小炎	男	汉	1980	临夏回族自治州法院干部
马文义	男	回	1980	临夏县人大科教文卫委主任
赵正光	男	汉	1980	临夏市教育局营养办主任
邓菊英	女	汉	1980	临夏县教师进修学校教师
何生荣	男	汉	1980	临夏县教育局资助中心主任
张致林	男	汉	1980	临夏县政府督导
马文忠	男	汉	1980	临夏县尹集学区涧上小学教师
江贵隆	男	汉	1980	临夏县刁祁学区
王永昌	男	汉	1980	临夏县红台中学总务主任
顾效青	男	汉	1980	临夏县尹集学区大滩涧小学教师
江贵贤	男	汉	1981	甘肃省财政厅农发办主任
田存秀	女	汉	1981	临夏县尹集学区退休教师
冯国兰	女	汉	1981	临夏县新集学区教师
马兆义	男	回	1981	临夏县职改办干部
李生发	男	汉	1981	白银市市委常委、组织部长
赵树奎	男	汉	1981	临夏县教师进修学校教师
冯俊礼	男	汉	1981	临夏中学教师
马少雄	男	回		临夏县韩集初级中学教师
李政文	男	汉	1981	临夏回族自治州教育局干部
铁成林	男	汉	1981	临夏县城管局局长
王玉霞	女	汉	1982	临夏县机关工委书记
马文智	男	回	1982	临夏县司法局副局长
司徒国强	男	汉	1983	兰州交通大学法学副教授
陶万艺	男	汉	1983	临夏回族自治州规划局总规划师
陈　杰	男	汉	1983	临夏县尹集福海宾馆总经理
李永红	女	汉	1983	临夏市医院医师

续表

姓　名	性别	民族	毕业时间	工作单位和职务
尹小龙	男	汉	1983	临夏县中学教师
喇子忠	男	回	1983	临夏县供销社主任
郭立明	男	汉	1983	临夏县安监局局长
张　辉	男	汉	1984	临夏县职业技术学校校长
郑维华	男	汉	1984	临夏县中学教师
文育明	男	汉	1984	临夏县农行干部
贺彩莲	女	汉	1984	临夏县新集中学教师
张振荣	男	汉	1984	临夏县漫路中学教师
杨占林	男	汉	1984	临夏县振华中学教师
宋复琴	女	汉	1984	临夏市一中教师
宋旭祖	男	汉	1984	临夏县漫路卫生院院长
张建科	男	汉	1984	临夏回族自治州电信局干部
郑维华	男	汉	1984	临夏县中学教研室主任
赵国民	男	汉	1984	临夏县土桥中学教师
赵正祥	男	汉	1984	临夏县土桥中学教师
赵秀英	女	汉	1984	临夏回族自治州扶贫办纪检组长
杨占林	男	汉	1984	临夏县振华中学副校长
王万明	男	汉	1985	临夏县供销社有限公司监事会主席
孙存录	男	汉	1985	临夏县卫生和计划生育局党工委书记、局机关支部书记、局长
张亚琴	女	汉	1985	中国人寿保险公司临夏回族自治州分公司信息员
马国鹏	男	汉	1985	临夏县职业学校高级教师
张玉龙	男	回	1985	临夏县宗教局局长
妥永忠	男	回	1985	临夏县马集学区教师
王学海	男	汉	1985	临夏县人大干部
何正奎	男	汉	1985	临夏县刁祁卫生院院长
彭爱萍	女	汉	1985	临夏县韩集初级中学退休教师
白海峰	男	汉	1985	临夏县职业技术学校教师
张力犁	男	汉	1985	临夏县教育局干部

续表

姓　名	性别	民族	毕业时间	工作单位和职务
杨春海	男	汉	1985	临夏县中学教师
张英海	男	汉	1985	临夏县中学副校长
马忠云	男	回	1985	临夏县委统战部副部长
韩玉秀	女	汉	1987	临夏县医院医师
高占龙	男	回	1987	临夏县中学教师
徐品升	女	汉	1987	临夏县中学教师
刘玉娇	女	汉	1987	临夏回族自治州建设银行干部
苏小文	女	汉	1987	临夏县教育局干部
秦正林	男	汉	1987	临夏县振华中学教师
祁瑞芬	女	汉	1987	临夏回族自治州农校教师
马海龙	男	回	1987	临夏县韩集初级中学教师
江富啸	男	汉	1987	中国人寿保险公司临夏县支公司干部
马国彦	男	汉	1987	临夏县医院医师
朱　杰	男	汉	1987	临夏县中学教师
马文林	男	回	1987	临夏回族自治州广播电视台总编辑
长　玉	男	汉	1987	临夏县教育局干部
赵文兰	女	汉	1987	临夏县中学教师
张少良	男	汉	1987	临夏县职业技术学校副校长
宋光兰	女	汉	1987	临夏市国税局干部
韩玉秀	女	汉	1987	临夏县医院医师
崔忠杰	男	汉	1987	临夏回族自治州煤炭公司经理
吕美婷	女	汉	1987	临夏回族自治州道路运输管理局临夏县分局干部
马有信	男	回	1987	临夏回族自治州副州长
王志录	男	汉	1987	临夏回族自治州政府副秘书长
丁得云	男	回	1987	临夏县司法局干部
马福才	男	回	1987	临夏县司法局干部
贾玲芬	女	汉	1987	临夏县国税局干部
马明霞	女	回	1988	临夏回族自治州教育局教研室干部

续表

姓　名	性别	民族	毕业时间	工作单位和职务
张文霞	女	汉	1987	临夏县漫路乡人大主席
张晓红	女	汉	1987	临夏县财政局干部
张志文	男	汉	1987	临夏县农牧局干部
刘鸿斌	男	汉	1987	临夏县水保站干部
郭占胜	男	汉	1987	甘光公司党支部书记
陈淑芳	女	汉	1987	临夏县桥寺中学教师
罗世兰	女	汉	1987	临夏县农牧局干部
崇尚俊	男	汉	1987	临夏中学高级教师
卢建江	男	汉	1987	永靖中学高级教师
王学华	男	汉	1987	玛曲县卫生防疫站干部(退休)
惠海涛	男	汉	1987	临夏县物价委员会干部
冯国栋	男	汉	1987	临夏县恒源电力公司职工
庞国义	男	汉	1987	临夏县委组织部副部长
宋海云	男	汉	1987	临夏县教育局内审股副股长
张居林	男	汉	1988	临夏市隆鑫源汽车商贸有限公司董事长
宋国才	男	汉	1988	临夏县城乡发展投资中心总经理、主任
宋永忠	男	汉	1988	建设银行临夏市分行干部
张振兴	男	汉	1988	临夏县教育局干部
武海青	男	汉	1988	临夏县农业局干部
吴永刚	男	汉	1988	临夏县水务水电局副局长
杨玉芳	女	汉	1988	兰州市某中学教师
陶彩霞	女	汉	1988	临夏县振华中学教师
卜国芬	女	汉	1988	临夏县职业技术学校教师
汪文秀	女	汉	1988	临夏县韩集初级中学教师
王文辉	男	汉	1988	临夏县城建局干部
蔡义武	男	汉	1988	
包新民	男	汉	1988	临夏县委宣传部副部长
马耀才	男	汉	1988	临夏县纪委干部
康志玉	男	回	1988	云南农大教授(博士)
王林忠	男	回	1989	临夏县烹饪学校教师
马文成	男	汉	1989	临夏县中学教师

姓　名	性别	民族	毕业时间	工作单位和职务
杜旭芬	女	汉	1989	临夏县韩集初级中学教师
范云鸿	男	汉	1989	临夏县尹集学区教师
王国红	女	汉	1989	临夏回族自治州建设局干部
吴永强	男	汉	1989	临夏县统战部干部
石力行	男	汉	1989	临夏回族自治州土地局干部
魏小菊	女	汉	1989	临夏县文化馆干部
张玉平	男	汉	1989	甘肃省两西物资供应公司经理
马俊清	男	回	1989	临夏县禁毒办主任
姚田辉	男	汉	1990	临夏县农牧局副局长兼农林局局长
吕菊霞	女	汉	1990	临夏县新集中学教师
李晓光	男	汉	1990	临夏县漫路学区教师
李旭东	男	汉	1990	临夏县韩集初级中学教师
江贵伟	男	汉	1990	临夏县中学教师
李晓莉	女	汉	1990	临夏县老干部局干部
李晓霞	女	汉	1990	临夏县韩集初级中学教师
马胜荣	男	回	1990	临夏县马集中学教师
魏学梅	女	回	1990	临夏县麻泥寺沟宋庄小学教师
祁占奎	男	汉	1990	临夏县漫路中学退休教师
马玉梅	女	回	1990	临夏县韩集镇农技推广站干部
王亨谦	男	汉	1990	临夏县韩集初级中学教师
丁玉才	男	汉	1990	临夏监狱警官
陶万礼	男	汉	1990	临夏县土桥中学教师
杨莲芳	女	汉	1990	广河县教育局干部
吕美锋	女	汉	1990	临夏县农业局干部
杜文海	男	汉	1990	临夏县食药局干部
陈学红	女	汉	1990	临夏师范附小教师
秦文俊	女	汉	1990	临夏县委组织部干部
宋芳祖	男	汉	1990	临夏县人大干部
马建成	男	回	1990	临夏县委韩集初级中学副校长
亢　杰	男	汉	1990	临夏县掌子沟乡乡长
段金国	男	汉	1990	临夏县教育局仪器站站长
李承军	男	汉	1991	临夏回族自治州委党校管理学教研室主任
胡增光	男	汉	1991	临夏县振华中学校长

续表

姓　名	性别	民族	毕业时间	工作单位和职务
王春芬	女	汉	1991	临夏县先锋卫生院院长
雷春庆	男	汉	1992	临夏回族自治州医保局干部
江彩云	女	汉	1992	临夏县红十字会干部
周文龙	男	汉	1992	临夏县教育局干部
郭彩云	女	汉	1992	临夏县中学教师(退休)
张海山	男	汉	1992	临夏市城关镇财政所干部
祁小林	男	汉	1992	临夏县公安局干部
陶世信	男	汉	1992	美国堪萨斯大学医学院病理系生理学博士,资深研究员、美国肾脏学会会员、美国生理学学会会员、特邀杂志审稿人
江怀义	男	汉	1992	临夏县卫生局干部
何永江	女	汉	1992	临夏中学教导副主任
陈　孝	男	汉	1992	临夏县人社局副局长
孙文义	男	汉	1992	临夏县委统战部干部
王德忠	男	汉	1992	临夏县供电公司职工
戴占忠	男	汉	1993	临夏县戴宗坊酒业有限责任公司总经理
杨天祥	男	汉	1993	临夏县中学教师
王国辉	男	汉	1993	临夏县电视台记者
陶永恒	男	汉	1993	临夏县韩集初级中学副校长
炭举国	男	回	1993	临夏县教育局干部
杨茂荣	男	汉	1993	临夏县漫路学区教师
线宏亮	男	汉	1994	临夏县公安局法治室主任
赵千金	女	汉	1994	临夏县漫路中学教师
白明霞	女	汉	1994	临夏县教育局干部
田小林	男	汉	1994	临夏县红台中学教师
马忠华	男	回	1995	临夏回族自治州教育局自考办主任
阮永虎	男	汉	1995	临夏县卫生局干部
何维兰	女	汉	1995	临夏县双城小学教师
王克春	男	汉	1995	临夏春昊律师事务所律师
拦学魁	男	汉	1995	临夏县韩集初级中学教师

姓　名	性别	民族	毕业时间	工作单位和职务
王正军	男	汉	1998	临夏县社保局干部
罗炜云	女	汉	1998	临夏市食药局干部
马玉高	男	汉	1998	临夏县文化广播局干部
陈岩海	男	汉	1998	临夏县职业技术学校教师
王月增	男	汉	1998	临夏县文化局干部
张昌海	男	汉	1998	临夏县中学教师
李小吉	男	汉	1998	临夏县中学教师
孙平安	男	汉	1998	临夏县漫路中学教师
袁光旭	男	汉	1998	临夏回族自治州委组织部老干局科长
马建勋	男	回	1998	临夏县教育局纪检组长
张永芳	女	汉	1999	临夏县新集学区区长
何东旭	男	汉	1999	临夏县农机局干部
武海淑	女	汉	1999	临夏县韩集初级中学教师
谭玉贵	男	汉	1999	临夏县一幼教师
田维宏	女	汉	1999	临夏县新集中学教师
周国栋	男	汉	1999	临夏县安家坡中学教师
朱永海	男	汉	1999	临夏县前石中学教师
王秀莲	女	汉	1999	临夏县土桥中学教师
管世倩	女	汉	1999	临夏县韩集初级中学教师
王春生	男	汉	1999	临夏县红台中学教师
贺国俊	男	汉	2000	甘肃民族师范学院讲师
冯　毅	男	汉	2000	兰州工业学院教师
孙光耀	男	汉	2000	甘肃农业大学讲师
马　雄	男	回	2000	甘肃民族师范学院副教授
吕世金	男	汉	2000	临夏县尹集镇副书记
尤军军	女	汉	2000	临夏县教育局财务股股长
侯孝虎	男	汉	2000	临夏县漫路中学副校长
潘秀芬	女	汉	2000	临夏县纪委监察室主任
张永辉	男	汉	2000	临夏县漫路学区教师
马全明	男	回	2001	

续表

姓　名	性别	民族	毕业时间	工作单位和职务
白保罗	男	汉	2001	临夏回族自治州政府办公室研究室科长
周　荣	男	汉	2001	临夏县中学教师
王丽君	女	汉	2001	临夏县漫路中学教师
马海博	男	回	2001	临夏县韩集小学教师
丁玉兰	女	回	2001	临夏县中学教师
方玉娉	女	汉	2001	山东烟台大学图书馆干部
黎　霞	女	汉	2001	临夏海伦英语学校校长
马腾云	男	回	2001	临夏县中学教师
戴文熹	男	汉	2001	临夏县中学教师
彭艳平	男	汉	2001	临夏县中学教师
周颜龙	男	汉	2001	临夏县中学教师
马学忠	男	汉	2001	临夏县韩集初级中学教师
辛万平	男	汉	2001	临夏县财政局干部
陶海霞	女	汉	2001	临夏县韩集初级中学教师
陈国伟	男	汉	2001	临夏县财政局干部
杨柳泉	男	汉	2001	临夏县马集中学教师
唐艳丽	女	汉	2001	临夏县麻尼寺沟教师
王秀兰	女	汉	2001	临夏县麻尼寺沟教师
缐国强	男	汉	2001	临夏县漫路中学教师
王鉴鹅	男	汉	2001	临夏县漠尼沟学区教师
沈秀兰	女	汉	2001	临夏县二幼教师
何小玲	女	汉	2001	临夏县委组织部十部
马海龙	男	回	2001	临夏县新集中学副校长
王永平	男	汉	2001	临夏县马集学区教师
马林海	男	回	2001	临夏县尹集镇副书记
马学礼	男	汉	2001	临夏县营滩学区教师
杨秀萍	男	汉	2001	临夏县营滩学区教师
马怀良	男	汉	2001	临夏县医院干部
崔玉国	男	汉	2001	
李　林	男	汉	2001	甘肃省气象局干部

续表

姓　名	性别	民族	毕业时间	工作单位和职务
尚永明	男	汉	2001	和政县财政局副局长
杨庆临	男	汉	2001	临夏回族自治州公安局干部
徐品平	男	汉	2001	临夏县电力局干部
杨志刚	男	汉	2001	临夏县麻尼寺沟教师
马增华	男	汉	2001	临夏县漫路学区教师
黄兰芳	女	汉	2002	宁夏大学教师
马玉蛟	女	回	2002	临夏县韩集初级中学教师
马海龙	男	回	2002	临夏县马集中学教师
马海林	男	回	2002	临夏县马集中学教师
白延军	男	汉	2002	临夏县尹集学区教师
周玉庆	男	汉	2002	临夏中学教师
王延平	男	汉	2002	临夏县韩集初级中学教师
张建铭	男	汉	2002	临夏县土桥中学教师
祁国云	男	汉	2002	临夏县教育局人秘股副股长
赵永强	男	汉	2002	临夏县漫路学区教师
李斯强	男	汉	2003	兰州市机关事务管理服务中心副科长
张俊福	男	汉	2003	临夏县土桥中学教师
马成祥	男	回	2003	积石山保安族东乡族撒拉族自治县乩藏中学政教处主任
杨宝磬	男	汉	2003	临夏县韩集初级中学教师
张明红	女	汉	2003	临夏回族自治州精神文明办干部
辛永平	男	汉	2003	临夏县中学教师
孙海林	男	汉	2003	兰州龙摄影经理
吕学鹏	男	汉	2003	临夏县电视台记者
管晓胜	男	汉	2003	临夏县政府办干部
康文胜	男	汉	2003	临夏县漫路学区教师
马怀龙	男	汉	2003	临夏县新集派出所干警
白占奎	男	汉	2003	临夏县新集学区教师
苏小虎	男	汉	2004	金昌市团委书记、党组成员
祁黎炎	男	汉	2004	临夏县中学教师

续表

姓　名	性别	民族	毕业时间	工作单位和职务
苏彩莲	女	汉	2004	临夏县土地局干部
孔祥英	女	汉	2004	临夏县麻尼寺沟教师
王永明	男	汉	2004	临夏县中学教师
陈　强	男	汉	2004	临夏县中学教师
庞彩芳	女	回	2004	临夏县中学教师
孙旭博	男	汉	2004	华为公司工程师
马志成	男	回	2004	临夏县韩集初级中学教师
吕淑霞	女	汉	2004	临夏县麻尼寺沟教师
王国艳	女	汉	2004	临夏县漫路学区教师
蒲灵芝	女	汉	2004	临夏县双城小学教师
康艳云	女	汉	2004	临夏县麻尼寺沟郭墩山小学教师
马彩莲	女	汉	2004	临夏县马集中学教师
费秀成	男	汉	2004	临夏县尹集学区教师
何志学	男	汉	2004	临夏回族自治州委干部
侯茂斌	男	汉	2004	临夏县榆林乡政府干部
黄维刚	男	汉	2004	临夏县漫路学区教师
李文智	男	汉	2004	临夏县医院医师
李学明	男	汉	2004	碌曲县广播局干部
鲁辉丽	女	汉	2004	临夏县漫路初级中学教师
宋子红	女	汉	2004	临夏县双城小学教师
孙　伟	男	汉	2004	临夏县榆林乡政府干部
汪小霞	女	汉	2004	临夏县双城小学教师
吴荣胜	男	汉	2004	临夏县政府干部
辛志平	男	汉	2004	临夏回族自治州环保局干部
张小俊	男	汉	2004	临夏县公路局干部
张小龙	男	汉	2004	临夏县漫路学区教师
张永倩	女	汉	2004	临夏县刁祁学区教师
柏青霞	女	汉	2004	临夏县红台中学教师
周康燕	女	汉	2004	临夏县北塬中心小学教师
辛志静	女	汉	2004	临夏县刁祁学区教师
徐阔兰	女	汉	2004	夏河县某小学教师
祁海云	男	汉	2004	临夏县韩集初级中学教师

姓　名	性别	民族	毕业时间	工作单位和职务
何建夏	男	汉	2004	临夏县韩集初级中学教师
胡万辉	男	汉	2005	积石山保安族东乡族撒拉族自治县柳沟乡阳山希望小学校长
杨学芹	女	汉	2005	临夏县韩集初级中学教师
朱秀清	女	汉	2005	临夏县尹集镇干部
邓海红	女	汉	2005	临夏回中教师
何勇燕	男	汉	2005	临夏县尹集镇干部
李永芳	女	汉	2005	临夏回族自治州中医院医生
陈志强	男	汉	2005	临夏县马集中学教师
赵学谦	男	汉	2005	积石山保安族东乡族撒拉族自治县积石中学教师
包延华	男	汉	2005	临夏县韩集初级中学教师
亢灵芝	女	汉	2005	兰州外国语学校教师
拦学明	男	汉	2005	临夏县井沟卫生院医生
宋宏伟	男	汉	2005	临夏县漫路卫生院医生
张维平	男	汉	2005	临夏县漫路学区教师
周玉兴	男	汉	2005	临夏县马集学区教师
王永鹏	男	汉	2006	临夏县尹集镇扶贫办主任
王凌江	男	汉	2006	临夏县政协经纠委副主任
王　兰	女	汉	2006	临夏县信用联社信贷员
王学礼	男	汉	2006	临夏县民主学区教师
江荣玉	男	汉	2006	临夏县韩集镇政府干部
耿利俊	男	汉	2006	甘南藏族自治州合作一中教师
马俊华	男	回	2006	临夏县麻尼寺沟乡政府干部
王学义	男	回	2006	广河县广河中学教师
宋子明	男	汉	2006	临夏县井沟中学教师
马玉梅	女	回	2006	西北民族大学教师
顾　辉	男	汉	2006	临夏县麻尼寺沟学区教师
马小平	女	回	2007	临夏县二幼教师
段志龙	男	汉	2007	临夏县漫路学区教师

续表

姓　名	性别	民族	毕业时间	工作单位和职务
赵章萍	女	汉	2007	临夏县古城村幼儿园教师
余正霞	女	汉	2007	临夏县新集高中教师
赵丽霞	女	汉	2007	和政县第三中学教师
赵小芹	女	汉	2007	临夏县韩集初级中学教师
马志强	男	回	2007	临夏县医院医师
李正兰	女	汉	2007	临夏县医院医师
何学仁	男	汉	2007	临夏县信用联社信贷员
祁永华	男	汉	2008	临夏县韩集镇财政所长
吕泽旭	男	汉	2008	临夏县城投公司干部
韩瑞智	男	汉	2008	临夏县医院医师
朱秀娟	女	汉	2008	临夏回族自治州中医院医师
陶秀月	女	汉	2008	积石山保安族东乡族撒拉族自治县大河家韩陕家小学教师
马国胜	男	汉	2008	积石山保安族东乡族撒拉族自治县柏杨树小学教师
石少云	男	汉	2008	临夏县麻尼寺沟乡兽医站医生
何进红	女	汉	2008	积石山保安族东乡族撒拉族自治县银川乡新坪小学教师
王国云	男	汉	2013	重庆市一本满意教育信息咨询有限公司董事长
江贵林	男	汉	2013	临夏县刁祁学区教师
窦　蕊	女	汉	2006	中国银行临夏分行经理
焦春晓	男	汉	2009	中国人寿保险公司临夏县支公司职工

注：以上为部分校友个人情况。

附录二　诗文辑录

诫诸孙书

马福祥

　　诸孙知悉，余自离宁绥以来，不与汝等相见者十数年于兹矣。此十数年中，余因国事，南北奔驰，无暇问及家事，不知汝等学业有无进步？每一思念，夜不成寐。民国十五年春，在平地众军次，曾有训诫子侄书，约举八事，定为规则，汝等倘能熟读深思，必已遵守训词，力图上进。乃余近日询之里人，汝等不谙人情，不知时事艰难，时常驰马射击，而于学问一道，殊无所闻，实觉失望之至。今将胸中历年所蕴蓄者，为汝等剀切言之。余家以武功显著，余既半生戎马，为国效力，汝伯汝父均各转战数省。于革命史上，稍有达树。汝等练习武事，似不得谓为过当。惟今之从军，首重学识，与昔日之专以勇猛见长者迥异。欲求深造，仍须从读书入手，方能融会贯通，成为大器。若舍本求末，势必嬉游无节，沾染习气，甚非讲求自立之道也！夫不求学问，则身心日放，物欲纵而诱之，流失将无所底止。善乎，曾文正公之言曰："管教子弟，不宜多给钱用，尤不宜多做衣裳。"又语云："第一期家庭教育，不在父而在母，因为未就外傅以前，最亲近者莫过于母。历史记载，如孟母、陶母、欧母、柳母等，教子成名，不胜枚举。所以做母亲的，对于儿辈言动行止，处处留心，时时约束。以上二则，实属甘苦有得之言，允宜奉为金科玉律。余自少承庭训，兢兢业业，惟恐或失，故能历任疆圻，匡扶时局。汝伯汝父等，幼时母教已不甚严，幸余随时提命，促其努力，始收今日之效果。现在汝等安居乡里，有逸乐而无顾虑；汝母等囿于闻见，随习俗而乏远图，以致爱而不教，纯任放弃。长此以往，诗礼之家风何在？纨绔之陋习更深，在家庭不能为优秀之子弟；在社会岂能为健全之国民！将何以上承庇荫，下畜妻孥？此余所惓惓难忘者也。且余家一门节钺可谓幸矣！大家巨室之子弟，必先有和平忠厚之心，恭俭谦让之行，方足以持盈保泰，绵先泽于无穷。果能如是，戚党咸受熏陶，乡间互知效法，积之久而地方浇漓之习，浮伪之风，或且为之一变。是汝等言行举动，实为乡人所注目，于以辨家教之宽严，家连之隆替，推而及于人心风俗，关系殊非浅显。顾可不自检束，受人指责乎！书曰，世禄之家，鲜克由礼，每诵斯语，辄为寒心。余愿一乡之人称汝等为善士，不愿一乡之人称汝等为豪士也。总之，书不可不读，学不可不讲，德不可不修，骄奢淫逸之事不可有；戒慎恐惧之念不可无。带一分书卷气，则性情自免粗疏；存一分退让心，则礼节自无逾越。平日格外注意，临旧地攸往咸宜。持身之要道。抑亦处世之良规，况汝等年岁已长，俱各生有子女，若不奋勉振作，克自树立，试问为人父者何以教子？余实为汝等危之。语云：吃得苦中苦，方为人上人。余又愿汝等勿以席丰履厚为乐，而以承先启后为急也！余因此事日夜焦灼，拟令汝等，出门阅历，增长学识，求终身立足之地。奈连年战事，交通梗塞，以致未能实现，亦属无可如何！然日月云迈。荒废可惜！为汝等前途计，首宜培养心田，恒使方寸之地，善念油然而生。对于社会，时存救济贫穷之心，力行施舍钱米之事，不但以我之有余，补人之不足，尤应预为节省，藉便取求庶足立博爱之初基，彰吾教之美德，而又慎重交游，近益友以扩见闻；屏损友以防习染，立身处世，方有把握。所有上列各语，务速切实奉行，毋再因循游惰，故步自封，或者当有成材之希望。近阅关中王文恪公六事箴言，内中所载，皆前贤往哲治身涉世之圭臬，择要录后，汝等细心阅看，万勿疑为迂阔。现在世界潮流日新月异，生活程度愈来愈高，余家远处西陲，族大人众，支持尤为不易，加以近年天灾人祸，甲于各省，尤非崇尚节险，不能养元气而迓祥和。修身齐家治国，事虽异而理相通。幼学壮行，当先尽其在我。先总理三民主义救国之道，无所不包，亦宜列为课程，遂条研究，必使确有心得，为日后出而应世之具，并将近日学业，详细函陈，以慰余意。至要至嘱。

云亭手谕廿年元月

临夏县中学建校五十周年校庆贺信

尊敬的临夏县中学领导：

首先对母校邀请我们参加五十周年校庆，表示衷心的感谢！但由于公务缠身，不能如愿，实为抱歉！

在这富有纪念意义的日子里，对历经沧桑、栽培桃李、功在国家、誉满社会的亲爱的母校，表示深切的谢意和无比的感激之情！

对当年为教育学生呕心沥血、饱尝艰辛，给我们留下了深刻印象的尊敬的老师们，表示怀念之情和谢意！

对共同经历了有意义的学习生活和难忘岁月的同窗同学以及历届毕业的校友们，表示诚挚的问候！

对目前继续为立国之本的教育事业尽心尽力、辛勤劳动的各位老师，表示敬意和祝福！

当前在春催桃李的时代，在改革开放的新形势下，我们满怀激情地祝愿母校继续发扬自己的优良传统，不断焕发出新的活力，为"四化"大业培养优秀人才，以不朽的功绩永载史册！

此致

敬礼！

西北师范大学　白光弼

甘肃省轻纺工业厅　王国礼

在复旦大学世界校友会上的发言

尊敬的朱之文书记、杨玉良院士，各位领导，尊敬的复旦大学校友会组委会，尊敬的各位嘉宾，各位校友：

大家早上好！

我是来自甘肃临夏回族自治州的一位校友，在参加本次聚会的校友中，我的年龄也许最大，我今年92岁，看到这么多来自全世界及全国各地的校友，我很荣幸也很激动，这也是我平生第一次参加复旦校友会。

我于1949年毕业于复旦大学外语系，当时的校长叫章益，教务长芮宝公，外语系主任全增嘏，历史教师周谷城，文学老师孙大雨，教务长林一民，训导长何德鹤，他们都是中华民族的精英分子，我有幸在复旦读书四年，一辈子感到光荣和自豪。我毕业回到家乡临夏后，一直从事教育工作，曾担任过临夏韩集中学、临夏师范校长，期间曾被打成"右派"，党的十一届三中全会后，平反昭雪，恢复名誉，任甘肃省重点中学——临夏中学、临夏回民中学校长，后又担任临夏民族学校校长。我从教40多年，先后获得国家、教育部、省、州各种嘉奖20多次。作为复旦大学的毕业生，我桃李满天下，无怨无悔，感觉很知足也很幸福。

复旦大学是我国著名的大学，已有108年的历史了。一个世纪以来，她培养了数以十万计的优秀学子，在各个学科和学术领域发挥着举足轻重的作用，为中华民族的伟大复兴作出了不可磨灭的贡献。复旦大学的校训"博学而笃志，切问而近思"，这句来自孔子《论语》的名言永远激励着莘莘学子发奋有为，努力学习，钻研进取，获得成功。这也是复旦大学100多年来生生不息、越办越好

2013 年 9 月，马有信（左）在复旦大学世界校友会上与复旦大学校长杨玉良（右）合影留念

的力量源泉。

　　"老骥伏枥，志在千里，烈士暮年，壮心不已"，今天我来参加复旦大学世界校友会，有说不出的感慨，有说不出的激动，可谓思绪万千，百感交集。三年前，我到母校参观访问，抚今追昔，物是人非，往事一幕又一幕浮现在眼前，想当年国难当头，复旦学生先天下之忧而忧，走上街头，慷慨激昂，振臂高呼，勇赴国难，始终把自己的命运和国家的命运联系在一起，誓与国家共患难。目前，在经济发展、国力日增、国际形势复杂多变的情况下，我以我们老一辈的话语与各位校友共勉："天下兴亡，匹夫有责。"想当年"恰同学少年，风华正茂"，而如今我已成耄耋老人，若干年后我将故去，但我坚信：一代又一代复旦人将披荆斩棘，继往开来，再创辉煌。

　　由于时间关系，我以这句话作为结尾：复旦精神永存，中华民族必胜！祝各位校友身体健康，事业有成，阖家欢乐！

　　谢谢大家！

复旦大学1949届外语系校友　马有信

2013年9月7日

写给白光弼老校友的一封信

白光弼老校友：

　　您先后惠赠的两本《富润园》家史，我都认真阅读了一遍，很有感触。书中汇集了你们两代重要家室成员的传记、回忆录和诗词，生动展示了你们白氏家族艰苦创业、教育兴家的不凡经历。令人钦佩和敬仰的是，令尊白公虽历经沧桑，饱受战乱和贫困之苦，但他仍兴办义学，惠及子孙，还能乐善好施，泽被乡梓，德高望重，闾里传颂，诚乃实至名归。你们几个后辈兄弟，多为博士教授，学历高瞻，专业精深、才华出众，成就斐然，都是为国家和社会作出了重要贡献的精英。这既得益于令公尽心尽力的培养，也是你们个人好学上进、刻苦攻读、奋力拼搏的结果。现在和政的白氏家族，已是誉满乡里、名播省州的大家望族，是名副其实的书香门第。这也正应了那句"扬名声，显父母"的古训。

　　从你们白氏家族的发展过程，充分彰显了重教兴学的重要性。不论一个家族还是一个民族，其兴起往往离不开教育的发展和支撑。教育的确是立国之本，学校是育才之基。你我都是私立云亭中学不同时期的校友，如果家乡当时没有那样的学校，像我这个家居穷乡僻壤的孩子，恐怕只能待在山沟里了。我因为当时家境特别贫困，虽然只在云亭中小学和私塾读过七年半书，受教育有限，没有像您那样令人羡慕的高学历，但就是当初所受的那种短暂而又难得的启蒙教育，也让我受益终身。倍感欣慰的是，现在党和国家十分重视教育，投巨资兴教办学，着力深化教育改革，不断推进教育的普及化、均等化和现代化发展，以期全面提高人民群众特别是青少年的素质，培养大批治国兴邦所需的各类人才，这具有重大的现实意义和深远的历史意义，必将加快实现中华民族伟大复兴"中国梦"这一宏伟目标的步伐。

　　最后祝您老人家幸福安康，乐享晚年！祝愿你们家族子孙后代发扬优良传统和可贵家风，继续拼搏向上，为国家为民族作出新的更大的贡献！

王国礼

2012年3月1日

韩集中学印象

——史纪录速写选萃

史纪录，生于1934年1月，汉族，1954年在现积石山县（原属临夏市）居集小学参加工作，后调入临夏县（原属临夏市）新集小学工作。1956年秋，临夏县第一初级中学（现临夏县中学）扩招五个班时从全县选拔6名教师（鲁家宝、乔风皋、孟茂林、李昌伦、邱瑞秀、史纪录）到学校任教过程中选调入校，负责团委、少先大队工作。长期注重积累教育档案，在家建有家庭档案室，提供的部分档案资料为编纂本校志内容弥补了空白。现居家安享晚年。

1957年时的校园图景——右侧为大礼堂，中间为"少云"图书楼。

1957年时的校门速写

1962年时的临夏县一中校门速写

1961年时的学校大礼堂速写

1961年时的临夏市三中校园速写

1961年时的临夏市三中校门速写

回忆恩师陈冠玑先生

张春在

陈公名象璇，字冠玑，1910年农历5月29日出生在山东省淄博市一个普通家庭。少时就读于本地师范学校。1932年毕业后，在当地一所县立小学任教，后因日寇侵华，济南、临淄沦陷，日军到处烧杀掳掠，迫使陈公等爱国志士流亡西安，参加了教育部组织的中小学教师甘肃省服务团，从事抗日宣传编辑工作。1939年该团被派往甘肃武威，致力于战时民众教育工作。1940年陈公被调任武威师范训导主任兼附小校长。

严格管理，一丝不苟

1947年3月，时任临夏中学校长的赵涤性先生，专程去武威招聘人才。陈公被聘为临夏中学训导主任。

1947年在临夏中学任教的老先生多，中青年教师少。领导班子来自不同的层面，校长赵涤性是省教育厅任命的，副校长、教务主任是校长聘任的，还有一位军训教官是南京派来的黄埔生。学校管理困难，学生纪律涣散，校风不正，奖惩不明，学生中富家子女特殊化现象很突出，有些富豪还派专人给自己的孩子烧水倒茶侍奉，车马接送；上课时间，学生、家长随便进出校门；班主任自己不上操，不参加课外活动，更不组织学生参与；部分教师上完课即刻回家，学生找不到老师，等等。

面对上述问题，陈公辅佐校长，大胆主事学校管理工作。他将原来武威师范已形成的严肃认真、坚持原则、讲求规范、注重常规的作风用在了临夏中学的校风整新工作中。建议校长走出去给家长做工作，他自己经常徒步上门，从培养合格人才的大局出发，向家长晓之以理，动之以情，很得热心教育的乡绅们的支持，继而取得了富户商贾家长的拥护，最终获得社会各界的大力支持和极力拥戴。在此基础上，他协助领导班子制定健全了许多校规、校纪，要求师生必须遵守。如升旗降旗制度、奖惩制度、升留级制度、师生到校离校制度、班主任制度、门卫管理制度等。

陈公当时还要求使用交通工具的富家子弟，必须从城外下车、下马，步行到校，接送者不得进城、更不得进入学校，放学时同样从城外接走。这个规定在社会上引起了很大反响，因为学校历来对本地有权有势家族的纨绔子弟从未这样要求过，所以老百姓反映甚好。军训教官李××，素日夜郎自大，为所欲为，仗着自己是黄埔生，觉得谁也拿他没办法，任其自由散漫，殴打门卫，体罚学生，欺凌百姓。庙会季节，不务正业，擅自出外游逛，煽动学生旷课去跟他逛庙会。为了严明校纪，扶正祛邪，陈公协助校长免除了李××在校领导班子内的权力，令其搞好军训，并开除了两名屡教不改、行为恶劣的学生学籍，迫使李××辞职离校。（陈公在临夏中学辅助校长治校的经过，是在我和陈公于1974年8月在临夏县麻尼寺沟康家农场劳动，晚上休息时他讲给我的。）

廉洁奉公，成绩卓著

为改变临夏中学落后面貌，陈公在校长、教务处广大师生的支持下，起早贪黑忘我工作，早上天不亮就到校，检查学生出勤，和师生一起升旗上早操。人们看到凡是有学生活动的角落，总有他的身影。放学后他总要到住校生宿舍检查做饭、安全、卫生等事宜，直到他认为放心了，才最后一个离校。凡要求教师做到的，他首先做到，凡要求学生做到的，他也率先垂范。

在处理学校和社会周边关系的工作中，他坚持原则，克己奉公，通情达理，办事公正。他对学生不论贫富，一视同仁，但在是非面前不徇私情、奖惩分明，受到校内外师生的尊敬爱戴，所以师生给他送了一个雅号"老包爷"。经过一年多的整治，临夏中学整个面貌发生了根本的变化，教学质量随之提高。经省教育厅检查验收，将临夏中学批准为完全中学。（我走访了陈公的同事马有信先生，当时的学生冯竞、李志祥和陈公的夫人鲁振寰、长子陈文光，获得以上信息。）

1949年8月24日，临夏和平解放。1950年临夏专员公署成立，百废待兴，任命地下党员曹樱农兼任临夏联合中学（新华中学与五县中学合并而成，是临夏中学前身）校长，陈公为副校长，汪洋为第二副校长。

当时的临夏中学比较封闭、保守。1950年，为了活跃学校生活，增强文化氛围，培养学生朝气蓬勃、爱校爱集体的优良品质。在陈公的建议下，学校组织了业余文艺队，先在校内演出，后向社会演出。当时《迎春曲》《和平鸽》《白毛女》《花儿与少年》等歌舞剧受到社会普遍好评。同时他还组织学校业余体育代表队坚持训练，田径队、篮球队曾参加过临夏地区和全省的比赛，获得良好成绩。以上举措既增强了学生体质，又活跃了学校生活，受到家长和社会的赞誉。

次年，教育厅任命陈公为临夏中学校长，汪洋为副校长，主持学校工作。教学质量不断提高，师资力量发展壮大，学生数激增。时值中年的陈公以更高的革命激情全身投入到党的教育事业中，他以自己丰厚的专业知识和丰富的实践经验，悉心摸索，吐故纳新，严格管理，整治校园，成效显著。当时的临夏中学被省教育厅挂名为全省重点中学之一。

1956年陈公被评为甘肃省优秀教师，参加了全省优秀教师大会，并受到省政府表彰奖励。

蒙受奇冤，心底坦荡

1957年，党内整风运动开始，波及全国，要求党外人士"知无不言、言无不尽、言者无罪、闻者足戒"的态度帮助党内整风。

陈公是中国民主同盟会成员，他对党抱着一颗赤诚的心，本着对党实事求是的负责态度，对当时迟滞教育发展的所谓"一工二农三财贸，腾出手来抓文教"的做法提出了批评，并要求改善临夏教育条件，改善教师待遇。在当时"极左"路线主导一切的历史背景下，陈公被以"反党反社会主义"的罪名定为"右派"，撤销了其校长职务，一边接受批斗，一边被监督劳动。

1963年8月，陈公被调至临夏县韩集中学，他的工作是守门、打钟、烧锅炉、清扫卫生。此时陈公已近花甲之年，但他认为这是学校工作的一部分，便兢兢业业，从不怠慢，用心去做，为了不误事，他把从门卫到钟楼打钟的时间计算得十分精确，又把打完钟后到锅炉房的时间同样计算得准确无误，即他走到水房时，水刚好开了，下课的学生可及时打上水。县上有位领导得知后这样说："韩集中学的钟声是北京时间，你们可以放心对表。"炊事班长老拜说："老陈的钟声和水开的时间误差不超过二十秒，真神了！"

在这段时间里，陈公的儿女们正在读中小学，他怕给孩子们辅导指点的机会少会使他们学习受到影响，每到星期六他必按时回家。当时从韩集到临夏市有25公里，没有班车，更谈不上公交车，只有步行回家。每逢星期六下午，老伴带着孩子们在巷口眺望，急切之情，难以言表。当孩子们远远看到父亲疲惫的身影时，情不自禁地跳着喊着笑着跑上去，抢着拉父亲的手回到家里。俗话说，家是温馨的港湾，老伴抹泪做饭，孩子们给他捶背、倒茶、洗脚。之后他一个一个地检查孩子们的作业，询问他们学习情况并予以指导。第二天一家人依依不舍，挥泪告别。

"文革"中，陈公遭遇更惨。虽然受尽了非人的毒打和折磨，但他神情坚定，态度自然，坚强的信念支撑着他挺过来了。

1968年，学校开荒办农场，陈公被派去开荒，形成规模后又让他长期留场。平日的工作是打柴、挑水、做饭、养猪、守场。农忙季节，老师们轮班上山劳动。有位老师以诗文记下了当时的情景：

学校开荒办农场

（一）

"五七"农场在西山，

教师轮班去上山；

捎粪捎麦蚰蜒路，

下山更比上山难。

春耕之前把粪散，

自带行囊上西山；

干活要走蚰蜒路，

可怜老孟（孟福有老师体弱）滚下山。

（二）

大雪封山银一片，

是路是沟实难辨；

老陈（指陈公）灶中断了水，

挑水还去山那边。

天寒地滑行路难，

桶内只挑各两半；

路小坡陡起步艰，

连人带桶滚山涧。

　　农场距市区35公里，每星期六下午陈公仍然要徒步回家。翘首企盼的，长期相依为伴的妻子和望眼欲穿的四个儿女，他们担心啊！担心在那个特殊的年代里，什么事情都可能发生。而陈公更怕亲人们为他伤心，他从不将自己被批斗挨打的事告诉他们，强打精神笑着对老伴和孩子们说："不妨事，我身子骨好，锻炼锻炼嘛，说不定将来还有用。"就这样，为了关照子女和在那极其困难的条件下共患难的老伴，这位年近古稀的老人在35公里远的路上，来回走了整整十年。这是不能忘记的岁月，漫漫十年，春夏秋冬，见证着陈公作为丈夫、作为父亲对他家人的深挚感情。陈公去世后，孩子们在祭文中说："您以齐鲁之风、华夏美德要求我们，您的遗训我们铭刻在心，我们要孝敬母亲，好好做人，以报答您对我们的养育之恩。在党的关怀下牢记父亲教诲，在各自的岗位上，为国尽忠。"

　　陈公共有5个孩子，长子陈文光在市教育局就职、次子陈文明在市水务局工作、三子陈文俊在省电力总公司工作、长女陈文兰在标件厂工作、小女陈海燕从业于兰州一毛厂。

柳暗花明，霜叶更红

党的十一届三中全会的阳光普照祖国大地，随着各项政策的落实，陈公的冤案终于得到平反。1978年，在韩集中学会议室专门为他而组织的教师大会上，宣布平反时，陈公——这位白发老人百感交集，两眼含泪，与领导和同志们一一握手，大家同样含着热泪向陈公祝贺。陈冠玑这位为临夏教育事业奋斗了半生的外地教师终于重见了天日。

同年，陈公被任命为临夏市第一中学校长。他到任后，以饱满的热情和严谨有序的工作作风，在全校教职工会上表态："我将把自己的有生之年，奉献给党的教育事业，希望大家集思广益，鼎力支持。"他雷厉风行，说到做到。首先调整了临夏市一中人员结构。从学校管理、教学质量、校纪校风三方面作了耐心细致的工作，将有能力的教师，扶上了教学第一线，听课、谈心，鼓励有能力的教师工作，狠抓了教学工作，并加强了学校中层领导，同时配合上级落实了临夏市一中教职工中需要平反的历史遗留问题，调动了全校教师的积极性。校纪日趋正规，教风明显好转，教职工之间、师生之间关系融洽，呈现出一派欣欣向荣的气象。

1979年陈公被任命为临夏州政协委员、常委。1983年调至政协临夏市委员会，任副主席职务，连任两届。此时的陈公虽年逾古稀，但他对党的工作尽心竭力，任劳任怨，建言献策，成功地组织了"进一句诤言、递一条信息、献一个良策、搞一次调查、办一件实事"的"五个一"活动。每年积极组织市政协委员下基层，下到贫困地区去调研考察，又将实际情况，认真梳理呈报市委、市政府，以便监督实施。树立了一个民主党派人士与共产党组织肝胆相照、荣辱与共的良好形象。后任市人大、州人大代表，正所谓：老骥伏枥志千里，枯木逢春枝当青。

1994年陈公因年事已高、健康欠佳而离休，他住院期间，原州委书记袁云、原州委副书记唐振寰、原代州长马光明、原副州长王仲民、州政协原主席李效祖、原州人大常委会副主任程永科，还有他的学生刘林、姬润、祁昌、刘荣青、张春在、宋文贤、卢世雄、徐也农等曾多次探望慰问。

1998年1月21日，陈公因心力衰竭与世长辞。一代名师陈冠玑先生，为临夏各族人民的教育事业，呕心沥血，忍辱负重，奉献了一生。参加他悼念仪式的有州市领导、同仁、学生、家族百余人，州市领导给予他很高的评价。大家以沉痛的心情怀念送别了这位师道尊者——一代宗师陈冠玑先生。

陈冠玑先生将永远活在临夏人民的心中！

癸巳二〇一三年一月二十六日

王锡麟诗二首

（王锡麟，原韩集中学即临夏县中学校长）

自慰

1983年9月20日，城内传闻贯耳有感。

春讯梦兆虽无凭，拂动心田浪万顷。

若得上苍赐权柄，祛邪扶正方太平。

无题

既无裙带又无山，诚心总祷上苍善。

天生我材必有用，除暴祛邪黎民欢。

（写于1983年）

蔻文锦诗三首

（蔻文锦，临夏县中学退休教师）

同学会抒怀

阔别二十又九年，东西南北情相连。

有幸今日喜相逢，却见两鬓均霜染。

世上何物堪为贵，同窗友谊价万千。

但愿诸君常康乐，他日相呼再欢宴。

谢师宴感怀

粉笔生涯三十载，唯求学子成梁材。

青出于蓝师之愿，此心欣慰自开怀。

示外侄孙

可怜天下父母心，含辛茹苦寄深情。

待到梦想成真时，回报双亲养育恩。

临夏好

（萧村逸，原临夏县中学副校长）

临夏好，
溯源开发早：
禹王导河走积石，
泄湖成川有城堡，
各族汗水浇。

临夏好，
山川娇姿多：
积石霞映千年雪，
炳灵古刹藏石佛，
笑迎万里客。

临夏好，
刘峡闪异彩：
黄河水清映大坝，
高压输电到口外，
照亮大西北。

临夏好，
回汉手足亲：
风俗习惯互尊重，
合资经营图振兴，
携手向前进。

临夏好，
小吃有美名：
油辣酿皮爽精神，

醪糟一碗甜醉心，
浓味增乡情。

临夏好，
"花儿"之故乡：
出口成章比歌唱，
捧耳摇头抒情肠，
莲花有山场。

临夏好，
户户爱护花：
牡丹千层香满院，
秋菊探头楼檐下，
月季绕篱笆。

临夏好，
请君游红园：
孔雀开屏羡花衫，
荡舟欢歌水中天，
花瓣落满肩。

后　记

《甘肃省临夏县中学校志（1938—2018）》历经三年，如今已编纂成书。这是学校做的一件很有意义的事，是对临夏县百年教育文化的一种较好整理，也是对近百年来临夏县中学教职人员辛勤付出的一种务实回报。

2015年秋，当编修校志的重任落到我们肩上时，大家深感责任之重。因为在我们编辑组内无一人参与过志书编纂工作，对编修志书，毫无经验可言，加之水平有限，面对志书编修这项浩大的工程，面对学校历史跨度长，资料散佚严重的实情，我们感到困难重重。但我们深知这项工作的深远意义，只好迎难而上，竭尽全力将编修工作完成。

几经斟酌，2015年9月底，我们列出了校志编纂提纲，并在《民族报》上刊登了校志资料征集启事。10月初，拿出了阶段性工作计划，并紧锣密鼓地进行了资料的搜集与调阅工作，并记录了数十万字的工作笔记，为校志编纂工作准备了第一手资料。2016年—2017年秋，由于师资欠缺，校志编纂工作几近停顿，原先作出的工作计划也废止，但在上课期间，我们默默地为这项工作努力着，使绝大部分内容在这期间准备就绪。2017年秋，学校补充了人员，让我们一心一意搞编辑工作。2018年4月，因个别教师请假，我们四位教师又被调回教学一线，校志编辑工作在最关键阶段只好叫停，半月后续修。

关于学校创建时限，官方文献《临夏州教育志》等均以民国二十七年（1938年）为起始年限，大略缘于私立云亭中学于是年招收第一届学生之故吧。而我们认为，云亭中学创建前的二十年也不应割裂，其一，民国七年（1918年），马福祥创办导河县西区国民小学校即私立云亭小学校后，马鸿逵在校董们的要求下在原小学东侧扩修了中学即私立云亭中学；其二，云亭中小学师生在每周一于中学大礼堂举行隆重的朝会仪式；其三，学校教师及领导的调配，中小学之间偶有穿插。鉴于以上三种情况，我们在编纂中，将学校历史上衍至民国七年（1918年），以宁滥毋缺为出发点，记录了一些可查证的事实，权且为学校历史"寻根"尽一点力吧。

　　本志书在采访编纂过程中，得到了原校长黎世亨、原党支部书记石纪文、原副校长萧村逸、老教师张春在的大力支持，特别是退休老教师史纪录提供的资料弥足珍贵。史老口述的有关历史和当时校园图景的速写是校志最为缺少的资料。原副校长萧村逸先生不厌其烦地给我们提供了不少图文资料并对编纂工作提出了建设性意见。另外，将至期颐之年的老校友白光弼先生亲自为本志作序；耄耋之年的老校友王国礼听闻母校修志消息后吟诗一首，并寄来个人资料；老校友唐振寰也寄来了他珍贵的资料……前任领导、教师和各校友的大力支持使我们倍感振奋和鼓舞，谨在此一并示以最诚挚的谢意。

　　本志编纂中，学校各处室领导及工作人员做了大量工作，在此表示感谢。

　　国以史为鉴，校以志明理。时代风云变幻，学校几度搬迁，但昨日的成就是刻在前行者身后的丰碑，明日的辉煌又将是历史赋予后来者的责任。我们愿将这岁月的果实、浓缩的辉煌、创业者的心血、开拓者的足迹，一一铭记于心，显现于纸上。由于能力不足，时间仓促，资料奇缺，大有收椟遗珠、焚琴煮鹤之感，文字粗疏、内容脱漏之处难免，敬请广大校友仁人不吝指正。

编者
2019年8月10日